小学数学教学深度化创新：
"实—活—厚"

陈朝雄　编著

吉林大学出版社

·长春·

图书在版编目（CIP）数据

小学数学教学深度化创新："实—活—厚" / 陈朝雄编著.— 长春：吉林大学出版社，2023.1
　ISBN 978-7-5768-0297-9

Ⅰ.①小… Ⅱ.①陈… Ⅲ.①小学数学课－教学研究 Ⅳ.①G623.502

中国版本图书馆 CIP 数据核字 (2022) 第 154052 号

书　　名：小学数学教学深度化创新——"实—活—厚"
　　　　　XIAOXUE SHUXUE JIAOXUE SHENDUHUA CHUANGXIN
　　　　　——"SHI—HUO—HOU"

作　　者：陈朝雄　编著
策划编辑：邵宇彤
责任编辑：杨　平
责任校对：李潇潇
装帧设计：优盛文化
出版发行：吉林大学出版社
社　　址：长春市人民大街 4059 号
邮政编码：130021
发行电话：0431-89580028/29/21
网　　址：http://www.jlup.com.cn
电子邮箱：jldxcbs@sina.com
印　　刷：定州启航印刷有限公司
成品尺寸：170mm×240mm　　16 开
印　　张：21
字　　数：360 千字
版　　次：2023 年 1 月第 1 版
印　　次：2023 年 1 月第 1 次
书　　号：ISBN 978-7-5768-0297-9
定　　价：98.00 元

版权所有　　翻印必究

前言 Preface

教育是什么？教育就是教书育人。当前，小学数学课堂教学存在着"浅学习、假学习、被学习"的课堂教学深层问题，如何实现突破？这是具有重大现实意义的。笔者在问题导向之下开展实践，提出了一种行之有效的实践方案——"实活厚"教学。

"实活厚"教学把教书与育人协调统一地落实在课堂教学之中，是立德树人在小学数学课堂上的深度化实施，是真正地落实教育本质和内涵发展的根本要求。"实活厚"教学是内涵式发展的教学，是全要素发展的课堂教学，是指学科内涵实、主体发展活、品质发展厚的课堂教学。在内涵发展思想的指导下，把握学科本质、主体内涵、品质内涵，并具体落实在日常的小学数学课堂教学之中，能形成内容充实、方法实在、目标扎实的实力课堂；数学思维灵活、个体生动活泼、群体互动活跃的活力课堂；习惯好、责任强、精神优的厚重课堂。

"实活厚"教学具有课堂教学理论高度的认识。其总结提炼形成了"实活厚"课堂教学理论，在总体上树立起"学科内涵、主体内涵、品质内涵"三大内涵发展，具体包括动态知识理论、内涵发展理论、基础品质理论、团队发展理论。

"实活厚"教学具有课堂教学实践深度的水平。教学活动与操作方法具有典型特色。形成了"双一二三四五"教学核心价值特色，即一个中心，一种境界；两大重点，双向落实；三大内涵，三大特色；四层目标、四大环节；五大目标，五大操作。"一个中心，一种境界"即以学生的发展为中心，促进每个学生积极主动、生动活泼的发展。"两大重点、双向落实"即以课为重点，从知识到能力教学；以人为重点，从主体到品质教学。从而实现教书与育人双向落实。"三大内涵、三大特色"即学科内涵、主体内涵、品质内涵三大内涵发展要活、要实、要厚，践行立德树人课堂教学，形成内涵发展要素式思维、整体发展结构化思维、高阶发展层级性思维，形成"要素式、结构化、层级性"三大思维特色。"四层目标、四大环节"即使发展目标的四个层次层层递进发

小学数学教学深度化创新："实—活—厚"

展，四个层次为知识层次、能力层次、主体层次、品质层次。以课堂教学活动的四大基本环节环环相扣发展。四大基本环节为激活环节，由复习知识向唤醒经验发展；生成环节，从教学模式向学习模式转变；运用环节，由基本练习向迁移方法与解决问题发展；反思环节，注重知识总结并向过程方法与情感体验过渡。"五大目标，五大操作"中内涵式发展的五大操作是指概念教学五关键、教学内容五层次、计算教学五方面、问题教学五步骤、探索活动五要素等，以要素为抓手更好地落实目标。

"实活厚"教学具有鲜明的一线教学实践的成果意识，其从日常教学活动中提炼成功的教学典型课例，从典型课例教学行动中提升教学规律、教学理论的高度认识，真正做到知行合一，提质增效。

"实活厚"教学具有敢为人先的创新性。其在小学数学教学中创造性地提出了"主体性目标"和"品质性目标"，在非思政课程中有效落实了课程思政，在数学课中落实了既教书又育人。"实活厚"教学的发展角度具有创新性，其以内涵发展的方式提高教学质量，树立内涵式教育发展观。课堂教学从数量扩张到质量提升转变，课程建设从外延式发展到内涵式发展转变，教学活动从外控式发展到自主式发展转变，学生发展从同质化发展到特色化发展转变，教学目标从间断性发展到持续性发展转变。"实活厚"的教学文化具有创新性，形成了"思想—目标—措施"基于结构化思维的课堂内涵结构体系；创造性地建成了以"学科内涵、主体内涵、品质内涵"三大内涵为发展策略的"实活厚"课堂特色，形成了"要素式、结构化、层级性发展"的思维特色文化。其以"五类目标"和"四大层级目标"创造性地补充了目标体系。此外，"十大知识"和教学内容五层次有效地推进了"立德树人"课堂的内涵式发展，真正地落实、落细深度教学、优质教学，为课堂教学实践提供了有力的抓手，打破了理论与实践是"两张皮"的怪圈，在课堂教学现实中勇敢、果断地迈出了坚实的步伐，形成了鱼峰教学特色文化。

"实活厚"教学具有独特的教学研究的行动过程与方法，形成了"一二三四五"教研活动特色，即一套方案、"双师"教学、三级活动、四步表达、五步梳理、六有教研。以教学问题和解决问题的思想、目标、内容、方法、成效形成一套方案；以优质资源名师和本地教师开展"双师"教学，成立"教研室—中心组—学科教师"三级研修活动机制，落实小学数学学科核心性目标的基本策略是四步表达：问题表达、概念表达、要素表达、实践表达。借助"梳理知识五步骤"帮助教师读懂单元教材和课时知识内容。以课例为载体开展现实有靶、心中有标、眼中有人、手中有法、思中有行、行中有果的"六有教研"的实践活动，首席名师、青年骨干、优秀学员"同堂发展"，教师在课例研究、比较研究中获得了深刻的体验和感悟，并及时物化实践研究成果，极大提高了研究能力和教学能力。

本书具有理论的前沿高度，有着丰硕的从实践中提炼的经验，严密的逻辑思维性教学架构，实操性强的教、学、研体系，为广大学校一线教师提供了完善的深化教学改革的平台，对学科核心素养的科学培育、教育教学的提质增效有着广泛的应用推广价值。

广西教育学院成人教育学院院长、广西教育学会小学教育专业委员会常务副理事长兼秘书长　周日南
2022年5月

Contents 目 录

第一章 教育就是教书育人 ……………………………………………001
　一、问题的提出 ………………………………………………………001
　二、"实活厚"教学概述 ……………………………………………006

第二章 学科内涵要实 ……………………………………………………020
　一、学科内涵的现实意义 ……………………………………………020
　二、学科内涵的基本认识 ……………………………………………020
　三、学科内涵落实的基本策略 ………………………………………030
　四、主题实施落实学科内涵 …………………………………………031
　　　十大知识把课程内涵精准地落到实处
　　　——以"认识梯形""找规律""三角形的分类"为例 ………041
　　　单元内容深度化创新实践研究
　　　——以五年级"同分母分数加减法"为例谈单元内容五层内涵发展 ……044
　　　在概念教学中落实数学抽象核心性目标
　　　——以小学数学三年级上册"几分之一"为例谈概念教学五个关键 ……054
　　　在数与代数教学中落实运算能力核心性目标
　　　——以"整十、整百、整千数乘一位数的口算"例谈计算教学五个方面 ……060
　　　在图形与几何教学中落实空间想象核心性目标
　　　——以三年级上册数学"周长"为例谈教学内容五象层次 ……065
　　　在问题解决教学中落实数学建模核心性目标
　　　——以五年级"求一个数的几倍是多少"为例谈问题解决教学五步操作 ……070
　　　在统计概率教学中落实数据分析核心性目标
　　　——以五年级下册"复式折线统计图"为例谈统计概率四个要点 ……074

在教学活动中落实探索过程性目标

——在课例研究中落实"探索活动五个要素"·············078

五、课例研修落实学科内涵（具体课例如下）·············081

关注探索活动五要素，落实过程性目标

——五年级上册"分数的意义"课例研究·············081

从运算能力走向运算品质

——以"两位数乘两位数笔算乘法"为例谈探索活动五要素的落实·············086

在立德树人课堂中抓住探索活动五要素

——以人教版三年级上册"认识四边形"为例·············093

运用探索活动五要素落实立德树人目标

——人教版五年级下册"异分母分数加、减法"课例研究报告·············095

落实概念教学五关键，有效把握概念本质

——以人教版一年级上册"9加几"为例·············101

概念教学五关键促进概念的深度构建

——以六年级上册"扇形的认识"为例·············103

五个关键要素落实概念教学

——以二年级下册"平均分"为例·············108

追求有效课堂，注重学生发展

——对于萍老师"小数加减法"名师课例的分析·············112

小学数学计算教学的策略研究

——三年级上册"乘法计算"·············118

五象层级落实空间想象

——以"组合图形的面积"为例·············123

小学数学教学中的教学内容"五象"层次分析

——以四年级上册的"路程、时间与速度"一课为例·············132

把握教学内容层次，落实教书育人目标

——以"9加几"为例·············136

基于"五步操作"提高学生解决问题的能力

——以"混合运算解决问题"为例·············140

让问题解决五步骤深入人心

——"解决问题"课例研究成果报告·············146

解决问题五步骤课例分析
——二年级上册"解决问题" ... 152

第三章 主体内涵要活 ... 154
- 一、主体内涵方面存在的现实问题 ... 154
- 二、主体内涵的基本认识 ... 154
- 三、主体内涵的基本策略 ... 156
- 四、主体内涵的主题实施 ... 159
- 五、主体内涵的课例实践 ... 161
  - 人教版小学数学五年级下册"长方体和正方体的认识" ... 161
  - 人教版二年级下册第七单元"近似数" ... 166
  - 北师版五年级下册第二单元拓展课"展开与折叠" ... 169
  - 人教版小学数学三年级上册"认识几分之一" ... 171
  - 人教版小学数学五年级上册"梯形面积的推导" ... 172
  - 人教版小学数学三年级上册"分数的初步认识" ... 173
  - 人教版小学数学六年级下册"正比例的意义" ... 173
  - 人教版小学数学四年级下册"小数的加减法" ... 174
  - 人教版小学数学五年级上册"密铺问题" ... 175
  - 人教版小学数学三年级上册"周长" ... 175

第四章 品质内涵要厚 ... 178
- 一、品质内涵的现实意义 ... 178
- 二、品质内涵的基本认识 ... 180
- 三、落实品质内涵的基本策略 ... 183
- 四、品质内涵的主题实施 ... 184
  - 自强不息,厚德载物 ... 198
  - 以情育情,以爱育爱
    ——世界因爱而美丽 ... 200
  - 大家不同,一样精彩 ... 201
  - 会听课的孩子是好孩子 ... 202
  - 在课堂上有效渗透人品性目标 ... 205

-3-

在立德树人课堂上开展低年级习惯培养的实践行动……………206

第五章 "实活厚"整体发展……………210

"用字母表示数"课例研修活动……………212

"三大内涵"齐驱助跑教育特色发展

——"认识梯形"课例研究报告……………227

"分数与除法"课例研究

——让体验更深刻，让学习更有效……………237

小学数学主体特色课堂的实践研究

——以三年级上册"吨的认识"为例……………249

计算教学的策略研究

——"除数是整十数的笔算除法"课例研究成果……………255

落实学科内涵课堂实践研究

——以"梯形的面积"为例……………263

第六章 落实"实活厚"的工作策略……………270

一、从观念层面走向行动体现，把特色课堂的内涵落到实处……………270

二、由扬长发展走向互助共进，协同研究成为团队发展新常态……………271

三、理论性与实践性相结合发展，多元方式把研究过程推向细处……………272

以课例为载体的"六环生态"课例研修……………273

以课例为载体开展"六有教研"的实践……………288

以课例为载体开展"六有教研"的实践研究

——"平行四边形的面积"多层次促进内涵发展活动案例……………290

"双师教学"是教师专业发展新平台

——"四制四环节"鱼峰研修案例……………299

在典型课例教学中落实创新意识核心性目标

——以"平行四边形的面积"为例谈落实核心性目标的四步表达……………309

借助"梳理知识五步骤"帮助教师读懂单元教材

——以"长方形和正方形"单元为例……………310

运用梳理知识五步骤提高解读课时教材的能力

——以"长方体与正方体的认识"为例……………314

"轴对称图形"青年教师课例研讨活动总结 …………………………… 317

后 记 …………………………………………………………………… 324

第一章 教育就是教书育人

一、问题的提出

当今小学数学课堂教学主要存在"浅、假、被"三大问题,即浅学习、假学习、被学习,严重影响着课堂教学的提质增效。"实活厚"教学主要是针对这三大问题开展课堂教学的行动研究。

(一)教师之问

小学数学教育的优质和轻负,是每一个数学教育工作者的梦想。多轮课程改革无不追求提升教育质量,随着课程改革进入深水区,落实立德树人根本任务的全面深化改革,核心素养框架的颁布和核心素养理念的提出,成为教学实践的共同焦点,一线老师最想弄明白的问题是深度学习究竟"深"在哪里?"深"到什么程度是"深"?"题海战术"的课堂教学顽疾如何进一步医治?课堂知识的价值在哪里?如何让静态知识发展成为动态知识,使知识成为真正的力量?如何回归学生是学习主体、教师是教学主导、教育是既教书又育人的本质?

(二)时代之变

信息化时代,人们需要克服教育信息的碎片化;面对创新发展为第一动力的时代,人们需要更好的活动思维,更好的意义结构,更具发展活力的课堂教学的活动方式、思维方式,更高品质的反思性、批判性与创新性的思维,才能符合学习者的学习需求,才能符合国家人才培养的需求。挖掘教育者与学习者的潜能,促进学习者能力强、习惯好、品质优的整体发展,实施立德树人、全面发展的教育观与质量观,是新兴的教学理念,越来越受到人们的广泛关注。而当前我国教育教学领域虽然进行着如火如荼的教育教学及课程改革，但落实到具体的课堂教学实践中的情况却不尽理想。

（三）教育之难

内涵落实难的问题——难在什么地方？教学中的主要问题：一是浅学习；二是假学习；三是被学习。

1. 学科内涵落实难的问题——浅层教学的问题

教育改革进入了深水区，而在课堂教学中，却仍存在事倍功半的现象：其一，对教材理解的问题。教师对教材的理解方式多以单一化的知识、碎片化的知识为主进行教学活动，忽略了数学知识的要素式、结构化、层级性的思维，缺乏知识模块化、主题化、动态化的处理，未能发挥学科内涵的要素式、结构化、层级性的导向价值。其二，教学设计的问题。教师的教学设计还是将研究教材作为重点，而不是以学生作为重点，也不是以课程标准作为起点。此外，教学设计还是以教材内容为中心的教学设计，而不是以教学目标为中心的教学设计。其三，学法能力的问题。时常听到学生无奈地说：这些知识我都会，怎么解题时就想不到？不理解、记不住，没方法、不会用，无法迁移解决新的问题，其深层次的问题就是学生的思维问题和能力问题，学生思维停留在以知识为对象的思维而缺乏以学习方法为对象的思维，缺少方法的迁移应用，缺乏面对复杂问题、复杂社会的能力，这不是靠延长学习时间、反复讲解和重复性解题训练就能够解决的。其四，学业成绩分数不高的问题。在开展教研活动时常常听到老师说："昨天老师才讲的，学生今天又忘了；这知识老师都讲三遍五遍了，学生怎么还错啊？怎么还丢分呢？"学生以死记硬背的方式提高学业成绩，导致知识传授耗时较长、收效甚微。此种教学问题，如教师"想教什么就教什么，想怎么教就怎么教"，都属于浅层教学的问题。课堂教学停留在浅层次的教学，学生接受知识只停留在"知道、理解"的认知水平，缺乏实践和应用，很难实现"应用、分析、评价、创造"的高层次认知。教师重知识传授，轻能力培养；重浅层次思维活动，而轻高阶思维培养。这与"核心素养"的培养是相悖的。

2. 学生主体落实难的问题——虚假学习的问题

数学教学是数学活动的教学，在活动中信息的交流多是单向流动，或是以教师讲学生听为主，信息从教师向学生进行单向流动，或是学生说教师听，或是以少数学生听为主，信息由学生向他人进行单向流动，教师讲的活动、学生讲的活动都只是信息单向交流的活动，缺乏学习主体多轮的交往互动。这种只停留在信息单向交流的学习，是一种虚假学习的问题。在课堂教学活动过程中，学生是学习的主体，大多停留在观念层面，而真正做到学生主体性参与学习活动的较少，未能充分发挥主体内涵的要素式、结构化、层级性的导向价值。这与"全面发展"的宗旨是相悖的。

3. 品质内涵落实难的问题——被动学习的问题

有时会听到老师抱怨，现在的学生真不学，老师真的没办法；学生对学习活动没有兴趣，不想学、不爱学、不会学。这些不爱学的问题，只是课堂的表象问题，其实质都是学生缺乏学习内在动力、被动学习的问题。目前的数学教学课堂上较少能够做到数学核心素养与人的品质素养的整合发展，未能充分发挥品质内涵的要素式、结构化、层级性的导向价值，普遍存在以学科知识为核心的知识观、教学观，未能结合育人品质整体性进行整合与深度融合。教师在课堂教学活动中只重视局部而忽略整体，只重视教书而忽视育人。这与"立德树人"的根本任务是不协调的。

（四）实践之需

1. 教师视角的意义——提高专业水平路径在哪

融合性的知识最有价值。多元化的时代需要融合性的发展，融合性的发展是社会发展前进的一种重要方式。理论与实践相结合是一种融合，借鉴别人的成功经验并融入自己的实践也是一种融合，知识的内在联系也是一种融合，现象与本质的沟通也是一种融合。教师提升专业水平，最基本的路径就是理论与实践相结合，这是教师专业水平提升的最大特点，教书与育人，双向落实并真正地融合发展，是提质增效的新方法。

2. 课堂视角的问题——我们的课堂缺什么

在课堂上，教师已经让学生参与活动了，课堂已经很热闹了，学生的积极主动性也是比较高的，为什么分数还不高？为什么还是比较"死"的课？因为知识死板，学科内涵缺失。活动环节差不多的两节课，效果检测时分数一样的两节课，为什么只有一节是优秀课？因为育人功能缺失。在课堂外发生的许多事件，折射出教学存在的问题。这些问题的深层原因主要是学科内涵、育人功能、健康人格的缺失。与此同时，课程内容不能减少，教学课时不能增加，要求却更高了，要求达到公平而优质的教育，该怎么办？课堂呼唤教育的大智慧，我们的办法就是，内涵式发展，创建独特的、优质的、稳定的内涵发展课堂。《国家中长期教育改革和发展规划纲要（2010—2020年）》中指出，树立以提高质量为核心的教育发展观，注重教育内涵发展。随着我国经济社会改革的进一步深入，基础教育步入了由全面普及转向更加重视提高质量、由规模发展转向更加注重内涵发展的新时期。

3. 特色视角的问题——创建什么特色的课堂？

自 20 世纪 80 年代至今，我国小学教育针对存在的弊端成功地进行了一系列改革，并取得了重大成绩。但是，我们也应该看到，我国小学教育存在的最大痼疾是长期受片面追求升学率思潮的影响，把学生视为被动接受知识的容器，在教学要求上只强调统一的共性和只重视抓少数尖子学生，不仅忽视了学生个体发展的差异，也忽视了要面向全体学生，题海战术使学生的学业与心理负担过重；21 世纪初进行的新一轮课程改革，改变学习方式和以人为本促进素质的全面发展也取得了非常可喜的成绩，但是在改革的浪潮中，我们有时也会看到重活动、轻品质；重形式、轻内容；重考评、轻目标的教育理念一时疯涨，课堂似乎走进了另一种误区。调研中我们发现，我们的学生虽自主意识大幅提升，但学习过于浮躁，看似热热闹闹地参与课堂活动，却缺乏实实在在的训练和思考；我们的教师虽摒弃了原有应试教育千校一面、万人一书的培养模式，但对学生素质能力的发展把握不清，教学活动一刀切，目标设计缺乏梯度；我们的课堂虽处处充盈着新课程的思想，但缺乏人文底蕴的渗透，甚至看不到学科的融通和学科素养的序列性增长……怎样才能使我们的课堂真正为人的发展服务呢？笔者着眼内涵发展，以课堂为基点提出了"'实活厚'鱼峰课堂教学研究"的项目计划。

以内涵发展作为课堂发展的特色就具有十分重要的意义。综观当前教育的形势，有学科内涵的缺失，有育人功能的缺失，也有健康人格的缺失，根本问题是什么？是"学什么"的问题，即学科内涵的问题；是"怎么学"的问题，即主体内涵的问题；是"学到什么"的问题，从学知识向学人品发展，即品质内涵的问题。课堂教学内涵式发展就是抓住课堂教学本质属性的发展，主要包括学科内涵、主体内涵、品质内涵。教育活动追求的是教育方针所强调的培养德、智、体、美、劳全面发展的社会主义的建设者和接班人。这是国家教育的总质量标准，如何实现这一目标（标准），并落实到具体的课堂教学，我们的策略是，创建"实、活、厚"特色课堂。学科内涵要实，主体内涵要活，品质内涵要厚。

4. 提质增效的意义——立德树人课堂提质增效的出路在哪？

随着课程改革的不断持续深化，落实立德树人是根本任务，落实"核心素养"、促进学生的全面发展是最终目标，而品质内涵发展、"深度学习"是适应时代要求与实现教育目标的主要路径，深入课堂教学进行改革已经成为教育改革的重要阵地，明晰教学目标、把握品质内涵、改变思维进阶、选择学习方式，已经成为提高教育质量的重要因素。教育的内涵要素、思维对象的内涵要素以及相应的学习方式是变革的关键。把立德树人、核心素养、深度学习落实在小学数学课堂之中的重要切入口就是教育的三大内涵，分别是学科内涵、主体内涵和品质内涵。教师需要将内涵发展的理论、深度学习的理论落实到课堂教学实践之中，对深度学习的教学设计进行研究，追求数学教学的深度学习、积极实践新课程的单元主题式教学、注重学习资源的系统整合，已经成为教师的必然选择。

面对学科内涵的浅层教学问题、主体内涵的虚假学习问题、品质内涵的被动学习问题、信息时代结构化的需要，笔者迎难而上；为了落实立德树人根本任务，落实"核心素养"，促进学生的全面发展，笔者开展了"实活厚"课堂教学项目实践研究，构建了思想理论，探索出了实践模型，形成了思维特点，可以改善或解决这些问题。因此，"实活厚"教学，从全面发展的角度对当前教学存在的弊端进行了研究，对改善当前小学数学课堂教学中存在的现实问题具有重要的现实意义，对当前我国教学领域的研究具有一定的借鉴意义，为立德树人整体落实目标提供了一种实践方案，也为学生深度学习的达成提供了重要的方式，兼具理论意义和实践意义。

"实活厚"课堂教学解决了长期以来教学教研过程中理念与实践两张皮的顽疾，观念与行动油水分层，观念难以落地、质量难以提升的问题。内涵发展要素式、结构化、层级性思维较好地落实了思维过程与核心能力并重的综合素养，较好地落实了教书与育人全要素的教学目标。

（五）教什么比怎么教更重要

当前的课堂都在深化以人为本的教学改革，但往往有力不从心之感，似乎抓着了，似乎又抓不着。《国家中长期教育改革和发展规划纲要（2010—2020年）》提出要"坚持能力为重，优化知识结构"。2015年联合国教科文组织发布的反思教育报告批评当前国际教育"忽视了对个人和社会发展具有重要意义的知识、技能、价值观和态度"。笔者经过研究认为，传统的知识能力教学十分扎实得益于知识点十分明确，这是中国几千年的文化传统，更是中国几千年的文化优势。我们要按照习近平总书记的"文化自信"的要求，相信中华民族的知识与能力，相信传统教育中的优秀成分，我们要在继承中发展，在传承中创新，而不是否决、抛弃。在此启发之下，笔者认为主体内涵难以落实的重要原因是关于人的知识点模糊，不够精细和精准，于是我们"为了更好的内容"开始了"十大知识"研究历程,以"教育目标分类学——知识的种类"(L.W.Anderon,2001)为基础,进一步细化知识内容,增强了当前课堂教学缺乏的社会性知识,更好地为课堂教学服务。任何学问都是作为主体的人同客体相互联系所形成的知识积累和经验的提升。从这个意义上讲,任何学问都与人相关,课堂教学要突出"人的教育"和"知识传承",要做到教书和育人的统一。因此,课堂教学必须要突出学科性知识和人品性知识等十大知识。

二、"实活厚"教学概述

(一)"实活厚"教学概念

什么是"实活厚"教学?教育就是教书育人,"实活厚"教学是内涵式发展的教学,是全要素发展的课堂教学,是指学科内涵实、主体发展活、品质发展厚的课堂教学,其主要策略是把握学科本质,学科内涵要实;把握主体内涵,主体发展要活;把握品质内涵,品质发展要厚;学科内涵、主体内涵、品质内涵在课堂教学中协同发展,能形成实力课堂、活力课堂、厚重课堂,能有效地把教书与育人具体落实在日常的小学数学课堂教学之中,以较好地促进教学的提质增效。在本项目的研究中,"实活厚"教学指的就是"实活厚课堂教学",而且在许多交流互动中"实活厚"课堂除了表示一种课堂之外,也表示"实活厚"课堂教学。

"实活厚"课堂教学的研究,从 2008 年到 2010 年为酝酿阶段,以典型课例为载体,酝酿"实活厚"教学内涵特征。从 2010 年到 2013 年为雏形阶段,以数学能力提升项目为载体,细化和丰富了"实活厚"教学内涵特征。从 2014 年到 2015 年为转折阶段,有力地注入了内涵发展的专业引领。2014 年鱼峰区教研室与重庆市北碚区教师进修学院合作举办了"鱼峰区小学数学教学名师高级研修项目——课例主题式研修活动"。2015 年鱼峰区教研室与广西教育学院成人教育学院合作举办了"鱼峰区小学数学学科骨干教师培训"项目的研修活动。2015 年至 2018 年为科研课题立项研究阶段,"实活厚特色课堂的实践研究"成为广西壮族自治区 A 类重点课题"'168'教学改革模式实验研究"的子课题。2017 年至 2020 年,课题组正式开展"基于结构化思维的小学数学实活厚课堂的研究"。整个系列科研课题分为三个阶段推进,从初期针对学科内涵、主体内涵、品质内涵与"特色课堂"的内涵进行比较研究,形成了"内涵要素结构化发展",到中期的以课例载体实践"对照理念、明晰内容、聚焦目标"三大要素的综合研究,形成了"基于结构化思维的课堂内涵结构体系网络图",再到后期五大目标、四大层级、五层内涵、十大知识、多种操作在课堂一线的深度融合发展,形成了"要素式、结构化、层级性"的思维特色,有效地推进了"实活厚"课堂的深度发展。

"实活厚"课堂教学,发展角度创新。其以内涵发展的方式提高教学质量,树立内涵式教育发展观。相对于教学方法研究,这是一种新的发展模式。"实活厚"课堂教学以思想观念为动力,课程内容从只重视自然性学科知识到增强社会性知识等为基础;以核心性、主体性、品质性促进内涵式发展,实现理念、内容和目标协调统一发展,实现主动参与、互动交流等主体内涵的主体性目标,实现习惯好、责任强、品质高等品质内涵的育人目标。课堂教学从数量扩张到质量提升转变,课程建设从外延式发展到内涵式发展转变,教学活动从外控式发展到自主式发展转变,学生发展从同质化发展到特色化发展转变,教学目标从间断性发展到持续性发展转变。

"实活厚"课堂教学,教学文化创新。其形成了"思想—目标—措施"基于结构化思维的课堂内涵结构体系网络图,创造性地建成了以"学科内涵、主体内涵、品质内涵"三大内涵为发展策略的"实活厚"课堂特色,形成了"要素式、结构化、层级性发展"的思维特色文化;以过程性、结果性、核心性、主体性、品质性"五类目标"和知识、能力、主体、品质"四大层级目标"创造性补充了目标体系;以问题性知识、原理性知识、方法性知识、规矩性知识、价值性知识等"十大知识"和教学内容五层次、概念教学五关键、探索活动五要素等多种课堂结构化思维操作模式,有效地推进了"立德树人"课堂内涵式发展,真正地落实、落细深度教学、优质教学。"实活厚"课堂教学为课堂教学实践提供了有力的抓手,打破了理论与实践是"两张皮"的怪圈,在课堂教学现实中勇敢果断地迈出了坚实的步伐,形成了鱼峰教学特色文化。

"实活厚"课堂教学,实践方法创新。其实现了"教研室—中心组—学科教师""三级联动""三导活动"与"三人同行"的有机结合,有效地传递了内涵发展的精神与措施;实训研修与团队发展成为新常态。在研修中协同发展,研讨一节课,成长一批人,形成优质共享的教研新模式,有力地推进了教师是专业发展的主体,有效地缓解了"优质师资"少的难题,有力地推动了教育均衡发展向软实力迈进。

(二)"实活厚"课堂教学特征

小学生最大的特点是什么?是"小""学生","学生"阶段是人生的基础。

小学数学教学深度化创新:"实—活—厚"

主体内涵、品质内涵包括许许多多的内容,在小学阶段,特别是非思政课的数学学科,小学的学科教学更不应该缺少人生素质中那些最基本的内涵部分,这些基础素质是人的一生中赖以生长与发展的基础,是小学阶段能掌握的在日常课堂教学中能实施的基础之基础,思政课程与课程思政交融发展,实现了数学教学向数学教育的转变。

"实活厚"课堂教学的根本特征体现了教育的三个重要层次:学科知识、主体体现、品质提升。具体如下:

1."实活厚"课堂教学是师生共同发展的课堂教学

落实一个中心,即教学过程以学生的发展为中心,促进每个学生积极主动、生动活泼地发展。落实一个重点,即教学过程以教师的专业发展为重点,促进教育教学质量优质均衡发展。对于学生课堂上的学业问题,根源之一在教师身上,教师专业发展不足是学生学业负担过重的痛点。

2."实活厚"课堂教学是教书与育人双向落实的课堂教学

教书与育人是践行立德树人课堂的教学,是全面育人的两个重要维度,是新时期课堂教学的两大重点。在课堂教学活动中实行双向落实,在教书中育人,在育人时教书,教书与育人是课堂教学、教研两个重大的维度。以课为重点,实现从知识到能力的教学;以人为重点,实现从主体到习惯,再到责任、精神等的品质教学。

3."实活厚"课堂教学是内涵式发展的课堂教学

什么是内涵?内涵是指事物的本质特征,而外延是指事物的现象。外延式发展是以事物的外部因素作为动力和资源的发展模式,强调的是数量增长、规模扩大、空间拓展,适应外部需要表现的外部扩张。内涵式发展是相对于外延式发展而言的。什么是内涵式发展?内涵式发展就是抓住事物的本质属性的发展,强调事物"质"的发展。内涵式发展是以事物的内部因素作为动力和资源的发展模式,是发展结构模式的一种类型,强调的是结构优化、质量提高、实力增强,多是出自内在需求;在实践中对发展的本质、内容和发展路径的探讨。什么是课堂教学内涵式发展?课堂教学内涵式发展就是抓住课堂教学本质属性的发展。它是一种以内涵式发展的课堂,注重以内涵发展、整体发展、高阶发展为工作思路,以学科内涵、主体内涵、品质内涵的落实为宗旨,以整体落实、主动参与、全面发展为目标,以丰富典型的现象、策略多样的过程,以启发式、接受式、探究式、讨论式、参与式为基本方式,使教学活动充满浓郁的人文味与科学味,实现从知识到能力,再到主体层次、品质层次的教学,使课堂呈现出开放、创新与合作共享的新局面,使学习活动成为学生积极主动、多轮交往互动、积极思考与个性表达的过程。

4."实活厚"课堂教学是全要素发展的课堂教学

以三大理念、三大思维为主要特点。以内涵发展、整体发展、高阶发展为三大理念，以"要素式、结构化、层级性"思维为三大思维，从而在小学数学课堂教学中实现教书与育人全要素思维。三大内涵是基于三大世界在课堂教学中的表现而划分的。整个世界从整体的角度来看，可以分为三大世界，分别是自然世界、社会世界和心灵世界。学科内涵主要是从自然世界范畴思考科学性的内涵要素，主体内涵主要是从社会世界范畴思考人的主体性内涵要素，品质内涵主要是从心灵世界范畴思考人的品质性内涵要素。

"实活厚"课堂是从过去着重课程、课堂、学生单要素的研究向教书育人全要素研究的重大发展，从学科内涵与主体内涵混为一谈的研究向内涵既区分又协调交融研究的重要发展，主体内涵是从过去重点研究教师及教师的"教"转向重点研究学生及学生的"学"的重要发展，品质内涵是从过去"空""飘"难有抓手的研究向有知识有路径落实落细研究的重要发展。从过去基于经验的教学研究转向基于内涵要素和层级目标实证和数据的质性教学研究转变，引导教学研究工作走向更加科学化和专业化的道路。

5."实活厚"课堂教学是突出思维发展的课堂教学

"实活厚"课堂教学基于全域性的内涵发展，形成了"要素式、结构化、层级性"思维特点。要素式、结构化、层级性的内涵发展就是全域的内涵发展。其一，要素式，即内涵发展要素式思维。要素结构理论认为，内涵发展以内涵的关键要素作为思维的重要抓手，要素的有效结构形成内涵特征。其二，结构化，即整体发展结构化思维。结构决定功能，不同的结构决定了各自的功能不同；功能促进结构的优化，机体需要不同的功能就会分化出不同的结构。学习需要结构化的思维，优化的结构能带来更优的功能。其三，层级性，高阶发展层级性思维。高阶发展是指追求更高一阶目标的发展。追求一种境界：为了更好。"为了更好"，就是要促进目标的层次性发展、内容的层次性发展、对象的层级性发展。为了更好的学生，解决实际问题促进学生积极主动全面发展；为了更好的教师，改善教育行动促进教师专业可持续发展；为了更好的教育，发展师生素质促进教育质量公平优质发展。

6."实活厚"课堂教学是有效落实目标的课堂教学

"实活厚"课堂教学通过五大目标，把教书与育人有效落实在课堂教学之中。五大目标是落实全面发展的操作性目标，指结果性目标、过程性目标、核心性目标、主体性目标、品质性目标。其中，结果性与过程性目标是《义务教育教学课程标准（2011年版）》明确提出的目标，而"核心素养""主体地位"在《义务教育教学课程标准（2011年版）》中，只停留在观念层面，而缺乏操作层面的目标。其只提出了十大核心观念、主体观念，却未明确提出"目标"层面的可行性的要求与操作。为了有效落实核心素养、建设特色课堂，课题组在研究过程中，针对核心性、主体性、品质性等方面，在操作层面创造性地提出了核心性、主体性、品质性目标，并在行动上有操作，在课例中有落实。

（三）"实活厚"教学核心价值

1. 构建教学核心价值体系，提升教育发展力

思想力是提高质量的第一内生动力。思想是指教育教学的观念、理念，是一个人所具有的准备付出行动的信念，是指示一个人行动的准绳。教育教学活动依据思想观念组织开展，是课程实施、课堂教学的支点。构建教育核心价值观，要以价值性知识引领内涵发展。核心价值是提高质量、内涵发展的灵魂，是思想的重要组成部分，因此要以核心价值打造教育梦想，打造教育持续发展力，打造教育内涵式发展。苏霍姆林斯基曾说过："学校的领导首先是教育思想的领导"。思想是行动的先导，内涵发展要从思想观念抓起，以核心价值体系树立自身的品牌。因此，在教科研活动中，学校要不断创建具有自身特点的教育教学核心价值体系。

基于立德树人，构建课堂教学育人的价值体系，形成"实活厚"教学精神家园，具有"双一二三四五"教学核心价值特色，具体如下：

（1）一个中心，一种境界。以学生的发展为中心，促进每个学生积极主动、生动活泼地发展；一种境界：为了更好。

（2）两大重点，双向落实。以课为重点，从知识到能力教学；以人为重点，从主体到品质教学。教书与育人双向落实。

（3）三大内涵、三大特色。学科内涵、主体内涵、品质内涵三大内涵发展要活、要实、要厚，践行立德树人课堂教学，以内涵发展要素式思维、整体发展结构化思维、高阶发展层级性思维，形成"要素式、结构化、层级性"三大思维特色。

（4）四层目标、四大环节。以发展目标的四个层次层层递进发展，以课堂教学活动的四大基本环节环环相扣发展。教学目标分为四大层次，依次是知识层次、能力层次、主体层次、品质层次。课堂教学以课为载体，以人为核心，力促多个层次教学目标的实现。其一，以"课"为重点，从零散的知识到

知识形成结构，开展知识层次的教学。其二，以"法"为重点，在知识及其结构的基础上，以整体性落实目标为宗旨，从方法的抽象到基于方法性知识，特别是清晰的思维对象，开展能力训练，培养问题能力——发现和提出问题，分析和解决问题，实现从知识层次的教学到能力层次教学的跨越。其三，以"人"为重点，从思维的灵活性、个体的主动性、团队的互动性落实主体性目标，实现从能力层次到主体层次的跨越。其四，以"质"为重点，以培养学生终生受用的基础品质。从规矩性知识的明晰到基于规矩性知识养成良好习惯，从责任的担当到基于价值性知识追求高尚精神，实现从主体层次的教学到品质层次教学的跨越；注重高层次发展。

课堂教学活动四大基本环节，环环相扣发展。四大基本环节如下：一是激活环节，由复习知识向唤醒经验发展。二是生成环节，从教学模式向学习模式转变。三是运用环节，由基本练习向迁移方法与解决问题发展。四是反思环节，注重知识总结并向过程方法与情感体验过渡。四大基本环节是课堂教学的四个重要环节，只是基本模式，可按实际情况灵活变通，循序渐进，注重环节的过程性与实效性。

（5）五大目标，五大操作。五大目标是指核心性目标、过程性目标、结果性目标、主体性目标和品质性目标，通过五大目标可落实"实活厚"课堂教学。内涵式发展的五大操作是指概念教学五关键、教学内容五层次、计算教学五方面、问题教学五步骤、探索活动五要素。

2."十大观念"促进教学行为发生变化

以教学理念、师生关系、教学目标、教学重点、教材使用、教学内容、教学策略、教学手段、学生评价、教学效果为十大观念，以思想、目标、内容、方法、成效为五环循环行动，形成可持续发展。

（1）思想。

教学理念：变"以教师为中心"为"以学生为主体立德树人"。

师生关系：变"师道尊严"为"主体与主导平等合作"。

（2）目标。

教学目标：变"单纯传授知识"为"教书与育人全面发展"。

教学重点：变"掌握知识"为"注重思维过程与核心能力"，情境创设、思维过程、核心目标为教学过程的三大重点。

（3）内容。

教材使用：变"教教材"为"创设情境用教材教"。

教学内容：变"课时内容单一层次"为"单元内容五层发展"。

（4）方法。

教学策略：变"教师满堂灌"为"个体积极主动与团体多轮互动"。

教学手段：变"单一媒体"为"五象层次多种媒体融合"。

（5）成效。

学生评价：变"结果性评价"为"过程性与结果性评价相结合""阶段性评价与发展性评价相结合"。

教学效果：变"结果甄别"为"五类目标三阶九级提质增效"。

(四)"实活厚"教学发展目标

目标有着巨大的导向性作用。教学目标是指教学活动的主体在具体教学活动中所期望达到的结果和标准。教学目标是教学活动的中心，在课堂教学中主导教与学的方法与过程，也是教学的出发点和归宿。教学目标具体而精确地表达了教学过程结束时教师和学生共同完成的教学任务，因为它是预先设定的，故而也是衡量教学任务完成与否的标准，它决定着教学活动的操作程序和教学活动的评价标准。课堂教学目标承载着学生的培养目标，是对党的教育方针、社会主义核心价值、素质教育、立德树人等教育观念的具体化和实践化。目标多元，体现了教学目标的准确性。教学目标从过分强调目标可测性向感悟性转变，学科性知识的目标以可测性为主，人品性知识的目标则以感悟性为主；定量与定性目标协同发展。从观念层面走向行动体现，五大目标把特色课堂的内涵落到实处。

学科内涵实是指把握学科本质，学科内涵要实。学科内涵实主要表现在"三实"上：内容充实、方法实在、目标扎实，学科内涵从零散式碎片化发展向结构化系统性转变，从粗放型到要素式精细化落实，促进了质量与效果的提升。五层内涵知识是指在"动态知识是真正发展的力量"思想指导下，从静态知识向动态知识发展的五个不同层级的知识，分别是核心性知识、单元性知识即命题级知识、课时性知识、教师级知识、学生级知识。教师级知识主要是指问题性、事例性、方法性、抽象性、警示性、结构性、价值性、标准性、目标性、成效性十类知识，其是教师级的动态知识；学生级知识主要是指学生个性化表现所表达的知识，特别是同一类知识的个性化和生动化的表现，即动态性的知识。

主体发展活是指把握主体内涵，学生发展要活。主体发展活是指落实主体性目标。主体性目标的关键要素主要有三个：思维性、主动性与互动性。其主要表现为"三活"：数学思维灵活、个体生动活泼、团体发展活跃。主体性目标的落实是学生主体从观念层面的空泛到操作层面的落实深化，其促进了质量与效果的提升。布鲁姆的"教育目标分类法"把认知领域的教育目标分为知道（知识）、领会（理解）、应用、分析、综合、评价六个层次，在此基础上，结合小学数学课堂教学实际，主体性目标按从低到高的发展水平分为三个阶段九级状态，初级阶段即感知领悟阶段：了解、理解、认同，学生的思维处于低阶思维状态；中级阶段即行动实践阶段：掌握、运用、分享，学生的思维处于中阶思维状态；高级阶段即评价创新阶段：分析、评价、创新，学生的思维处于高阶思维状态。

品质发展厚是指把握品质内涵，品质发展要厚。品质发展厚主要表现在基础性品质的"三佳"方面：习惯好、责任强、精神优。育人为根本，厚德重道，通过知识认识、榜样事例、心灵共鸣三个层级的过程开展活动，主要的实施策略如下：基于方法训练能力，基于规矩养成习惯，基于任务强化责任，基于价值树立精神，基于爱心塑造美好心灵。品质性目标的落实，小学数学课堂从知识技能的课堂上升到教书与育人并重的课堂，育人品质在课堂上得到扎根式的、增量式的变化。

（五）"实活厚"课堂教学内涵发展结构图

"实活厚"课堂教学内涵发展结构图。如图1-1所示。

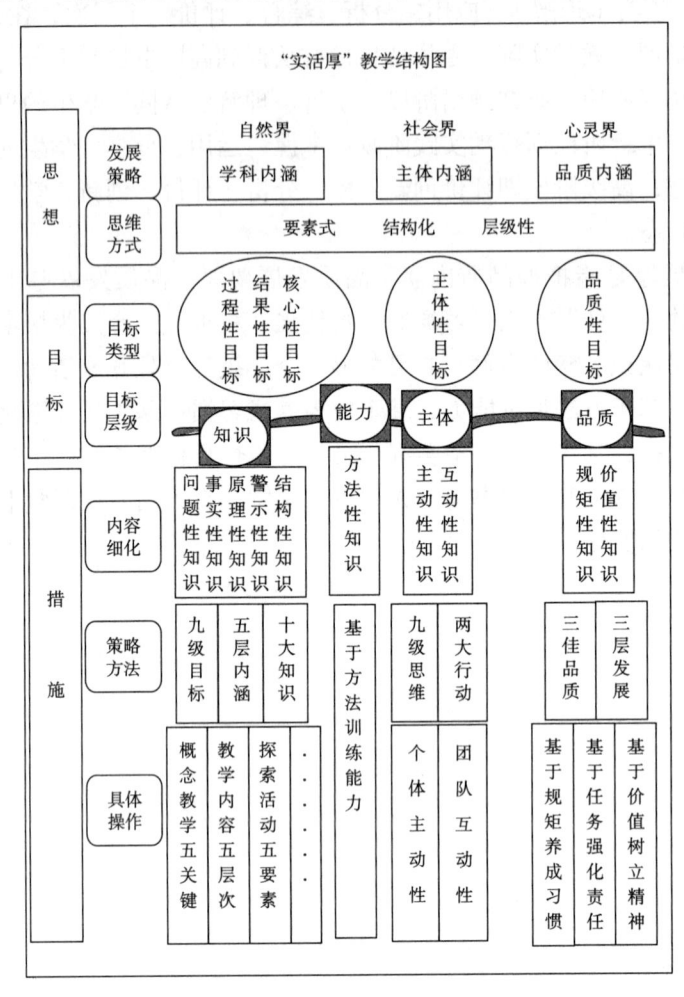

"实活厚"教学结构图

思想	发展策略	自然界 学科内涵	社会界 主体内涵	心灵界 品质内涵
	思维方式	要素式　结构化　层级性		
目标	目标类型	过程性目标　结果性目标　核心性目标	主体性目标	品质性目标
	目标层级	知识	能力　主体	品质
措施	内容细化	问题性知识　事实性知识　原理性知识　警示性知识　结构性知识	方法性知识　主动性知识　互动性知识	规矩性知识　价值性知识
	策略方法	九级目标　五层内涵　十大知识	基于方法训练能力　九大思维　两大行动	三佳品质　三层发展
	具体操作	概念教学五关键　教学内容五层次　探索活动五要素……	个体主动性　团队互动性	基于规矩养成习惯　基于任务强化责任　基于价值树立精神

图1-1　"实活厚"课堂教学内涵发展结构图

（六）课堂教学理论

1.项目设计理念依据

（1）建构主义理论。建构主义学习理论强调以学生为中心，不仅要求学生由外部刺激的被动接受者和知识的灌输对象转变为信息加工的主体、知识意义的主动建构者，还要求教师要由知识的传授者、灌输者转变为学生主动建构意义的帮助者、促进者，这就意味着教师要在教学过程中采用新的教学策略、新的教学方式和新的教学设计思想。

（2）目标设置理论。目标设置理论是爱德温·洛克于20世纪60年代末提出的，强调目标在行为中的作用。他认为在决定个体的行为方面起直接作用的是个人本身为自己设定的具体目标，目标的最基本作用就是引导个体行为的方向，使个体的思想和行为沿着特定的轨道进行。它使人们知道他们要完成什么任务以及付出多大的努力才能完成。根据洛克的目标设置理论，在课堂教学中，教学活动要在传统的结果性目标和过程性目标的基础上，新增加核心性目标、主体性目标和品质性目标，才能有效落实"立德树人"这个教育的根本性目标。

（3）层次理论。需要是人类行为的积极的动因和源泉。需要引起动机，动机驱动行为。马斯洛按照由低到高的顺序将人的需要分为五个层次：生理需要、安全需要、社会需要、尊重需要和自我实现需要。当某一种需要没有得到满足的时候，人就会去追求它，从而产生内驱力。当这种需要得到满足以后就不再有动力了。而这时又会产生高一个层次的需要，再驱使人去追求它，直到自我实现。

课堂教学的目标分为四大层次，依次是知识层次、能力层次、主体层次、品质层次，不同目标各自有不同的发展层次，以课为载体，以人为核心，力促多个层次教学目标的实现。因此，教师要从零散性知识到结构性知识，开展知识层次的教学。只有在方法性知识的指导下，知识才能变成能力；教师要重视思维对象的清晰化，以迁移应用的方法解决问题，开展能力层次的教学。从思维的灵活性、个体的主动性、团队的互动性落实主体性目标，开展主体层次的教学。能力只有在规范性知识的结合下自觉呈现，才能成为习惯；习惯只有在价值性知识的融合下形成精神信仰，才能成为品质。教师要培养学生终生受用的基础品质，促使他们基于规矩性知识养成良好习惯，基于任务强化责任担当，基于价值性知识追求高尚精神。

（4）要素结构理论。要素的有效结构形成内涵特征。

1919年，瑞典赫克歇尔发表的题为《对外贸易对收入分配的影响》的论文中，认为即使两个国家各个生产部门技术水平相同，这两个国家生产要素禀赋的差异也会形成不同的比较优势，只要生产不同产品所使用的要素比例不同，就会存在分工和贸易。这一观点经其学生，瑞典经济学家伯蒂尔·俄林在1933年发表的经典著作《地区间贸易与国际贸易》一书中阐释和发展，创立了要素禀赋理论，理论学界称其为"H-O理论"，又称为"赫克歇尔-俄林理论"。

要素禀赋理论认为，不同的生产要素比例能生产出不同需要的商品。要素禀赋论认为，产生比较成本差异的两个前提条件如下：一是要素禀赋不一样，二是在生产过程中所使用的要素配置不一样。将其延伸借鉴到课堂教学之中，可以认为不同的要素及要素配置的不一样形成的一定的结构，称之为要素结构；这种要素结构在指导活动过程中形成的比较固定的思维模式，称之为思维模块。

2."实活厚"课堂教学理论

（1）动态知识理论。动态知识的原理是动态知识才是真正发展的力量。碎片化的、静止的知识不再是力量，动态知识是从过去注重对教学共性问题的研究转向特别关注个性问题研究的重要发展。改变知识观念，即实现从知识就是力量到动态知识才是真正的力量的转变。

联合国教科文组织2015年发布的《反思教育：向"全球共同利益"的理念转变》报告中重新界定了知识，认为碎片化的、静态化的知识不再是力量，而动态的知识才具有力量，才是真正发展的力量。

在信息社会里，碎片化知识随处可得，碎片化的、静止的知识不再是力量。什么是静态知识？什么是动态知识？教科书所承载的未经个性化交流的知识，一般是静态知识；而融入了个性化理解消化或运用创造的知识才是动态知识。对教材照搬、照抄的知识，机械背诵的知识是静态知识。动态知识是个性化表达的知识，把碎片化知识进行整合，把教材里静止的知识经过学习主体有思想、有价值、有态度、有品质地融入，个性化地理解消化或运用创造，在保持知识科学性的前提下，带有明显的个性特征表现形式的知识。我们的学校教育到底是应该教给学生静态知识，还是动态知识？很显然，静态知识是死的知识，动态知识是活的知识，课堂教学学生学到的知识应该是动态知识。如何把教材的静态知识发展成动态知识，才是教学内容把控的关键，才是吃透教材的关键。

在信息化、智能化时代，课程知识观发生了极大的变革，粗放型的、碎片化的知识已经很难形成力量，只有动态知识才能真正发挥力量。

（2）内涵发展理论。

内涵发展的原理是提高质量走内涵发展之路。做正确的事比正确地做事更重要，教什么比怎样教更重要。五层内涵是策略，十大知识是关键，单元知识是桥梁，动态知识是目标，核心贯穿促发展。从学科领域的高度把握核心知识，从单元的广度整体把握命题级知识，从课时的精度精准把握课时知识，从教师内化教学内容的深度深入浅出地把握教师级动态知识，从学生课堂活动的灵活程度在活动细节上把握学生级的动态知识。

三大发展、三大思维促进全域性内涵发展。内涵发展的思维特点是什么？整体发展的思维特点是什么？高阶发展的思维特点是什么？内涵发展、整体发展、高阶发展为三大发展，"要素式、结构化、层级性"思维为三大思维。随着改革的进一步深入，"实活厚"课堂教学开始由规模发展转向更加注重内涵发展的新时期。

①要素式。内涵发展要素式思维认为，内涵发展以内涵的关键要素作为思维的重要抓手，要素的有效结构形成内涵特征。

如课程内容以十大知识为要素，教学目标以五大目标为要素，探究活动以"主体、问题、方法、现象、抽象"为五大关键要素等，教师以要素式思维开展教学教研活动。

②结构化。整体发展结构化思维认为，结构决定功能，不同的结构决定了各自不同的功能；功能促进结构的优化，机体需要不同的功能就会分化出不同的结构。学习需要结构化的思维，优化的结构能带来更优的功能。

如问题的结构化发展，从核心问题到基本问题形成结构化发展。以要素式思维为基础，依据维果茨基"最近发展区"理论，提供思维支架，围绕教学重心，创设核心问题和基本问题，精细化提升数学思维发展水平，形成内涵发展的特色，实现问题与活动的有效统一，从而促进学生深度思维的形式。教师要引领学生养成思考习惯，使其思维的深度、广度，思维的灵活性与批判性、创新性等思维品质都能得到有效的提高。下面笔者以人教版五年级上册第六单元《多边形的面积》中的"梯形的面积"为例，谈一谈核心问题与基本问题。

核心问题，加强探究活动整体目标的针对性。在"梯形的面积"这一课时的教学中，核心内涵主要是面积的计算与转化法，主要形式是核心问题与基本问题贯穿整个单元的教学。核心问题是"梯形的面积怎样计算？"，学生带着核心问题开展探究活动，围绕核心问题进行交流互动，提高了教学活动的思考性和针对性。

基本问题，提升交流互动有话可说的实效性。为了落实核心问题，可将其分解成系列的小问题，这些小问题称之为基本问题或问题组串，具体如下：梯形可以转化成学过的哪些图形？怎样转化？转化前后图形有什么变化（变或不变）？转化前后的图形有什么对应关系？怎样计算梯形的面积？教师要以问题的形式，引导学生开展合作交流活动，问题具有多个层面的水平，交流互动要做到有的放矢，以使不同的学生都得到发展。

人脑具有深度结构，认知过程是一个复杂的脑活动过程。认知过程逐层

小学数学教学深度化创新:"实—活—厚"

进行,逐步抽象:人类层次化地组织思想和概念,首先学习简单的概念,然后用它们去表示更抽象的概念。知识学习需要有广度和深度:知识学习不是对符号的占有,而是基于对知识的逐层深度加工,是发展高阶思维和能力的过程。学习有许多的结构,如学科内涵的结构、学科能力的结构、学习过程的结构、学习目标的结构等,从而带给人们更优的学习。

其一,线性结构。内涵要素的线性式结构,是课堂教学时间顺序的重要特征,课堂活动以要素的线性结构为主要结构,突出了学习活动以时间为序的重要性。其二,层级结构。"实活厚"课堂以多层结构为主要结构进行发展,这里的多层级结构是指问题、思想、目标、内容、策略与成效,这六个要素形成循环,能够持续发展,称之为"六环行动"或"六环生态循环"发展。其三,整体结构。整体性落实目标,注重整体结构的建构。"实活厚"课堂的整体结构指是课堂整体以问题、思想、目标、内容、策略与成效等多个层级、多个要素形成的网络结构为主要整体结构;以一个中心、一种境界、两大重点双向落实为主要思想;以结果性、过程性、核心性、主体性、品质性等五大目标为主要目标;以三大内涵和十大知识为主要内容;以三大理念、三大思维为发展策略。其四,局部结构。注重各部分结构的完善,以优化局部结构促进教学效果提高。优化三大内涵发展的各部分结构,通过五层内涵、十大知识落实学科内涵,通过三个阶段、九级状态落实主体内涵,通过"多个基于""多种品质"落实品质内涵。

③层级性。高阶发展层级性思维认为,高阶发展追求一种境界,即为了更好。为了更好,就是促进目标的层次性发展、内容的层次性发展、对象的层级性发展。为了更好地教,为了更好地学,为了更好地促进人的全面发展,促进每个学生积极主动地、生动活泼地发展;为了更好的思想、更好的目标、更好的内容、更好的方法、更好的过程、更好的效果等。更好,没有止境。

为了"对象"层级发展。为了更好的学生,解决实际问题促进学生积极主动全面发展;为了更好的教师,改善教育行动促进教师专业可持续发展;为了更好的教育,发展师生素质促进教育质量公平优质发展。

为了"目标"层级发展。"为了更好的目标"开始了"五类目标"的研究。在结果性目标、过程性目标的基础上增加了核心性目标、主体性目标和品质性目标。把只停留在观念层面的"主体性目标"和"品质性目标"落实到操作层面,并继续进行层级性研究,因为各个目标又可分为不同的层次。

各类目标的层次性发展。在《义务教育数学课程标准(2011年版)》中,结果性目标分为"了解、理解、掌握、运用"四层;在此基础上继续深入研究，为了在课堂教学中更好地提质增效，结果性目标分为三个阶段、九级目标，初级阶段即感知、领悟阶段的目标：了解、理解、认同；中级阶段即行动、实践阶段的目标：掌握、运用、分享；高级阶段即评价、创新阶段的目标：分析、评价、创新。过程性目标分为"经历、体验、探究"三层；核心性目标分为概念、要素、观点、实践四层；主体性目标分为三阶九级状态，九级目标分别具有清晰的思维对象；品质性目标分为习惯好、责任强、精神优等多个方面。

为了"内容"层级发展。内容的层级性发展，学科内涵分为五个发展层次，分别是"核心性知识、命题性知识、课时性知识、教师级动态知识和学生级动态知识"，学科内容以"现象、动象、图象、想象、抽象"五象层级性发展。主体内涵层级性发展，分为思维内在素养与行动外显表现，即思维性、主动性、互动性。品质内涵层级性发展，分为知识认识、榜样事例、心灵共鸣三个层级。

（3）基础品质理论。基础品质的原理是：教育的根本任务，是立德树人，其核心是培养健康品质。小学是人生品质形成的关键时期，而人生最重要的基础品质是习惯好、责任强、精神优。习惯、责任、精神是人生素质基础中的基础。育人育本，教人交心，教师要通过知识认识、榜样事例、心灵共鸣三个层级开展活动，使学生基于规矩养成习惯，基于任务强化责任，基于价值树立精神，基于爱心塑造美好心灵。

（4）团队发展理论。团队发展的原理是团队协调发展能促进教学质量的提高，响应团队的积极互动是个人价值的最佳载体。注重思维过程与核心能力的落实是最重要的特征，活动过程的互动是其最重要的表现：尊重差异是基础、交往互动是过程，合而不同是结果，学会沟通，及时交流，善于分享。团队协调发展通常表现为同桌学习、小组学习、展示汇报、质疑交流、赏识激励等。

第二章 学科内涵要实

一、学科内涵的现实意义

学科内涵落实难的问题——主要是浅层教学的问题。在教材的理解中,浅层次教学的主要表现是知识的单一化、碎片化,缺少思维的结构性,缺少知识的动态化;在教学设计时,浅层次教学的主要表现是以教材内容为中心而不是以教学目标为中心,忽视了以学生为重点;在探索活动中,浅层次教学的主要表现是在注重行为习惯培养的同时忽略了探索问题,缺乏对问题的思考;学习活动中重视了原理性、内容性知识的抽象而忽略了方法性知识的抽象,缺少方法性知识的抽象与迁移应用是浅层次教学的表现。课堂教学中,浅层教学的问题是较普遍存在的。课堂教学停留在浅层次的教学,学生接受知识只停留在"知道、理解"的认知水平,缺乏实践运用,很难实现"运用、分析、评价、创造"的高层次认知,教师重知识传授,轻能力培养;重浅层次思维活动,轻高阶思维培养。

二、学科内涵的基本认识

(一)学科内涵概念

什么是学科内涵?什么是学科内涵要实?

小学数学的学科内涵,是属于自然界范畴的学科内涵,学科内涵是指小学数学学科内涵,以自然界为思考范畴,主要回答学什么的问题,要学文化、学知识,从已有中学未来;主要思考其内涵的要素、知识的表现形态、完成学业时所要达成的目标程度等。

学科内涵从零散式碎片化向系统性结构化转变,从粗放型到要素式精细化落实，促进了教育质量的提升。学科内涵要实，就是学科内涵要落实，主要表现在内容充实、方法实在、目标扎实，这样的课堂就是实力课堂。

数学是研究数量关系和空间形式的科学。数学的学科内涵的关键要素有三个：一是数量关系；二是空间形式；三是科学。数量关系包括数、数量、数量的关系等，简称"数"；空间形式包括现象、图形、运动状态等，简称"形"。所以，"数""形"结合是小学数学的根本大法。数学家华罗庚先生说：数缺形时少直观，形缺数时难入微，数形结合百般好，隔离分家万事休。艺术追求的是个性化，是很难重复的，科学是求真的，是可以重复进行的。特别是在教学问题解决的过程中，总会听到有个别老师抱怨说，"习题类型相同时，学生还能够解决，而问题类型变式时，学生就不会做了。"这样的数学，就教得很不"科学"，能够解决不同形式的问题，方法策略能够迁移推广，才符合数学内涵第三个要素"科学"的要求，如果方法策略不能推广、迁移、应用，就不科学。《义务教育数学课程标准（实验稿）》指出：数学是人们对客观世界定性把握、定量刻画、逐渐抽象概括、形成方法和理论，并进行广泛应用的过程。其中，强调了"形成方法推广应用的过程"。

（二）学科内涵的特征

学科内涵的主要特征表现为内容充实、方法实在、目标扎实，简称"三实"；以三阶九级目标促进目标扎实的实现，以五层内涵促进内容充实的实现，以十大知识动态发展，以及主题实施、课例实践等促进方法实在的实现。这样的课堂就是实力课堂。

（三）学科内涵的类型

学科内涵的类型主要有五个发展层次，简称五层内涵，有时也称五级知识。五层内涵是指在"动态知识理论"思想指导下，以层级性思维为主要特点，从静态知识向动态知识发展过程的五个不同层级的知识转变，这五个不同层级的知识分别是核心知识、单元知识、课时知识、教师动态知识、学生动态知识。其中，单元知识又称命题级知识，教师动态知识简称教师级知识，学生动态知识简称学生级知识。

（四）学科内涵的目标

把握学科本质，学科内涵要实。核心性目标、结果性目标和过程性目标，是学科内涵的核心要素。以目标为抓手，发挥学科内涵在课堂实践过程中的诊断与导向功能，目标扎实落实学科内涵。其一，核心性目标主要包括运算能力、空间想象、数据分析、数学抽象、数学推理、数学建模、创新意识等。其二，结果性目标主要包括三阶九级目标。即三个阶段、九级状态的目标，简称九级目标或九级状态，三个阶段分别为感知领悟阶段、行动实践阶段、评价创新阶段；九级状态依次为了解、理解、认同、掌握、运用、分享、分析、评价、创新不同的结果性目标层次。三阶九级目标落细学科内涵，高阶发展层级性思维落实学科内涵。其三，过程层目标主要包括经历、体验、探索三个层次。这是《义务教育数学课程标准（2011年版）》提倡的过程性目标的层级。

1. 结果性目标在课堂教学中的常见问题

从课程论视角，分层解释应用，落实结果性目标。

目标表述不清晰是落实学科内涵的重大阻力。在四年级上册"商的变化规律"中，教师制定的教学目标是理解和掌握商的变化规律，并能运用这个规律进行相关的计算。对照《义务教育教学课程标准（2011年版）》结果目标的四个层次：了解、理解、掌握、运用，目标表述的是哪个层次？在目标中用了"理解"和"掌握"代表不同层次的关键词，那么对于商的变化规律的目标定位是第二层次的"理解"？还是第三层次的"掌握"？一个目标不能同时属于两个不同层次的目标。高层次目标的要求已经包含了低层次目标的要求，所以笔者建议把第二个层次目标的关键词"理解"删除，只保留第三个层次目标的关键词"掌握"。

目标的书面表达与活动中的行为脱节是学科内涵落实的关键症结。在一年级上册"认识图形"课例中，教师制定的教学目标之一是初步认识正方体、长方体、圆柱、球。在课堂上的教学活动情况如下，教师对学生说：你能从袋子里摸出正方体吗？你怎么知道是正方体的？说一说正方体有什么特点？然后开展了摸球、说特征的活动。这里值得我们思考的是制定的目标是什么层次？教学活动体现的又是什么层次？教师制定的目标是"初步认识"，属于《义务教育教学课程标准（2011年版）》四层结果目标中的第一层，而教学活动中让学生描述图形的特征，已经是四层结果目标中的第二层"理解"层次，因此这样的教学活动并不合格。制定的目标与活动的目标不相符，结果目标四个层次内涵之间的区别联系有待提高。初步认识层次的目标，就是了解、知道，能举例、辨认就是第一层次的要求。因此，笔者认为应该修改活动设计，让学生摸出几何体，并说出名称即可。

2. 学科内涵以自然界为大背景

在高阶发展层级性思维为主要思想的指导下，小学数学的学科内涵，主要是以自然界为大背景的，其要求学生科学求真，学习知识技能，具备解决问题的实践能力、应对复杂环境的能力，掌握和运用优秀文化，发展成为有深厚文化基础的人。高阶发展层级性思维，凸显目标的层级性，以三阶九级状态落实学科内涵。

3.能力是外显表现

布卢姆在"教育目标分类法"中把认知领域的教育目标分成知道（知识）、领会（理解）、应用、分析、综合、评价六个层次，在此基础上，结合小学数学课堂教学实际，结果性目标按从低到高的发展水平分为三个阶段、九级状态。

能力是外显表现，是学科内涵的结果性目标，能力主要反映在结果性目标上，以高阶发展层级性思维为主要特点，由弱到强分为三个阶段、九级状态；三个阶段分别为感知领悟阶段、行动实践阶段、评价创新阶段；九级状态依次为了解、理解、认同、掌握、运用、分享、分析、评价、创新不同的结果性目标层次。

感知领悟阶段突出了三大重点之一"创设情境"，从抽象知识转向"具体情境"，注重营造学习情境的真实性，符合小学生学习过程以具体形象思维为主要特征的特点。行动实践阶段进一步突出三大重点之一"思维过程"，凸显思维的对象与方法，掌握层次的目标以"方法"的迁移为主要思维对象，运用层次的目标以"问题"为主要思维对象，思维过程有法可依。评价创新阶段进一步突出了三大重点之一"核心能力"，其包括以内在"关联"为主的分析、以标准评判行动为主的评价，以及创新改进的能力等。

4.九级目标的具体内涵

初级目标是了解、理解、认同，属于感知领悟阶段，是较弱能力的目标。

（1）了解是指从具体实例中知道或举例说明对象的有关特征；根据对象的特征，从具体情境中辨认或者举例说明。

（2）理解是指抓住内涵的关键要素，以概念为主要形式描述对象的特征和由来，阐述此对象与相关对象之间的区别和联系。

（3）认同是指针对相关的事、人或物发表自己的观点，表明自己的态度，是肯定赞扬还是质疑、反对，对于正确的知识与观点予以肯定赞扬，对于不正确的、不科学的知识与观点予以质疑、反对。敢于坚持真理，敢于质疑探索，敢于实事求是科学精神与中华民族精神的重要基础。正是因为增加了"认同"状态的目标，精神层面的目标才能扎实地落实在活动之中。感知领悟阶段最有价值的教学目标就是学生的观念，教师要了解学生的观念，帮助学生形成更精彩的观念。

中级目标是掌握、运用、分享，属于行动实践阶段，是中等能力的目标。

（4）掌握是指在理解的基础上，把方法规律迁移、推广到新的对象、新的情境之中。

（5）运用是指使用知识方法解决问题，用行动取得实践效果和理性成果。一般情况下，学生可以综合运用知识和方法，解决实际问题。

（6）分享是指将自己的感受、经验说给他人听，注重通过感悟把行为与理性结合起来。

高级目标是分析、评价、创新，属于评价创新阶段，是较强能力的目标。

（7）分析是指将事物或材料分成若干组成部分，并确定这些部分是如何相互关联的，有条理地表达自己的思考过程和认识水平。分析是对知识之间的关系性、关联性的比较认识，人们可以采取现象与本质相结合、观念与操作相结合的方法，对解决问题的过程和成长发展的历程，成果的等级和策略的优劣进行剖析。分析包括事情的因果关系、过程与结果的关系、现象与本质之间的内在联系等的条分缕析，也包括厘清当前材料与背后潜在的观点、价值或意图之间的关系、内涵要素之间的结构关系等。

（8）评价是指依据标准对事物做出分析并且进行价值判断，标准是指规矩、准则、工具等，评价包括对标准的解释、事实的梳理，且进行对照评判，对具体内容与标准内容的分析判断，达成标准程度的分析判断，对未达成标准而存在问题的判断与建议。评价是依据标准衡量行动水平，评判制度、行动的实际效果与水平，并提出有价值的引领，反思学习过程的优势或不足，提出值得继续发扬或需要改进的地方。

（9）创新是指内涵要素的变化或要素结构的变化，小学生的创新，是指知识与能力、主体性与品质性的创新，是指相对于学生自己、学生群体的一种新变化、新发展。这里的创新主要是自己与自己相比、个体与团体相比而言的一种新发展、新进程，主要包括发现和提出新的问题、分析和解决新的问题，形成自己或团队新的认知。

5.九级目标的学业表现

主体性目标的三阶九级促进了"实活厚"课堂的提质增效，其表现可分为感知领悟水平的表现、行动实践水平的表现、评价创新水平的表现。

感知领悟水平的表现。以数学眼光观察感知，落实初级目标，凸显数学思维。了解、理解、认同是感知领悟的关键要素，也是三个不同层级的状态。感知领悟是主体性目标的初级阶段，初步了解感知为起始，理解内涵为过程，认同接纳是结果。在观察中了解，从具体情境中辨认或者举例说明对象；在活动中理解，不仅举例还能描述特征，以概念表达；在内化中认同，从内心接纳，这是行动发展的重要基础。

（1）了解：能从具体情境中辨认对象或者举出实例。其关键要素是辨认、举例。学业表现如下：能够在生活实践和其他学科中发现数学事实，能辨认或举例客观世界中的数学现象，包括活动现象、物体实例、概念、法则、定律、公式的例子；能表述概念的现实背景；能直观辨认或想象；能发展学生的现象水平、直观水平。

（2）理解：能用概念描述对象，能描述对象的特征，能揭示客观事物的本质属性。其关键要素是概念、特征。例如，描述对象的静态特征、动态程序，能针对对象特征提出问题、操作程序、实践方法等。学业表现如下：能概括一类客观事物的特征，形成概念或下定义，能用概念解释数学事实，能从数学角度解释现实世界，能够在生活实践和其他学科中发现客观对象包含的数学概念的元素，能用概念的关键元素表达事物之间关联的特征，能提出数学方法的内容或操作步骤程序；能够在实际情境中发现与提出有意义的问题；能简约、精确地描述自然现象、科学情境和日常生活中的数量关系与空间形式；发展学生的图像表达、概念表达、数据表达、算式表达、关系式表达等抽象水平，使学生逐步形成数感、量感、符号意识、抽象能力、几何直观、空间观念；能使学生形成现象思维与抽象思维的融合。

（3）认同：能接纳自己、肯定他人。其关键要素是接纳自己、肯定他人。学业表现如下：知识与能力的认同，核心性、结果性与过程性的认同，能接受、肯定他人提出的问题、思路、方法、结果等。主体性与品质性的认同，如能总结自己的进步、认可别人的变化。

行动实践水平的表现。以个体主动发展落实中级目标，达成个性发展。掌握、运用、分享是行动实践的关键要素，也是三个不同层级的状态。行动实践是主体性目标的中级阶段，做中学、做中求发展是落实主体性中级目标的最好方法。

（4）掌握：是指在理解的基础上，把方法、规律迁移、推广到新的对象、新的情境之中。其关键要素是方法、规律、迁移、推广。例如，开展推理、运算、问题解决、问题探究、活动发现等活动。学业表现如下：发展学生的动象水平，能经历独立的数学思维过程，能经历数学"再发现"的过程；能进行有意义的数学探究；能够运用数学的思想方法探究自然现象或现实情境所蕴含的数学规律，能迁移运用数学方法与学习方法；能够运用数学模型解决问题；能够根据已知事实和原理，合乎逻辑地推出结论，能对算式、代数式进行正确的估算、口算、笔算，能运用定律进行简便运算；在实际生活中与其他学科中构建普适的数学模型，能够运用符号运算、形式推理等数学方法，在数学运算、解决问题、探究发现、逻辑推理等活动的过程中具有勇于担当的精神。

（5）运用：是指使用知识方法解决问题，使行动取得实践效果和理性成果。一般情况下，学生可以综合运用知识和方法，解决实际问题。运用的关键要素是解决问题、效果、成果。例如，学生能够解决实际问题，在课堂活动中取得进步，包括自己与自己比取得的进步、前测和后测比取得的进步，这是实践效果；用文字、图画、表格等方式记录这些过程或结果变化的进步、提质增效的方案，就是理性成果。学业表现如下：能够发现结论、方法和规律，能正确地解决数学问题与实际问题；能记录活动过程与结果；能够描述数学基本概念和法则的发生与发展，能够合乎逻辑地解释或者论证数学的基本方法与结论，能表达解决简单的数学问题与实际问题的思维过程；建立数学基本概念之间、数学对象之间、数学与现实世界之间的逻辑联系；能构建数学的逻辑体系；发展学生的应用意识、解决问题的能力。在活动过程中培养责任感、精益求精的工匠精神，以及有错就改的科学态度。

（6）分享：是指将自己的感受、经验说给他人听，并注重通过感悟把行为与理性联结起来。例如，能与他人分享自己的想法与经验，能将方法迁移到应用上，能在活动中教授他人，在从个人走向团队的过程中起到辐射指导的作用；能汲取他人值得借鉴的经验，互学互鉴，有获得感，有自信心。其关键要素是经验、迁移、指导。学业表现如下：具有合作交流的意愿，可以与他人分享自己的想法与经验。

评价创新水平的表现。以团队互动落实高级目标，达到共同发展。分析、评价、创新是评价创新的关键要素，也是三个不同层级的状态。评价创新是主体性目标的高级阶段，从个体发展到团队发展是质的飞跃。团队发展原理、团队协调发展能促进教学质量的提高，响应团队的积极互动是个人价值的最佳载体。注重思维过程与核心能力的落实是其最重要的特征，活动过程中的互动是其最重要的表现：尊重差异是基础、交往互动是过程、和而不同是结果，学会沟通，及时交流，善于分享。其表现形式通常为同桌学习、小组学习、展示汇报、质疑交流、赏识激励等。

（7）分析：是指将事物或材料分成若干组成部分，并确定这些部分是如何相互关联的，从而有条理地表达自己的思考过程和认识水平。分析是人们对知识之间的关系性、关联性的比较认识，其能采取现象与本质相结合、观念与操作相结合的方法，对解决问题的过程和成长发展的历程进行剖析，能对成果的等级，策略的优劣进行剖析。分析包括事情的因果关系、过程与结果的关系、现象与本质之间的内在联系等的条分缕析，也包括厘清当前材料与背后潜在的观点、价值或意图之间的关系、内涵要素之间的结构关系等。其关键要素是关联、比较、剖析。学业表现如下：逐步形成重论据、有条理、合乎逻辑的思维品质；能正确分析数学问题解答的过程；经历利用数据和数学模型对现实世界中的事物的表达过程；能运用方法、模型表达解决问题的过程；有意识地从数量特征方面使用真实数据，表示、表达、解释、分析、预测现实世界中的不确定现象，通过数据分析形成合理的判断或决策；逐步养成讲道理、有条理的思维习惯。

（8）评价：是指依据标准对事物做出分析并且进行价值判断，这里的标准是指规矩、准则、工具等，评价包括对标准的解释、事实的梳理，且进行对照评判；对具体内容与标准内容的对照分析，达成标准程度的分析判断，对未达成标准而存在问题的判断与建议。评价是依据标准衡量行动水平，评判制度、行动的实际效果与水平，并提出有价值的引领，反思学习过程的优势或不足，提出值得继续发扬或需要改进的地方。其关键要素是标准、判断、价值引领。学业表现如下：知识与能力的评价，核心性、结果性与过程性的评价，能够理解问题、数据的意义与价值，能够针对数学问题进行正确的验算，形成验算后的结论；能够正确评判问题解决的过程与结果；主体性与品质性的评价，能评价自己的积极主动性；能评价他人在团队中的互动性；敢于质疑不同的观点，能够客观评价自己或同学在活动中的长处与不足；形成实事求是的科学态度；逐步养成用数学语言表达与交流有关事物的习惯。

（9）创新：是指内涵要素的变化或要素结构的变化，小学生的创新，是指知识与能力、主体性与品质性相对学生自己的创新，是指相对于学生自己、学生群体的一种新变化、新发展。这里的创新主要是自己与自己相比、个体与团体相比而言的一种新发展、新进程，主要包括发现和提出新的问题、分析和解决新的问题、形成自己或团队新的认知。其关键要素是相对是新的、进步变化、综合发展、具有创新意识。学业表现如下：知识能力的创新，即创造出的情境、问题、例子、结论、思维等相对是新的，能达到新境界、新角度、新高度；主体性与品质性的创新，即能不断改善学习行为，能不断改进学习方法，能使良好的习惯、高尚的精神、美好的心灵在新的情境、新的活动中得到持续发展，并逐步形成和发展基于日常学习活动的数据意识、模型意识、应用意识和创新能力。

6.九级目标与课堂四环节的融合发展

分层解释应用是数学发展的重要途径。九级目标是针对教学结果目标而言的，练习应用环节是针对课堂基本结构而言的。练习应用环节是数学教学中重要的活动环节，是有效落实九级目标的重要组成部分。基本练习、综合练习、拓展练习是练习应用中的基本层次。本环节始终把三大内涵的有效融合作为指导思想，面向每一个学生，既考虑到大多数学生的学习情况，为数学学习基础比较薄弱的学生搭建了一个个台阶，为他们能够较顺利地掌握每一课时的基础知识而设计了基本练习，从而增强了他们学习数学的信心、习惯、责任、精神等品质，又为学有余力的学生提供了综合运用知识、方法的练习，以及灵活性较强的拓展性题目。

什么是基本练习？基本练习的"基本"是指基本内容、基本形式和基本目标，是针对课时知识要点而设计的，是学生应全部准确掌握的基础知识。基本练习中包括了再现式练习、模仿性练习和变式性练习等针对新内容的基本练习。例如，五年级的三角形面积练习中，基本练习的"基本"是指等底、等高的平行四边形和三角形的面积关系，根据底和高求三角形的面积是基本内容，填一填的填空题，根据图形求面积的图形题是基本形式，会求三角形的面积是基本目标要求。

什么是综合练习？综合练习中的"综合"主要是指知识的综合、方法的综合、思维的综合等，是针对课时知识技能目标的要求而设计的。课堂教学在综合中实现了知识点之间的相互沟通，从而提高了教师的教学效率。五年级下册第二单元"因数与倍数"的综合练习中有这样一道题：一块正方形地毯的面积是7.84平方米，它的周长是多少米？这道题考察的是小数、整数、分解因数、周长、面积的内在联系。将7.84平方米化成784平方分米，小数便化成了整数。已知条件是面积（784平方分米），而问题（它的周长是多少米）是求周长，如何沟通面积与周长之间的关系？能沟通面积与周长的是边长。因此，由面积先求边长，得到边长后再求周长。应用分解因数的方法，面积可分解为边长×边长，$784=2×2×2×2×7×7=（2×2×7）×（2×2×7）=28×28$，即正方形的边长是28分米。由边长如何求周长？周长=边长×4，则$28×4=112$（分米）=11.2米。这是新旧知识的综合应用，计算能力和实践能力的综合发展。

什么是拓展练习？拓展练习主要是指思维、能力的拓展，是针对本课时能力要求向外展现知识的内涵联系、向外拓展而编写的有一定的灵活性、有一定的难度的题目。其目的是培养学生的多种能力，丰富学生的经验性知识。学习旋转之后，你能提出什么问题？横截面是正方形的长方体，它的前面沿着前面与上面相交的棱顺时针旋转 90 度可得到上面，它的上面沿着上面与后面相交的棱顺时针旋转 90 度可得到后面，依此类推，后面旋转得到下面，下面旋转得到前面，这四个面是完全相同的。一个长方形旋转可以得到一个圆柱、一个三角形旋转可以得到一个圆锥。教师要让学生把问题带出课堂，使他们树立大课堂观的意识。

（五）学科内涵的理论

1. 动态知识理论

动态知识是从过去注重对教学共性问题的研究转向特别关注个性问题研究的产物。碎片化的、静态化的知识不再是力量，只有动态的知识才具有力量，才是真正发展的力量。动态知识是个性化表达的知识，是把碎片化知识进行整合形成结构化，把教材里静止的知识经过学习主体有思想、有价值、有态度、有品质地融入，个性化地理解消化或运用创造，在保持知识科学性的前提下，带有明显的个性特征表现形式的知识。

2. 内涵发展理论

其一，提高质量，走内涵发展之路。做正确的事比正确地做事更重要，教什么比怎样教更重要。五层内涵是策略，十大知识是关键，单元知识是桥梁，动态知识是目标，核心贯穿促发展。其具体内容是从学科领域的高度把握核心知识，从单元的广度整体把握命题级知识，从课时的精度精准把握课时知识，从教师内化教学内容的深度深入浅出地把握教师级动态知识，从学生课堂活动的灵活程度在活动细节上把握学生级的动态知识。

其二，三大发展、三大思维促进全域性内涵发展。内涵发展、整体发展、高阶发展为三大发展，"要素式、结构化、层级性"思维为三大思维。

要素式，即内涵发展要素式思维。要素结构理论认为，内涵发展以内涵的关键要素作为思维的重要抓手，要素的有效结构形成内涵特征。

结构化，即整体发展结构化思维。结构决定功能，不同的结构决定了各自的功能不同；功能促进结构的优化，机体需要不同的功能就会分化出不同的结构。学习需要结构化的思维，优化的结构能带来更优的功能。

层级性，即高阶发展层级性思维。高阶发展追求一种境界：为了更好。为了更好，就是促进目标的层次性发展、内容的层次性发展、对象的层级性发展。为了更好的学生，解决实际问题促进学生积极主动全面发展；为了更好的教师，改善教育行动促进教师专业可持续发展；为了更好的教育，发展师生素质促进教育质量公平优质发展。

三、学科内涵落实的基本策略

把握学科本质，学科内涵要实。在创设适合主体学习的内容方面，教师可以整体把握教学内容，把培养目标与核心内容落实到各领域、各单元、各课时的教学之中。学科内涵落实的基本策略主要有五条：一是以三个阶段、九级目标落实学科内涵；二是以五层内涵分层递进，落实学科内涵目标；三是以十大知识动态发展，促进学科内涵发展；四是主题实施落实学科内涵；五是课例实践落实学科内涵。

其一，以三个阶段、九级目标落实学科内涵。以整体性落实目标为思想，以高阶发展层级性思维为主要特点，以目标扎实为归宿，以三个阶段、九级目标为措施，以了解、理解、认同、掌握、运用、分享、分析、评价、创新为结果性九级目标，以凸显目标的层级性，落实学科内涵。

其二，以五层内涵分层递进落实学科内涵。做正确的事，比正确地做事更重要。以整体性把握内容为思想，以高阶发展层级性思维为主要特点，以内容充实为归宿，以五个发展层次为措施，以核心知识、单元知识、课时知识、教师动态知识和学生动态知识为五个发展层次。五个发展层次也称五级知识，其通过从宏观到微观层级性发展，落实小学数学学科内涵，落细知识的表现形态。

其三，以十大知识动态发展落实学科内涵。落实科学内涵最有效的方法是做中学，做中求发展。其以知识动态发展为思想，以内涵发展要素性思维为主要特点，以方法实在为归宿，以十大知识为措施，以问题性、事例性、方法性、抽象性、警示性、结构性、价值性、标准性、目标性、成效性为十大知识。十大知识是动态知识，十大知识动态发展是精细化精准落实的措施。

其四，主题实施落实学科内涵。主题实施是实践的重要策略。其以问题为导向，以问题形成主题，按主题性或能力性进行组织教学活动，主要的实施策略是"三大重点""八大典型课例"。主题实施以教学活动中突出情境创设、思维过程、核心能力为三大重点，以八大问题形成主题，以八大主题形成八种典型课例，这八种典型课例分别是核心目标课、创新意识课、统计概率课、概念教学课、内容层次课、计算教学课、问题解决教学课、探索活动课等；每一种课例以内涵发展要素式思维为主要特点，突出要素式线性结构的实践特征，分别以四种表达、四个要素、四个要点、五个关键、五个层次、五个方面、五步操作、五个要素落实学科内涵。即通过八种典型课例的关键要素落实学科内涵，落实核心性目标的四步表达、创新意识四个要素、统计概率教学四个要点、概念教学五个关键、教学内容五个层次（又称五象层次）、计算教学五个方面、问题解决教学五步操作、探索活动五个要素。学科内涵从零散式碎片化发展到系统性结构化转变，从粗放型到要素式精细化落实，促进了质量、效果的提升。

其五，课例实践落实学科内涵。课例实践也是落实学科内涵的重要策略。其以课例为载体开设研磨活动和日常教学实践活动，把问题主题、内涵要素、活动形式、思维模块等有机融合，深化研修内容，尊重教师的主体地位；使理论和经验相结合，有效帮助团队教师掌握理论、形成技能与方法，切实提高课例研磨水平，促进理念与实践的有效结合，促进教学观念有效地转化为教学行为，促进教师依据思维模块自主进行专业发展，使教师能有依据地对课例研磨进行点评、指导、创新。

四、主题实施落实学科内涵

（一）以五层内涵分层递进落实学科内涵

五层内涵是学科内涵的重要知识结构，知识结构是能力的重要基础。什么是知识结构？知识结构在教学中如何提高教学质量？知识结构是指概念、原理和规律内在的本质联系。良好的小学数学的知识结构能促进学生获得良好的认知结构。数学的不同知识结构直接影响着学生的认知结构，学生的认知结构直接影响着问题能力。科学的数学知识结构是促进学生建构良好认知结构的基础。其以差异的数学知识结构来适应学生所需要的不同认知结构，以学生的不同认知结构来建构多样化的问题能力，以多样化的问题能力培养多样化的主体发展。正是如此，学科内涵以五层内涵、十大知识作为学生的认知结构的重要基础，作为提高能力，特别是解决问题的能力的重要基础。

以五层内涵分层递进落实学科内涵，具体为以整体性把握内容为思想，以高阶发展层级性思维为主要特点，以内容充实为归宿，以五个发展层次为措施，以核心知识、单元知识、课时知识、教师动态知识和学生动态知识为五个发展层次。五层内涵具体实施如下：

1. 核心性知识——从领域的高度把握核心性知识

核心性目标讲起来容易做起来难，这是大多数老师感到困难之处。核心性目标的科学制定与有效落实的前提是什么？在内涵发展要素式思维的思想指导下，经过多年的实践证明，目标的科学制定与有效落实的重要前提就是具备清晰的概念，以及清晰的概念要素。因此，核心性目标的概念及其概念的关键要素是科学制定与有效落实的前提。为了从领域的高度把握核心性目标，使其更好地落实在教学实践活动之中，以下分别从核心性目标的概念及其概念的关键要素两个方面开展实践研究。

什么是核心知识？各个核心性知识分别包括哪些具体内涵的关键要素？核心性知识是指小学数学学科的高度，及学科各领域高度的核心素养。我们在日常教学活动实践，如备课、上课、研课、说课、评课"五课"活动中，最常用的也是最具有实践指导价值的小学数学学科的核心素养，根据课标精神，其主要包括以下几个方面：运算能力、空间想象、数据分析、数学抽象、数学推理、数学建模、创新意识等。

（1）运算能力。站在领域的高度，建立运算能力核心性目标。什么是运算能力？运算能力的内涵要素主要包括哪些方面？在计算教学中如何落实运算能力？运算能力是指依据运算算理与运算法则进行数学运算的能力。运算法则是指广义的法则，包括加减乘除四则运算的法则、运算定理定律等。运算能力的主要形式表现在算式运算、定律应用、方程求解、利用运算解决实际问题等方面。

运算能力的内涵要素主要包括以下五个方面：运算的意义（运算对象与数量关系、运算解决的问题与情境）；运算的算理（具体情境的理解与计数单位的理解）；运算的算法（法则与过程、现象与抽象）；具体运算（运算思路与寻求合理简洁的运算途径，算法多样化与优化）；问题解决（运算结果解决实际问题）。

（2）空间想象。站在领域的高度，建立空间想象核心性目标。

什么是空间想象？空间想象的内涵要素主要包括哪些方面？在图形教学中如何落实空间想象？

空间想象是指对物体、图形的空间形式的感悟、想象与表达。空间想象是数学的重要素养，其在教学中的主要功能：空间想象是学生感悟数学与客观世界联系的基本途径，是数学思维的基本方式，是用数学语言表达现实世界、解决实际问题的基本手段，其能促进数学思维发展，有助于提高学生的数学能力和科学精神。

空间想象的内涵要素主要包括以下五个方面：现象、图象、动象、想象、抽象。其一，现实生活客观世界存在着许多的具体物体、形体，简称现象；其二，从具体物体抽象出几何图形，简称图像；其三，以图像的动态呈现或认识主体以动作配合促进图形特征的感悟，使图像及其特征成为动态知识，都是动的象，简称动象；其四，依据物体、图形的感悟经验、概念、特征想象出物体、图形，反之根据物体、图形想象出物体、图形的概念、特征，都是通过想到达象，简称想象；其五，以语言、文字、数字或符号表达物体或图形的特征、位置、关系，简称抽象。空间想象最主要的表现形式就是直观想象和"三象同步"。直观想象是指以形想数、以数想形的思维活动，也包括以形想形的思维活动。以直观或想象为桥梁，通过想象沟通现象、图象、动象、抽象之间的联系。"形"主要是指具体形象，包括直观现象、图象、动象等；"数"主要是指数学符号、数学概念、数学抽象等。数形结合是数学学习的根本大法。直观教学最重要的价值是将隐性的内容显性化。直观感知、抽象表达在动象感悟中相互沟通，在人的能动过程中相互交融，促进空间想象发展成为动态知识，而动态知识才是真正的发展力量。小学生的思维特点是以直观形象思维为主，并逐步过渡到抽象思维阶段，如小学生在参加数学学习活动时，边说边在图形上比画、边说边操作几何图形。因此，"三象同步"是小学生空间想象的最主要的表现形式，对促进小学生达到理解、掌握等学习目标起着重要的作用。

（3）数据分析。站在领域的高度，建立数据分析核心性目标。什么是数据分析？数据分析的内涵要素主要包括哪些方面？在统计与概率教学中如何落实数据分析？

数据分析是针对数据及数据所蕴含信息而进行的分析。数据分析是研究随机现象的重要方法，是统计与概率的核心。数据分析在教学中的主要功能：数据分析是学生感悟数学与客观世界联系的基本途径，是数学思维的基本方式，是用数学语言表达现实世界、解决实际问题的基本手段，能促进数学思维发展，有助于提高学生的数学能力和科学精神。数据分析的主要形式有统计表、统计图、概率等。统计表分为单式、复式统计表；统计图分为单式、复式、条形、折线、扇形统计图。

数据分析的内涵要素主要包括以下四个方面：数据价值、数据收集、数据理解、预测判断，体现了数据的必要性、随机性、信息性、规律性四性内容。其一，价值引领体现数据的必要性。数据分析的价值意义，回答的是为什么需要数据的问题，即面对问题需要调查研究，需要以数据作为分析和判断的依据；其二，收集整理体现数据的随机性。收集、整理、表示数据，回答的是数据是怎么来的问题，数据的收集途径多种多样，并在此过程中体现数据的随机性，一方面是因为同样的事情每次收集到的数据可能不同，另一方面是只要有足够的数据就可能从中发现规律。其三，描述分析体现数据分析的信息性。分析数据了解其中所蕴含的信息。同样的数据可以有多种不同的分析方法，人们可根据问题需要选择合适的方法进行分析；其四，判断预测体现数据分析的规律性。人们根据数据蕴含的信息进行必要的预测、决策、推断并获得结论，以实现数据的真正价值。

（4）数学抽象。站在领域的高度，建立数学抽象核心性目标。什么是数学抽象？数学抽象的内涵要素主要包括哪些方面？在概念教学活动中如何更好地落实数学抽象核心性目标？

数学是通过对客观现象进行抽象概括而逐渐形成的科学语言与工具。小学数学阶段，数学抽象是指从客观现象中概括归纳共同属性、本质属性并用数学语言予以表达的对象。数学抽象反映了数学的本质特征，是形成理性思维的重要基础。抽象与直观相对应，是一个事物的两个不同层面。数学抽象在教学中的主要功能：数学抽象是学生了解数学与客观世界联系的基本途径，是数学思维的基本方式，是用数学语言表达现实世界、解决实际问题的基本手段，其能促进数学思维发展，有助于提高学生的数学能力和科学精神。数学抽象最主要的表现形式有问题的抽象、图形的抽象、概念的抽象、方法规律的抽象；有文字、图表、式子、符号等表达形式。

数学抽象的内涵要素主要包括以下方面：共同属性或本质特征。在小学数学学习中，其主要表现为数学规律、数学概念、数学方法和思维方法、学习方法。从生活、客观现实中抽象出数、量、数量、数量关系、图形、图形关系，具体包括数量关系和空间形式的概念、性质、特征、定律以及结论、方法、规律、关系、结构等。

（5）数学推理。站在领域的高度，建立数学推理核心性目标。什么是数学推理？数学推理的内涵要素主要包括哪些方面？在探索活动中如何落实数学推理核心性目标？

数学推理是指从一些事实、经验、直觉或命题出发，依据规则推出某些结果或命题的过程。数学推理是数学严谨性思维的基本保证。其在教学中的主要功能：数学推理是学生感悟数学与客观世界联系的基本途径，是数学思维的基本方式，是用数学语言表达现实世界、解决实际问题的基本手段，通过推理可以使学生形成有理有据说理的思维品质和理性精神，增强他们的思维能力和交流能力。此外，数学推理还能促进学生数学思维发展，有助于提高他们的数学能力和科学精神。

数学推理的内涵要素主要包括两个方面：特殊和一般。推理的形式主要有合情推理和演绎推理。合情推理是从特殊到一般的推理，从已有的事实出发，凭借经验和直觉，推断出某些结果。演绎推理是从一般到特殊的推理，从一般事实与命题出发，按照逻辑法则推理出特殊的命题。命题包括定义、公理、定理、运算的定义、法则、顺序等。在主要的表现形式方面，合情推理主要有归纳推理和类比推理；演绎推理主要有计算和证明。

（6）数学建模。站在领域的高度，建立数学建模核心性目标。什么是数学建模？数学建模的内涵要素主要包括哪些方面？在问题解决教学中如何落实数量关系？

数学建模是指在用数学的方法解决问题的过程中所建立的数学模型。数学模型培养的是学生针对现实问题进行数学抽象与数学表达、用数学方法构建模型、利用数学模型解决问题的素养。其在教学中的主要功能：以数学模型为桥梁，把复杂的实际问题简单化、把具体问题抽象化，然后用数学方法解决问题。数学建模是数学应用的重要形式，是积累数学经验的重要途径，也是推动数学发展的动力。

数学是研究数量关系和空间形式的科学，数学模型的内涵要素主要包括数量关系、位置关系和变化规律等。其中，数量关系有速度、时间、路程；位置关系有平行、垂直、平移、旋转；变化规律有商不变的性质、分数性质、小数性质、运算定律。数学建模通常以文字和数学符号的形式呈现，数学符号主要是用于建立方程、不等式、函数等，以后表示数学问题中的数量关系和变化规律。

（7）创新意识。站在领域的高度，建立创新意识核心性目标。怎样培养创新意识？创新意识的内涵要素主要包括哪些方面？

创新意识的培养是现代数学教育的基本任务，其应体现在数学教与学的过程之中。学生自己发现和提出问题是创新的基础；独立思考、学会思考是创新的核心；归纳概括得到猜想和规律并加以验证，是创新的重要方法。创新意识的培养应该从义务教育阶段抓起，并贯穿数学教育的始终。小学数学学科的根本宗旨也是引导学生在系统、完整地掌握基础数学知识的同时，学会创新、创造。

创新意识的内涵要素主要包括以下几个方面：问题、方法、猜想、验证。在小学数学学习活动中，其主要包括数学问题、思考的方法、数学事例、抽象结论。问题是创新的心脏，方法是实践的灵魂，事例是经验的外衣，结论是智慧的翅膀。

课堂是展现学生创新成果、体现学生创新精神的重要平台。教师应立足数学学科特点，引导学生在独立思考和学习活动中进行创新、创造，在实践过程中检验自己的创意，逐步提高创新能力。

2.命题级知识——从单元的广度把握单元知识

什么是单元知识？单元知识有什么特点？单元如何划分？

单元知识的重要任务就是引导教师努力把课堂教学从传统的"教教材"真正转变为"用教材教"，单元知识的优势在于其打破了个别知识点之间的壁垒，不仅关注如何让学习者掌握个别的知识点，也重视让学习者理解一个单元中各个知识点之间的内部联系，从零散式向结构化发展。单元知识，既能帮助教师整体性把握单元的教学目标、内容与教学形式，又能促进学生掌握知识结构和认知结构以及知识点之间的关系，形成体系更加完整、结构更加坚固的知识结构，促进学生认知结构的发展。

单元知识主要是指单元的知识点，是针对单元的整体性知识点的梳理，其以整体发展为主要思想，以知识点及其内在逻辑关系为重点，整体把握单元的重点知识、知识点内部之间的关联、学科知识与其他学科之间的关系、与实际生活之间的关系，以及学生学习整体构建过程的关系。这些关系，往往体现在命题过程的知识双向细目表之中，因此又称为命题级知识，其以内涵发展要素式思维、整体发展结构化思维、高阶发展层级性思维为主要特点，追求对整个单元的各个知识要点的整体性把握。在整体性把握过程中，注重宏观、中观、微观三个层面的把握，宏观把握是指把握学科高度和领域高度的核心知识，并融入单元知识之中，可以较好地兼顾学科核心知识和整体目标的落实；单元知识本身属于中观把握，单元的知识梳理是要为课堂服务的，既要遵循教材的逻辑性结构，又要尊重学情的现实性结构。微观把握是指把单元知识落实在课时知识及其活动之中，在整体性把握过程中，合理地协调单元知识与课时知识之间的逻辑关系，既要看到森林，又要看到树林，更要看到意境。

数学学科单元可以按照单元的呈现重点划分，也可以按照单元的呈现形式划分。

（1）按照单元的呈现重点划分。单元划分后，最终会呈现出一个比较明确的重点，这个重点可能是知识点、能力点或者问题串，按照这样的呈现重点，我们可以将单元划分为教材内容单元、核心内容单元、主题能力单元以及真实情境单元。

①教材内容单元。按照教材本身的知识逻辑结构，以数学概念或者核心数学知识为内涵的关键要素，以教科书章节的主要内容来组织，与教科书编写的单元或章节一致的单元主题，操作起来比较容易。单元整体教学是指在小学数学教学中以单元内容进行整体设计，着眼于整体落实单元目标的教学活动。

②核心内容单元。按核心内容的不同类型进行单元划分，每一种核心内

容都可以成为一个单元。核心内容单元有两种表现形式，按照学科核心素养发展情况，一是以整个六年的小学数学为一个整体进行核心单元的划分，由小学数学不同年级、不同单元章节内容的整体融合而成新的单元，这是打通学段、沟通年级、跨越单元、综合课时的融合发展；二是以某个章节单元为一个整体进行核心单元划分，由不同课时内容的整体融合而成新的单元，这对教师的要求较高。

③主题能力单元。按主题性或能力性进行组织，主题、能力既紧密关联本学科核心内容，又广泛连接学生的日常生活、社会生活、政治生活和科技前沿等；主题能力单元也称为主题任务单元、主题模块单元，其是以相对独立的专题问题为引领，用创设生活情境、问题情境、问题探究、问题解决等为主线设计，以迁移方法、落实能力为主要目标的单元。知识和能力结构应是本学科知识和能力内在的逻辑关系，而不完全是教材中的章、节顺序。如果学科知识和能力结构框架过于复杂，则可以先做出课程与单元之间的结构关系图，然后分别做出各单元的知识和能力结构框架图。

④真实情境单元。按真实情境下的学习任务跨学科或跨单元的组织，以发展学生综合运用各学科知识、技能和方法解决实际问题的能力。往往一个真实情境中既富含多个数学问题，又能展示学生多个层次的学业能力目标与思维水平。这样的情境单元学习，又被称为项目式学习。

（2）按照单元的呈现形式划分。划分单元后，根据单元内的知识点、能力点或者专题问题之间的关系又可以从单元呈现的形式上进一步划分为串联线性关系、并联线性关系、中心发散关系。为方便表述，以下统一用专题来表述单元的呈现形式。

①线性串联式单元。单元内各个专题之间呈现出一种递进的关系，从逻辑上看，各个专题之间具有比较明显的先后次序，必须前后依次展开。如图2-1所示。

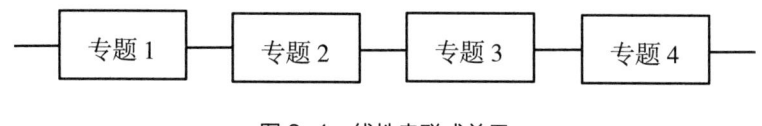

―― 专题1 ―― 专题2 ―― 专题3 ―― 专题4 ――

图2-1　线性串联式单元

②线性并联式单元。单元内各个专题之间呈现一种并列的关系，从逻辑上看，各个专题之间没有严格的先后次序，基本属于并列的关系，这样的单元内容在教材的章节中也比较常见，但是往往在这样的单元中，常有一个统领性的问题或者概念，又或者是有一个总结性的结论或活动，也可能前后都有。如

图 2-2 所示。

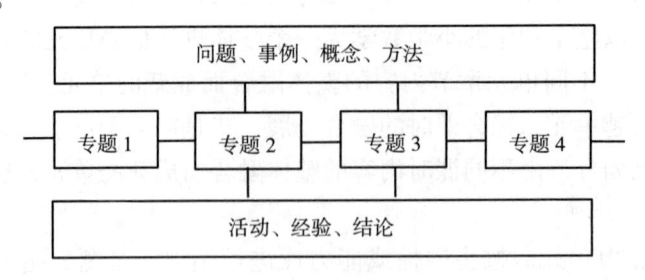

图 2-2 线性并联式单元

③中心发散式单元。数学需要呈现出核心的思想方法，在有些单元中，有非常突出的中心问题或核心思想方法，在这样的单元中，单元内容的各个专题都围绕这个中心进行设计，各个专题之间相对比较独立。如图 2-3 所示。

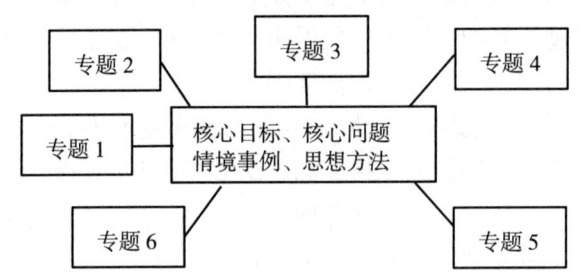

图 2-3 中心散发式单元

3. 课时知识——从课时的精度把握课时知识

课时知识是针对一个课时梳理而成的知识点，其会精准到每一个知识点。课时知识以内涵发展要素式思维为主要特点，对整个课时各个知识要点进行全面把握。课时知识点与核心目标的要素相互交融、相互协调、互为表里地融合发展，其既要贯彻核心知识，又要体现本课时的具体特点，所以也是单元知识的具体细化。

4. 教师级动态知识——从课程的深度把握教师级动态知识

（1）三大范畴、十大知识。十大知识是指问题性、事例性、方法性、抽象性、警示性、结构性、价值性、标准性、目标性、成效性十类知识。其是动态知识，这里的"十"是多的意思，课时的重点知识经常要进行十大知识的梳理，教师只有到达"十大知识"，才是教师知识真正的"活"，才能真正地实现用"教材教"；学生只有到达"十大知识"，才是学生知识真正的"活"，才能真正地实现个性化教学、差异化发展。根据教学具体实际情况，课堂上有时可能不止十大知识，有时可能达不到十大知识，无论是超过或达不到十大知识，都会出现多种多样的知识。十大知识按照自然界、社会界、心灵界三大范畴进行划分，可分为学科内涵知识、主体内涵知识和品质内涵知识。

自然界知识在教学中主要表现为学科内涵的知识，包括问题性、事实性、方法性、抽象性、警示性、结构性等学科内涵性知识。各类知识发挥着不同的功能：问题性知识，以疑问句的形式，发展思维水平的能力；事实性知识，以现象事例的形式，提高经验活动的能力；方法性知识，以策略措施操作步骤的形式，提高学习能力和解决问题的能力；抽象性知识，以陈述式抽象表达的形式，提高抽象原理、方法、结论思维的能力；警示性知识，以错漏式引起思考的形式，预防错误产生的能力；结构性知识，以知识之间的内在联系的形式，加强知识联系的能力。

社会界知识在教学中主要表现为主体内涵的知识，包括思维性、主动性、互动性知识等学生主体性知识。其目的是培养学生独立思考、善于思考的能力；培养学生个体积极主动性；培养学生团队多轮互动性，从而克服单向信息流动的假学习现象，让学习活动真正发生。

心灵界知识在教学中主要表现为品质内涵的知识，包括规范性、价值性以及品质性知识。规范性知识，使学生具有养成良好习惯的能力；价值性知识，使学生具有引领精神信念的能力；品质性知识，使学生具有塑造良好品质的能力。

（2）十大知识动态发展是认知结构的个性发展，认知结构是能力的重要前提。认知结构在提高教学质量的过程中起着十分重要的作用，它决定着解决问题的能力，同时良好的认知结构能迅速提高学生的学习能力和解决问题的能力。学生能把数学知识应用到实践中去，能把学科知识综合起来，在活动过程中提高综合解决问题的能力和达到学知识、长智慧的目的。什么是认知结构？认知结构在教学中如何提高教学质量？认知结构是学生实际获得的知识结构，是学生通过对知识的认识理解所形成的知识结构。它是新知与旧知相互作用而形成的，由个体过去积累的知识和经验组成，影响着学生对当前事物的认识。当数学结构符合学生的认知结构特点时，能促进学生主动建构认知结构。认知结构的形成过程伴随着一个主体建构过程与心灵素养的形成过程，是自然世界、社会世界、心灵世界三个世界的内涵交融发展，是学科内涵、主体内涵、品质内涵的融合发展，包括十大知识在内的知识结构的过程性特点、思想方法、人文素养的协同发展。十大知识就是主体动态建构形成的，是在原有的知识、经验（原有的认知结构）、对新知的需要度等的基础之上形成的。十大知识具有概括性高、巩固度好、对比度清晰等良好认知结构的特点。

（3）外在数学知识结构与内在的认知结构相适应，充分发挥师生的教学能行性。课堂教学该如何通过良好的知识结构促进学生建构良好的认知结构呢？教师作为课堂的引领者、组织者和合作者的主要作用应该是促使学生更好地主动建构认知结构。数学的知识结构、教师教学所设计的知识结构，是外在的知识结构；学生获得的知识结构，是内在的知识结构。数学学科外在的知识结构、教师教学所设计的知识结构、学生内在获得的知识结构，三者相互适应，相互交融发展。使外在知识结构更适合内在知识结构，使学生更主动地建构，就是教师的主导功能。更适合的设计过程，就是教师创造性地"教"的重要体现。教师设计的知识结构，使数学知识结构更利于学生主体的需要，更利于学生从原有的知识结构发展形成新的结构。

（4）教师动态知识。教师动态知识是教师层面针对课时知识梳理而成的动态知识。针对课时重点知识梳理而成的动态知识，又称教师级动态知识，其以要素式思维为主要特点，对整个课时各个知识要点进行全面把握。课时知识点与核心目标的要素相互交融、相互协调、互为表里地融合发展，体现了学科内涵的十类知识。只有从课时知识走到教师级动态知识，才能真正突破"教教材"浅层次教学，才能真正打好"用教材教"的坚实基础。教师级动态知识，即十大知识，既可以用于教材分析，也可以用于教学设计及研磨研修活动，更可以让教师灵活驾驭课堂活动。

5.学生级动态知识——从活动的灵活程度把握学生级动态知识

学生是有差异的人，所以教师要尊重差异、利用差异。学生的体验具有个性化，教师要鼓励学生个性化地表达思想、表达结论、表达感受，使每一个学生都能获得良好的发展。

学生级知识主要是指学生个性化表现所表达的知识，特别是同一类知识的个性化、生动化的表现，即动态性的知识。每一类知识的多样化、个性化既是学生级的动态知识，也是十大知识在学生活动中的个性化表现。学生级知识是重点知识的动态发展，是学生学习活动过程中生成的知识，是在学生层面针对课时重点知识梳理而成的动态知识，是在尊重学科内涵科学性的前提下，学生个性化的表现或者表达。

（二）多种典型课例以关键要素落实学科内涵

典型课例以内涵发展要素式思维为主要特点，突出要素式线性结构的实践特征，通过八种典型课例的关键要素落实学科内涵，具体如下：

核心性目标四步表达、创新意识四个要素、教学内容五象层次、探索活动五个要素。

概念教学五个关键、计算教学五个方面、问题解决教学五步操作、统计概率教学四个要点。

学科内涵从零散式碎片化发展到系统性结构化转变，从粗放型到要素式精细化落实，促进质量、效果的提升。

十大知识把课程内涵精准地落到实处
——以"认识梯形""找规律""三角形的分类"为例

从宽泛层面走向精准落实。十大知识以课程的内涵性建构推进育人目标的发展；以课程为载体深入细化知识内容，突出育人目标发展的层次性。世界上存在的知识包括自然性知识、社会性知识、品质性知识。自然范畴学科内涵的知识包括问题性、事实性、方法性、结论（原理）性、结构性、警示性等知识。问题性知识，具有发展思维水平的能力；事实性知识，具有提高经验活动的能力；方法性知识，具有提高学习能力和解决问题的能力；结构性知识，具有加强知识联系的能力；警示性知识，具有预防错误产生的能力；结论性知识，具有提高抽象思维的能力。社会范畴主体内涵的知识包括主体性、互动性等知识。其中，主体性知识具有培养自主、合作参与的能力。心灵范畴品质内涵的知识包括规范性、价值性、品质性等知识。规范性知识，具有使学生养成良好习惯的能力；价值性知识，具有使学生引领精神信念的能力；品质性知识，具有使学生塑造良好品质的能力。下面重点介绍问题性、事例性、方法性、结论性知识。如图1所示。

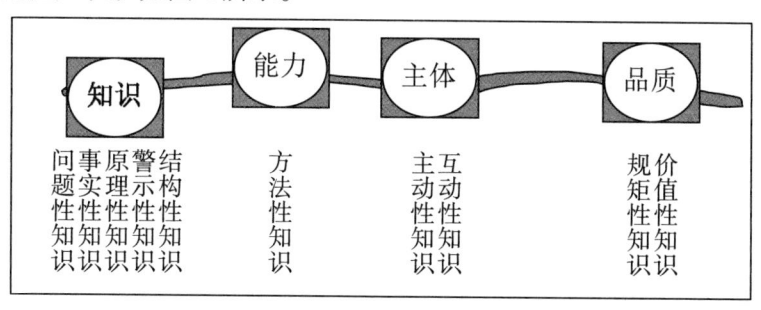

图1 十大知识结构化思维图

下面以新课标人教版小学数学四年级上册"认识梯形"为例，实践操作如下：

问题性知识：什么样的图形是梯形？在图2给出的各种各样的图形中，哪些是梯形？

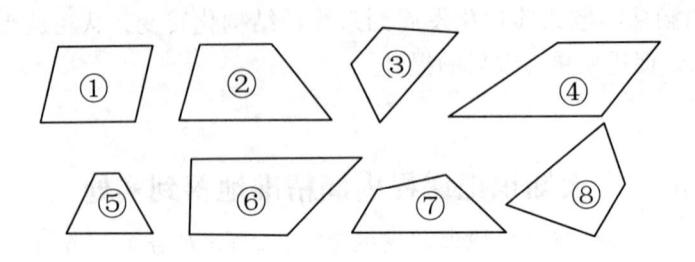

图2　各种各样的图形

事实（现象）性知识：在图2中，图②、③、④、⑤、⑥是梯形。图2提供了八种图形，有大小、形状不同等特点，而且以旋转的方式增强了图形概念的外延性，为学生深刻理解概念本质提供了有效的保证。

原理（抽象）性知识：只有一组对边平行的四边形是梯形。

警示性知识：图①不是梯形，因为它不是只有一组对边平行，而是有两组对边分别平行。图⑦、⑧没有对边平行。

结构性知识：沟通知识的内在联系，建构知识网。从表象到抽象的沟通联系、从特殊到一般形成集合圈式的知识结构网络图，使课堂有了学科内涵的深度。通过利用一组平行线和另外两条直线的动态组合，使学生在操作、想象活动中，不仅能根据"只有一组对边平行"的特征直观判别，还能与前面学过的四边形、平行四边形、长方形、正方形等进行对比，加深了其对图形之间的区别与联系的理解。如图3所示。

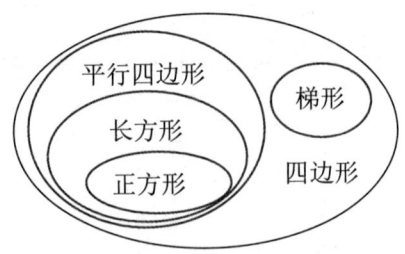

图3　图形之间的联系

方法性知识：要研究这些梯形的共同特征，我们可以借助方格图工具，也可以用平行线延长的办法，还可以想象。

特别是可以采用一组平行线与两条直线（课堂教学时以学具模拟）的动态组合的方法，当这两条动态直线平行时，与已知平行线组成的图形是平行四边形；当这两条动态直线与已知平行线都垂直时，组成的图形是长方形；当这两条动态直线的距离与已知平行线的距离相等且垂直时，组成的图形是正方形；当这两条动态直线不平行时，与已知平行线组成的图形是梯形。

主体性知识：学生主动寻找探索的方法，即方格子图的方法是学生想出来的。学生主动寻找生活中的梯形，并在探究之后自主抽象概括梯形的概念，而且在提倡内化之后个性化地表达对梯形的理解。

一年级下册"找规律"突出知识类型实践操作板书如下：

问题性知识：什么是小旗的规律？

事实性知识：●▼●▼●▼

方法性知识：圈一圈的方法。

结论性知识：小旗的规律是一面圆圈一面三角形，又一面圆圈一面三角形，以一面圆圈一面三角形为一组，重复排列。

用这种方法：按照"问题—事实—方法—结论"的顺序说一说花带的规律。

问题性知识：什么是花带的规律？

事实性知识：花带图（学具）。

方法性知识：圈一圈的方法。

结论性知识：花带的规律是一朵红花一朵蓝花，又一朵红花一朵蓝花，以一朵红花一朵蓝花为一组，重复排列。

又用这种方法：按照"问题—事实—方法—结论"的顺序进行说一说灯笼的规律。

问题性知识：什么是灯笼的规律？

事实性知识：灯笼图（学具）。

方法性知识：圈一圈的方法。

结论性知识：灯笼的规律是一盏红灯两盏蓝灯，又一盏红灯两盏蓝灯，按照一盏红灯两盏蓝灯为一组重复排列。也可以说，灯笼的规律是以一盏红灯两盏蓝灯为一组重复排列。

又再用这种方法：按照"问题—事实—方法—结论"的顺序说一说小朋友排队的规律。

问题性知识：什么是小朋友排队的规律？

事实性知识：小朋友排队图。

方法性知识：圈一圈的方法。

结论性知识：小朋友排队的规律是一位男生一位女生为一组重复排列。

圈法不同发现的规律也不同：小朋友排队的规律是一位女生一位男生为一组重复排列。

四年级下册"三角形的分类"突出知识类型实践操作板书如下：

问题性知识：三角形按角怎样分类？分成几类？各类有什么共同特点？

事实性知识：三角形学具图，大小形状多种、多个。

方法性知识：活动操作的方法：用分类的方法。学习过程的程序：明确问题—分类操作—抓住特点—总结规律。

结论性知识：三个角都是锐角的三角形叫锐角三角形，有一个角是钝角的三角形叫钝角三角形，有一个角是直角的三角形叫直角三角形。

单元内容深度化创新实践研究

——以五年级"同分母分数加减法"为例谈单元内容五层内涵发展

一、意义

学科内涵落实难的问题——浅层教学的问题。今天，教育改革进入深水区，但在课堂教学中，仍存在一些问题：其一，对教材理解的问题。教师对教材的理解方式多以单一化的知识、碎片化的知识为主进行教学活动，忽略了数学知识的要素式、结构化、层级性的思维，缺乏知识模块化、主题化、动态化处理，未能发挥学科内涵的要素式、结构化、层级性的导向价值。其二，教学设计的问题。教师的教学设计仍然以研究教材作为重点，而不是以学生为重点，也不是以课程标准作为重点。其三，学法能力的问题。时常听到学生无奈地说：这些知识我都会，怎么解题时就想不到？不理解、记不住，没方法、不会用，无法迁移解决新的问题，其深层次的问题就是学生的思维问题和能力问题，学生的思维停留在以知识为对象的思维而缺乏以学习方法为对象的思维，缺少方法的迁移应用，缺乏处理复杂问题的能力。这些不是靠延长学习时间、反复讲解和重复性解题训练能够解决的。其四，学业成绩分数不高的问题。教研活动时常常听到老师说：昨天老师才讲的，学生今天又忘了；这知识老师都讲三遍五遍了，学生怎么还错啊？怎么还丢分呢？学生以死记硬背的方式提高学业成绩，知识传授耗时较长、收效甚微。教师"想教什么就教什么，想怎么教就怎么教"，都属于浅层教学的问题。课堂教学停留在浅层次的教学层面，学生接受知识只停留在"知道、理解"的认知水平，缺乏实践和应用，很难实现"应用、分析、评价、创造"的高层次认知，教师重知识传授、轻能力培养，重浅层次思维活动、轻高阶思维培养。这些与"核心素养"的培养是相悖的。

二、主要的理论基础

（一）提高质量走内涵发展之路

基于全域性的内涵发展，学科内涵的"要素式、结构化、层级性"思维特点得以形成。要素式、结构化、层级性的内涵发展就是全域的内涵发展。

要素式，即内涵发展要素式思维。要素结构理论认为，内涵发展以内涵的关键要素作为思维的重要抓手，要素的有效结构形成内涵特征。

结构化，即整体发展结构化思维。结构决定功能，不同的结构决定了各自的功能不同；功能促进结构的优化，机体需要不同的功能就会分化出不同的结构。学习需要结构化的思维，优化的结构能带来更优的功能。

层级性，即高阶发展层级性思维。高阶发展追求一种境界：为了更好。"为了更好"就是促进目标的层次性发展、内容的层次性发展、对象的层级性发展。为了更好的学生，解决实际问题，促进学生积极、主动、全面发展；为了更好的教师，改善教育行动，促进教师专业可持续发展；为了更好的教育，发展师生素质，促进教育质量公平、优质发展。

（二）动态知识才是真正具有力量的知识

动态知识是真正具有力量的知识，碎片化的、静止的知识不再具有力量。动态知识是从过去注重对教学共性问题的研究转向特别关注个性问题研究的产物，而改变知识观念，就是从知识就是力量到动态知识才是具有真正力量的知识转变。

三、单元教学

单元教学就是按照单元的知识进行整体性落实的教学。从单元的角度出发，根据单元中不同知识点的需要，综合利用各种教学形式和教学策略，通过整体性落实，把核心知识、单元知识、课时知识、教师动态知识和学生动态知识融为一体，促进教学活动的顺利开展。

单元内容深度化创新是单元教学过程中针对内容的实施策略，单元内容深度化创新突出了三大重点：情境创设、思维过程、核心知识。笔者认为应该从宏观、中观、微观三个层面进行课程内容设计。宏观层面是指从学科课程领域的高度把握核心素养、领悟课标精神，以要素式设计课程内容，具体明确核心知识。中观层面是指从课程单元、主题模块、种子课例结构化设计课程内容，把宏观的核心知识贯穿在中观的单元知识之中，并且延伸到微观的课时知识之中。微观层面是指从学习课时、单元具体要素、活动细节知识层级性设计课程内容，把宏观、中观的知识融合在具体细节之中。

单元内容深度化创新的主要策略，以"要素式结构化层级性"思维为特点，以学科内涵的动态发展为主要方法，以五级知识深度化单元内容为具体措施。

四、学科内涵的动态发展——五级发展

学科内涵实，是指把握学科本质，学科内涵要实。其主要表现为内容充实、方法实在、目标扎实，学科内涵从零散式碎片化发展到结构化系统性转变，从粗放型到要素式精细化落实，促进了教学质量的提升。

五级知识是指在"动态知识才是真正具有力量的知识"思想指导下，以层级性思维为主要特点，从静态知识向动态知识发展过程的五个不同层级的知识分别是核心知识、单元知识（又称命题级知识）、课时知识、教师动态知识（教师级知识）、学生动态知识（学生级知识）。

以要素式结构化层级性思维为主要特点，五级知识从核心知识、单元知识、课时知识到教师动态知识，再到学生动态知识发展。这就要求教师从学科领域的高度把握核心知识，从单元的广度整体把握命题级知识，从课时的精准度把握课时知识，从教师内化教学内容的角度把握教师级动态知识，从学生课堂活动的角度把握学生级的动态知识。

（一）核心知识

树立核心视角，从学科的高度和学科领域的高度把握核心知识。运算能力即是数学学科的核心知识，也是"分数的加法和减法"单元的核心知识。那么，什么是运算能力？运算能力包括哪些主要内容？运算能力是指依据运算算理与运算法则进行数学运算的能力。主要包括五个方面内容：

（1）运算的意义（运算对象与数量关系、运算解决的问题与情境理解）。

（2）运算的算理（具体情境的理解与计数单位的理解）。

（3）运算的算法（法则与过程、现象与抽象）。

（4）具体运算（运算思路与寻求合理简洁的运算途径，算法多样化与优化）。

（5）问题解决（运算结果解决实际问题）。

（二）单元知识

（1）单元知识主要是指单元的知识点，是针对单元的整体性知识点进行的梳理，其往往体现在命题过程的知识双向细目表之中，因此又称为命题级知识。单元知识以整体发展结构化思维为主要特点，追求对整个单元的各个知识要点的整体性把握。"分数的加法和减法"单元，根据教材逻辑性结构的知识点如下：

$$\text{分数的加法和减法}\begin{cases}\text{同分母分数的加法和减法}\\\text{异分母分数的加法和减法}\\\text{分数的加减混合运算}\\\text{分数加减法问题解决}\end{cases}$$

（2）单元的知识梳理是要为课堂服务的，既要遵循教材的逻辑性结构，也要尊重学情的现实性结构。笔者根据以往的教学经验认为，教学过程中运算算理有所忽略，运算定律的效果较差，所以根据具体学情增强薄弱之处，且为进一步加强核心知识的贯彻落实，重新梳理了"分数的加法和减法"单元知识。如表1所示。

表1 "分数的加法和减法"单元知识

单元	知识点	了解	理解	掌握	运用
分数的加法和减法	分数加、减法的含义		√		
	分数加、减法的算理		√		
	同分母分数加、减法的计算方法与具体计算			√	
	异分母分数加、减法的计算方法与具体计算			√	
	分数加减法混合运算法则与具体运算			√	
	运算定律的推广、分数简便运算			√	
	用分数加、减法解决问题				√

(三)课时知识

课时知识是针对一个课时梳理而成的课时的知识点,其精准到每一个知识点。其以内涵发展要素式思维为主要特点,对整个课时各个知识要点进行全面把握。课时知识点与核心目标的要素相互交融、相互协调、互为表里地融合发展。其既要贯彻核心知识,又要体现本课时的具体特点,也是单元知识的具体细化。因此,"同分母分数的加法和减法"课时的知识点如下:

(1)列式的意义。
(2)分数加、减法的算理。
(3)分数加、减法的算法。
(4)分数加、减法的计算。
(5)分数加、减法问题解决。

(四)教师动态知识

教师动态知识是教师层面针对课时知识梳理而成的动态知识,特别是针对课时重点知识梳理而成的动态知识,又称教师级知识、教师级动态知识。教师动态知识以要素式思维为主要特点,对整个课时各个知识要点进行全面把握,其体现了学科内涵的十大知识。十大知识是指问题性、事例性、方法性、抽象性、警示性、结构性、价值性、标准性、目标性、成效性十类知识。十大知识是教师级的动态知识,十大知识的"十"是指多的意思,教师要经常对课时的重点知识进行十大知识的梳理才是教师知识真正的"活",根据教学具体实际情况,有时可能不止十大知识,有时可能不到十大知识,但无论是超过还是达不到十大知识,都出现了多种知识。

课时知识只有发展成为教师级动态知识,才能真正突破"教教材"浅层次教学,才能真正打好"用教材教"的坚实基础。十大知识,既可以用于教材分析,也可以用于教学设计及研磨活动,更可以在课堂上让教师灵活驾驭教学活动。

在"同分母分数的加法和减法"课时的知识点中,分数加、减法的算理,分数加、减法的算法都是其中的重点,笔者针对重点进行了教师动态知识的梳理,具体如下:

1.分数加、减法的算理

问题性知识:计算 $\frac{3}{8} + \frac{1}{8}$ 时,算理是什么?你是怎么想的?为什么分母没发生改变?分子又是怎样得到的?

事例性知识：$\frac{3}{8}$是一个西瓜均分8份之中的3份；$\frac{1}{8}$是一个西瓜均分8份之中的1份；3份和1份合在一起是4份。

方法性知识：数形结合，边指着图形边说算理。

抽象性知识：把3个$\frac{1}{8}$和1个$\frac{1}{8}$直接加起来，它们的和等于4个$\frac{1}{8}$，也就是$\frac{4}{8}$。

【说明】算理的问题性、事例性、方法性、抽象性等知识，是针对本节课的课时重点知识的动态发展，是教师级的动态知识。

2. 分数加、减法的算法

问题性知识：计算$\frac{3}{8}+\frac{4}{8}$时，算法是什么？你是怎么算的？算得的结果是多少？

事例性知识：西瓜事例；分数模型学具；其他事例。

方法性知识：数形结合，边指着图形边说算法。

抽象性知识：同分母分数相加、减，只把分子相加、减；分母不变。

结构性知识：列式的意义的关联性沟通，分数加减法的意义和整数加减法的意义相同；算法的关联性沟通，分数加、减法的算法和小数、整数加、减法的算法有共同规律，只有相同计数单位的数才能相加、减。

【说明】算法的问题性、事例性、方法性、抽象性、结构性等知识，是针对本节课的课时重点知识的动态发展，是教师级的动态知识。

（五）学生动态知识

学生级知识主要是指学生个性化表现所表达的知识，特别是同一类知识的个性化、生动化表现，即动态性的知识。每一类知识的多样化、个性化既是学生级的动态知识，也是十大知识在学生活动中的个性化表现。学生级知识是重点知识的动态发展，是学生学习活动过程中生成性的知识，是学生层面针对课时重点知识梳理而成的动态知识，是在尊重学科内涵科学性的前提下，学生个性化的表现或者表达。

（开课时，情境导入，提出问题；理解情境，列出算式）

（1）探究算理：请试一试，先独立计算，再小组合作，在学具上涂一涂、画一画验证计算结果。

$\frac{3}{8}+\frac{1}{8}=$

①问题性知识。针对算理提出问题：

生1：算理是什么？

生2：你是怎么想的？算得的结果是多少？

生3：$\frac{3}{8} + \frac{1}{8} = \frac{4}{8}$，为什么分母没发生改变？分子又是怎样得到的？

【说明】问题性知识是多名学生的个性化表达，是学生问题性知识的动态化。

②方法性知识。针对算理说说你是怎么想的。

方法一：

生1：用计数单位说明算理。

$\frac{3}{8}$ 和 $\frac{1}{8}$ 的分母相同，也就是分数单位相同，都是 $\frac{1}{8}$。所以，可以把3个 $\frac{1}{8}$ 和1个 $\frac{1}{8}$ 直接加起来，它们的和等于4个 $\frac{1}{8}$，也就是 $\frac{4}{8}$。

生2：我也是用计数单位思考的，3个 $\frac{1}{8}$ 和1个 $\frac{1}{8}$ 合在一起是4个 $\frac{1}{8}$。

老师对学生算理的思考、表达进行评价。师：两名同学都很善于抓住计数单位进行思考，既有不同，又互相呼应，是善于倾听、积极思考的表现。

老师从一种方法到另一种方法进行启发：除了计算单位，还能从不同的角度思考算理吗？

方法二：

生3：用分数意义说明算理。

一张饼被平均切成了8块；爸爸吃了其中的3块，妈妈吃了其中的1块。爸爸和妈妈一共吃了4块饼，4块饼占整张饼的 $\frac{4}{8}$，即 $\frac{1}{2}$。

$$\frac{3}{8} + \frac{1}{8} = \frac{4}{8} = \frac{1}{2}$$

老师对学生的算理思考、表达进行评价。师：确实是一种新角度，善于思考、求新求变。现在已经有两种不同的表达算理的方法，同学们还能从不同的角度思考算理吗？

老师再启发新的方法。

方法三：

生4：化成小数计算。……这种方法有一定的局限性，在适用性方面不如上述的方法。

师：面对困难，勇于挑战，是一种非常宝贵的进取精神，大家一起鼓掌。

但是前进的路往往都不是十分顺畅的,这种方法还存在一定的局限性。

【说明】方法性知识是多名学生的个性化表达,是学生方法性知识的动态化。

(2)探究算法:计算 $\frac{3}{8} + \frac{1}{8}$。

①问题性知识。

生1:算法是什么?

生2:你是怎么算的?

生3:算得的结果是多少?

【说明】问题性知识是多名学生的个性化表达,是学生问题性知识的动态化。

②事例性知识。

生1:我是用西瓜图例开展探索活动的。

生2:我是用分数模型学具开展探索活动的。

③方法性知识。

生1:数形结合,边指着图形边说算法。

$\frac{3}{8}$ 和 $\frac{1}{8}$ 的分母相同,都是8,分子可以直接相加,3+1得4,结果是 $\frac{4}{8}$。

生2:指着式子说,

$$\frac{3}{8} + \frac{1}{8} = \frac{3+1}{8} = \frac{4}{8} = \frac{1}{2}$$

生3:学生把算理与算法相结合起来说算法……

【说明】方法性知识是多名学生的个性化表达,是学生方法性知识的动态化。学生采取数形结合的方法,边指着图形边说算法,这是三象同步的学法过程。图形是图像,边指边比画操作认知是动象,用语言表达算法是抽象,图象、动象、抽象三象同步对小学生来说,学习效果最好。

④事例性知识——多例理解。

老师从一种事例到另一种事例的启发:学生互动性举例。

生1:举出事例,并说算法。

$\frac{1}{5} + \frac{2}{5}$

生2:举出事例,并说算法。

$\frac{2}{9} + \frac{4}{9}$

老师对学生的举例、算法进行评价。

【说明】事例性知识是多名学生的个性化表达，是学生事例性知识的动态化。

⑤问题性知识——强调性问题。

强调性提问：为什么"分母不变"？分子是怎么得来的？

在计算同分母分数加、减法时，$\frac{2}{9}+\frac{4}{9}$ 为什么分母不是9+9？分子6是怎么得来的？

计算同分母分数加、减法时，"分母不变"是因为分母相同，也就是分数（计数）单位相同，所以只用分子进行加、减运算。

⑥抽象性知识。

在举例的基础上归纳概括同分母分数的计算法则。

问题：观察这几个算式，有什么共同点？你能概括出同分母分数加、减法的计算法则吗？

生1：分数加法，分母相同时，只把分子相加就行了。

生2：学生积极主动地个性化地表达法则。

同分母分数相加减，只把分子相加，分母不变。

生3：……

【说明】抽象性知识是多名学生的个性化表达，是学生抽象性知识的动态化。

【设计意图】巧借学具，数形结合，既让学生深刻理解了同分母分数加法的算理和计算方法，又为学生探究同分母分数减法进行了铺垫。同时，借助已有知识经验，让学生理解结果不是最简分数的应化成最简分数。

⑦结构性知识。

算法沟通：从这里我们可以发现，分数加法的算法和小数、整数加法的算法有什么关系？

$\frac{2}{9}+\frac{4}{9}$，0.3+0.6，7+8。

分数加法，$\frac{2}{9}+\frac{4}{9}$。

把2个 $\frac{1}{9}$ 加4个 $\frac{1}{9}$ 等于6个 $\frac{1}{9}$，也就是 $\frac{6}{9}$，化简后是 $\frac{2}{3}$。

往前走，小数加法。

出示：0.3+0.6，3个0.1加6个0.1是9个0.1，即0.9，熟悉吗？……

再往前走，整数加法。

又出示：7+8，7个1加8个1是15个1，即15

老师对算法的联系进行启发：分数加法、小数加法以及整数加法，它们之间有联系吗？其中的道理……

归纳结果：只有计数单位相同时，才能直接相加。其实，我们都知道整数、小数和分数加法的教学，虽然各个知识点的内容不同，但里面有着一条共同的运算规律，就是只有相同计数单位的数才能相加。

【设计意图】具体教学中，我们在钻研教材时不能只重视结构性知识，而忽略了知识的内在联系，常常采用较为单一的教学方法，不利于学生形成良好的认知结构。教学中，教师要引导学生关注知识的内在联系，使孤立的、分散的、繁杂的知识形成一个有机联系的、完整的知识体系，加深其对所学知识的理解，举一反三、触类旁通。教师要做一个有教育智慧的人，会把复杂的东西教得简单，把简单的东西教得有广度、厚度。

⑧基于方法，训练能力，由加法推广到减法。

出示问题：爸爸比妈妈多吃了多少张饼？

学法过程的迁移，主动进行算理、算法、计算过程的迁移。

先独立计算，再小组合作，在学具上涂一涂、画一画验证计算结果。

板书：$\dfrac{3}{8} - \dfrac{1}{8} =$

思考算理：你是怎么想的？算得的结果是多少？

思考算法：说一说是怎样计算的？小结：同分母分数相减，分子相减，分母不变。

板书完整的计算过程：包括约分过程。

老师对学生减法过程的思考、表达、计算活动进行评价。

$$\dfrac{3}{8} - \dfrac{1}{8} = \dfrac{3-1}{8} = \dfrac{\overset{1}{2}}{\underset{4}{8}} = \dfrac{1}{4}$$

⑨加减法的统一。

归纳概括同分母加、减法的计算法则：

多名学生个性化表达。

小结：同分母分数相加、减，分母不变，只把分子相加、减。

老师对学生抽象法则的思考表达进行评价。

【设计意图】让学生在自主学习、自主探索的过程中，化被动为主动，变

小学数学教学深度化创新:"实—活—厚"

接受为发现,获得自主探索的成功感受。同时,总结归纳出计算法则,让学生进一步感受同分母分数加、减法的计算方法,培养学生的归纳、概括能力。

在概念教学中落实数学抽象核心性目标
——以小学数学三年级上册"几分之一"为例谈概念教学五个关键
柳州市燎原路小学 李艳 柳州市羊角山小学 陈丽敏

一、站在领域的高度,建立数学抽象核心性目标

什么是数学抽象?在概念教学活动中如何更好地落实数学抽象核心性目标?

数学抽象的概念。数学是对客观现象抽象概括而逐渐形成的科学语言与工具。小学数学阶段,数学抽象是指从客观现象中概括归纳共同属性、本质属性,并用数学语言予以表达的对象。数学抽象反映了数学的本质特征,是形成理性思维的重要基础,抽象与直观相对应,是一个事物的两个不同层面。数学抽象在教学中的主要功能:是学生感悟数学与客观世界联系的基本途径,是数学思维的基本方式,是用数学语言表达现实世界、解决实际问题的基本手段,能促进学生数学思维的发展,有助于提高学生的数学能力和科学精神。数学抽象最主要的表现形式有问题的抽象、图形的抽象、概念的抽象、方法规律的抽象,也有文字、图表、式子、符号等表达形式。

数学抽象的内涵要素主要包括以下方面:共同属性或本质特征。数学抽象在小学数学学习中最主要表现是数学概念的抽象,主要表现为数学规律、数学概念、数学方法和思维方法、学习方法。从生活、客观现实抽象出数、抽象出量、抽象出数量、抽象出数量关系、抽象出图形、图形关系,对数量和数量关系的抽象,对图形和图形关系的抽象,包括对数、量、数量和数量之间关系的抽象,包括数量关系和空间形式的概念、性质、特征、定律;包括结论、方法、规律、关系、结构等。

二、把握实践要素,建立数学抽象思维模式与实践操作。

数学抽象的实践策略就是抽象的操作方法。数学抽象在小学数学学习中的最主要表现是数学概念的抽象,小学数学阶段数学概念形成的方法策略主要分为三种:举例性概念;操作性概念;定义式概念。

第一，举例性概念，举例是概念的重要方法，这主要与教学目标定位在"了解、初步认识"层次有关。例如，三年级"分数的初步认识"中，像 $\frac{1}{2}$，$\frac{1}{3}$，$\frac{1}{4}$，$\frac{1}{5}$ 这样的数都是分数。三年级"小数的初步认识"中，像 3.42，0.85，2.60，36.6，1.2 和 1.5 这样的数叫小数。四年级"大数的认识——数的产生"中，表示物体个数的 1，2，3，4，5，6，7，8，9，10，11 都是自然数。

第二，操作性概念，操作是概念的重要方法。例如，二年级"角的初步认识"中，要想知道一个角是不是直角，可以用三角尺上的直角比一比。锐角比直角小，钝角比直角大。二年级"图形的运动（一）"中，先把一张纸对折，再画一画，剪一剪，像这样剪出来的图形都是对称的，它们都是轴对称图形。四年级"平行与垂直"中认为，两条直线相交成直角（利用工具测量确定），就说这两条直线互相垂直。

第三，定义式概念，分类归纳是概念的重要方法，也是小学数学最常用的大量运用的数学抽象的方法。"问题—现象—分类—归纳概括—概念应用"是重要过程。例如，四年级"三角形的分类"，问题多样的三角形—分类活动—归纳概括—形成概念，有一个角是直角的三角形是直角三角形，有一个角是钝角的三角形是钝角三角形，三个角都是锐角的三角形是锐角三角形。

分类、归纳、概括是抽象的重要方法，是对事物共性的认识过程的重要方法，也是重要的数学方法，在分类、归纳、概括的过程中，我们可以认识同类对象的共同性质，区别不同类对象的不同性质。其有助于学生学习新的数学知识、提高分析和解决新的数学问题能力的提高。数学抽象教学活动通常运用要素式线性结构化思维模式，即数学抽象五个关键："数学问题—分类方法—客观现象分类活动—归纳概括形成结论—概念的应用"。

分类教学活动的注意要点：在研究数学问题中，常常需要分类讨论问题，这就要求教师在分类教学活动中，使学生逐步体会为什么要分类，即分类的价值；如何分类，即分类的方法；如何进行分类，即确定分类的标准。

三、根据具体教学课例，灵活运用数学抽象的教学模式

概念教学是数学教学内容之一，目的是使学生掌握数学概念，形成对数学的基本的、概括性的认识。即明确概念的内涵、外延，熟悉其表述；理解概念之间的关系，会对概念进行分类，从而形成概念系统；了解概念的来龙去脉，能够正确运用概念。因此，概念教学是小学数学知识体系中最基础、最重

要的知识点，是学生学好数学的前提条件。然而在教学中，教师对概念教学有一些错误的理解：第一，以多做练习代替概念教学，教学中教师让学生耗费大量的时间和精力做大量的题目，学生虽然会做题，但对概念的内容、方法和意义知之甚少；第二，以自己看书代替概念教学，教师有时为了简化教学内容和环节，将例题中的探究活动省略不做，让学生自己看书，那么学生的理解只会停留在表面，甚至一点都没有理解；第三，以死记硬背代替概念教学，教师在课堂中将概念和盘托出，让学生多读多背多抄写，忽视了概念的形成与理解，这样容易让学生丧失学习数学的兴趣。由此看来，要素式结构化思维十分重要。概念教学要素式结构化思维的五个关键要素：问题—方法—事例—结论—拓展。

四、概念教学的典型课例研究

现以三年级上册"几分之一"为例，结合具体课堂教学实践对概念教学进行课例研究。

（一）问题

确定问题，培养创新能力。美国数学家哈尔莫斯说过："问题是数学的心脏"，因此每节概念课我们都应该确定好核心问题，并围绕核心问题展开教学，让学生充分经历知识的形成过程，从而促进学生对新知的深入理解。例如，在教学"几分之一"时，学生依据"物体、分法、总份数、取的份数、表示的分数"五个核心要素为思维支架，提出核心问题：

分什么东西？（分月饼）

一个月饼用什么数表示？（一个月饼用"1"表示）

这一块月饼是怎么分的？（平均分的、分得一样多，如果是……就不是平均分了。）

分的结果怎样，共分成了几份？（总份数是2份，数一数，这是1份，这是1份，共2份）

取几份？（1表示1份）

用什么分数表示？（$\frac{1}{2}$表示2份中的1份。分数中的2表示什么？1表示什么？）

另一份怎样用分数表示？说说自己的想法。

什么是二分之一？把一块月饼平均分成2份，1份是这块月饼的一半，即这块月饼的的二分之一。

板书：

物体	分法	总份数	表示份数	分数
月饼	平均分	2份	1份	$\frac{1}{2}$

让学生通过想一想、说一说、折一折等活动，体会二分之一不仅可以表示半块月饼，还可以表示许多事物的"一半"；接着让学生比较两个大小不同的长方形，问：为什么大小不同，一半都表示二分之一？让学生真正理解二分之一的含义：就是把一个物体平均分成2份，每份是它的二分之一。当学生真正深刻理解二分之一的含义后，对后面三分之一、四分之一、几分之一的学习就容易很多。

（二）方法

获取方法，落实数学素养。叶圣陶先生说过："教是为了不教"。数学教学，就是"教"学生"学"，课堂上不是把现成的知识教给学生，而是把学习的方法教给学生，让学生受用一辈子。在教授"几分之一"时，笔者采用了数形结合、动手操作、观察比较的学习方法以加深学生的理解。

动手操作培养学生的创新意识。要使学生形成创新意识，教师就要在数学教学中多注意学生提问、猜想、探索、归纳等能力的培养，使学生在动手操作中感悟内涵的思维能力，以达到培养创新意识的目的。何为动手操作？学生通过动手、动眼、动脑、动口等多种感官协调参与学习的操作活动，这也是探究数学知识的一种很重要的方法之一。教学中，笔者让学生动手折一折：将一张正方形纸折出它的四分之一；动眼看一看：你折出的四分之一和其他同学一样吗？动脑想一想：为什么折法不一样，都表示四分之一？为什么大小不一样，也表示四分之一？动口说一说：正方形纸的四分之一表示什么含义？通过一系列的动手操作，培养学生的创新意识。

观察比较，延伸学生的数学思维。"比较"是确定事物之间相同点和相异点的思维方法。通过比较，可以促进学生学习，帮助他们分清概念，获得深入性、规律性的认识，让他们的思维更严密、细致、系统。教学中，教师出示圆的二分之一和三分之一让学生观察比较，二分之一和三分之一有什么区别和联系？学生通过观察知道了区别之处是二分之一是把一个圆平均分成2份，三分之一是平均分成3份，联系之处在于都是取其中的1份。这样的比较，既会使学生对二分之一和三分之一有了更深刻的理解，也是对后面学习同分子分数的大小比较做好了铺垫，很好地延伸了学生的数学思维。

小学数学教学深度化创新："实—活—厚"

数形结合渗透学生的数学思想。我国著名数学家华罗庚曾说过："数形结合百般好，隔离分家万事休。""数"与"形"反映了事物两个方面的属性。数形结合，主要指的是数与形之间的对应关系。数形结合就要把抽象的数学语言、数量关系与直观的几何图形、位置关系结合起来，通过"以形助数"或"以数解形"，即抽象思维与形象思维的结合，可以使复杂问题简单化、抽象问题具体化，从而实现优化解题途径的目的。分数这个抽象的概念对于三年级的学生来说是第一次接触，理解起来比较困难，因此课堂中要借助图形来理解。在教授二分之一时，教师要让学生边指边说，无论是指实物图还是几何图，都要结合图来理解，只要把这个物体平均分成2份，每份是它的一半，也就是它的二分之一。

（三）事例

事例越丰富，内涵越深刻；事例越典型，本质越突出。数学来源于生活，运用于生活，而抽象的概念可能会使学生不易理解，因此课堂中需要老师从学生熟悉的生活情境出发，多举例、多引导，不断完善对概念的理解。在教学中，教师要让学生观察主题图，以"秋游野餐"的情境，让学生说说在秋游中看到了什么，再创设分水果、牛奶、月饼的环节，引导学生理解概念。例如，正方形纸的折法不同，每一份的形状不同，为什么表示的都是$\frac{1}{4}$？如图1所示。

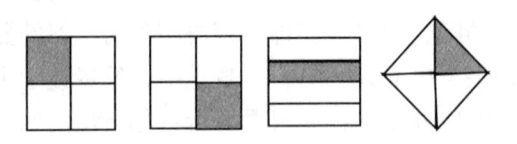

图1 不同折法的正方形纸的$\frac{1}{4}$

正方形纸的大小不同，为什么表示的都是$\frac{1}{4}$？如图2所示。

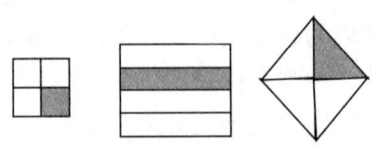

图2 不同大小的正方形纸的$\frac{1}{4}$

(四)结论

总结归纳,形成概念。教师要提倡学生将个性化表达结论与数学概念精准化表达相结合。概念是由丰富的内涵和深刻的外延构成的,只有让学生理解概念的内涵和外延,才能总结归纳出概念。

基于丰富的事例归纳概念。概念是指对象特有的本质属性的总和。例如,什么是二分之一?要让学生知道什么是二分之一。课堂中,如果教师只呈现月饼的二分之一这一个例子,学生的认识是不深刻的。因此在课堂中,除了有月饼的二分之一这一事例,还有西瓜、蛋糕、长方形二分之一的事例。让学生从丰富的事例中总结出二分之一的概念。

几分之一表示什么意义?

把一块月饼平均分成2份,每份是这块月饼的$\frac{1}{2}$。

把一块月饼平均分成4份,每份是这块月饼的$\frac{1}{4}$。

把一个圆平均分成3份,每份是这个圆的$\frac{1}{3}$。

把一个长方形平均分成5份,每份是这个长方形的$\frac{1}{5}$。

把一个物体平均分成几份,每一份就是这个物体的几分之一。

基于典型的外延归纳概念,教师要在课堂中让学生从认识二分之一发展到认识三分之一、四分之一、几分之一;从分实物图到分抽象图,通过一系列观察比较、动手操作,把"几分之一"的概念建立在具体情境和实践活动中。最后,在归纳概念"什么是几分之一?"时,学生容易概括。

(五)拓展

拓展应用,提高数学能力。拓展应用是数学教学的重要组成部分,是学生掌握概念知识、形成技能、获取数学活动经验的数学思想方法的有效途径。概念的拓展应用也分三个层次进行设计。

以基础练习巩固概念。设计与例题相仿的练习来巩固概念的理解。以教材第91页做一做为例,让学生先独立思考,再全班讲评。如图3所示。

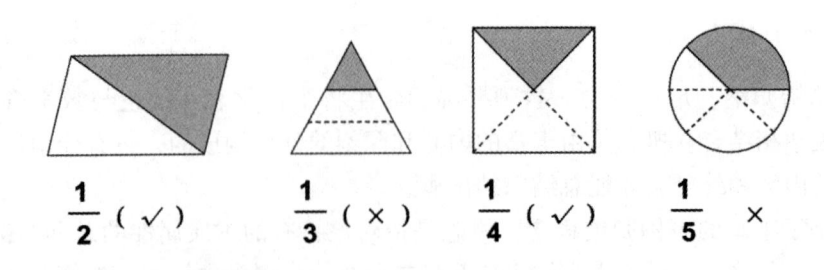

图3 几分之几的表示方法

以综合练习加深概念。设计综合性较强的题目，强化几分之一的概念。以教材94页第2题为例，给出一个图形的四分之一，让学生在想象、建构原图形的过程中，加深对分数含义的理解，同时为理解多个物体作为一个整体时分数的含义做准备。

以拓展练习延伸概念。两段长度相等的线段，一个占整体的二分之一，另一个占整体的三分之一，哪一段长？让学生充分理解分数部分与整体的关系，用逆向思维的方式思考问题，拓展学生的数学思维。

总之，在小学数学教学中，概念教学是贯穿整个小学数学教学过程的重要环节，内涵发展要素式思维是概念教学的一个重要策略，采用五个关键词来开展概念教学，能促进学生成为数学概念的主动理解者和建构掌握者，使学生深刻地理解和灵活地运用概念，有效地提高教学质量，也能促进教师更好地驾驭数学概念内涵，提高教师专业水平。

在数与代数教学中落实运算能力核心性目标
——以"整十、整百、整千数乘一位数的口算"例谈计算教学五个方面

柳州市东环路小学 王均秀

如何落实核心性目标？其基本策略是什么？理论与实践相结合是教师专业发展、提高质量的根本方法。在落实核心素养的过程，关键要素是连接理论与实践的桥梁。落实核心性目标的基本策略是四步表达：问题表达、概念表达、要素表达、实践表达。内涵要素的线性式结构，是课堂教学时间顺序的重要特征，核心性目标要素式思维线性结构为问题表达—概念表达—要素表达—实践表达。

一、问题表达

什么是运算能力？运算能力的内涵要素主要包括哪些方面？在计算教学中如何提高运算能力？有的计算教学通常会进行大量题目的训练，但只重视计算的结果，忽视算理的推导，不重视计算法则的形成过程和计算方法的概括。学生的学习只停留在算对、算快的层面上，导致学生学习兴趣不高、自主学习能力弱、数学思维能力也没有得到应有的培养。教材中计算教学不是单独进行的，而是与"生活生产中的实际问题"相结合进行的。

二、概念表达

运算能力是指依据运算算理与运算法则进行数学运算的能力。小学阶段的运算法则主要包括加、减、乘、除四则运算、运算定律等项目。运算能力在教学中的主要功能：运算能力是学生感悟数学与客观世界联系的基本途径，是数学思维的基本方式，是用数学语言表达现实世界、解决实际问题的基本手段，其能促进学生数学思维发展，有助于提高学生的数学能力和科学精神。运算能力主要表现在算式运算、定律应用、方程求解、利用运算解决实际问题等方面。

三、要素表达

运算能力的内涵要素主要包括以下五个方面内容：
（1）运算的意义（运算对象与数量关系、运算解决的问题与情境理解）。
（2）运算的算理（具体情境的理解与计数单位的理解）。
（3）运算的算法（法则与过程、现象与抽象）。
（4）具体运算（运算思路与寻求合理简洁的运算途径，算法多样化与优化）。
（5）问题解决（运算结果解决实际问题）。

四、实践表达

突出运算能力教学活动的主要过程，主要运用要素式线性结构化思维模式，即运算能力在教学活动中体现在五个方面：情境题意—运算意义—算理—算法—运算能力。

现以小学数学三年级上册"整十、整百、整千数乘一位数的口算"为例

小学数学教学深度化创新："实—活—厚"

进行实践研究。

（一）理解题意

创设教学情境，激活经验，深度理解题意。由于计算的抽象性质，数学计算教学内容大多很枯燥。教材上所呈现的计算题的方式都是比较单调的，而现实生活中的计算大都与情境结合，如买商品共花多少钱、按照体重及健康状况一个人一天要摄入多少食盐、给房间铺地砖需要多少瓷砖等。换句话说，计算很多时候不是孤立存在的，它与人类社会和经济活动密切相关。为了让计算有生命力，引发学生的数学思考，教师要让学生学会提出数学问题，感受到计算的价值和现实意义，创设情境是激活学生已有的知识和经验的重要手段，能使学生深度理解题意。

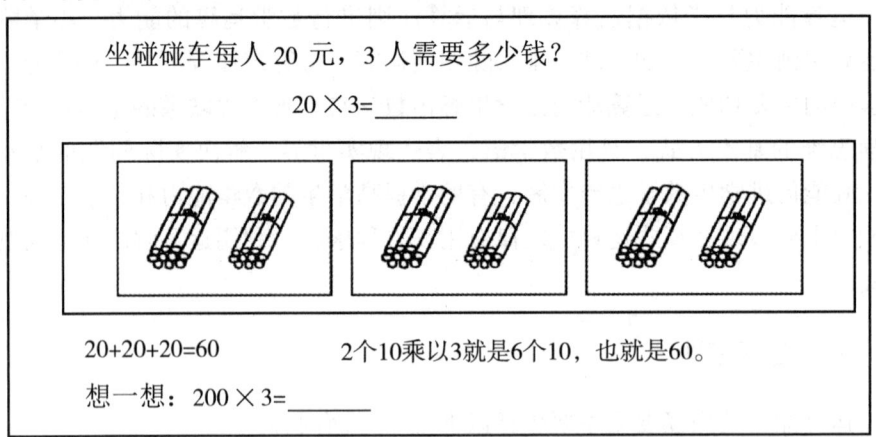

坐碰碰车每人 20 元，3 人需要多少钱？

$20 \times 3 =$ _____

$20+20+20=60$　　　2 个 10 乘以 3 就是 6 个 10，也就是 60。

想一想：$200 \times 3 =$ _____

例如，教师在教授多位数乘一位数单元中的"口算乘法"这一内容时，要结合教材、游乐园主题创设一家三口游玩的情境。这些好玩的游乐项目都是学生所熟悉的。"坐激流勇进每人 10 元，3 人需要多少钱？坐碰碰车每人 20 元，3 人需要多少钱？"情境中的游乐项目价目表为口算乘法和解决问题的教学提供了生活经验支持，用自己的话语表达你知道的题意与信息，学生多数能流畅表达。再如，"坐过山车每人 12 元，3 人需要多少钱？"这是两位数乘一位数（不进位）口算，是修订后教材增加的内容，也为后续学习笔算乘法和除法试商做好了准备。

（二）运算意义

坐激流勇进每人 10 元，3 人需要多少钱？坐碰碰车每人 20 元，3 人需要多少钱？坐过山车每人 12 元，3 人需要多少钱？

这个问题怎么解决？怎样列式？用这种方法列式是怎么想的？

10×3= ，（因为是求 3 个 10 是多少，用乘法计算）

20×3= ，（因为是求 3 个 20 是多少，用乘法计算）

12×3= ，（因为是求 3 个 12 是多少，用乘法计算）

（三）算理

注重算法的依据，引导学生领悟算理。算理就是计算的道理。计算教学从算理开始，学生只有在充分理解了计算的道理的基础上，才会"创造"出有效且简捷的计算方法，也才会理解并掌握计算的方法，才可以准确、快速地进行计算。所以，教师在教学中要启发学生对计算的道理进行深入的探索、研究。

以计数单位为主理解算理。如上题，计算 20×3=＿＿＿，你是怎么想的？算理是什么？

引导学生思考：20 里面有 2 个十，2 个十乘 3 就得 6 个十，也就是 60。

然后将整十数乘一位数的口算扩展到整百、整千乘一位数，让学生通过迁移理解算理：200×3 = ＿＿＿ 2 000×3 = ＿＿＿ 12×3 = ＿＿＿

200×3=＿＿＿ 你是怎么想的？算理是什么？

2 000×3=＿＿＿ 你是怎么想的？算理是什么？

200×3，200 里面有 2 个百，2 个百乘 3 得 6 个百，也就是 600。

同时，结合直观演示深刻理解算理。如图 1 所示。

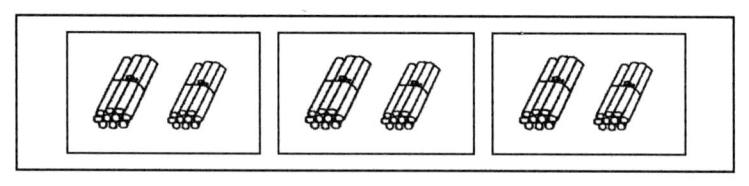

图 1　20×3 的直观演示

2 000×3，2 000 里面有 2 个千，2 个千乘 3 得 6 个千，也就是 6 000。

12×3，12 里面有 1 个十，2 个一；1 个十乘 3 得 3 个十，2 个一乘 3 得 6 个一，一共是 3 个十，6 个一，也就是 36。同时，结合直观演示深刻理解算理。如图 2 所示。

10×3　　2×3

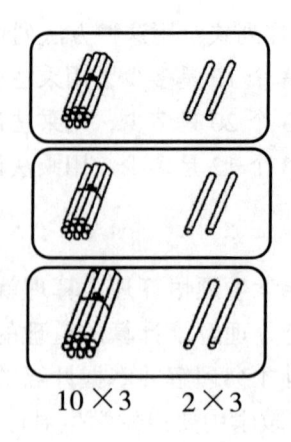

图2　12×3的直观演示

（四）算法

提倡算法多样，引导学生进行算法优化，加强算法的交流与表达，展示学生的思维过程。理解并用语言表达计算法则，利用算式讲解计算法则。

计算 20×3=_____ 你是怎么算的？算法是什么？

算法：从高位算起，2乘3得6，再添一个0，就是60。

200×3=_____ 你是怎么算的？算法是什么？

算法：从高位算起，2乘3得6，再添两个0，就是600。

2 000×3=_____ 你是怎么算的？算法是什么？

算法：从高位算起，2乘3得6，再添三个0，就是6 000。

12×3=_____ 你是怎么算的？算法是什么？

算法：从高位算起，十位的1乘3得3，个位的2乘3得6，就是36。

口算一般从高位算起，先算大数，即先做重要的事情，再算低位上的数，即后做次要的事情。当然，也可以从低位算起。

（五）运算能力

技能是需要训练的。题组训练、卡片口算、手指游戏算、竞赛、操作等都是培养学生运算能力的重要方式。学生独立算、同桌对口令、开火车、抢答、学生自己编题等不同的形式，使学生体会到计算在数学中的实际价值，同时能激发学生学习的兴趣，从而使其自觉提高计算能力。

| 20×4= | 30×3= | 34×2= | 21×4= |
| 200×4= | 300×3= | 340×2= | 210×4= |

2 000×4=　　　　3 000×3=　　　　3 400×2=　　　　2 100×4=

多形式练习，提高计算能力。计算教学是小学数学教学中的重要内容。教师不要使计算教学成为单纯的计算技能的训练，而是要把计算问题和解决问题结合起来，凸显计算是解决问题的工具。通过解决问题，沟通知识的内在联系，促使知识转化为能力，同时可以激发学生的兴趣，把已获得的知识能力上升到品质高度，促进高阶育人目标的实现。

计算教学不断改善教学方法，使计算教学在算理、算法、技能三个方面得到和谐的发展和提高。

在图形与几何教学中落实空间想象核心性目标
——以三年级上册数学"周长"为例谈教学内容五象层次

一、空间想象在实际教学中存在问题

空间想象是学生学习活动中的一个难点，难在哪呢？教师在教研教学过程中，难以抓到实实在在的关键要素。学生不会自觉应用直观想象解决实际问题，教师想提高学生的空间想象能力，但难以找到内涵要素。教师创造性教学的积极性比较高，想改变教材、创造性使用教材，想把空间想象落实在具体教学活动之中，却不知道怎样做是有利的，怎样做是不对？如此现象，都表明教学活动过程中，空间想象的内涵要素不确切，要素式思维难以落实。

二、站在领域的高度，建立空间想象核心性目标

什么是空间想象？空间想象的内涵要素主要包括哪些方面？在图形教学中如何落实空间想象？

空间想象是指对物体、图形的空间形式的感悟、想象与表达。空间想象是数学的重要素养，在教学中的主要功能：空间想象是学生感悟数学与客观世界联系的基本途径，是数学思维的基本方式，是用数学语言表达现实世界、解决实际问题的基本手段，能促进学生数学思维的发展，有助于提高学生的数学能力和科学精神。

空间想象的内涵要素主要包括现象、图象、动象、想象、抽象这"五象"内容。其一，客观世界存在着许多的具体物体、形体，简称现象；其二，从具体物体抽象出几何图形，简称图像；其三，以图像的动态呈现或认识主体以动

作配合促进对图形特征的感悟，使图像及其特征成为动态知识，都是动的象，简称动象；其四，依据物体、图形的感悟经验、概念、特征想象出物体、图形，反之根据物体、图形想象出物体、图形的概念、特征，都是通过想到达象，简称想象；其五，以语言、文字、数字或符号表达物体或图形的特征、位置、关系，简称抽象。

空间想象最主要的表现形式就是直观想象和"三象同步"。

直观想象是指以形想数、以数想形的思维活动，也包括以形想形的思维活动。以直观或想象为桥梁，沟通现象、图象、动象、抽象之间的联系。"形"主要是指具体形象，包括直观现象、图象、动象等；"数"主要是指数学符号、数学概念、数学抽象等。直观教学最重要的价值是将隐性的内容显性化。

"三象同步"是指"图象、动象、抽象"三象结合、三象交融同步理解，直观感知、抽象表达在动象感悟中相互沟通，在人的能动过程中相互交融，促进空间想象发展成为动态知识，而动态知识是真正的发展力量。小学生的思维特点是以直观形象思维为主，并逐步过渡到抽象思维阶段，小学数学学习活动是边说边在图形上比画、边说边操作几何直观，所以"三象同步"是小学生空间想象的最主要的表现形式，其对促进小学生达到理解、掌握等学习目标取得了显著的效果。

三、根据具体教学课例，灵活运用空间想象的教学策略

教师的教学要想从"知识教学"走向能力教学，就要从教学内容相关的内涵要素进行落实。教学内容层级性内涵的关键要素是"现象、动象、图象、想象、抽象"，亦称教学内容"五象层次"。教学内容五象层次结构化思维如下：现象—动象—图象—想象—抽象—应用（新现象），现以三年级上册数学"周长"为例进行实践操作。

（一）现象

丰富的现象，能增强内涵的深刻性。"现象越典型，本质越突出，外延越丰富，内涵越深刻。"这是笔者团队对现象的价值性认识。现象即现实生活生产中存在的数量关系和空间形式的直观形象实例，属于事实性知识。由于小学生的思维以直观形象为主逐步过渡到抽象，教学过程中的教学内容以直观、形象的方式呈现，符合学生的认识特点、认知规律及兴趣需要，符合学习能力的要求，不仅有助于学生更好地掌握数学文化知识，还有助于他们形成良好的

数学学习态度。在教学中使数学问题生活化，提供典型的、丰富的生活生产中的数学现象、应用的例子，是夯实学科内涵的关键一步。通过多例感知，学生能从不同的角度感悟知识、激活直接经验，从而有效激发学生的学习兴趣和求知欲。

现以"周长"为例创设情境环节，引领学生认识生活中的周长现象。教学片段如下。

现象1：树叶的周长。小蚂蚁练长跑情境图，一只蚂蚁把一片漂亮的树叶当作运动场，从一点开始沿着树叶的边跑了一周回到原地，并热情地向同学们打招呼。

现象2：书本的周长。

现象3：三角形的周长。

……

外延越丰富，内涵越深刻。通过这些活动，拓宽了学生对周长的感性认识，使学生初步认识了周长的意义，体现了数学与生活的紧密联系。围绕核心问题呈现多样化、三个以上的实例现象，学生就能从不同的角度感悟知识内涵、把握对象的本质特征。

（二）动象

动象是动态的过程和现象，即动的物象图像，物象图像动态显示，也是学生手动、脑动、口动、思维动或者图像动，多维动象可以有效促进学生思维品质的发展。

调动感官多元互动，增强感悟的针对性。"智慧在学生的手指尖上"，学生动手操作、物象图像动态显示，多元感官互动，能有效增强感悟的针对性和实效性。《义务教育数学课程标准（2011年版）》中指出，要"重视过程，处理好过程与结果的关系"，在多元表征的动态过程中形成概念、理解概念，可提高课堂教学效果。苏霍姆林斯基曾说：手和脑之间有着千丝万缕的联系，这些联系起到两方面的作用：手使脑得到发展，使它更加明智；脑使手得到发展，使它变成思维的工具和镜子。

关注知识动态的过程，是学生获得体验、产生数学学习积极情感的重要途径。教师可以通过描一描、画一画、摸一摸、比一比开展活动，通过动手操作的互动，帮助学生理解抽象复杂的数学问题，丰富数学活动经验及体验，发展数学学习的主动性。

描一描、画一画。学生动手操作：拿出课前准备好的各种叶片描出一周的长度,在描的过程中体会周长是封闭图形一周的长度,里面部分不是周长。

摸一摸、指一指。引导学生找一找身边物体表面的周长,如课桌的桌面、边线、周长;数学书的封面、边线、周长;黑板、文具盒等多个物体表面、边线、周长。在小组内边比画边说一说。

(三)图像

数学是一门非常抽象的科学,而学生是以具体形象思维为主的,在知识从生活原型到抽象层次的数学模型,需要一个直观模型来帮助学生过渡,这就是图像。图像是对象特征简明化的图示,包括直观化的实物图、示意图、线段图、方条图等。借助几何直观能把复杂的数学问题变得简明、形象。直观、简明的图像,有助于学生理解概念,以及探索、解决问题。华罗庚先生曾说过,数缺形时少直观,形缺数时难入微;数形结合百般好,隔离分家万事休。

重视图像直观,发展几何直观核心素养。《义务教育数学课程标准(2011年版)》中提出:"重视直观,处理好直观与抽象的关系。"借助几何直观把复杂的数学问题变得简明、形象,有助于学生探索、解决问题。例如"周长"一课给出了多个图像(图1):

教师采用音响型媒体与图像型媒体相结合的方式,使课件形象直观地演示描图过程,让图像媒体与实际操作相结合,声形互补,相得益彰。抽象的数学知识有了媒体的直观图像的演示,有利于学生形象思维与逻辑思维交互发生作用,有利于其思维能力的发展。

(四)想象

从形象到想象发展,培养空间观念。空间观念主要是指根据物体特征抽象出几何图形,根据几何图形想象出所描述的实际物体;想象出物体的方位和相互之间的位置关系;描述图形的运动和变化;依据语言的描述画出图形,等等。

(五)抽象

抽象思维是小学数学基本和重要的思维之一。抽象,体现在归纳事物特征、概括思想方法、建立数学模型等方面。概念、数量关系、公式、性质等都属于抽象的范畴。

现以"周长"一课为基础,说一说上面图形的周长:

树叶一周的长度就是树叶的周长;课桌桌面一周的长度就是桌面的周长;数学书封面一周的长度就是书面的周长;物体表面一周的长度就是物体表面的周长。

三角形一周的长度就是三角形的周长;正方形一周的长度就是正方形的周长;长方形一周的长度就是长方形的周长;多边形一周的长度就是多边形的周长;封闭图形一周的长度就是封闭图形的周长。

(六)应用(新现象)

从现象开始,以现象结束,形成闭环,实现课程的可持续发展,在持续的发展中达到深度教学。

数学家亚历山大·洛夫认为数学有"三性":抽象性、精确性、广泛应用性。《义务教育数学课程标准(2011年版)》中强调应用意识有两个方面的含义,一方面有意识地利用数学的概念、原理和方法解释现实世界中的现象,解决现实世界中的问题;另一方面,认识到现实生活中蕴含着的大量与数量和图形有关的问题,这些问题可以抽象成数学问题,并用数学的方法予以解决。为了能使学生感受到数学在生活生产中的价值,巩固学习的新知识、形成新能力和良好习惯,教师需要在新的情境中解决问题。如此,又形成了数学的"新现象",丰富了学生对数学本质的认识和理解。

课例中,为强化数量关系的应用,教师将实际生活中的问题呈现给学生:

什么是五边形的周长?什么是长方形的周长?五边形要量几条边才能算出它的周长,怎样算?长方形要量几条边才能算出它的周长,怎样算?

再次把概念的学习方法迁移应用于新的现象,丰富了教学内容,深化了知识,提高了课堂教学质量。教学内容的"五象"数学思维为学生的生活添加了更多色彩,让学生学会智慧地生活。

在问题解决教学中落实数学建模核心性目标
——以五年级"求一个数的几倍是多少"为例谈问题解决教学五步操作

柳州市东环路小学 杨双妤 王均秀

一、站在领域的高度,建立数学建模核心性目标

什么是数学建模?在问题解决教学中如何落实数量关系?

数学建模是指在用数学的方法解决问题过程中所形成的数学模型。这是针对现实问题进行数学抽象与数学表达、用数学方法构建模型、利用数学模型解决问题的素养。数学建模在教学中的主要功能:数学建模是学生感悟数学与客观世界联系的基本途径,是数学思维的基本方式,是用数学语言表达现实世界、解决实际问题的基本手段,其能促进学生数学思维的发展,有助于提高学生的数学能力和科学精神。

数学是研究数量关系和空间形式的科学,数学模型主要是指数量关系、位置关系和变化规律等方面的模型。数量关系是指速度、时间、路程所形成的数量关系;位置关系是指平行、垂直、平移、旋转;变化规律是指商不变的性质、分数性质、小数性质、运算定律。数学模型最主要的表现形式,就是数学建模呈现的主要方式,分为文字表示和数学符号表示两种,数学符号主要用于建立方程、不等式、函数等,表示数学问题中的数量关系和变化规律。

二、站在课堂实践的角度,建立思维模式与实践操作

(1)提出问题。从现实生活或具体情境中抽象出数学问题。理解数学情境信息、数学问题,有意识地利用数学模型或其他概念、原理和方法解释现实世界中的现象。

(2)思路分析。思路分析有多样策略,常用的基本方法有两种:分析法和综合法。由"条件想问题"是综合法的基本模型,是顺向思维;由"问题寻条件"是分析法的一般思路,是逆向思维。画图、直观、列表、假设、倒推、特例、枚举、实验、显示等方法是常用的辅助方法。

(3)建立模型。建立数学模型(数量关系)。

(4)理解模型。列式理解,理解模型中各个数量的抽象含义与具体含义,双向式融合性理解。

（5）应用模型。计算验算，解决实际问题。求出结果，并讨论结果的意义。且进一步迁移应用，通过基础性、综合性、拓展性练习提高应用能力。

三、根据具体教学课例，灵活运用数学建模的教学模式

新课程下教材中解决问题呈现的步骤是"阅读与理解—分析与解答—回顾与反思"，其在问题设置、呈现形式、编排方式等方面都有了较大的变化。"问题解决"的教学该如何展开呢？教师又该如何帮助和指导学生解决问题呢？为了达到更好的教学效果，笔者开展了问题解决教学结构化思维的"五步骤"实践研究。为了在问题解决教学活动中更好地落实数学建模，且根据小学数学课程的实际情况，灵活地运用数学建模五步骤模式：提出问题—思路分析—建立模型—理解模型—应用模型，笔者相应地做出了一些改变。例如，"数学建模五步骤"的第一步"提出问题"环节，有时是创设情境引导学生提出问题，有时是直接利用教材情境、信息条件和问题，引导学生从"理解题意"开始教学。又如，"数学建模五步骤"模式的第三步"建立模型"环节，数量关系是问题解决过程中数学建模的主要表现，在课堂活动中为了更直接地突出重点，把"数学建模"改变为"数量关系"；由于小学数学阶段的课程内容比较简单，数学模型比较单一，数学模型建立之后很多时候都是列出数学算式或代数式，为了贴近学生实际，把"理解模型"改变为"列式理解"；相应地，把"应用模型"解决问题改为"计算验算"解决问题。由此，"数学建模五步骤"模式改变成"问题解决五步骤"模式，即理解题意—思路分析—数量关系—列式理解—计算验算。

四、问题解决教学的典型课例

数学建模是问题解决教学的核心性目标，以五年级下册"求一个数的几倍是多少"为例，具体实践操作如下：

（一）理解题意

理解题意，多层次解析。新课标下"解决问题"情境的呈现方式是多种多样的，有以主题图呈现的、以图文结合呈现的等；信息，有的是明示的，有的是隐藏的，还有的是干扰性的；问题，有直接提出的，也有给予条件让学生自主提出的。因此，教师要善于引导学生主动阅读信息、选择信息、处理信息，读懂问题情境，明确数学问题。

读情境理解题意是解决问题的第一步，这个环节的重点是感知领悟题意，

小学数学教学深度化创新："实—活—厚"

教师可通过引导学生读懂情境信息，提取信息条件，明确要解决的问题。阅读情境的结果可用文字表达、用语言转换表述，或画图直观表达、表示数量之间的关系，实现"问题情境"向"数学问题"的转化。

例如，在教授"求一个数的几倍是多少"时，先出示题目"军棋的价钱是8元，象棋的价钱是军棋的4倍。象棋的价钱是多少元？"问"从题中你获得了什么数学信息？"学生第一反应大多是把题目重复了一遍。这只是粗浅的了解，需要结合直观情境、学生已有经验做进一步的理解。接着，追问"谁能把题中关键的信息提取出来？"学生会找出"军棋价钱8元，象棋价钱是军棋的4倍"，谁的价钱多，谁的价钱少？上升到只关注数学信息层次。出示线段图表示军棋价钱8元，引导学生把题目变成直观的图示进行理解，图示的出现意味着学生已经达到深层次理解题意的程度。结合情境、图形理解：军棋的价钱是一个"8元"，象棋的价钱是4个"8元"。

（二）思路分析

思路分析，多方式分析。由"条件想问题"是综合法的基本模型，是顺向思维；由"问题寻条件"是分析法的一般思路，是逆向思维。画图、直观、列表、假设、倒推、特例、枚举、实验、显示等方法是常用的辅助方法。

日常教学中，我们总是习惯跟学生去说"找条件""找问题"，但没有对学生进行具体的指导，这导致效果不佳。下面分享一个采用分析法的教学片段。

"从问题寻条件"——分析法。先让学生明确问题是"象棋的价钱是多少元"，然后分析解决这个问题需要的信息（求一个问题需要两个直接条件：军棋的价钱、象棋与军棋价钱的关系），军棋的价钱是已知条件（8元），象棋与军棋价钱的关系也是已知条件（是4倍关系，即4个"8元"），再借助图示动态比画理解。

多元表征，思路显性化。表征是指信息在心理活动中的表现和记载的方式。数学表征是指用某种形式表达数学概念或关系的行为，也指形式本身。数学多元表征是指同一数学学习对象的多种表征形式。

莱什认为数学学习中有五种外在表征形式：①实物情境（指解释学习内容或问题情境的真实世界的事物，如硬币、豆、苹果等）；②教具模型（指能够表示数学学习对象的内在关系的事物或工具，如小棒、算盘、数字卡等）；③图形或图表（指将数学关系予以具体、形象化表示或推理的图形或图表等）④数学口语（指数学的特殊语言、数学专有名词，如三分之一、集合等）；⑤书写符号（指一般的书面符号和数学的特殊符号，如数字、字母、运算符号与关系符号等）。

在教授"求一个数的几倍是多少"时，教师要注意让学生充分利用语言描述问题（象棋的价钱是军棋的4倍，也就是8元的4倍），画图表征数量关系（一条线段表示8元，再根据"4倍"连续画出4段同长的线段表示象棋的价钱）、列式计算（8×4=32元）。引导学生在语言表征、图形表征（实物操作、画示意图等）、算式表征等多种表征之间进行转化，明确"求一个数的几倍是多少"的问题用乘法计算。

（三）数量关系

数量关系，多样化显现。《义务教育数学课程标准（2011年版）》的第一句话"数学是研究数量关系和空间形式的科学"为数学课堂研究指明了方向，其中"数量关系"是解决问题的核心。数量关系的建构要结合具体的问题情境，除了"路程、时间、速度"和"单价、数量、总价"等常见的数学模型有必要进行概括外，其他数量关系可以先让学生结合具体情境多次体验、感悟，积累"数学模型"的典型实例，再做进一步提升。依据四则运算的意义或基本模型的理解，通过文字、字母、符号等方式进行数量关系表达，可为列出式子打下坚实基础。

例如，"求一个数的几倍是多少"这节课，教师先展示多个例题，反复让学生体验"求一个数的几倍是多少"的数量关系。①军棋的价钱是8元，象棋的价钱是军棋的4倍。象棋的价钱是多少？军棋是一个"8元"，象棋的价钱是军旗的4倍，即象棋的价钱是4个"8元"，"军棋的价格×4倍＝象棋的价格"。②蓝花有5朵，红花的数量是蓝花的6倍。红花有多少朵？蓝花的朵数是一个"5朵"，红花的数量是蓝花的6倍，即红花的数量是6个"5朵"，"蓝花的数量×6倍＝红花的数量"。③母鸡有3只，小鸡的只数是母鸡的5倍。小鸡有多少只？母鸡的只数是一个"3只"，小鸡的只数是母鸡的5倍，即小鸡的只数是5个"3只"，"母鸡的只数×5倍＝小鸡的只数"。在得出基本的数量关系后，教师和学生一起将这三个例题进行对比观察和讨论，最后得出"求一个数的几倍是多少"的本质就是求"几个几"，也就是乘法的数量关系模型。

（四）列式理解

列式解答，个性化理解。列式解答是解决问题的目标，教师根据数量关系列出式子，为了提高列式解答的正确率，在列式之后引导学生表述解决问题的思路、说清算式的含义。例如，解决"象棋的价钱是多少"这个问题时，学生列出算式"8×4=32"之后，追问"8表示？（军棋的价钱）；4表示？（象棋的价钱是军棋的4倍）；为什么用乘法（因为求4个8是多少）""8×4"表示什么？（象棋的价钱），厘清每个数、式的意义，表述每个数、式的含义，提高学生思考的条理性。

（五）计算验算

计算验算，多途径呈现。回顾反思，可以提高解决问题的能力。教材中没有对"回顾与反思"进行统一的要求，教师可以根据学生的情况、问题的情景合理采用逆运算、画图、对应数量关系检验等多种途径进行验算。例如，在学习"求一个数的几倍是多少"这一课时，学生可以通过乘法的逆运算计算"32÷8=4"，来验算结果是否正确。

形成思维模块。解决问题的教学的着眼点是什么？教类型，教解法，还是教策略指导？我觉得，解决问题不单是教会学生学会解多少道题目，而是帮助学生制定解决问题的策略，最终让学生能运用策略去自主解题问题，这才是解决问题的关键。为了提升学生解决问题的能力，在经过了解决问题的步骤之后，教师要追问学生"回顾一下，我们刚才的解答经过了哪些步骤？"，总结出解决问题的五步骤：理解题意—思路分析—数量关系—列式理解—计算验算。最后让学生运用"五步骤"解决其他类似问题。

在统计概率教学中落实数据分析核心性目标
——以五年级下册"复式折线统计图"为例谈统计概率四个要点

柳州市箭盘山小学　汪源

一、落实核心性目标的基本策略是四步表达

落实核心性目标的基本策略是四步表达：问题表达、概念表达、要素表达、实践表达。内涵要素的线性式结构，是课堂教学时间顺序的重要特征，核心性目标要素式思维线性结构为问题表达—概念表达—要素表达—实践表达。

二、在"复式折线统计图"教学中落实数据分析核心性目标

(一) 问题表达

什么是数据分析？在统计与概率教学中如何落实数据分析？

为什么要把两个单式的折线统计图合并在一起，形成复式折线统计图呢？

在小学数学的四大基本领域中，统计与概率、综合与实践两个模块常常不被重视。"统计与概率"领域的知识看似简单，却往往成为许多老师心中不知从何而教、不知怎样才能教好的部分。这一领域教学的核心性目标是"培养学生的数据分析观念"。今天，我将以五年级下册"折线统计图"的单元教学为例，来说明如何把握统计与概率的要点，培养学生的数据分析观念。

(二) 概念表达

数据分析是针对数据及数据所蕴含的信息进行的分析。数据分析是研究随机现象的重要方法，是统计与概率的核心。同时数据分析观念是数学核心观念之一。

《义务教育数学课程标准（2011年版）》中对"数据分析观念"含义的描述——数据分析观念包括了解在现实生活中有许多问题应当先做调查研究，收集数据，通过分析做出判断，体会数据中蕴含着信息；了解对于同样的数据可以有多种分析的方法，需要根据问题的背景选择合适的方法；通过数据分析体验随机性，一方面对于同样的事情每次收集到的数据可能不同，另一方面只要有足够的数据就可能从中发现规律。数据分析是统计的核心。

(三) 要素表达

数据分析的内涵要素主要包括以下四个方面：数据价值、数据收集、数据理解、预测判断。其体现了数据的必要性、随机性、信息性、规律性等四性内容。其一，价值引领体会数据的必要性。其二，收集整理体会数据的随机性。其三，描述分析体会数据的信息性。即读懂图表，读懂数据。其四，判断预测体会数据的规律性。数据分析观念要素式结构化思维过程如下："价值引领—收集数据—读懂图表—读懂数据蕴含的信息—进行判断预测"。

(四) 实践表达

"复式折线统计图"培养数据分析观念的教学活动具体如下：

小学数学教学深度化创新："实—活—厚"

第一，价值引领体会数据的必要性。数学来源于生活，数学教学必须联系生活，学生才能体验数学学习的价值。

投篮是学校运动会固有的集体项目，20名同学累计投准的个数即集体成绩，为了提高成绩，同学们对"单手投球准还是双手投球准"的问题无法达成一致。为此，笔者没有选用教材的现成数据，而是选取学生身边熟知的生活材料，布置了课前投球游戏，在课堂教学时创设情境，记录学生单手投球和双手投球的数据，并分别制作了"单手投球折线统计图""双手投球折线统计图"。两种统计图分开看，不太容易比较出哪一种投球的成绩比较好，怎样比较方便呢？

学生：合在一起就方便比较了。

学生：条形统计图有复式的，是两种情况放在一个统计图中，折线统计图是不是也可有复式折线统计图呢？

学生在思考与讨论之中，体会到了复式统计图比单式统计具有易于比较的、易于呈现发展变化的优势，感受到了复式统计的价值。

第二，收集整理体会数据的随机性。数据分析观念是伴随着操作活动逐步形成的，收集与整理数据是统计的第一步。在"折线统计图"单元教学中，教会结合生活实际，设计了多种现实情境和操作活动，让学生经历数据的收集与整理过程。

为了弄清楚"单手投球准还是双手投球准"的问题，学生主动参与投球游戏，并自发地通过打"√"、画"正"字或画"○"等形式收集投球数据；为了了解哪种品牌的螺蛳粉最受欢迎，学生分小组开展调查实践活动，询问自己最喜欢的螺蛳粉每日销量，并记录数据。

通过亲身体验，学生总结了投球的最好方法，发现了同样的螺蛳粉每日销量会有所不同。这样一来，学生既积累了收集与整理数据的经验，又在活动中感悟到统计数据的随机性。

第三，描述分析体会数据的信息性。即读懂图表，读懂数据。如图1所示。

第二章 学科内涵要实

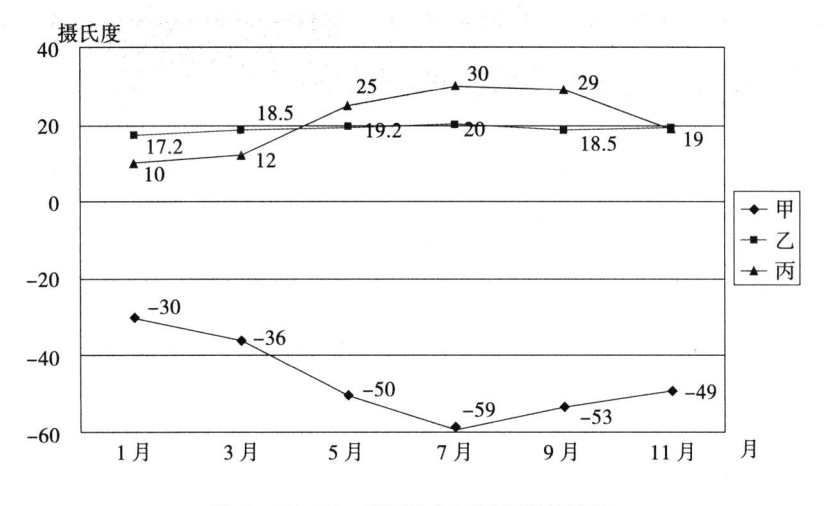

摄氏度

图1 甲、乙、丙三地年气温折线统计图

（1）读懂折线统计图。采取纵横轴交叉点的方法，掌握一些数据分析的方法，读出图中能直接看见的数据，并简单推理得到相应的信息，包括数据的多少、数据的联系比较等。例如，读一读某个月三个地方的气温分别是多少度？同一个地方一年的气温差是多少度？最低、最高分别是多少？同一个月份，三地气温分别相差多少？

（2）引导学生读懂数据蕴含的信息，经历数据分析过程，掌握数据分析方法，重点是读懂整体变化趋势、局部变化趋势背后蕴含的信息。例如，根据折线统计图的变化趋势，说一说四月份甲、乙、丙三地的气温大概是多少度？而四月份的气温是不能直接读出的，由于折线统计图的特点是用折线走势表达数量的变化趋势，教师要重视让学生感受这条折线的整体变化趋势，并结合问题背景，引导学生用自己的语言将直观的走势图进行"翻译"，理解数据所蕴含的信息。有的学生说甲地-43摄氏度，理由是四月居于三月和五月之间；有的学生说，根据图示的变化趋势，四月是急剧下降，应该比三至五月相差数值的平均值还低，大概是-45摄氏度。乙、丙两地也类似地利用图形的变化趋势读出图中蕴含的信息。其二，猜一猜，甲、乙、丙分别是哪个地方？用哪一个词语来形容这个地方的风光？（冬暖夏凉，骄阳似火，冰天雪地，四季分明，宜居城市，四季如春）分析折线的状态和走势，强化学生对折线变化趋势的整体感知。"整体看……的变化趋势是怎样的？""你能推测一下……变化趋势吗？"引导学生有意识地从数据的角度思考数据蕴含的丰富信息，体会数据是会说话的，了解数据是怎样说话的。甲是南极，冰天雪地，是企鹅宝宝的快乐天堂，并欣赏风光图片。乙是昆明，四季如春，每天都开放着五颜六色的鲜艳花朵。丙是柳州，全国十大宜居城市之一，四季分明，绿水绕城，是天然大盆景，气候十分宜人。其三，应用分析方法，巩固提升能力。乙、丙的交叉点大概在什么月份的什么时候（上、中、下旬），大概多少度？交叉点之后的几天各自大概是多少度，理由是什么？

第四，体会数据的规律性。引导学生依据数据进行判断和决策，感受数据分析的价值。依据统计图的信息，请学生预测12月的气温是多少度？你的理由是什么？如果要依据统计图的信息向别人推荐其中一个地方工作，你推荐哪个地方，理由是什么？

在教学活动中落实探索过程性目标
—— 在课例研究中落实"探索活动五个要素"

柳州市燎原路小学　李艳　周丽军

一、从教学论视角，引领学生经历重要过程，落实过程性目标

目标表述不清晰是阻碍学科内涵落实的巨大阻力。例如，六年级"圆锥的体积"教学目标的表述如下：经历探索圆锥体积公式的推导过程。对照《课程标准》过程目标的三个层次：经历、体验、探索；上述"圆锥的体积"目标表述的是哪个层次？其既运用了"经历"，又运用了"探索"两个不同层次的关键词，一个目标不能同时定位在两个不同的层次，因此建议在表述过程目标时，只应用表达层次的一个关键词，在此课中，建议把"经历"取消，保留"探索"。

目标的书面表达与活动中的行为脱节是学科内涵落实的关键症结。例如，六年级"圆锥的体积"，教学目标的表述如下：探索圆锥体积公式的推导过程。课堂上的教学活动：教师采用实验演示法教学。在讲台上进行实验演示，组织学生观察、猜测、思考、发现规律。值得我们思考的问题：制定的目标是什么层次？教学活动体现的又是什么层次？教师制定的过程目标是"探索"，属于三层过程目标中的第三层，而教学活动中是教师做实验，而探索层次的目标要求的是学生"独立或与他人合作"参与活动，显然活动主体不符合要求，活动过程没有按照目标的层次内涵进行展开，因此目标制定与教学活动不相匹配。

修改建议：把教师的演示实验变为学生四人小组实验，以确定学生的主体资格。在探索活动中，关于课程内涵有五个关键要素：除了要体现学生的主体地位的关键要素外，还有其余四个要素：问题、方法、结论的感性认识、结论的理性认识。

二、站在领域的高度，建立数学推理核心性目标

什么是数学推理？在探索活动中如何落实数学推理核心性目标？

数学推理是指从一些事实、经验、直觉或命题出发，依据规则推出某些结果或命题的过程。数学推理是数学严谨性思维的基本保证。数学推理在教学中的主要功能：数学推理是学生感悟数学与客观世界联系的基本途径，是数学思维的基本方式，是用数学语言表达现实世界、解决实际问题的基本手段，学生通过推理能够形成有理有据说理的思维品质和理性精神，增强思维能力和交流能力。

数学推理的内涵要素主要包括两个方面：特殊和一般。推理的形式主要分为合情推理和演绎推理。推理思维是指从事实、命题推断出结论的思维过程。推理能力是指从事实、命题推断出结论、形成新命题的能力。合理推理是从特殊到一般的推理，其从已有的事实出发，凭借经验和直觉，推断出某些结果。演绎推理是从一般到特殊的推理，其从一般事实与命题出发，按照逻辑法则推理出特殊的命题。命题包括定义、公理、定理、运算的定义、法则、顺序等。

在主要的表现形式方面，合理推理主要有归纳推理和类比推理；演绎推理主要有计算和证明。

三、根据具体教学课例，灵活运用数学推理的教学模式

在小学数学的探索活动中，合理推理是最常用的推理方式。教师要站在课堂实践的角度，建立数学推理思维与操作模式。

过程性目标分为经历、体验、探索三个层次。"探索"是第三层次，是指独立或与他人合作参与特定的数学活动，理解或提出问题，寻求解决问题的思路，发现对象的特征及其与相关对象的区别和联系，获得一定的理性认识。从教学论的视角看，推理是教师引领学生经历知识形成的重要过程。探索活动的五个基本要素：主体—问题—方法—感性认识（特殊）—理性认识（一般）。

四、探索活动五要素落实数学推理的典型课例

（1）"圆锥体积"从特殊的实验推理出一般的规律，探索活动五个要素具体实践操作如下：

主体：主体是学生，四人小组自主合作探究。

问题：这是问题性知识。利用重合法验证实验器材"等底、等高的圆柱和圆锥"后，提出问题：等底、等高的圆柱和圆锥的体积会有什么关系？

方法：这是程序性知识。实验转化比较法，学生通过倒水或沙的实验进行转化，在实验操作中比较、发现、总结，推导得出圆锥的体积公式，培养学生观察比较、交流合作、概括归纳等能力，从而初步学会运用实验的方法探索新知识。有的小组在空圆锥里装满水，然后倒入等底、等高的空圆柱中；有的小组在空圆柱里装满水，然后倒入空圆锥中；从倒的次数中观察并体会两者体积之间的关系。

感性认识：这是事实性知识，主要是指现象层面的、经验层面的认识。由圆锥里装满水倒入圆柱（等底、等高），三次正好装满；由圆柱里装满水倒入圆锥（等底、等高），正好可以装满三次；并引导学生通过比较图形加深对知识的理解。学生在表达结论之时，能相应地进行比画，语言的表达与图形比画动作同步进行，对于小学生来说确实大大加强、加深了其对知识的理解。

理性的认识：这是原理性认识。探索之后学生进行总结归纳形成抽象认识和进行交流展示。学生的概括已经从现象上升达到理性的认识：等底、等高的圆柱和圆锥，圆锥的体积是圆柱的三分之一；等底、等高的圆柱和圆锥，圆柱的体积是圆锥的3倍；从而推出圆锥体积计算公式 $V=\frac{1}{3}SH$。

理性认识的拓展：等底、等高的圆柱和圆锥，圆柱的体积比圆锥的体积多2倍；等底、等高的圆柱和圆锥，圆锥的体积比圆柱的体积少三分之二。

（2）"梯形的认识"从特殊的实验推理出一般的规律，落实探索活动五个要素的研修活动如下：

主体：主体是学生，四人小组自主合作探究。

问题：这是问题性知识，图形对边有怎样的位置关系？梯形有什么特征？

方法：这是程序性知识。格子工具观察法：平行线之间的距离相等；尺规作图法：在同一平面内平行线延长永不相交；平移作图法：平行线与拖动的三角板的边重合。

现象：这是事实性知识，是对特殊事例的感性认识，六个大小、形状各异的梯形图形。

抽象：这是原理性认识，是一般事例的理性认识。学生1：有一组对边平行，另一组对边不平行的四边形是梯形。学生2：只有一组对边平行的四边形是梯形。还有其他学生进行表达，都是个性化的，但都是正确的、科学的。

（3）"认识长方体和正方体"从特殊的实验推理出一般的规律，落实探索活动五个要素的研修活动如下：

课堂上，老师从学生实际出发，引导学生观察分析、讨论交流长方体的特征；再利用表格从面、棱长、顶点三个方面梳理长方体的特征；最后完整、规范地概括出长方体的概念：长方体是由6个面围成的立体图形（这6个面一般是长方形，特殊情况有两个相对的面是正方形）。长方体中相对的面完全相同，相对的棱长度相等。

根据制作长方体模型的过程，开展探究活动——"探索长方体棱的特征"，探索活动五个要素具体体现如下：

主体：主体是学生，四人小组自主合作探究。

问题：这是问题性知识，①长方体12条棱可以分成几组？②相交于同一顶点的三条棱长度相等吗？

方法：这是程序性知识，动手制作模型，画图表示模型，用不同颜色的笔，区分画出长、宽、高。

现象：这是事实性知识，是对特殊事例的感性认识，发现、概括长方体棱的特征。合作、交流、探索长方体棱的特征。

抽象：原理性认识，是一般事例的理性认识，发现、概括棱的特征：12条棱一般可以分为3组，每组4条，长度相等（相对的棱长度）。

五、课例研修落实学科内涵（具体课例如下）

关注探索活动五要素，落实过程性目标

——五年级上册"分数的意义"课例研究

柳州市德润小学　苏志晓

《义务教育数学课程标准（2011年版）》明确了义务教育阶段数学课程的总目标，并从知识与技能、数学思考、解决问题、情感与态度四个方面做了进

小学数学教学深度化创新："实—活—厚"

一步的阐述。可见，课程标准对教学目标的落实不再是单一的"双基"，教师应注重过程性目标的落实。过程性目标的落实是要学生通过经历（感受）、体验（体会）、探索，落实研究的过程，更好地发现研究对象的特征。让学生经历探索活动过程，是实现数学过程性目标的基本途径。

一、探索活动的教学现状

在现实的教学中，有的教师仍然只重视学生会不会解题，会不会考出好成绩，导致有的学生在课堂的学习过程中不能对知识点有更深层次的理解，也造成了有的学生高分低能的状态。长此以往，对学生自身潜能的发展和学习能力都会产生消极的影响。当学生真正参与到课堂过程中来，不仅学得有趣，也更加高效，成绩自然也会更好。

二、怎么开展探索活动

《义务教育数学课程标准（2011年版）》中强调"数学教学活动，特别是课堂教学应激发学生兴趣，调动学生积极性，引发学生的数学思考，鼓励学生的创造性思维；要注意培养学生良好的数学学习习惯，使学生掌握恰当的数学学习方法。"因此，活动的设计要符合学生心理，关注探索活动内涵要素，让学生亲自动手实践、自主探索与合作交流，真正落实过程性目标。

三、什么是探索活动？

在数学课堂上，教师要给学生提供充分的参与数学活动的时间和空间，让学生在认真听讲、进行课堂练习的同时，有更多机会去亲自探索，与同学交流和分享探索的结果及成功的快乐。

《义务教育数学课程标准（2011年版）》中对"探索"的定义："独立或与他人合作参与特定的数学活动，理解或提出问题，寻求解决问题的思路，发现对象的特征及其与相关对象的区别和联系，获得一定的理性认识。"

从内涵发展要素式思维的视角看，"探究"活动的关键要素有哪些呢？从"探索"的概念来看，关键要素即探索活动五个基本要素，"探究"活动要素式结构化思维如下：主体—问题—方法—感性认识（特殊）—理性认识（一般）。下面以五年级上册"分数的意义"为例做简要分析。

（一）关键要素一：关注主体

探索活动的主体就是探究活动的参与者，孩子只有亲身经历知识形成的过程，才会反思自己的行为，才会有深刻的体验，探索活动需要学生全身参与、全程参与、全体参与。探索活动的主体可以是个人独立思考，也可以是同桌二人合作、四人小组合作，或者更多。

根据本节课的内容，我发现学生要理解分数的意义有一定难度，若学生个人探究将难以实现提炼数的概念，因此探索活动的人数不能太少，人数太少则缺少交流与碰撞，人数也不宜过多，人数太多则不能达到人人参与，所以在这节课中，教师让学生以"四人小组"为单位有效开展探索活动，四个人在几分钟内正好可以让每个人都有发言的机会，也能激发数学思维的多样性，为新概念的学习奠定坚实的基础。

（二）关键要素二：聚焦问题

问题是探索活动的灵魂，教师要根据数学学习内容，制定切实的、有针对性的探究问题，把学生引入迫切希望探究的问题情境中。

本节课中，老师没有简单地套用传统练习"根据阴影部分写出合适的分数""根据分数给图形涂色"，而是创设了更富有挑战性和开发性的问题"$\frac{1}{4}$表示什么？"它犹如一枚石子投入平静的湖里，激起了层层涟漪，学生在自主的空间、平等的机会里进行探索、积极合作，产生了很多精彩纷呈的"创意"。有的学生说："我把一个正方形平均分成四份，每份是这个正方形的$\frac{1}{4}$。"有的学生说："我把一条线段平均分成四份，一份是这条线段的四分之一"。还有的学生说："我把这些香蕉平均分成四份，每份是这些香蕉的$\frac{1}{4}$。"

（三）关键要素三：提炼方法

教师是学习的组织者、引导者、合作者。小组探讨的学习方式为学生提供了很大的自由度，若缺乏探究方法的指导，则学生很难有的放矢，从而浪费课堂时间，也达不到教学的效果。

本节课中，探究活动的方法是"涂一涂、填一填、说一说"，让学生先根据给出的图形和物体涂一涂"怎么表示$\frac{1}{4}$"，接着让学生根据自己的个性表达填一填，将$\frac{1}{4}$的定义补充完整，最后在小组内说一说，通过对比各自表达中的异同，总结概括出$\frac{1}{4}$的概念，使学生的思维有层级，使概念的抽象呈现螺旋式上升的发展态势。

（四）关键要素四：丰富感性认识

一切教学都应从具体开始，以抽象结束，并最终回归到具体生活实践中。数形结合的思维方法能够让学生对数学知识和抽象的概念进行良好的联想，将理论知识与具体实际进行有效结合，促进学生的思考，将抽象的内容具体化、形象化，进而不断提高学生抽象与概括的能力，提高其思维深度。

在探索活动中，老师借助数形结合的思想方法，让学生从图形中感受分数的意义，将抽象的分数意义具体化为图形、计量单位，还有一些物体。虽然书上有关于 $\frac{1}{4}$ 的意义的明确定义，但是在教学过程中，如果教师只是让学生把概念死记硬背下来，就很难理解分数中"整体"与"部分"的关系，在解决问题中也不能灵活运用分数的知识来解答。在探究卡中老师为学生提供了远远多于课本的多种多样的素材，让学生从平均分"一个苹果"或"一些香蕉"，到平均分"一个正方形"或"一些计量单位"，通过图形去帮助他们理解分数的意义，在学生展示的时候，我特意强调让学生一边比画图形，一边说 $\frac{1}{4}$ 的意义，通过学生与文本、语言与动作的互动，有机地渗透数形结合的思想。

（五）关键要素五：深化理性认识

学生要真正理解分数的意义，不能简单地模仿和套用，而需要真正把握分数的意义，只有这样才能解决实际问题。将抽象的分数与对应的表象模型建构起本质的联系，是富有创造性和挑战意义的。

探究卡的最后让学生尝试把分数的概念补充完整，"把 ＿＿＿ 平均分成 ＿＿＿ 份，每份是 ＿＿＿ 的 $\frac{(\ )}{(\ )}$"，老师让学生进行充分的个性化表达，接着对比观察"我们分的东西不同，但都能用 $\frac{1}{4}$ 来表示，为什么呢？"学生尝试总结"都是平均分成四份，其中的一份就是它的 $\frac{1}{4}$。"理解"份数"和"一份"的概念，老师再追问"把什么平均分成四份？"学生结合手势比画"一个圆、一个正方形、一些香蕉、一盘面包……"我们把"整体"进行均分，有了这样的基础，学生自然而然就能想象出"像这样，一个物体、一个计量单位或者一些物体都可以视为一个整体，我们把它叫单位'1'"。让学生通过"实物、动作、图形、文字、符号"的多元表征，抽象概括单位"1"的概念，加大了其思维深度，提升了其对分数意义的理性认识，增加了其对知识运用的灵活程度。

老师还可以追问"还可以把什么看成单位1"？回到最初的探索问题"你能用一句话来概括$\frac{1}{4}$表示什么意思吗？"学生已经理解了"单位1"的概念，有了把"单位1"平均分成几份的活动经验，学生能抽象出分数的意义，语言表述准确到位。学生经历了"主体参与—挑战性问题—数形结合方法—多例的感悟—理性的认识"的思维发展过程，掌握了数分概念内涵，培养了其思维的深刻性。

四、成效

经过一段时间对探索活动五要素的实践，我收到以下效果：

（一）教师课堂更高效

教学中教师作为课堂教学活动的策划者、组织者和引导者，在课堂上创设有效的探索活动的情境，有效落实探索活动五要素，捕捉学生思维"碰撞"的瞬间，帮助学生在探究问题的过程中，感受数概念的结构化发展，依赖过程的经历，通过丰富的材料和活动，使学生充分参与学习的完整的过程，充分经历知识的形成过程，帮助学生不断积累活动经验，使教师的教学课堂更加高效。

（二）学生学习更轻松

遵循数概念的认知路径，让学生充分经历"问题—方法—感性认识—形成概念"的过程，在数学课堂上，教师通过有效开展探索活动，使学生进行小组合作，实现生生互动、师生互动、团队互动，多维信息多轮互动交流实现了真正的学习，避免了单向信息的"假学习"现象的发生。学生通过不断地丰富问题、丰富现象、个性抽象、形成概念模型，丰富了数学思维，有效地积累了研究数学、建构知识等基本活动经验，更加敢于说、乐于说，并越来越会说，学习也更加轻松。

从运算能力走向运算品质

——以"两位数乘两位数笔算乘法"为例谈探索活动五要素的落实

柳州市柳石路小学 江娟娟

一、意义

运算能力培养是小学数学教学的一项重要任务,运算能力的高低是其思维敏捷度和思维灵活性在运算方面的体现。《义务教育数学课程标准(2011年版)》对运算能力做了明确界定:运算能力主要是指能够根据法则和运算律正确地进行运算的能力。培养运算能力有助于学生理解运算的算理,寻求合理简洁的运算途径解决问题。由此可见,运算能力已经成为小学阶段最重要的数学学科核心素养,而运算能力的形成与发展必然依托具体的运算内容学习,运算教学是基于数学理解的数量运作的高阶思维培养。

二、研究问题

《义务教育数学课程标准(2011年版)》中十分强调"探索过程",在教学中培养学生的探索性思维能力是素质教育的要求,也是数学教育的主要任务之一。在平时的数学学习活动中,不少学生经常会出现解答纯运算题时正确率很高,一遇到如何算的问题,即解决讲清运算道理或运算规律等问题时正确率较低,这种计算技能强而运算能力弱的现象,反映了当下学生运算学习的一种现实,即运算技能大于运算理解,也就是运算素养的缺失。这说明在实际教学中,教师未能从学生深度发展的角度来认识运算的价值,数学探索活动落实不到位,往往就运算而教计算,过于追求技能结果而不重视能力过程,或者将运算教学的链条加以割裂,把"算理的理解"与"算法的掌握"停留于两张皮,或者是忽略解决实际问题背景下的数学化与运算抽象,或是忽略运算表征的理解与现实生活原型的关联。因此,在运算教学中如何发挥探索活动的作用?如何落实探索活动五要素,促进学生数学思维提升?已成为目前运算教学亟待解决的问题。

三、解决问题的过程与方法

（一）问题聚焦，集体备课

深入课堂教学实际，以问题为驱动，以解决问题为目的开展课例研究活动。围绕教学中教师普遍反映的"如何落实探索活动五要素，促进学生数学思维提升"等一系列问题后，课题组开展了"落实探索活动五要素"小专题集体研修、备课活动。通过问题聚焦，教育智慧学科小组进行了"小精专"备课，研讨教学重难点和教学实施策略，形成共案，用研究成果带来教学改革新局面。

（二）观课研课，实训研究

第一次磨课：在教学设计中，教师确定了"问题导入—探索算法算理—探索算法与算理的关系—练习运用"的教学过程，试教后发现教学设计总体缺乏新意，学生的兴趣不太高；教师教学牵引过多，学生自主性不足。

笔者与团队进行反思，将研究聚焦于如何在把握教学重难点的基础上改进教学引入环节，凸显学生的主体性。

第二次磨课：以学生为中心，对原教案进行思索修改，修改为"复习旧知、激活引入—情境导入、动手操作—观察比较，沟通联系—巩固练习—总结提升。"第二次试教后笔者发现教学中学生参与面大幅度提升，能借助直观操作，轻松实现算法迁移，但学生无法提出有价值的问题，对口算与笔算、两位数乘两位数与两位数乘一位数之间的联系体会不深刻。因此课题组提出进一步改进的方法：学生的思维发展是一个由低级到高级的渐进过程，教师要善于搭建平台，遵循"最近发展区"的原则，巧妙地设置阶梯式问题，渗透类比思想方法，让学生沿着一个个台阶自然地登上解决问题的顶峰，使其思维和能力的发展逐渐得到提升。

第三次磨课：教师结合前两次磨课中发现的问题，对教学方案进行优化调整，探索活动五个要素"主体—问题—方法—感性认识—理性认识"精准落地，通过多次实践、反思、成长，吸收团队智慧，才有了课堂教学的有效生成和目标达成。

四、解决问题的策略

(一) 关键要素一：主体

落实主体内涵，从主体到习惯，教书与育人双向落实。

"两位数乘两位数笔算乘法"一课是在学生学习了乘数是一位数的乘法和乘数是整十数乘法的基础上进行教学的。其主要是为了让学生掌握两位数乘两位数的笔算方法和书写格式，为学习多位数乘多位数打下基础，也为今后学习除数是两位数除法和混合运算做准备。因此，这是全册书的一个重点，对今后进一步地学习起着举足轻重的作用。运算能力主要包括认识运算意义、明晰运算对象、理解运算算理、选择运算方法、获得运算结果、掌握运算模式、回归运算应用等。运算是基于理解需要学生整体把握的一种数学高阶思维链条。

1. 激活经验，搭建学习的支架，促进学生积极参与

一开课，老师组织同学们进行两个层次的热身训练。首先是组织口算练习，老师说道："听说我们班同学的计算能力很强，今天就请同学们展示一下，先来算几道题，再仔细观察，说说你们发现了什么规律？"

$10 \times 14 =$	$9 \times 30 =$	$6 \times 50 =$
$5 \times 14 =$	$10 \times 30 =$	$10 \times 50 =$
$14 \times 15 =$	$19 \times 30 =$	$16 \times 50 =$

然后进行第二层次的训练，出示几道两位数乘一位数笔算乘法题目"14×2、31×5"。学生在展示计算过程的活动中，激活了他们已有的乘法口算知识经验，这正是形成新知的"着力点"，为新知用多种方法解决问题提供条件。接着老师让学生写一下两位数乘一位数的计算过程，唤起学生的已有知识经验，为两位数乘两位数的学习迁移搭好了"脚手架"。数学新课程理念指导下的数与代数的学习，以学生已有的经验为出发点，关注知识的形成过程，关注学生的学习兴趣和自信心，关注学生探究和运用数学能力的发展，创造生动有趣的情境，引导学生积极主动地进行观察、操作和推理等活动，教师在课堂上精巧地构建计算的支架，以人为重点，激活学生已有知识经验，促进学生积极主动地参与活动。

2. 创境引式，亲历知识的形成过程，促进学生主动思考

数运算是生活中数的运用具体现象之一，教师在课堂上创设问题情境，结合解决问题的具体情境提出数学问题，进而引出算式，使学生在独立尝试与同伴合作交流中亲历知识的形成过程，揭示数学问题与生活现象之间的联系，

有利于提高学生对运算背景的认识，增强学生对算式特征的感知，促进学生主动思考。

"创境引式"引导学生在具体情境中经历算式的构建过程，强化对运算算式的数据、关系、符号、结构等特征的感知，为正确运算奠定基础。例如，人教版三年级下册"两位数乘两位数笔算乘法（不进位）"中呈现"每套书有14本，王老师买了12套。一共买了多少本？"的问题情境，教师要引导学生思考如何解决问题，列出算式，对算式加以观察比较，揭示算式特征，结合情境增强学生对运算算式特征的感知，加深对运算背景的认识，优化运算的导入环节。

（二）关键要素二：问题

优化核心问题设计，提高学生创造性思维发展。

数学课堂教学是师生共同发现问题、分析问题、解决问题的过程。学习源于问题，问题是探索活动的灵魂，根据数学学习内容，制定有针对性的探究问题，让学生的深度学习真正发生。教师要围绕教学目标和重点优化核心问题设计，提高学生创造性思维发展。

1. 巧妙设问，新旧联系

例如，在本节课的教学中，教师在学生完成两位数乘两位数口算训练后提出问题："它们的共同特点是什么？你们发现了什么规律？"在笔算训练后，提问：怎样笔算两位数乘一位数？通过设问，帮助学生联系旧知并思考新知，指导学生学会建立不同知识之间联系的方法，不断在数学活动中积累沟通新旧知识的学习方法，教师通过学生的反馈，与学生进行更深入的数学交流，从而根据学生的思维和知识水平进行有针对性的教学。

通过此类问题的设计，可以促使学生积极反思新旧知识之间的区别和联系，进而提高其系统化归纳数学知识的能力，最终促进学生创造性思维的发展。

2. 巧设矛盾，聚焦问题

"两位数乘两位数"是在学习了三年级上册"笔算多位数乘一位数"以及本册"口算两位数乘整十、整百数"的基础上进行教学的，所以新知的"新"在于十位上如何算的问题。在进行这一新知识讲解前，教师合理而巧妙地设置矛盾，提出问题：在计算 14×12 十位上"1"乘14时，是怎么计算的？这个4应该写在什么位置？为什么这个4要和十位对齐？此种提问可以给学生造成一种悬念，其聚焦教学重难点，针对学生最难理解或最易出错的知识点进行探究，使学生产生强烈的主动探究的需要。

教师以整体出发，选择易错点设计富有挑战的问题对学生进行思考训练，学生围绕"十位上'1'乘14是怎么计算的？"进行思考，立足数的组成、笔算乘法的算理，在生生互动、师生互动中不断进行运算梳理，逐步尝试调整修正错误，最后在改错过程中再次深化算法，加深学生对两位数乘两位数重要步骤的理解和掌握。

（三）关键要素三：方法

注重反思，提炼方法。

数学思想方法是数学的灵魂，它反映在数学教学内容里，体现在解决问题的过程之中，它是将知识转化为能力的桥梁。只有运用数学思想方法，才能提高思维水平，把学生教活，只有用数学思想武装的学生，才能在学习知识的同时不断地提升创新能力。因此，教师在教学中要适时恰当地对数学方法进行提炼和概括，让学生有明确的印象，促进学生学会利用数学方法进行数学思考。

（1）"转化思想"的渗透。数学思想方法的核心是转化思想。数学中的一切问题的解决归根结底就是转化，把未知的转化为已知的，难解的转化为易解的，数转化为形，形转化为数，实际问题转化为数学问题，等等。

例如，教师在教授笔算乘法的算法和它的算理时就能渗透转化思想，使学生把两位数乘两位数转化为两位数乘一位数的乘法和两位数乘整十数的乘法。

（2）"类比思想"的渗透。类比思想就是根据两个对象的类似性质，将已知的一类数学对象的性质迁移到另一类未知的对象上去的一种合情推理。通过类比，可以发现新旧知识的异同点，沟通旧知识与新知识之间的联系，获得立体、系统认识。

例如，在比较算法的异同时，教师通过横向对比，让学生感悟乘法口算与笔算之间的联系；通过纵向对比，借助点子图使学生理解笔算过程中每一步的意义，理解算理，发现两位数乘一位数与两位数乘两位数笔算的联系与区别。在对比多种算法时，教师要让学生感受数学思想方法的魅力，培养学生的分析能力和优化意识，提高运算能力。

（四）关键要素四：感性认识

以形助数，理法通融促进理解，获得理性认识。

1.借助直观模型,将抽象的算理具体化,获得感性认识

儿童个体认知发展是直观与抽象反复循环、交替进行的过程。因此,在数学运算教学中,教师要为学生提供便于观察、转化的直观模型,引导学生借助不同语言的相互转换理解抽象的算理,从而使抽象的算理具体化、形象化,帮助学生明晰算理,获得正确的感性认识。

点子图常用于简单的笔算乘法教学。它可以把抽象的乘法算式转化成具体的实物模型,便于学生在具体可见的点子图中找寻到笔算乘法的基本算法。教师让学生结合图来说一说乘法竖式意义,以及竖式中每一步的算理。这样不失时机地挖掘口算、点子图和笔算之间的内在联系,能为学生的思维搭桥铺路,实现多种算法之间的统一,让学生的思维在算理和算法之间来回穿梭,帮助学生成功提炼乘法竖式模型。在此过程中,转化和数形结合的思想也必将形象地植入学生的头脑,最终为学生运算能力的培养铺路搭桥。

算理的理解是运算的重点之一,运算学习的每一部分都需要源自学生对数与运算的理解、对运算与现实世界的关联的理解、对运算意义的理解、对运算方法及运算方法背后道理的理解,学生只有达成了这一系列的数学理解,才能真正拥有运算的关键能力与必备素养。

2.多元表征动态理解数运算的算理,发展数学思维品质,丰富感性认识

"知之愈明,则行之愈笃。"算理在人们头脑中确立需要一个过程。教师要利用多元表征帮助学生动态理解数运算的算理,解决"为什么这样算""知其所以然"的问题。"笔算乘法(不进位)"用文字、图形、数位等多元表征进一步明晰的算理,逐步从具象到抽象的过程,构建对算理本质的理解。本教学设计基于学情,从学生认知水平出发,在沟通旧知、辨析错例活动中建立正确的计算模型,渗透推理思想。

例如,教师在进行"两位数乘两位数(不进位)笔算乘法"例1的教学时,鼓励学生动口表达、动手操作、动脑思考,调动多种感官参与到学习活动中。首先是动手操作,教师利用点子图进行圈一圈、分一分,引导学生结合点子图,让学生自主探究"14×12"怎样算?学生出现多种方法:①先算4套:14×4,有多少本,再算4套、再算4套,得12套有多少本;②先算3套:14×3,有多少本,又再算3套、3套、3套,得12套有多少本;③先算10套和2套各多少本,14×10,14×2,再合起来;④用竖式计算。然后进行语言表述,用个性化表达交流各自计算过程,在互动中学生动口表达,将运算的思维过程显性化,通过互相补充、分析及辨析,完善优化方法,达到学习目的。最后,结合直观图思考:竖式中第一层算的是什么? 14×2,表示什么?表示

2套书的本数；第二层呢？14×10，表示10套书的本数；表示什么？接下来的呢？引导学生交流用竖式计算，努力架设算理直观与算法抽象之间的桥梁。借助多元表征引导学生把视角投向竖式计算的实际情境中，数形对应，动态、直观地理解算理。

（五）关键要素五：理性认识

法理并重，多层次比较，提升理性认识。

1.纵横向对比联系，沟通具体直观和抽象概括之间的联系，实现算理与算法交融

教师在教学中要先让学生结合图来讲述乘法竖式的意义及竖式中每一步的算理，接着安排学生尝试计算，请学生比较口算、笔算14乘12两种方法，并引导学生观察、比较"口算算式和笔算有什么共同的地方？"这种方法使学生充分体验到从算理到算法的演变过程，使学生学得轻松、理解得更加深刻。

联系1：刚才，我们分别用口算、笔算的方法算出了14乘12，比较两种方法，你们有什么新发现？（两种方法是一样的，写法不同）

提问：口算时14×2这里乘的2，你们能在竖式中找到它吗？（就是个位上的这个2）

14×10这里乘的10，你们能在竖式中找到它吗？14×10的结果140又在哪里呢？

联系2：今天学习的笔算乘法和以前学习的笔算乘法之间有什么联系呢？

由提出问题到探讨笔算方法，再到总结提升，是学生学习新知识的活动全过程。这其中的探讨笔算方法是活动的中心环节，其让学生亲历了自主尝试、讨论交流、共同整理的序列活动，经历了自主构建数学知识的过程。

2.类比推理，加强运算法则的内化

运算法则是运算操作的程序和步骤，是运算操作活动的理性概括，属于程序性知识，但仅仅掌握计算的步骤是不够的。学生要通过类比推理，探究得知两位数乘两位数笔算方法和口算方法的异同；推理出其本质都是相同的，渗透计算就是具体化的推理。

教学中选择24×12和24×2这两道对比，主要目的有二：让学生体会拆数法的简便性，感知两位数乘两位数、两位数乘一位数的联系；让学生感知，即使形式不同，计算方法即算理都是一样的。依托拆数法，将复杂的算理逻辑化，"拆数法"是把其中一个乘数拆成整十数与一位数的和后分别与另一个乘数相乘，再把各部分的积相加。笔算乘法竖式的意义在于以拆分法为基础，巧

妙地采用点子图帮助学生理解竖式算理，同时在课堂上渗透乘法分配律的算理，帮助学生有效构建竖式模型，将具体题目的运算抽象为一般方法的掌握，由算理的感性认识上升到对方法的理性认识。

在立德树人课堂中抓住探索活动五要素
——以人教版三年级上册"认识四边形"为例
柳州市二十五中附小　陈翠翠

立德树人作为教育的根本任务，对新时期教育教学提出了更全、更高的要求。那么如何在具体的教学中落实这一根本任务？今天笔者就从"探索活动五要素"这一操作模式与大家交流。说到"探索活动"，大家首先要明白什么是"探索"，在《义务教育数学课程标准（2011年版）》中是这样定义的："独立或与他人合作参与特定的数学活动，理解或提出问题，寻求解决问题的思路，发现对象的特征及其与相关对象的区别和联系，获得一定的理性认知"。那在数学课堂中探索活动五要素是哪五要素呢？即主体、问题、方法、感性认识和理性认识。下面笔者就以汪源老师的课例"认识四边形"说一说探索活动五要素是如何在课堂中体现的。

一、以人为本，增强学生的主体意识

学生是数学学习的主体。《义务教育数学课程标准（2011年版）》中明确指出：学生学习应当是一个生动活泼的、主动的和富有个性的过程。认真听讲、积极思考、动手实践、自主探索、合作交流等，都是学习数学的重要方式。学生应当有足够的时间和空间经历观察、实验、猜想、计算、推理、验证等活动。因此，教师在教学中要注重学生的主体地位，使学生在积极参与学习活动的过程中不断得到发展。例如，汪老师的课例"认识四边形"教学目标就是站在学生的角度制定的；又如，在探究长方形和正方形的特点环节，汪老师采用四人小组合作学习的方式来验证边和角的特点，在活动中充分体现学生的主体地位，使学生在自主、合作、探究中认识了长方形和正方形的特征。

二、问题促学，提高学生的学习积极性

学生学习的过程就是一个不断产生问题、解决问题的过程。爱因斯坦曾说：提出一个问题往往比解决一个问题更重要。的确，问题是探究的起点，没

有对问题的发现也谈不上对问题的探究，而问题往往产生于学生对生活的仔细观察和思考。所以，教师要通过课前分析学情、研读教材、联系课标，制定并明确本节课的教学目标及重难点，提出核心问题，再把问题转化成学生的需求，让学生带着问题思考、探究，学习效果会事半功倍。例如，在课堂上，汪老师让学生根据自己的生活经验圈出四边形，接着问学生"你们为什么选择这些图形呢？说说你的想法"这样就把核心问题——这些四边形有什么共同特点？顺理成章地过渡到学生身上，使学生产生学习的需求和交流的欲望。又如，在认识了四边形的特点后，学生又经过分类找出了特殊的四边形——长方形和正方形，教师适时提问："仔细观察，长方形、正方形和其他四边形相比有什么特点？"在这样特殊的强烈对比下，另一个核心问题——长方形和正方形有什么特点？注入学生脑中，使学生产生了探究的欲望。在学生学习的活动中，有了问题的引领，不仅启迪和发散了学生的思维，还培养了学生主动学习、主动探索、敢于竞争又善于合作的学习精神。

三、方法渗透，提高课堂效率

常言道："授人以鱼，不如授人以渔"。教师在教学中要让学生经历观察、操作、思考等活动，帮助他们在自主探究和合作交流的过程中，真正理解和掌握基本的数学知识和技能，获得一定的学习经验。例如，在课中汪老师不是直接告知学生什么是四边形、长方形和正方形，而是通过让学生先观察分类圈出自己认为的四边形，再比较多个四边形的共同特征，最后归纳出四边形的特点。学生在认识四边形的过程中建立起分类—比较—归纳的方法结构，更宝贵的是，学生能够迁移应用学法提高学习能力，在探究长方形和正方形的特点时，学生迁移运用分类、比较、归纳的方法来探索学习特殊的四边形——长方形和正方形；接着让学生通过动手操作，经历"猜想—验证—得出结论"的探究过程，认识了长方形和正方形的边和角的特点。在方法的迁移和渗透下，学生在经历知识的形成过程中理解知识、掌握方法、学会思考、懂得交流、获得情感的体验。

四、丰富现象，提高感性认识

建立能突出事物共性的、清晰的典型表象是形成概念的重要基础，因此教师要充分利用教学资源，精心组织感知活动，丰富学生感性认识。教师提供的感性材料要丰富而典型，并通过直观手段形象生动地呈现出来。例如，教学中提供的素材丰富多样：有老师出示提供的四边形，学生用钉子板创造的四边形，还有生活中物体表面的四边形，让学生通过观察、对比，发现其共同特征——都有四条边和四个角，从而建立清晰的表象，提高学生的感性认识。

五、抽象概念，达到理性认识

概念的形成过程实质上是抽象出某一类对象或者事件的共同本质的过程。小学生思维水平处于从形象思维为主逐步向抽象思维为主过渡的阶段，从直观到抽象，需要经历一个分层次逐步抽象的过程。例如，在探究长方形和正方形的边和角的特点时，学生根据已有的知识经验，对长方形和正方形的"表象"已经有了较为丰富的认识，在脑海中已经构建了长方形和正方形的图形，感知了长方形和正方形的特征，但是对于认识特点的表达还比较粗浅的，因此在教学中，汪老师让学生以小组的形式合作学习，动手操作实践。学生通过"量、折、比"等活动认识了长方形和正方形的特征，从而抽象概括特点，理性辨认图形。对学生来说，之前只是对图形有一定的感性认识，这里通过动手操作来理性认识几何图形的特征，他们寻求方法去抽象出图形特征并加以理解，不是谈"感觉"而是通过摆"事实"来表达特征、辨析图形，从而达到理性认识。

纵观"探索活动五要素"——主体、问题、方法、感性认识、理性认识，这是一个层层递进的关系，是学生认识一个新事物要经历的过程，在经历的过程中获取知识和能力，但笔者觉得更重要的是学生在经历的过程中形成的良好习惯和拥有的品质，会为未来生活、工作和学习奠定重要的基础。

运用探索活动五要素落实立德树人目标

——人教版五年级下册"异分母分数加、减法"课例研究报告

柳州市驾鹤路小学　苏智敏

探究性学习是指学生在学科领域或现实生活的情境中，通过主动发现问题、体验感悟、实践操作、表达与交流等探究性活动，获得知识和技能的学习方式和学习过程。它着眼于学生创新素质的培养，体现现代的主体性教育思想，着力于学生的学，以独立或小组合作的方式进行探索性、研究性学习活动，注重学生的主动探索、体验和创新，是与接受式学习本质不同的学习方式。其是学生在教师的指导下，从自身生活、社会生活出发，用类似科学研究的方法主动地获取知识、解决问题。

下面以人教版小学数学五年级下册第六单元"异分母分数的加、减法"一

课为例，谈谈如何运用探索活动五要素落实立德树人目标。

一、以学生为主体，在探索中培养思维品质

一节充满活力的课，不是看教师的表现如何出色，而是看课堂中，学生的大脑、双手、眼睛和嘴巴是否恰到好处地得到运用。因此，教师将学生的主动参与、课堂的活跃气氛作为其始终追求的目标，旨在打造体现"美活"特色的魅力课堂。

（一）找准知识关键点，激发学生主体意识

知识的关键处往往是学生发展的"思维点"，因此教师要在教学中找准每部分知识中的关键。这个"思维点"让学生敢想、会想，从而激活学生的思维，深化其对概念的理解。异分母分数加减法是计算教学。计算教学必须在学生已有知识和生活经验的基础上进行教学。学生在学习新知识之前，或多或少地积累了一定的生活经验或知识经验。如何将学生的这些生活经验和已有知识激活，为学习新知做好铺垫，是每一位数学教师在上课时需要考虑的。

《义务教育数学课程标准解读（2011年版）》中明确指出："学生学习数学的过程是建立在经验基础上的一个主动建构的过程。"在学习"异分母分数加减法"之前，学生已学过了简单同分母分数加减法，这学期也刚学分数的通分。这些都是学生已有的知识经验，那么教师在如何将学生的这些知识经验激活，为学习异分母分数加减法服务，做好铺垫呢？

在学习新知之前，教师带领学生复习了同分母分数加减法。课前用比赛的形式，让学生进行练习：$\frac{3}{5}+\frac{1}{5}=$ $\frac{5}{12}+\frac{1}{12}=$ $\frac{9}{10}-\frac{7}{10}=$ $\frac{8}{15}+\frac{2}{15}=$ 。在学生说出计算结果并说明计算过程后，老师还追问了一句，为什么分母相同，分子可以相加、减？学生解释了，因为分数单位相同，所以可以分子相加、减。教师接着让学生猜一猜：$\frac{1}{2}+\frac{1}{4}=$ ？学生有的猜是 $\frac{1}{6}$，有的猜是 $\frac{3}{4}$，有的猜是 $\frac{1}{2}$。最后让学生说一说，你想达到什么学习目标？再出示老师要求的学习目标。

教师将学生的这些生活经验和已有知识激活，为学习新知做好铺垫，为学生搭设猜想结果这一环节，拓展思维的空间，使学生能从不同角度进行猜想，突破了以往对分数加、减法理解的层次，激活了学生的思维。

（二）挖掘知识联系点，促使学生主动建构

数学是一个有机的整体，在知识或方法上存在一定的联系。在教学中，教师要让学生感受到知识不是孤立、割裂的，方法之间也是有联系、相通的，抓住这个联系，既深化了原有知识的认识，又拓宽了学生的思维领域。

课中，教师要引导学生进行以下操作：用一张纸，折出 $\frac{1}{2}$，再折出它的 $\frac{1}{4}$。然后进行涂色，最后看看结果是多少？这个操作，是让学生复习学过的知识，学生通过观察具体的图形，得出计算结果，再从这一点引出如何表示出 $\frac{1}{2}+\frac{1}{4}=?$ 的计算过程。

要激活学生的思维，可以从知识联系点这一点深入挖掘，让学生在获得满足感的同时，将思维继续引向深入，使他们的思维由平衡又进入新的不平衡，激起他们的探究欲望，再找到新的平衡，使他们在动态中不断生成新的认识，且认识过程由简单逐渐发展到深刻。

（三）注重变化练习形式，激励学生主动参与

教师要根据学习内容设计一题多变的练习形式，使学生在不断变化的辨析练习中，巩固所学的知识，活化思维。例如，在设计的练习中，就有学生自己出题，要求纯减法，异分母。学生的题目灵活多样，使他们的思维得到了训练。

二、精心设计问题，在探索中发展思维品质

教师在教学过程中，应根据教材重点和学生的实际提出深浅适度、富有启发性的问题，使每位学生的思维都被激活。同时，教师要给学生充分思考、个性表达的机会，发展学生的思维品质。

（一）借助情境设计问题，激发学生的探究欲望

这节课中，教师把需要解决的数学问题，有意识地、巧妙地寓于学生学习的基础知识中，借助问题情境" $\frac{1}{2}+\frac{1}{4}=?$ "让学生大胆猜想，引发其好奇心，激发他们强烈的求知欲，使他们对学习内容产生兴趣。

（二）设计思维含量高的问题，活化学生思维

学生的思维离不开教师的激发，教师应在教学中设计有思维含量、有价值的问题，让学生运用知识解决问题，这样会有效活化他们的思维，深化他们的认识，收到意想不到的教学效果。

例如，教学中，教师在让学生折纸操作学习了 $\frac{1}{2}+\frac{1}{4}=$？算理后，让学生解决例题1：人们在日常生活中产生的垃圾叫作生活垃圾，纸张和废金属等垃圾回收主要对象，在生活垃圾中共占几分之几？图：纸张 $\frac{3}{10}$，废金属 $\frac{1}{4}$。学生在运用中，表达出能用学过的短除法等快速简算。教师设计了激发学生思维的问题：你是如何运用学过的知识快速解决问题的？异分母分数加减法怎样计算？指导学生总结方法：把（ ）转化为（ ），（ ）不变，分子、分母相加减。

三、注重数学方法的指导，在探索中提升思维品质

《义务教育数学课程标准（2011年版）》指出："动手实践、自主探索与合作交流是学生学习数学的重要方式。"在计算教学中，教师要立足改变学生的学习方式，改变单一的教学模式，引导学生通过动手操作、自主探索等多种方式，亲身经历探究发现，从而感悟算理。

（一）设计有效操作活动，理解数学思想方法

随着课改的深入，数学课堂确实发生了很大的变化，动手实践成了学生学习活动经常采用的方式。为了落实过程性目标"让学生经历异分母分数加、减法计算方法的探究过程，认识将新知识转换成旧知识是获得知识的重要途径"，教学中设计及课堂效果对比如下表所示：

活动设计：探究 $\frac{1}{2}+\frac{1}{4}=$？到底谁的想法是对的？我们一起来验证一下。如表1所示。

表1 教学活动设计

教学设计活动步骤	学生课堂表现	观察课堂效果
折一折：涂出手中正方形的$\frac{1}{2}$和$\frac{1}{4}$，想一想一张正方形纸的$\frac{1}{2}+\frac{1}{4}=?$	动手折纸、涂色，思考	全班参与，参与度高
同桌交流：你能应用学过的知识来解释一张正方形纸的$\frac{1}{2}+\frac{1}{4}$为什么会等于$\frac{3}{4}$吗？	小组中分享交流，每人都能发表自己的见解、倾听别人的思路	交流积极、乐于分享，认真倾听，参与度高
想一想$\frac{1}{2}+\frac{1}{4}$为什么不能用分母、分子直接相加？	认真思考，小组交流	大部分同学能参与交流

学生通过折纸、涂色、比较等活动，明白了为什么分母不同的分数不能直接相加减，理解了"转化"的数学思想，知道将新知识转换成旧知识是获得新知识的重要途径。

（二）借助数学实验，帮助学生形成实事求是的科学态度

学生对"$\frac{1}{2}+\frac{1}{4}=?$"结果的猜想到底什么才是正确的呢？让学生通过折纸活动进行验证，通过这个实验，明确地告诉学生，猜想需要科学验证才能成立。这对发挥学生学习的主动性及培养学生的探索能力，形成科学的研究方法与实事求是的态度是很有益的。

对学生进行情感态度与价值观的培养，既是一个隐性的过程，又具有显性的特征，每一位教师必须去积极探索、勤于实践、认真反思、不断总结，促进学生健康、全面的发展。

（三）数与形的巧妙结合，促使学生多角度思考

在探究新知的过程中，教师要注重培养学生群体思维的多样化，考虑学生学具、材料的多样性，探究结果表达的多样性，练习角度的多样性。教师让学生猜测"（出示$\frac{1}{2}+\frac{1}{4}=$）像这样的分数加法，你猜猜看，它会等于几？"

学生的回答精彩纷呈。教师又追问:"谁的想法是既正确又合理的?我们拿出课前准备好的长方形纸,通过折一折、读一读,观察一下,这张长方形纸的 $\frac{1}{2}$ 加上它的 $\frac{1}{4}$ 会等于几?"

在思考学习方法的空间里,有的学生采用涂一涂的方法;有的学生利用分数的基本性质,分子、分母同时乘2变 $\frac{2}{4}$, $\frac{2}{4}+\frac{1}{4}=\frac{3}{4}$;还有的……学生思考方法的多样性体现了思维的灵活性。在演示自己的想法时学生能结合图形进行,数与形的巧妙结合,促使学生结论表达的多样性,也体现了思维的灵活性。在探究结果的表达中,学生都能通过找出梯形与转变后图形的联系来算出面积。在探究过程中,学生思维由广入深,逐步掌握教学内容。

四、丰富感性认识,在探索中培养学习习惯

课堂教学的着眼点,让学生积极主动地参与到教学活动中来,形成了"多维互动"的教学氛围,使学生的潜能得到相应的发挥。教师营造平等、和谐、融洽的课堂气氛,让学生在民主、宽松、愉快的环境中学习。教学过程中,教师要注意师生情感的交流,时刻注意引导学生积极参与到整个学习活动中,突出学生是教学活动的主体地位,充分发挥课堂教学中学生的主体作用。

数学思想方法的渗透是以数学知识为载体,在学生学习过程中顺理成章地完成。教师通过"智慧大拼图"多样习题的活动,引导学生总结出异分母分数加、减法的计算方法,让每个学生享受成功的过程。在学习的过程中,一次小小的成功、一个目标的实现都会使学生感受到成功的快乐。

五、加强理性认识,在探索中提高表达能力

一节课的最后,老师让学生总结出异分母分数的计算方法,让学生进行小组活动并汇报展示,已加强学生的表达能力。小组活动,让学生的表达能力得到加强,促进了他们思维能力的提高。

综上所述,在新课改背景的指导下,根据学生的实际情况,教师具有创造性地挖掘教材、开发教材,将数学知识与立德树人培养目标巧妙结合起来,使学生乐于参与,充分展示思维过程,长此以往,学生既增长了知识又增长了智慧,真正成为学习的主人。

落实概念教学五关键，有效把握概念本质
——以人教版一年级上册"9加几"为例

柳州市白云小学　姚春梅

一、"概念教学五关键"的意义

概念是反映事物本质属性的思维形式，数学概念是反映现实世界形式和数量关系本质属性的思维形式。小学数学课程中，所有的数学课都是概念课，概念教学的根本任务是正确地揭示概念的内涵和外延，使学生深刻地理解概念、牢固地掌握概念、灵活地运用概念。教师要在教学中落实概念教学的五关键，即问题、方法、事例、结论、拓展，这既是小学生积极建构概念的基础，也是他们理解概念内涵的过程，还能加深学生对数学概念的理解和整体把握，促进学生有效把握概念本质。

二、"概念教学五关键"内容

概念教学五关键：问题、方法、事例、结论、拓展。

三、概念教学五关键的策略

（一）确立问题，串联教学思路

问题是数学的心脏。那什么是问题？《现代汉语大词典》的解释："要求回答或解释的题目""须要研究讨论并加以解决的矛盾、疑难"。所以，所谓的问题不是学生能立即作答的，而是要能引发学生深入思考、合作探究、交流互动，具有一定思维价值。而核心问题可以是针对概念的本质内涵所提的问题，也可以是为了引导学生探究知识的启发性问题，还可以是在学生认知困惑处的方法指导或思路点拨的问题。

那怎么确立核心问题呢？我们可以根据教学重点来确立。一节课的知识点往往地位和作用各有不同，教师在了解知识点之后，需要对多个知识点进行分析，尤其是要从本班学生的学习实际情况出发，合理地确定教学重点，并依据教学重点来确立本节课教学的"核心问题"。例如，在"9加几"一课中，笔者先利用"梳理知识五步骤"对教材进行了深度分析，得出了本课的知识

点有以下三个：①9加几加法算式的意义；②9加几的算理：满十进一；③9加几的算法：凑十法，如9+4，把4分成1和3，先让1和9凑成10，再算10+3等于13。其中，9加几的算理和算法就是本节课的重点，从而本节课的核心问题就是"9加几怎么算，你是怎么想的？"。整节课以问题为载体，引领学生主动参与教学过程，展现思考过程，交流收获体会，积累活动经验。

（二）渗透方法，理解概念本质

达尔文曾说过"世界上最有价值的知识是关于方法的知识，教给了方法就教给了学生'点石成金'的指头，教给了捕获猎物的猎枪，学生就可以用它去捕获猎物，获取知识的金山。"而数学知识的学习，更要注重学习方法的渗透，当学生明晰了学习方法，在遇到相似的问题时便可进行方法的迁移，从而学会学习。小学数学常见的学习方法有：一一对应、数形结合、转化、对比、观察、动手操作法等。

"9加几"这一课所用的学习方法就是数形结合的方法。《义务教育数学课程标准（2011年版）》指出：课程内容的组织要重视课程，处理好过程与结果的关系；要重视直观，处理好直观和抽象的关系；要重视直接经验，处理好直接经验和间接经验的关系。在本课中，笔者积极引导学生会用数形结合的方法进行学习，如在学习9+4时，以圆片代替牛奶，让学生利用学具，通过摆一摆的活动，初步感受凑十法。同时，在学生动手演示摆的过程时，笔者适时地将他们的想法利用过程图抽象出来，将具体的操作过程与抽象的计算过程对应起来，让学生在从直观到抽象的过程中理解算理、掌握算法。在教授9+5及其他的9加几的过程中，笔者更是放手让学生自己通过数形结合的方法，经历从直观到抽象、从感性认识到理性认识的过程，从而理解算理，掌握算法。

（三）丰富事例，积累感性认识

《义务教育数学课程标准（2011年版）》指出："数学的实质：在呈现作为知识和技能的教学结果的同时，重视学生已有的经验，使学生体验从实际背景中抽象出数学问题、构建数学模型、寻求结果、解决问题的过程。"因此，在教学中我们要根据教学内容提供丰富的事例，设计感性积累环节，在丰富的表象积累基础上，正确地揭示本质属性，使学生的理解逐步达到完善。

在本课中，笔者提供了丰富的事例，让学生积累感性认识。在教授9加几的过程中，笔者依次提供了圆片、小棒、三角形等丰富的材料，让学生积累不同9加几的计算方法，从而引发思考，发现问题的特征或内在规律。

（四）归纳总结，形成理性认识

算法的生成过程就是让学生参与和经历算法生成的整个思维过程，算法的形成往往呈螺旋式上升，要经过从具体到抽象、从感性到理性的过程。本节课通过呈现三个不同9加几的算式和图形，让学生对比观察，发现总结整十的含义，让学生由浅入深，逐步从感性演绎过渡到抽象概括，发现算法的本质属性，从而掌握算法。

（五）拓展延伸，深入概念本质

数学概念是抽象的，只有充分地理解概念的内涵和外延，才能使概念的认识从模糊走向清晰，正所谓"外延越丰富，内涵越深刻"。

如何让学生获得知识的拓展延伸呢？可以从两个方面入手，一方面对概念的本质有深入透彻的理解。例如在本课中，学生学习计算9+4和9+5之后，笔者让学生计算他想算的9加几，创造这样一个学习空间，是让学生自主地理解凑十法的本质，从而在加强基础知识教学的同时，培养学生思维的灵活性。

另一方面，要抓住知识的延伸点。在练习中，笔者设计了"想一想，9加几等于十几"题目，并将所有9加几的算式进行整理出示，引导学生观察发现规律，不仅巩固了9加几的计算，还渗透了函数思想，锻炼了学生的思维能力。

概念教学五关键促进概念的深度构建
——以六年级上册"扇形的认识"为例

柳州市柳石路第四小学　骆宏斌　柳州市驾鹤路小学　石相兄　柳州市羊角山小学　刘小勤

"概念的原型是概念学习的具体化和生活化，而突出本质属性是概念学习的抽象化和数学化。"（《小学数学概念教学·行与思》）概念教学一直是数学教学的重要基础，一个个数学概念是数学思维的细胞。在城区落实"立德树人的课堂教学"实践研究下，形成了概念教学的"五关键"，即问题—事例—方法—结论—拓展。怎样将五个关键落实在课堂教学中，发展学生的核心素养、提升学生的思维品质，笔者在此以"扇形的认识"一课为例分享自己的实践经验。

小学数学教学深度化创新："实—活—厚"

一、层级问题，落实目标要素

"问题是数学的心脏"，教师在教学中多层次、多角度、全方位地提出问题，能使课堂提问的功能发挥得淋漓尽致。不同的问题所具有的功能也不尽相同，有些问题具有启发性，有些问题具有导向性，还有些问题具有发散性，在实际运用中，就要看教师关注的是学生知识的"盲点""模糊点"，还是思维的"衔接点""生长点""发散点"，并依托教学目标中的要素，设计不同层级的问题，既关注知识间的联系与区别，又注重概念的本质发展。

在"扇形的认识"中，教师通过对教材的深度解读，将教材中的图例、文字、对话等进行充分挖掘，提炼出了事实性知识、问题性知识、原理性知识、方法性知识。依据教学内容中不同知识点，确定核心问题是"什么是扇形？"，并由核心问题衍生出多个灵活细化的问题。目标定位在"认识"也就是"理解"层面，要求学生能描述对象的特征和由来，阐述此对象与相关对象之间的区别和联系，这样一来目标的要素就包含了四个，分别是特征、由来、区别和联系。教师将问题与目标要素对应起来，设计了关注特征与由来的基本问题、关注联系和区别的灵动问题、关注扇形本质的深层问题。例如，"这些扇形都有什么共同点？""为什么这些图形都是扇形？""为什么这个图形不是扇形？""他抓住了扇形要有一条弧，还要有什么条件才是扇形？""要描述一个图形是不是扇形，要抓住什么关键要素？"。

二、生本事例，发挥学生主体

【教学片段一】

师：仔细观察，由实物图中抽象出扇形。由这些扇形你能联想到什么图形？看来扇形和圆存在关系。

（1）请利用手中的圆形，通过折一折、画一画的方式创作一个扇形，时间2分钟。

教师巡视，找学生作品贴板书。

（2）通过动手操作，大家都创作出了自己喜欢的扇形，这些扇形都有什么共同点？与同桌交流一下。

师：谁来汇报一下自己的想法。

生1：两条半径、一条弧。

师：一口气说了两个，和他有一样发现的请举手，谁还有发现？

师：你们都找到了一条弧，那么弧在哪？请同学上来指一指。

师：她指的是哪一条？这条曲线就是弧，来看屏幕，在圆上任意取两点A、B，这两点之间的部分叫弧，读作弧AB。红色部分是弧，那么另外一个部分还是弧吗？

师：你是怎么判断的？你抓住了弧的特征：弧在圆上。

师：刚才还有些同学提到了两条半径，来看一下是吗？（配合板书）

师：这些扇形都有一条弧，两条半径，你们总结一下到底什么样的图形是扇形。

生：由一条弧、两条半径所围成的图形是扇形。

生：两条半径一条弧，就是扇形。

师：你抓住了扇形的很重要的特征。但还不够仔细。看，那这样的图形是扇形吗？谁还能说得更准确一些。

生：一条弧和经过这条弧两端的两条半径所围成的图形叫扇形。

师：看来这两条半径不能随意画，还得过弧的两端。谁还想说？

生：两条半径连起来的弧。

师：要判断一个图形是不是扇形，要抓住哪两个关键要素？

生：一条弧和过弧两端的两条半径。（课件演示，引导学生一起说。）

师：这是圆上的一条弧，连接圆心与弧两端，出现了两条半径，由它们所围成的图形，叫扇形。

教学效果的好与坏是学生是否参与、怎样参与、参与多少决定的，如何发挥学生的主体，使学生积极主动地参与到课堂教学中来，真正成为学习的主人，便显得尤为重要。"情知教学"理论有一个十分有趣又饱含深意的比喻：假如把一个健壮的小伙子放进一个视听隔绝的大木桶中，然后把这个木桶绑在马背上，奔驰两个小时，那个小伙子一定会精神沮丧，疲劳不堪。然而如果去掉木桶，让他直接骑在马上，去野外竞赛两个小时，他不仅会感到兴奋，还学会了骑术。这就是被动与主动的区别。

刚上课时，教师通过创设生活中的情境引出扇形，抽象出具体的图形并将生活问题数学化，并让学生依据自己的生活经验，动手创作出一个扇形。教师可以让学生通过折一折、剪一剪、画一画，从实物中抽象出扇形，并向学生提问：由这些扇形你能联想到什么图形？老师有选择地将一些典型的素材粘贴到黑板上，构成了本节课所要研究的一个个鲜活的事例。大的、长的、歪的、比较胖的……直观、形象的事例，丰富了概念现象；学生对这些事例既熟悉又陌生，带着这些扇形有什么特点？什么是扇形？等问题展开研讨，学生主动参与，积极互动，使课堂充满数学思考，充分发挥了学生的主体作用，落实

"立德树人"的课堂目标。

三、回归方法，依托概念本身

"授人以鱼，不如授人以渔"，概念的本身是抽象的，而小学生的思维是形象的，由形象到抽象，这之间需要给予学生台阶，即方法。数学是研究数量关系和空间形式的科学，数形结合就是通过数（数量关系）与形（空间形式）的相互转化来搭建过渡的桥梁，促进学生形象思维和理性思维的协调发展。

在"扇形的认识"中，学生依托自己创作的丰富素材，经过动手操作，利用数形结合，很快形成了"什么图形是扇形"的概念。

师：到底什么样的图形是扇形？

生：有一条弧和两条半径的图形是扇形。

生：两条半径和有一条弧的图形是扇形。

师：概括得很好，你有补充，你来说说。

生：如果这两条半径在弧的里面，这个图形就不是扇形。

师：看来这两条半径还得有些限制，能给我们画画吗？

生：可以，这是一条弧，如果我在里面画2条半径，他就不是扇形了。

师：大家看看，像他说的这样，这两条半径得加上什么条件？

生：要过圆心。

生：要过弧的两端。

师：结合着图形，同桌两人讨论一下什么叫扇形。来一起说说。

生：一条弧和过弧两端的半径所围成的图形叫扇形。

生：扇形是由两条半径和一条弧围成的封闭图形。

师：知道了扇形的定义，让我们运用定义法来判断一下这些图形是不是扇形。

整个认知过程，在数形结合中"以形助数"，帮助学生建构扇形的概念，进而运用定义去辨析，"以数解形"在整体联系中升华了概念本质。学生在感知过程中探索扇形，感悟扇形与其所在圆的关系，即"扇不离圆，圆中有扇"。

四、总结归纳，达成思维共识

大道至简，解决问题时能发现问题本质，直指根源，追溯知识的本质，就是一种数学思维。教师要引导学生从数学的角度去发现问题、明确目标、厘清逻辑、合理分析、实践检验、总结反思。在概念教学的关键五步中，最终要从感性认识上升到理性认识，形成结论，达成思维上的共识。而且在结论的形成过程，学生能够自主地、个性化地表达自己的结论，如"师：到底什么样的图形是扇形？""生1：有一条弧和两条半径的图形是扇形。""生2：有两条半径和一条弧的图形是扇形。""生3：要过圆心。生4：要过弧的两端。""生5：一条弧和过弧两端的半径所围成的图形叫扇形。""生6：扇形是由两条半径和一条弧围成的封闭图形。"

在形成扇形的概念中，最终要处理的是弧和半径在数量以及空间形式上的关系，为什么是一条弧？为什么不是一条半径？在空间形式上为什么半径要连接圆心和弧的两端？在运用定义法辨析扇形时，要时刻围绕着扇形的本质，抓住"有一条弧和过弧两端的半径"这一本质解析，在说明图形不是扇形时，用"它虽然有一条弧，但没有过弧两端的半径"这样的整体思维说明。最终总结归纳出扇形的概念。那么，扇形与圆又存在什么关系？既然存在关系，那么扇形的周长、面积又该怎么计算。追溯到圆心角的本质、周长的本质，达成思维本质上的共识。

通过归纳形成关联性、结构性知识：单从数量来看，扇形有一条弧和两条半径；而从空间来看，则是弧的两端连接着过圆心的两条半径，扇形与圆之间存在着整体与部分的关系，扇形是圆形的一部分。

五、拓展提升，优化知识结构

在理解了概念后，教师还要依据教学内容和教学目标，进行合理的挖掘和延伸，使概念得以巩固、拓展、深化，让学生体会数学的价值。在建立概念之后，老师安排了两道变式练习题。

第1题：分别判断题中四个图中涂色部分哪些是扇形，并说明理由。这里，有正例，有反例，还有特例，有利于学生在观察、比较、推理、判断的过程中，不断丰富对扇形的感性经验，感受扇形的基本特征。特别是对题中的半圆形，因为它与其他扇形"长"得不同，教师没有急于讲解，而是让学生去思辨、去争论，学生根据扇形的构成要素去说理，即由一条弧和经过这条弧两端的两条半径围成的图形是扇形。由此，学生清晰地认识到半圆形是一个特殊的扇形，由于它的圆心角是180°，两条半径恰好是一条直径。经历这样的过程，其意义不只在于使学生对扇形的认识得到了深化，更在于学生获得了运用概念展开思考与辨析的经验。

第2题：感受生活中的扇形，并求出圆心角180°和90°扇形的面积和周长。数学来源于生活，又回归生活，教师不仅要让学生学到数学知识，还要让其感受到数学生活中的美和价值。概念的形成并不是孤立的，某一条件的改变也许就将概念变成了相关联的另一概念，所以要让学生在联系中理解概念，在对比中深化概念，使知识结构化，形成概念知识网络体系。

一条弧和过弧两端的半径是组成扇形的两个要素，那么在同一个圆中，半径的长度是固定的，这时圆心角的大小发生变化，弧的长短也会相应地发生变化，如当圆心角等于90°时，变成的图形就是四分之一圆。老师提问这个扇形的面积怎么计算？学生思考后回答：就是把圆平均分成四份，面积就是圆的四分之一。当弧继续变大时？谁在发生变化？当圆心角变成180°时，这时的半圆又与所在的圆存在什么关系？根据刚才的思考，学生马上就会回答：扇形的面积是圆的一半。继续观察下去，当圆心角接近360°，再慢慢重合，就是一个圆。学生在这样的感知中进一步理解扇形的本质，建构扇形与圆的联系，也为后续扇形统计图的学习打下基础。

五个关键要素落实概念教学
——以二年级下册"平均分"为例
柳州市羊角山小学　陈丽敏

概念教学是数学教学内容之一。其目的是使学生掌握数学概念，形成对数学基本的、概括性的认识。即明确概念的内涵、外延，熟悉其表述；了解概念之间的关系，会对概念进行分类，从而形成概念系统；了解概念的来龙去脉，能够正确运用概念。因此，概念教学是小学数学知识体系中最基础、最重要的知识点，是学生学好数学的前提条件。

一节好的概念教学是让学生经历"设计问题—获取方法—理解事例—总结归纳—拓展应用"五个关键步骤，让学生准确的理解概念，现结合具体课堂教学实践对概念教学进行叙述。

一、设计问题

数学家哈尔莫斯说过："问题是数学的心脏"，以问题的形式引入新概念，利用数学问题驱动学生学习，引导学生经历再发现、再创造的过程，是概念教学中常用的方法。一般来说，用"问题"引入概念的途径有两条。

（一）以生活情景引入问题

在教学中，教师创设情境问题：二（1）班的同学明天就要去春游了，小红准备了一些糖果（出示6颗糖），把6颗糖果分成3份，应该怎么分呢？设计春游中分糖的问题，并且建立在学生已有的知识经验上，使学生乐于思考。

（二）以复习旧知引入问题

在教学中，教师也可以让学生复习数的分与合。6可以分成（　）和（　）；6可以分成1和5、2和4、3和3、4和2、5和1，通过复习引出新问题，把6颗糖果分成3份，又应该怎么分呢？这样以旧知引入，学生很容易得出几种分糖的方法。

二、获取方法

好的教学方法可以达到事半功倍的作用。在教学中，教师要让学生经历两种联系，建立"平均分"的概念，知道平均分的含义。

（一）以数学与生活的联系了解新概念

在生活中，二年级的学生都有分东西的经历，但缺少平均分的实践经验。因此，教师在课堂上让学生在具体的情景中动手分一分，分的时候教师引导学生得到几种不同的分糖果的结果，避免学生形成思维定式。接着比一比，选取三位同学分的结果：①1、1、4；②1、2、3；③2、2、2。比较这三种分法，谁分得比较公平？为什么？其实这三种分法都对，但一说到"公平"，自然是③的分法最合理，因为他们每人分到2颗，都是同样多。最后说一说，什么是平均分？每份分得同样多就是平均分，学生再经历了分一分、比一比、说一说后，对平均分的概念逐渐清晰明了了。

（二）以数学知识之间的联系理解新概念

本节的内容是学生学习除法的开始。学生对除法含义的认识是建立在"平均分"的基础上的，"平均分"的学习对后继学习至关重要。其实"除"就是"分"，"分"的方法有很多种，"平均分"是多种分法中的一种。课堂上，教师为学生提供观察、动手实践、语言表达的机会，让学生自己去感受、自己去体验，从多个角度去理解"平均分"的含义。

三、理解事例

概念是抽象的，学生不容易理解，这就需要教师在课堂中引导学生以正面、反面、对比的事例进行思考，不断完善对概念的理解。

（一）以正面事例理解概念

在教学中，让学生观察③的分法：2、2、2，你发现了什么？学生很快就能回答每份分得同样多，那么每份分得同样多，就是平均分。

（二）以反面事例辨析概念

反面事例即举出概念的反例进行说明。观察①的分法：1、2、3，为什么不是平均分？学生运用平均分的概念辨析，因为他们每份不是同样多，所以不是平均分。

（三）以对比事例区别概念

教师在讲述概念时，可以对一些临近的、易混淆的数学概念采取对比的方法，以弄清它们之间的联系和区别。平均分是指在分物品的时候，尽可能地把要分的物品数按照要求分的份数分完，而且使每份所分得的数量都相等。平均分是除法的基础，与乘法的意义不同，乘法是求几个相同加数的和的简便运算。学生要对比平均分和乘法，更深刻地理解平均分。

四、总结归纳

概念是由丰富的内涵和深刻的外延所构成的，只有让学生理解概念的内涵和外延，才能总结归纳出概念。

（一）以丰富的内涵总结概念

内涵是指一个概念所概括的思维对象本质特有的属性的总和。平均分一课中的内涵：什么是平均分？要让学生知道什么是平均分？课堂中，如果教师只呈现了一个例子：2、2、2，就让学生归纳出平均分的概念，学生是归纳不出来的。因此，教师在课堂中要让学生充分地动手操作，把6颗糖平均分成3份，接着比较几种分法，说出哪种分法最公平，使学生把"平均分"的概念建立在分物品的具体情境和实践活动中。最后，在总结什么是平均分时，学生很容易能概括出平均分的概念。

（二）以深刻的外延归纳概念

外延是指一个概念所概括的思维对象的数量和范围。平均分一课中的外延：平均分可以怎样分？把6颗糖平均分成3份，我们可以先一个一个地分，剩余3个，再继续分；也可以两个两个地分，刚好分完，只要分的结果每份同样多，就是平均分，学生经历分的过程，也能概括出平均分的概念。

五、拓展应用

拓展应用是数学教学的重要组成部分，是学生掌握概念知识、形成技能、获取数学活动经验的数学思想方法的有效途径。概念的拓展应用也分三个层次来设计。

（一）以基础练习巩固概念

设计与例题相仿的练习来巩固概念的理解。以第8页"做一做"为例，让学生先独立思考，再全班讲评。

（二）以综合练习加深概念

设计平均分物品的总数较大的题目，强化平均分的概念，并通过两个问题中数据的关联，为后面学习用一句乘法口诀计算两道除法算式奠定基础。

练习：有24根香蕉。

（1）平均分给3只小猴，每只小猴分（　　）根。

（2）平均分给8只小猴，每只小猴分（　　）根。

（三）以拓展练习延伸概念

让学生对18个圆片进行平均分，鼓励学生采取多种分法，通过交流各自的分法，让学生思考：同样是18个圆片，分的份数不同，为什么都是平均分？让学生体会各种分法的结果，为除法的认识做好准备。

练习：把18个○平均分，和同桌交流一下各自的分法。

总之，在小学数学教学中概念是基础，教师要认清概念教学的重要性，采用五个关键来开展概念教学，让学生深刻地理解概念，灵活地运用，这样才能为学生的数学学习打下坚实的基础，才能让数学教学变得更加高效。

追求有效课堂，注重学生发展
—— 对于萍老师"小数加减法"名师课例的分析

柳州市柳石路二小　李巧琳

谈起最值得品味的一节课，来自北京的于萍老师执教的"小数加减法"一课就是其中之一。于老师执教的是一节看似不易出彩的计算课，她并没有在开课时创设花哨的情境，而是开门见山，直奔主题。她把如何引导学生探究小数加、减法的算理作为本节课的"魂"；她把课堂这个大舞台交给了学生，让学生自己尝试编小数加、减法的计算题。让学生解决自己生成的问题，让学生在老师四两拨千斤的引导语中探索发现计算的方法。整节课，老师的角色看似无为却有为，老师的评价听似朴素却精彩。每一位听课的老师都能从于老师对学生的信任中得到惊喜，从于老师朴实的课堂中看到精彩。读懂名师的课堂，是为了更好地将其迁移到自己的课堂之中。

一、学情调查是了解学生的有效方法，尊重学生的认知基础是有效落实知识技能的前提

在教授这节课之前，于老师做了一件我们老师都忽略了的事情——学情调查，今年本市教科所也提出了要读懂教材、读懂学生、读懂课堂，学情调查就是读懂学生的一个方面。于老师是这样做的：

（一）调查对象

四年级第一学期（学习小数加减法之前）。

（二）调查内容

（1）请试着计算下面各题（写出竖式）：
1.25+0.47　　2.34+0.46　　3.72−1.5　　3.7−1.52　　3−1.52

（2）你认为小数加、减法与整数加、减法有什么联系？（相同与不同）

（三）调查结果

1. 第一个问题（5道计算题）调查结果分析

（1）5道计算题结果全部正确（没有化简算正确）：56.4%

（2）旧知识出错（非小数新知识点）：12.8%

（3）相同数位对齐做加法正确：100%

（4）结果不化简：100%

（5）位数不同加减法错（新知识点）：30.8%

2.第二个问题调查结果分析

（1）"相同，都是'满十进一，借一当十'，只不过多了小数点。"观点与之近似的占 76.3%

（2）"不同，小数加减法有小数点，整数没有。"观点与之近似的占 21.1%

（3）7.9% 的学生认为小数的末位可以随意添 0，而整数不行。

（四）调查分析与思考

从调查结果可以看出，学生对小数加减法的计算方法并不是一无所知的。甚至全体学生都知道"相同数位要对齐"。但对于小数部分位数不同的小数做加减法（包括整数加减小数）、计算结果末位有 0 等新情况，学生普遍存在困惑。教师的教学设计应该充分考虑并尊重学生这些已有的认知基础，努力为学生解除困惑，为掌握新知创造条件。

二、全面、准确、有层次地分析学科知识内容是把握学科内涵的重点，是有效落实知识技能目标的必备条件

"小数加减法"是一节有关计算的常规传统课，我们先来看看这节课的知识点有哪些。了解课时知识点，就能保证这节课能走"正确的路"，即做什么比怎么做更重要。如表1所示。

表1 四年级下册"小数加减法"知识点汇总

项　目	知识技能的目标			过程性目标		
知识点	了解	理解	掌握	运用	经历感受	体验体会	探索
1. 式子意义			√			√	
2. 小数加减法的算理 （1）直观形象的算理：借助长度，人民币等 （2）数理方面的算理：小数点对齐，相同数位对齐，计数单位相同才能直接相加减			√			√	

续 表

项　目	知识技能的目标	过程性目标
3. 小数加减法的算法：数位对齐，从低位算起，或计数单位相同的数对齐，从低位算起 （1）两位数加减两位数，不进位、不退位 （2）一位数加减两位数，进位、退位 （3）整数加减小数	√	√
4. 计算结果的表示：精炼	√	√

三、按照知识层次和认知层次组织教学活动是有效落实知识技能目标的重要途径

在上课一开始，于老师先引领学生回顾了一下小数的有关知识，接下来就向学生宣布，今天这节课学习小数加减法，就这样开始了新课的学习，这样的引入直截了当，不拖泥带水，让学生很快进入状态。

（1）"式子的意义"是很多老师在教学当中都容易忽略的环节，教学时我们往往都把重点放在算理和算法上，对于式子的意义几乎不讲。我们来看看于老师是怎么处理这个知识点的。

于老师用"表示软尺——折断软尺"现场活动，提出"还剩多长"的问题。学生通过解决实际问题，探讨研究计算方法，同时体会计算的价值。一位学生还提出：用总长减去折断的部分就等于剩下的部分长。在后面老师还通过一张小纸片，让学生在情境中进一步体会到列算式的意义：1.18－0.76=0.42 就是 118 厘米减去 76 厘米等于 42 厘米。创设情境的目的非常明确，即让学生在情境中理解算式的意义，让学生在情境中理解为什么是用减法列式的。关于创设情境，于老师告诉了我们三个目的：一是在情境中体会计算的价值，二是在情境中理解算式的意义，三是在情境中具体理解计算的算理。

（2）"小数加减法的算理"和"小数加减法的算法"这两个知识点老师又是怎么处理的呢？我们接着看课。

"小数加减法的算理"和"小数加减法的算法"这两个知识点是这节课的重难点，而对重难点、关键点的处理凸显了设计者对数学本质的准确把握：于老师在关键的地方舍得花时间让学生去思考、探究。比如，在引导学生比较小数加减法与整数加减法的异同时，通过对比两种算式，让学生体会到差别就在

于小数点上。讲到这里，我们都以为这一环节就此结束，这时于老师拿出一小片长方形纸片将竖式 1.18-0.76=0.42 中的三个小数点从上到下同时蒙住，让学生进一步体会列算式的意义：1.18-0.76=0.42 就是 118 厘米减去 76 厘米等于 42 厘米，借助创设的直观情境解释算理，使算理形象直观。利用情境解释算理，是一种理解算理的重要的方法，也是第一个层次的算理理解。

第二个层次的算理理解就是抽象层面的理解。抽象层面的理解又分为三个步骤：第一个步骤是小数点对齐。在讲小数点要对齐这一关键点时，老师提出问题："以前做过许许多多的加减法，无一例外的都要末位对齐，怎么这里没有将末位的两个数对齐呢？"有学生说："因为要小数点对齐。"老师进一步追问："小数点对齐保证了什么呀？"学生说："保证了数位对齐。"从小数点对齐到数位对齐，这是抽象层面的理解的第二个步骤。老师进一步引导："怎样的数位对齐呢？"……"为什么要数位对齐呢？谁能结合算式来说说？""谁能结合实际的例子说说这个道理？"一名学生提出用买东西的事例去说明，尽管说得不是很清楚，但于老师还是及时捕捉了这一有用的资源展开了教学："他给我们指明了一个方向，举了一个生活中大家都非常熟悉的买东西的例子……"在这个过程当中，老师层层剥笋，引领学生逐步深入，使学生深刻体会到：在小数加减法中，只有小数点对齐才能保证相同数位对齐，相同的数位对齐的本质就是计数单位相同，因为只有计数单位相同才能直接相加减。这就是抽象层面理解算理的第三个步骤。数理方面的算理：首先是小数点对齐，其次是相同数位对齐，最后是计数单位相同，只有这样才能直接相加减；抽象层面的算理的三个步骤，思路清晰、透彻，真正如于老师说的那样：这节课，我们除了学习了小数加减法，还探寻到它背后的道理。

（3）培养计算能力。在解决"小数加减法的算法"这个知识点时，老师的设计是层层递进、逐步深入，如老师放手让学生自己列小数加减法的算式时，对学生可能出现的几种情况都给予了充分的预设，并在教学时根据学生的情况行云流水地开展整节课的教学：先探寻 0.78-0.2 的计算方法（两位小数减一位小数，不进位、不退位），再探寻 1.2-0.47（一位小数减两位小数退位减，进位、退位），再连续进位的加法……教学层层递进，同时师生之间的积极互动引发许多有意义的内容生成。

（4）"计算结果要化简"，这是数学简洁美的一种体现。

四、在教学活动中有效突出运算能力核心性目标

《义务教育数学课程标准（2011年版）》指出，运算能力主要是指能够根

据法则和运算律正确地进行运算的能力。培养运算能力有助于学生理解运算的算理，寻求合理简洁的运算途径解决问题。为了更好地开展实践操作，本书以内涵发展要素式思维进行研究，发现运算能力核心性目标关键内涵要素主要包括五个方面内容：

（1）运算的意义（运算对象与数量关系、运算解决的问题与情境）。

（2）运算的算理（具体情境的理解与计数单位的理解）。

（3）运算的算法（法则与过程、现象与抽象）。

（4）具体运算（运算思路与寻求合理简洁的运算途径）。

（5）问题解决（运算结果解决实际问题）。

在本节课中，运算能力核心性目标关键内涵要素五个方面都落实得比较好。其一是理解1.18-0.76"式子的意义"；其二是理解"小数加减法的算理"，除从创设以厘米为单位具体情境理解算理，还从计数单位理解算理；其三是理解"小数加减法的算法"，从小数点对齐、相同数位对齐、计数单位相同三个层次分别理解；其四是从多道自主练习题进行计算能力的培养。

五、灵活多样的教与学的形式促进学生生动活泼的发展

灵活的教学方法、教学组织形式，多样的学习方式是促进学生发展的有效形式。教学方法是完成教育教学任务、实现教学目标的关键。教学过程要根据教学内容、教学目标以及学生和教师的特点选择合适的教学方法、适当的组织形式，引导学生积极参与学习过程，获取知识、获得发展。教师以折断软尺的事例设置问题情境，让学生尝试用小数减法计算解决"还剩多长"的问题，用"尝试法"让学生自己计算解决问题经历小数加减法计算的过程，在这之后，为学生创设学生自己出题的开放空间，突出学生的主体地位。"出题"活动开始，教师就提出"还会有哪些新情况？"明确了出题的要求，用"发现法"展开探究新情况的活动，让学生独立思考探索小数加减法的各种情况，有意识地把学生的思考引向深入和全面，而不是简单的模仿，编题时要考虑与黑板上的不一样，要考虑整数加减法有哪些新情况……学生出题产生更多新鲜的内容，促使学生比较全面地研究不同的情况，从而获得对小数加减计算的全面认识和理解。教师通过"讨论法"强化对小数加减法算理的感知和深入认识。在这个基础上，再用"讨论法"引导学生总结小数加减法计算方法。之后，综合运用"练习法""讨论法"让学生多次经历小数加减法的计算过程、发现和纠正错误的过程等。老师灵活运用多种方法，并已与之相应的全体、个别、小组不同组织形式展开数学活动，为学生学习创造了良好的条件和空间，保障了

教学目标的达成。

六、丰富多彩的心灵沟通，促进学生多元素质的发展

教师创设断尺子的情境，观察断掉部分是 0.76 米后，提出问题"怎样列式计算软尺的剩余部分的长度呢？"学生在黑板上列式为 1.18-0.76，组织学生观察后，教师提问"请问，你有什么要提醒他的吗？对他写的算式你们给他提点什么建议？再添上点什么就更好了？"，学生回答"要在算式的后面写上得数"。问题要求写得数而列出的式子，经过观察发现未写得数，培养了学生细心观察与缜密思考的习惯，"请问""提醒"等过程又渗透了礼貌教育与交际能力的培养。在计算"1.2-0.47"时，做错的同学直接把 7 抄下来，其实这是小数加减法中很容易出错的地方，所以这位同学的错误是特别能够理解的，不过这位同学的出错给了大家一个重要的提示。教师以爱育爱，以情育情。"你们很有办法，而且这方法看起来还很准。"肯定激励的评价让学生体验到成功的喜悦。

列出算式 1.18-0.76，教师组织学生思考问题"小数加减法和整数加减法相比，有哪些不一样？"，学生观察比较后得出结论"数变小，这些全是小数，这些数都有小数点""对呀，差别就在小数点上"，老师用黑色硬纸片把整数部分的 0 和小数点盖起来，"瞧，这不就是大家熟悉的整数减法了吗？用 118 厘米减去 75 厘米，等于 42 厘米，这就是刚才我们计算出来的 0.42 米。"，这时教师提升式总结"你们真会用联系的眼光看问题，发现了小数加减法和整数加减法的联系"，教师渗透了发展联系的辩证唯物主义观点。在后续的算理教学中也渗透了透过现象看本质的观点，师生经过交流，透过"小数点要对齐"的现象，揭示了"相同数位要对齐"的内涵；透过"相同数位要对齐"的内涵，揭示"计数单位相同"的本质。这时教师说"你们一下子就抓住了计算的关键"，又渗透了矛盾观点，即要善于抓主要矛盾和矛盾的主要方面。

在理解了 1.18-0.76 这道题后，教师启发学生发散性思考"今天要研究小数的加减法，仅仅靠一道题行吗？""不行"，"对，这小数加减法除了刚才做的情况以外，还有哪些不同的情况？请每个同学动动脑筋编一道小数加法或者减法，独立计算。看看谁编的题目能给大家带来新的情况，请同学们在本子上先写横式再写竖式"。教师的语言"看看谁编的题目能给大家带来新的情况"有效地引导学生进行求异思维，培养了学生的创新意识。

计数单位要相同才能直接相加减，还能从不同的角度去解释吗？学生举例说，比如买东西吧，一件商品是 0.78 元，另一件商品是 0.2 元，它们相差

多少元？整数部分代表几元，十分位代表几角，百分位代表几分，结果是0.58元，如果用8分与2角直接做减法，得6，这个6是表示6分呢，还是表示6角呢？都不是。这时教师适时进行学法的指导与提升："对呀，这位同学用大家都比较熟悉的例子解释了这个问题，简单的例子说明了深奥的道理。"教师有效地渗透了"举例说明"是一种有效的学习方法的指导。在后续"1.2-0.47"的教学中，学生根据小数的性质在1.2的后面添上了一个隐形的0，这时教师不忘记学法的指导与提升："别小看这个小小的0，把它添上了，这种新情况一下子就转化成大家熟悉的旧情况了"，"转化法"又有效地渗透于课堂教学之中。"读得很准确，要是再轻快点就更好了"这是读书方法的指导。

老师从不吝啬对学生的鼓励，也会及时地指出问题使之改进，丰富而有感情色彩的准确评价有效地促进了学生多元素质的发展，给数学课堂增添了魅力，体现了老师对课程改革新理念的理性思考和准确把握。准确到位的评价彰显出老师高超的课堂教学艺术和管理水平。

通过这次学习活动，笔者的收获很多，感触也很多，精巧的教学设计、课堂中折射出的实践智慧、老师为孩子一生的发展而做的努力……都让我们感慨、感动。学无止境，这次学习是我们进一步努力的动力，我们将会反复揣摩，取其精华，在教学实践中不断超越自己。

小学数学计算教学的策略研究
——三年级上册"乘法计算"
柳州市东环路小学 梁丽

运算能力是《义务教育数学课程标准（2011年版）》新增加的核心概念。运算能力是指能够根据运算法则进行正确运算的能力。运算能力首先是会算和算正确；而会算不是死记硬背，既要理解运算的道理，又要寻求合理简洁的运算途径解决问题等。

计算教学中怎么提高学生的运算能力？传统的小学计算教学常常通过大量机械重复的量题目的训练来实现，其只重视计算的结果，不重视算理的推导、计算法则的形成过程和计算方法的概括。学生的学习只停留在算对、算快的层面上，导致学生学习兴趣不高、自主学习能力弱、学生数学思维能力也没有得到应有的提高。

计算存在于数学学习的每一个环节之中，学生的数学学习离不开计算，因此，对计算教学策略的研究就显得尤为重要。

一、创设教学情境，为学生探究新知提供前提条件

由于计算的抽象性质，数学计算教学内容大多枯燥，教材上所呈现的计算题的方式也比较单调。而现实生活中的计算大都与情境相结合，如买商品共花多少钱，按照体重及健康状况一个人一天要摄入多少食盐，给房间铺地砖需要多少瓷砖，等等。换句话说，计算很多时候不是孤立存在的，它与人类社会和经济活动密切相关。为了让计算有生命力，引发学生的数学思考，懂得提数学问题，感受到计算的价值和现实意义，创设情境是必不可少的重要手段。

例如，教师在教授多位数乘一位数单元中的"整十整百整千数乘一位数的口算"这一教学内容时，结合教材游乐园主题创设一家三口到上海迪斯尼游玩的情境。这些好玩的游乐项目都是收费的，依据数据信息提出用乘法解决的数学问题。"坐激流勇进每人10元，三人需要多少钱？坐碰碰车每人20元，三人需要多少钱？"情境中的游乐项目价目表为口算乘法和解决问题的教学提供了数据支持。再如，"坐过山车每人12元，三人需要多少钱？"这是两位数乘一位数（不进位）口算，是修订后教材增加的内容，是为学习笔算乘法和除法试商做准备的。

此情境蕴含的数学信息和数据符合单元的教学需要，贯穿单元的口算乘法和笔算乘法等大部分的教学内容。情境既要符合学生的特点，又要照顾到知识的适用性，体现一定的价值。有价值的情境能激发学生的兴趣，使其凝聚注意力；能激活学生已有经验，生成新的问题。

二、注重策略的优化，引导学生领悟算理

（一）以理驭法，理法皆清

计算教学必须从算理开始，因为学生只有在充分理解了计算的道理后，才会"创造"出有效且简捷的计算方法，也才会理解并掌握计算的方法，才可以准确、快速地进行计算。所以，教师在教学中要启发学生对计算的道理进行深入的探索、研究，也要帮助学生运用已有的知识去领悟计算的道理。

例如，教师在教授"整十整百整千数乘一位数的口算"提出问题：$20 \times 3 =$ _____？你是怎么算的？如果教师能追问一下："为什么，$2 \times 3 = 6$，$20 \times 3 = 60$？"这样去引导学生，让他们的思维进入理性的思考：20里面有两个10，两个10乘3就得六个10，也就是60。然后将整十乘一位数的口

算扩展到整百、整千乘一位数，让学生通过迁移推理解决 200×3=____？2 000×3=____？200 里面有两个百，两个百 ×3 得六个百，也就是 600；2 000 里面有两个千，两个千 ×3 得六个千，也就是 6 000。这样算法和算理之间自然就会"架起一座桥梁"，将其有效地结合在了一起。让学生的思维从感性上升到理性的高度，不仅使学生口算"整百数乘一位数"的计算方法有了理性的认识，也会为以后的计算学习打下扎实的基础。

（二）通过直观演示，说明算理

教师要合理使用教具、学具及多媒体，来实现最直观的教学，使学生能够积极参与教育教学，并在课堂中参与"动脑想一想，动手做一做，动眼看一看，动耳听一听，动口说一说"的活动，使其达到调动各种感官及丰富学生感性认识的目的，从而促进逻辑能力的发展和形象思维的提高。

例如，在"两位数乘一位数口算"中，怎么算 12×3=____？如图 1 所示。

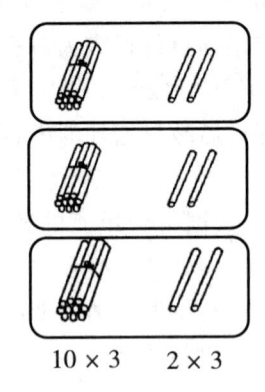

图 1　12×3 的直观演示

教师可以让学生结合摆出的小棒叙述算理，指出或圈出每步计算的原因是什么，引导学生纵向观察小棒图，先把 12 拆成 10 和 2，算出三个 10 是 30，三个 2 是 6，合起来就是 36，突出算理。只经历一次操作，学生不一定能很好地形成口算乘法方法的表象。因此，教师在解决想一想的问题和做一做的练习时，要选择 1～2 道小题，让学生两人合作说一说思考的过程，使学生逐步完成抽象的认识。

三、算法多样性与优化

（一）多中选优，择优而用

优化是指个体的优化，它是在多种方法的比较中所产生的相对性。教师要有意识地引导学生交流、评价、体验，让他们在感知不同的方法中选择适合自己的方法。在优化算法时应该注意两点：

首先，优化算法的主体是每一位学生，在算法优化的过程中应尊重学生的个体差异。每个人都有自己的特点，决不能把教师或少数学生的选择强加给全体学生。也就是说，要使多数学生都感到后一种算法是一种比较好的算法，自觉自愿地去应用。这是因为被动的优化只能是被动接受学习，主动的优化是认知结构的主动发展。

其次，教师要精心设计引导优化算法的教学方法，让各种算法在碰撞、争论、比较中显现各自的特点，让学生在一系列质疑、判断、比较中进行分析、综合、概括。

例如，教师在教授"两位数乘一位数"（不进位）笔算时，提供小棒实物演示，通过连加法、加法竖式、表格算法和列竖式计算等几种不同的方法进行计算。

教学中可以设计这样的环节，学生在进行小组合作学习后，老师提问："下面一起来分享这几种方法，先请他们介绍，看看这些方法和你的有什么不同，思考一下他们的方法好不好？"引导学生介绍算法，组织学生倾听、互评。

生1：我是口算的，先算一，再算二，然后把和加起来。

生2：我是用连加法计算的。

生3：我是用乘法竖式笔算的。

这时，教师指着黑板上的两种方法，引导学生把乘法竖式计算方法与刚才的两种方法进行对照。学生观察对比，寻找不同算法之间的联系。这几种不同的方法计算的道理是一样的，都是把12拆分成10与2的和，然后分别去乘3，再把两个积加起来。比较一下，哪种算法用起来更方便呢？

（二）巧设问题，衔接算理与算法

算理是客观存在的规律，算法却是人为规定的操作方法；算理为计算提供了正确的思维方式，保证了计算的合理性和正确性，算法为计算提供了快捷的操作方法，提高了计算的速度；算理是算法的理论依据，算法是算理的提炼和概括，它们是相辅相成的，教学时应把算理和算法有效衔接起来。

例如，教师在教授"整十整百整千数乘一位数的口算"时出示题组：

20×4=　　　　30×3=
200×4=　　　 300×3=
2 000×4=　　 3 000×3=

计算整十、整百、整千数乘一位数时，怎样计算比较简便？学生通过小组讨论交流，发现先用乘法口诀计算，然后在末尾添0就能快速计算出结果。这时老师抛出问题让学生思考：末尾的0是随便添多少都可以吗？为什么？学生通过比较发现，用乘法口诀计算后，如果是整十乘一位数，得到几个十，所以添一个0；整百数乘一位数时，得到几个百，所以添两个0；整千数乘一位数，得到几个千，所以添三个0。学生自然而然地感悟到原来用乘法口诀计算后，再添0的方法是有"道理"的，从而凸显出算理是算法的理论依据，算法是算理的表象的提炼和概括。

四、多形式练习，提高计算能力

计算教学是小学数学教学中的重要内容。教师不要把计算教学当成单纯的计算技能的训练，而要把计算问题和解决问题结合起来，凸显计算是解决问题的工具，通过解决问题、沟通知识的内在联系，促使知识转化为能力，同时可以激发学生的兴趣，把已获得的知识能力上升到智力高度，培养学生的创新意识。这些练习的安排可采用不同的形式，如采用学生喜闻乐见的游戏、竞赛、操作等方式，学生独立算、同桌对口令、开火车、抢答、学生自己编题等不同的形式，使学生体会到计算在数学中的实际价值，同时能激发学生学习的兴趣，从而自觉提高其计算能力。

例如，教师在教授"口算乘法"时，可以组织一些传统的口算练习——抢答游戏，老师出示卡片，学生抢答。或者借助学习小软件速算盒子等，使学生可以在快问快答的游戏竞赛中巩固知识，提高计算能力。

纵观目前的计算教学，我们既要继承传统计算教学的扎实有效，又要发扬以人为本的教学理念，更要冷静思考计算教学对学生后续学习能力的培养，不断总结经验教训，改善教学方法，使计算教学在算理、算法、技能这三方面得到和谐的发展和提高。

五象层级落实空间想象
——以"组合图形的面积"为例
柳州市德润小学 黄龙芳

为了提高教学质量，以下以"组合图形的面积"一课为例，提出图形与几何领域课程理解与课堂教学的实践策略。

一、结构化梳理知识，提高教材解读能力

做正确的事比正确地做事更重要，教什么比怎么教更重要。真正有效的课堂教学，源于教师对课程内容的深刻把握，如对教材中的每一幅主题图、每一句提示语、每一个情境、每一道例题、每一组习题进行深入研读，准确、全面、系统地把握课程内容知识点、课程思想观念、教法学法、内涵本质、核心素养等，从而实现对教材的超越，找到教材与发展学生素养的有效结合点，创造性地使用教材，促进有效教学。

梳理知识的五步骤：知识点—重点—目标—问题—活动。

（一）知识点——内涵发展要素式思维，明确本课知识点

1. 组合图形的概念

（1）由两个或两个以上的基本图形组成的图形是组合图形。有的也称为不规则图形。基本图形（学过的图形，或称为规则图形）有长方形、正方形、平行四边形、三角形和梯形，这五种图形称为基本图形。

（2）两个基本图形组成的组合图形，通过一次割或补就能转化为两个基本图形；三个基本图形组成的组合图形，通过两次割或补就能转化为三个基本图形。

2. 割补转化法

（1）转化的概念：把要研究的图形变成已经学过的图形的方法；把组合图形转化成已经学过的基本图形的方法。

（2）转化方法：剪、拼、既剪又拼。

（3）转化结果的表示：图形表示、符号表示、文字表示、算式表示。

（4）策略的多样化与优化。

3. 组合图形面积计算

(1) 估算、精算。

(2) 分步计算，综合式计算。

4. 辅助线

(1) 辅助线的概念。

(2) 辅助线做法。

(二) 重点——根据知识点，确定教学重点

利用转化思想，将组合图形转化为已知图形，从而求出组合图形的面积。

如果不是选择"转化法"为教学重点，而是选择"计算面积"为重点，则相应的教学过程如下：图1列式计算面积，突出计算面积这个重点；图2再列式计算面积；图3又列式计算面积。整个过程都围绕"计算面积"而进行。由于组合图形计算量较大，学生将所有精力放在计算面积上，一般也只能计算两三个组合图形的面积就已经到下课时间了；当给学生新的组合图形时，由于未掌握转化法而不能正确列式，导致计算面积错误，所以重点的确定是非常重要的。

(三) 目标——围绕重点，科学制定目标

(1) 了解组合图形。了解由两个基本图形组成的组合图形；会用虚线表示辅助线作图。

(2) 自主探索割补转化法，借助具体实际情境，解释、理解转化法，掌握组合图形转化成基本图形（两个）的方法。这是重点目标。

能根据各种组合图形的条件，有效地选择面积的表示方法、计算方法，正确估算、计算由两个基本图形组成的组合图形的面积。理解组合图形面积的多种计算方法。表示组合图形面积的方法多种多样，可以作辅助线图形表示；可以用字母、符号、代数式表示，如 S_1-S_2，$S_长-S_梯$ 等；也可以直接列综合算式表示；还可以动作操作表示。正因为有了这些有效的方法，才更加突出教学重点，从而更好地落实目标。

(3) 能运用所学的知识，解决生活中组合图形的实际问题，同时通过各种活动培养学生的空间观念。

(四) 问题——基于目标，系列性设计教学问题

从核心问题到系列问题，问题考察的是人的整体思维。

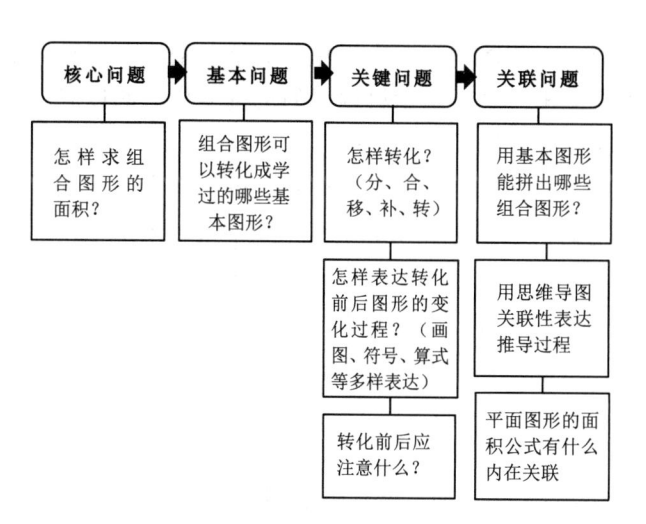

```
┌────────┐  ┌────────┐  ┌────────┐  ┌────────┐
│核心问题│→ │基本问题│→ │关键问题│→ │关联问题│
└────┬───┘  └────┬───┘  └────┬───┘  └────┬───┘
     │           │           │           │
┌────┴───┐  ┌────┴───┐  ┌────┴───┐  ┌────┴───┐
│怎样求组│  │组合图形│  │怎样转化│  │用基本图│
│合图形的│  │可以转化│  │？（分、│  │形能拼出│
│面积？  │  │成学过的│  │合、移、│  │哪些组合│
│        │  │哪些基本│  │补、转）│  │图形？  │
│        │  │图形？  │  │        │  │        │
└────────┘  └────────┘  └────┬───┘  └────┬───┘
                             │           │
                        ┌────┴───┐  ┌────┴───┐
                        │怎样表达│  │用思维导│
                        │转化前后│  │图关联性│
                        │图形的变│  │表达推导│
                        │化过程？│  │过程    │
                        │（画图、│  │        │
                        │符号、算│  │        │
                        │式等多样│  │        │
                        │表达）  │  │        │
                        └────┬───┘  └────┬───┘
                             │           │
                        ┌────┴───┐  ┌────┴───┐
                        │转化前后│  │平面图形│
                        │应注意什│  │的面积公│
                        │么？    │  │式有什么│
                        │        │  │内在关联│
                        └────────┘  └────────┘
```

在教学环节的实施中，教师的引导、提问、学生探索过程中产生的疑惑、引起的思考都能称之为"问题"，而这些问题的出现能使学生更好地把握学科内涵，也能更好地实现生生、师生之间的互动，让课堂真正的活起来。

（五）方法——方法是数学的灵魂，基于方法才能有效培养能力

（1）数学思想方法。转化的思想方法：把未学的图形转化成已学过的图形是重要的思想；图形的转化法就是把组合图形转化成已经学过的图形的方法。教学中通常应用的是割补转化法。割补转化法通常是采用单独的剪、拼等方法转化，或综合运用既剪又拼的方法进行转化。转化方法的优化：图形割补越简洁，其解题的方法也将越简单，同时要考虑割补后的图形与所给条件的关系，有些分割后的图形难以找到相关的条件，那么这样的割、补方法就是失败的。割补转化法的结果表示形式可以是作图表示、字母表示或文字表示。

（2）学习方法。估算与精算相结合；图形表示、符号表示、文字表示、算式表示多样策略表达思维过程，五象层次开展教学活动突出教学重点。

二、内涵发展要素式思维，提高课堂教学能力

教师要紧扣目标和问题，借助五象层次设计教学活动。五象是指现象、动象、图象、想象、抽象，表示学习活动不同的水平层次。

（一）现象——现象丰富，促进内涵深刻

"现象"，属于事实性知识，是具体形象思维的"材料"，也是数学建模的基础。"外延越丰富，内涵越深刻。现象越典型，本质越突出。"这是现象

的价值性。在教学中,使数学问题生活化,提供典型的、丰富的生活生产中的数学现象、应用的例子,是夯实学科内涵的关键一步;通过多例感知,有效激发学生的学习兴趣和求知欲。

在实际生活中,有些图形是由几个简单的图形组合而成的。

(1)出示主题图,这些组合图形里有哪些学过的图形?

在组合图形中,包含学过的图形有以下几种。

队旗图形:梯形、长方形、三角形。

房子图形:三角形、正方形。

风筝图形:……

七巧板图形:……

(2)说一说生活中哪些地方还有组合图形?让学生根据生活情况进行描述,从而进一步理解组合图形的概念。

(3)现象与问题:

图1表示的是一间房子侧面墙的形状。它的面积是多少?

侧面墙的形状是一个组合图形,不像之前学的基本图形能够直接计算。估算一下面积大约是多少。

这间房子侧面墙的面积具体是多少呢?

怎样求组合图形的面积?组合图形可以转化成学过的哪些基本图形?怎样转化?

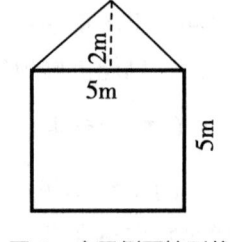

图1 房子侧面墙形状

(二)动象——动态感悟,增加活动经验

动象是动态的过程与现象,是让学生手动、脑动、口动、思维动或者图像动,多维动象可以有效促进学生思维品质的发展。《义务教育数学课程标准(2011年版)》指出,要"重视过程,处理好过程与结果的关系",教学要关注知识形成的过程,调动多种感官参与到学习活动中,在多元表征的动态过程中形成概念、理解概念,"智慧在学生的手指尖上",这是学生获得体验、产生数学学习积极情感的重要途径,可提高课堂教学效率。苏霍姆林斯基曾说:手和脑之间有着千丝万缕的联系,这些联系起到两方面的作用——手使脑得到发展,使它更加明智;脑使手得到发展,使它变成思维的工具和镜子。

组合图形面积的计算,自主探究活动,操作水平认知。

怎样转化?学生可利用老师提供的模型图片,折一折、画一画、剪一剪、试一试,想办法把侧面墙的面积具体算出来,并把自己的方法画在图上,写出计算过程。学生先独立思考，各人做完答题卡后才在四人小组内交流自己的想法与做法；比一比哪个小组的方法简捷有效。学生如果感到有困难，可以看书或者向同桌或老师请教。

探究内容的选择应适当，教师通常把教学的重点内容作为探究性学习的内容。这样一个探究式学习，具体包括以下内容：先是激发探究兴趣，其经历了估算与精算两种计算过程，在计算探究之前，教师提出了探究的问题——侧面墙的面积是多少，该问题具有挑战性，学生在探究学习目标、任务的驱动下进行探究活动，在探究活动中，教师发挥了必要的指导与组织作用，"想一想、折一折、画一画"等，是对学生进行学法指导。"先独立思考，后组内交流"是向学生提出了行为习惯养成的要求。"可利用老师提供的模型图片"是对学习材料、工具的介绍。"比一比哪个小组的方法简捷有效"是激励评价的手段，"如果有困难，可以看书或者向同桌或老师请教"这是关注了学生有差异的体现，提供求助的方法和途径，确保不同水平的学生都能有效地经历探究学习过程，完成探究学习任务，达成过程与方法性教学目标。"把方法画下来"是重视学生思维的重要体现，是让学生在探究过程中留下思维的痕迹。

（三）图像——形象生动，简明直观

数学是一门非常抽象的科学，而学生以具体形象思维为主，当知识从生活原型转变到抽象层次，需要一个直观模型来帮助学生过渡，这就是图像。图像是对象特征简明化的图示，包括直观化的实物图、示意图、线段图、方条图等。图像有直观、简明的特点。借助几何直观能把复杂的数学问题变得简明、形象。直观化的图像形象生动，简明直观，有助于学生理解概念。华罗庚先生曾说过，"数缺形时少直观，形缺数时难入微；数形结合百般好，隔离分家万事休"。

探究活动结束后，教师要组织学生进行展示与交流，展示解决问题策略的多样化及图像认知水平，并引导学生利用具体情境说明转化法或作图法。

方法一：

图形表示：如图2所示。

文字表示：组合图形转化成一个正方形和一个三角形。

符号表示：$S=S_{\triangle}+S_{正}$。

算式表示：面积 $=5×5+5×2÷2$。

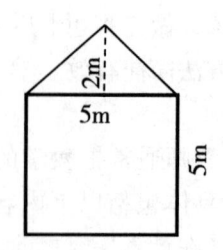

图2 组合图形之一

方法二：

图形表示：如图3所示。

文字表示：组合图形转化成两个梯形，而且是完全一样的两个梯形。

符号表示：S=S$_{梯}$+S$_{梯}$；S=S$_{梯}$×2。

算式表示：上底=5 m；下底=5+2=7 m；高=5÷2=2.5 m；

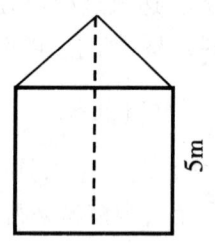

面积=（5+7）×2.5÷2+（5+7）×2.5÷2；面积=（5+7）×2.5÷2×2。

图3 组合图形之二

（四）想象——从形象到想象发展，多象融合培养空间观念

空间观念主要是指根据物体特征抽象出几何图形，根据几何图形想象出所描述的实际物体；想象出物体的方位和相互之间的位置关系；描述图形的运动和变化；依据语言的描述画出图形，等等。

方法三：学生形象与想象相结合开展活动。

图形表示：如图4所示。

文字表示：组合图形转化成一个大长方形和两个小三角形。

符号表示：S=S$_{长}$-S$_{△}$×2。

算式表示：长=5-2=7；高=5÷2=2.5；

面积=7×5-2.5×2.5×2。

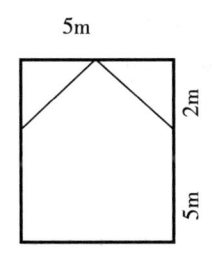

图 4 组合图形之三

（五）抽象——逐步抽象概括，形成方法和理论

数学抽象是指通过对数量关系与空间形式的抽象，得到数学研究对象的素养。抽象是在分析、综合、比较的基础上，把握事物的本质特征，其主要体现在概括事物特征、归纳思想方法、建立数学模型等方面。培养小学生抽象思维能力是小学数学的重要能力，高度的抽象性是数学的显著特征之一，而小学生的思维特点是以形象思维为主逐步过渡到抽象思维的，所以实现感性知识向理性知识的转变，就是教学的艺术性与科学性的创造过程。

归纳与总结活动，抽象水平认知。教师向学生提问有什么发现，引导学生透彻理解转化法。

如何引导归纳总结？学生在情境中理解了多种割的具体方法、补的具体方法之后总结出转化法。如图 5 所示。

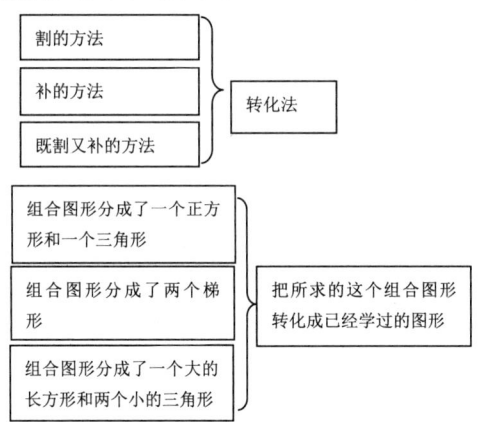

图 5 转化法的运用

展示与交流，归纳与发现。教师向学生提问：你有什么发现？在转化组织图形过程中，你学习到了什么方法？以上的方法，你比较欣赏哪一种？

学生从不同的角度进行回答：

（1）组合图形分成了一个正方形和一个三角形。

（2）组合图形分成了两个梯形。

（3）组合图形分成了一个大的长方形和两个小的三角形。

把侧面墙这个组合图形转化成已经学过的图形，就能直接计算面积了。转化法有割的方法、有补的方法、有割、有补、有移的方法。

三、高阶发展层级性思维，渐进性训练能力

（一）模仿性训练

下面各个图形可以分成哪些已经学过的图形？如图6所示。

（a） （b）

图6 组合图形示例

上题可采用割补转化法把组合图形转化成已学过的基本图形。并渗透优化法：图形割补越简洁，其解题的方法也将越简单。当一个图形既能割补成两个基本图形，又能割补成三个基本图形时，应以割补成两个图形为优。教师有必要再次提醒辅助线要用虚线表示，并要求学生养成尺规作图的良好习惯。

可能出现的结果，如图7所示。

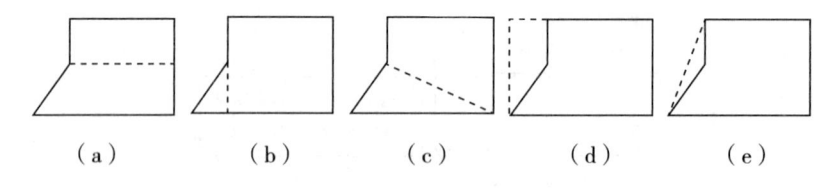

（a） （b） （c） （d） （e）

图7 运用割补转化法的结果

（二）解释性练习

生活中你还见过哪些图形也是组合图形？

老师搜集到的这些也是组合图形。如图8所示。

（a） （b）

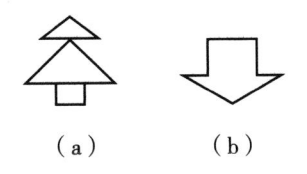

图8　组合图形

（三）基本计算训练

有效地选择割补转化的方法；正确计算组合图形面积；能根据组合图形的条件，有效地选择计算方法并进行正确的解答。学生可以用分步式写，也可以用综合式写，并用语言描述图形转化的过程。

（1）一张硬纸板剪下四个边长是4厘米的小正方形后，可以做成一个没有盖子的盒子，这张硬纸板还剩下多大的面积？如图9所示。

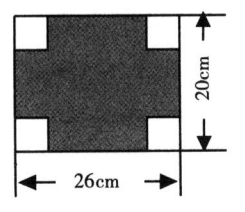

图9　硬纸板面积

（2）某小学有一块菜地，形状如图10所示，这块菜地的面积是多少平方米？

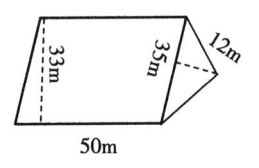

图10　菜地的面积

（四）应用训练

能运用所学的知识，解决生活中组合图形的实际问题，使他们通过练习既能巩固已学的知识，又能体会到解决实际问题的需要。同时，教师要通过各活动培养学生的空间观念。如现场有类似情境，则用生活具体情境代替书上的练习，以增强学生的练习量，扩大他们的视野。

如图11，中队旗的面积是多少？

（1）全体练习。

（2）抽象反馈转化方法：只用语言描述转化的方法，不展示转化的直观过程，组织其他学生想象转化过程。

（3）及时进行评价激励。

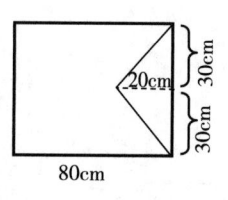

图11 队旗的面积

小学数学教学中的教学内容"五象"层次分析
——以四年级上册的"路程、时间与速度"一课为例
柳州市箭盘山小学 吴玉萍

一、问题导思，秉持"立德树人"教育观

关于教育，习总书记提出了"培养什么人、怎样培养人、为谁培养人"的重大命题。广西壮族自治区教育厅也下文提出"全面推进'学科德育、课程思政'建设，使各门课程与思政课同向同行，形成协同效应"。而当前，教学内容分析却存在着"片面性"与"肤浅性"等问题，常常出现分不清层次，混乱纷杂的现象，这将会对课堂教学质量和学生发展水平造成直接的负面影响。只有将教学内容的层次梳理清晰，才会使教师教得轻松，使学生学得有效。结合教学研究实践，怎样的教学内容层次能实现品质教学，培养出有数学素养的全面发展的人，做到教书育人"双向落实"？这是我们要思考、实践的问题。

二、思想导研，培养学生智慧思维品质

数学不仅是一门学科，更是一门科学。我们把小学数学教学内容视为一个系统，教学内容的设计主要考虑现实社会的需要、学生发展的需要和文化知识传承的需要。教育的本质在于以"教"育"人"，即以"教师之教"促"学生成人"。小学生的思维以形象思维为主，而高度的抽象性是数学的显著特征之一，只有设计符合学生学习规律、思维发展水平的教学内容，才能培养学生的智慧思维品质。

三、目标导行，践行"品质教学"课堂

教学内容层次性分析是教师从事教学实践工作的基本能力要求与基础工作内容。"品质教学"基本理念，结合整体思维方式，通过"五象"帮助我们全面且深入地进行教学内容分析，可提高教学质量，培养学生良好的学习品质。

四、内容分层，构建"五象"分析体系

对于从"能力教学"走向"品质教学"，我们可以从"教学内容五层次"的分析体系进行研究和实践。"五象"即"现象、动象、图象、抽象、应用（新现象）"。下面笔者以四年级上册的"路程、时间与速度"一课为例来理解"五象"。

（一）现象

要使学生对数学学习内容感兴趣、主动参与探究活动，教师就要把现实生活中存在的数学关系和空间形式展示给学生，用学生能理解和能接受的方式，让学生感受到数学在生活生产中应用的例子，即丰富的"现象"，其属于事实性知识。

教师在教学内容的呈现及教学过程中，要尽量采用直观且贴近生活的方式。典型的"现象"充分考虑到学生的认知规律及兴趣需要、符合学习能力的教学内容，其不仅有助于学生更好地掌握数学文化知识，还有助于他们形成良好的数学学习态度。

创设情境环节，引领学生认识生活中的速度。

教学片段：教师播放两位司机驾驶车辆时仪表盘的数据变化。让学生观察思考："怎么知道开得有多快呢？"学生说，可以看时速表，时速表记录了汽车的速度。老师追问："只有汽车有速度吗？"引发学生联想到人、火车、飞机、动物等都有速度。

所谓"外延越丰富，内涵越深刻"，教师围绕核心问题举出三个以上的实例，就能使学生从不同的角度感悟知识内涵，把握对象的本质特征。

（二）动象

动象即学生动口表达、动手操作、动脑思考，调动多种感官参与到学习活动中，在多元表征的动态生成中发展数学思维品质。

小学数学教学深度化创新："实—活—厚"

（1）调动感官，经历数学思维成长过程。《义务教育数学课程标准（2011年版）》中指出，要"重视过程，处理好过程与结果的关系"，数学教学要关注知识形成的过程，因为这是学生获得体验、产生数学学习积极情感的重要途径。

（2）多元互动，积累数学活动经验。"智慧在学生的手指尖上"。通过动脑想象、动口表达、动手操作等多元表征的互动，可以帮助学生理解抽象复杂的数学问题，丰富数学活动经验及体验，发挥数学学习的主动性。

教师出示：

汽车每小时行驶60千米，5小时行驶多少千米？

骑自行车每分钟行驶220米，10分钟行驶多少米？

羚羊每秒跑22米，40秒能跑多少米？

教师在使学生初步感知生活中速度的现象后，再引导学生感知数学中的速度，利用上面的题目让学生用自己的语言说说什么是速度（每秒钟、每分钟、每小时走了多远的路），然后说说"羚羊每秒跑22米"是什么意思？动脑联想，也就是在大约10米长的教室里，眨一下眼睛，羚羊就跑了一个来回，学生通过想象感知速度很快。通过对比以上信息中的共同点，学生理解了时间和路程的含义。接着教师引导学生对比以上三个问题，让学生在练习纸上写出计算过程。再观察计算方法，有什么相同点？有什么发现？学生发现这三个问题都是用乘法计算的，学生个性化的表达："每小时60千米、每分钟220米、每秒22米表示的是速度，1小时、10分钟、40秒表示的是时间，求它们的路程，就用速度×时间＝路程。"这样，学生在用眼观察、动脑思考问题、用自己的语言表达、动手写算式多种感官互动参与学习过程中，就形成了分析归纳的数学思维。

（三）图像

图像包括实物图、示意图、线段图等使数量关系直观化、对象特征简明化的图示。

（1）形象生动，发展几何直观核心素养。《义务教育数学课程标准（2011年版）》中提出：重视直观，处理好直观与抽象的关系。借助几何直观把复杂的数学问题变得简明、形象，有助于探索解决问题的思路，预测结果。

（2）主动思考，培养学生解决问题的能力。直观与抽象相互统一，直观是手段，抽象是直观的发展。

教学片段：为进一步理解"速度×时间＝路程"的数学模型，教师提问："为什么用乘法来计算？"学生说："1小时行驶了60千米，5小时就是5个60

千米，所以用 60×5 来计算"。教师出示线段图，如果其中一条线段表示汽车 1 小时行驶 60 千米，那么 5 小时就有这样的 5 条线段，一共就是 5 个 60 千米，所以 60×5=300（千米）。线段图在这里使用，直观地解释了乘法的含义，教师将新的数量关系和从前学过的乘法模型进行联系、整合，使学生明白了计算的道理。

（四）抽象

抽象思维是小学数学基本和重要的思想之一。抽象，体现在归纳事物特征、掌握思想方法、建立数学模型等方面。

本节课例中，抽象主要体现在建立数学模型方面。

数学模型，一般是指用数学语言、符号或图形等形式来刻画、描述、反映特定的问题或者具体事物之间关系的数学结构。在教学中，教师不是让学生探究模型形成的过程，而是使他们在解决问题中提炼模型，感受模型存在的价值。

在课例教学中，为巩固建模过程，提炼"路程÷时间＝速度"的数学模型，教师引入情境："2017 在国际田联赛场上的中国飞人苏炳添，以 10 秒的成绩获得 100 米赛跑冠军。假如此刻，在运动场的角落里一只小蜗牛也刚刚以 5 小时的成绩，结束了 50 米的路程。那么百米飞人和蜗牛的速度各是多少？动笔算一算，再和同桌说说自己的想法。"

板书：苏炳添：100÷10=10（米）

蜗牛：50÷5=10（米）

教师引导学生思考，对比这两道题，能发现什么？学生将数字结合数量关系进行解释：100 和 50 都表示路程，10 和 5 表示时间，可以用"路程÷时间＝速度"。此时联系线段图，教师可以让学生将其与"总数÷份数＝每份数"的模型相联系。两个都是 10 米，但是意义不同。苏炳添是 1 秒跑 10 米，蜗牛是 1 小时爬 10 米。进而激发学生完整地记录速度单位：在米的后面加上一条斜线，再写上表示时间的时或秒。让学生理解，速度单位巧妙地链接了路程和时间这两个量。接着，教师引导学生借助经验，推理得出"路程÷速度＝时间"，并使他们明白只要知道其中两个量，就可以求出第三个量。

（五）应用（新现象）

数学家亚历山大·洛夫认为数学有"三性"：抽象性、精确性、广泛应用性。《数学课程标准（义务教育 2011 年版）》中强调应用意识有两个方面的含义，一方面有意识利用数学的概念、原理和方法解释现实世界中的现象，解决现实世界中的问题；另一方面，认识到现实生活中蕴含着大量与数量和图形有关的问题，这些问题可以抽象成数学问题，用数学的方法予以解决。为了能使学生感受到数学在生活和生产中的价值，巩固学习的新知识、形成的新能力和良好习惯，教师应该使他们学会在新的情境中解决问题。如此，又形成了数学的"新现象"，丰富了学生对数学本质的认识和理解。

课例中，为强化数量关系的应用，教师将实际生活中的问题呈现给学生：老师暑假自驾从柳州去北京，两地的路程是2 000千米，汽车行驶的平均速度是100千米/时，每天开车9小时，2天能到北京吗？有想法吗？学生提出可以比路程、比时间、比速度。经过运用数量关系进行计算和交流，大家发现无论比什么，从柳州到北京2天都到不了。有没有快点的交通工具？（飞机、高铁）乘坐"和谐号"，从柳州到北京只需要10小时。课件出示：目前，我国的磁悬浮列车的最高时速达到每小时400千米，在2016年起时速达到每小时600千米的高速磁悬浮项目已经正式启动，而中国科学家正在研制的超级磁悬浮列车，采用真空管设计，未来的时速可达每小时2 900千米。

这样的素材，能使学生估算出，到那时柳州到北京都不用1个小时了。这个新现象的呈现，激发学生将"速度、时间和路程"的数量关系进行了应用，更让学生感受到，铁路提速只是中国发展的一个缩影，现在的中国，无论经济、军事、文化都在飞速发展中，中国建设、中国制造创造了无数个中国奇迹，让学生感受到了祖国的强大，增强了民族自信，培养了理性精神、家国情怀，体现了"小课堂，大社会"的教育观。

把握教学内容层次，落实教书育人目标
——以"9加几"为例
柳州市燎原路小学 陈冬娇

一、背景与意义

长期以来，人们总是将教材和教学内容等同起来，认为教材有什么知识就教什么，这种认识是片面的。教材仅仅是形成教学内容的一个"载体"，作为发挥实际作用的教学内容，其特性不同于教材内容。教学内容广义上讲应包括学科知识点、学生应获得的思想观点、良好的行为习惯以及教学活动过程。

知识与技能一直是各学科教学关注的轴心，而作为教学根本价值的育人问题，始终没有成为老师们研究的教学内容。因此，在立德树人背景下，如何将"教书"与"育人"这两部分教学内容进行有效整合具有重大意义。

二、思考与方法

因时而进，因势而新，基于这样的时代背景与教育现实，广西壮族自治区特级教师、鱼峰区教研室陈朝雄老师提出"教学内容五层次"理论观点——"现象、动象、图象、抽象、应用（新现象）"，旨在通过五象解释新时代小学数学课堂如何落实"知识技能"与"立德树人"的问题。下面，笔者将结合姚老师的"9加几"这一课例谈谈自己对这五方面的理解。

三、实践与效果

（一）丰富现象，深刻知识内涵

现象是具体形象思维的"材料"，也是数学建模的基础。在小学数学教学中，丰富的数学现象，一方面可以使知识内涵更深刻，另一方面可以有效消除学生学习的无力感。

在"9加几"这节课开始前，姚老师带领孩子们进行听算练习"10+4=；10+7="，10加几的加法是学生已有的知识经验，也是这节课的教学起点，姚老师在课前设置这个练习，再现10加几就是十几这一事实现象，为后面9加几要凑十的策略做好了铺垫。

在引入新课时，姚老师用学生能理解和接受的方式——数牛奶盒的情境，让学生了解数学在生活中应用的例子。而且，不难发现，箱子里已经有9盒牛奶，还有一个空格，为什么是一个空格，而不是4个或5个呢？因为教材想通过这一表象让学生知道还可以放一盒牛奶到箱子里，加入一盒就是十盒，这其实也是"凑十法"的一个现实现象。

（二）多维动象，关注品质养成

苏霍姆林斯基曾说：手和脑之间有着千丝万缕的联系，这些联系起到两方面的作用——手使脑得到发展，使它更加明智；脑使手得到发展，使它变成思维的工具和镜子。教学中，教师创设学生看得见、摸得着、悟得出的活动，让学生手动、脑动、口动、思维动，多维动象可以有效促使学生思维等各方面品质的发展。

小学数学教学深度化创新:"实—活—厚"

　　我们知道,"9加几"是凑十法的种子课,但不少学生在入学前就会熟练计算9加几了,他们潜意识里认为没有必要再学一种算法,教师也常常觉得学生会算就可以了,导致学生对算法常常知其然,却不知其所以然,从而使数感、运算能力、抽象能力等核心素养受到严重影响。

　　在今天这节课上,姚老师有意识地让学生在数学活动中去感悟算理、理解算法。首先借助圆片——直观实物,让学生动手摆一摆,为学生的思考提供实物参考;接着让学生把操作的过程用自己的语言进行表达,紧接着又引导学生在学习单上圈一圈,然后全班进行交流。这一过程将静态的知识动态化,学生通过手动、脑动、口动、思维动,使知识感悟更深刻。而且在合作交流过程中,其表达能力、合作意识也得到提升。

(三)直观图像,尊重认知规律

　　数学是一门非常抽象的科学,而学生以具体形象思维为主,需要一个直观模型来帮助学生过渡。实物、图表、示意图等图像都是直观的手段,因此借助图像来描述和分析问题,会使知识脉络更清晰,教学效果更显著。

　　华罗庚先生曾说过,数无形少直观,形少数难入微,数形结合在计算课中显得尤为重要。"9加几"这节课,姚老师不仅让学生摆圆片,还让学生圈小棒图、三角图,并且根据图来理解算式,图像应用在这里,直观地解释了凑十法的算理,将算法与算理联系起来,使学生对凑十法知其然,亦知其所以然。

(四)模型抽象,厚重学科素养

　　数学知识具有高度的概括性和抽象性,任何一节课都要经历推理、抽象、建模的过程,从而实现感性知识向理性知识的转变。抽象能力是数学六大核心素养之一,因此教师教学中要关注学生的抽象能力的培养。值得注意的是,抽象不是一蹴而就的,而是一步步剥离非本质属性、去伪存真的过程。

　　在"9加几"这节课中,姚老师先带学生利用实物学具操作,此时学生虽然会操作,但不见得会思考为什么要拿"1"过来凑成10,于是教师让学生说说你是怎么想的,这促使学生将具体的实物操作在头脑中进行适度抽象;仅此一次的操作与表述显然不够,于是教师让学生在学习单上圈一圈(图1),并把圈的想法说出来,这是实物直观到图像半抽象的体现。接着教师出示问题:你还想计算9+( )?学生自由说,然后独立探究9+( ),再一次在学习单上圈、算,这仍是在为抽象而做的铺垫。

```
● ● ● ● ●    ○ ○ ○
● ● ● ● ○

▯▯▯▯▯ ▯▯▯▯▯

△△△△△ △△△△△  △△△△△
```

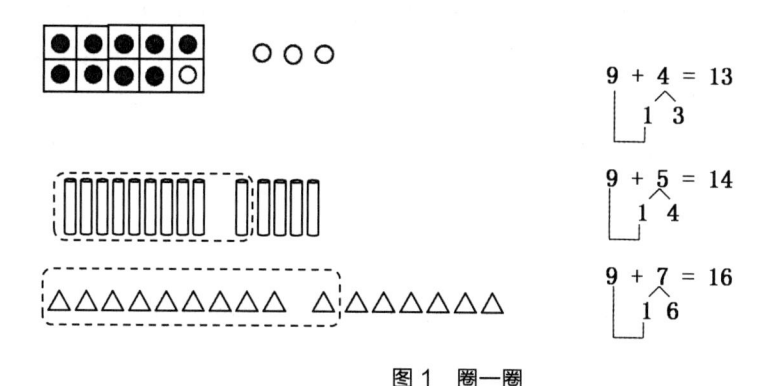

$9 + 4 = 13$
　　∧
　1　3

$9 + 5 = 14$
　　∧
　1　4

$9 + 7 = 16$
　　∧
　1　6

图 1　圈一圈

最后，教师要引导学生比一比，并问学生发现了什么？学生通过观察、个性表达，最后完成算法抽象：计算 9 加几的加法，把几分解成 1 和几，9 和 1 凑成 10，10 加几就是十几。

（五）创新现象，着眼长远发展

数学有"三性"：抽象性、精确性、广泛应用性。数学建模的价值在于模型的运用，即运用数学概念、原理和方法解释现实世界中的现象，解决现实世界中的问题。能运用所学的知识解决问题是数学"广泛应用性"的一个体现，在应用的基础上能创造、再生知识、方法模型的另一种呈现、表达方式，则是更高的层次。

比如"9 加几"这节课中，姚老师设计了两题练习，一是"开火车"，这一道题是基础题，着重考察对"9 加几"的算法，属于知识考查题，接着出示情境图，学生观察并提出问题，进而用"9 加几"的算法去解答，体现了学生对知识的运用，是综合性习题。

在此，笔者提出一个本人不成熟的思考，"9 加几"是这个单元的种子课，而本节课的目标重点应该就是掌握"凑十法"，方便后面 8 加几、7 加几进行方法迁移。所以，在进行以上两题练习后设计一题拓展题，如下：

想一想，8 加几等于十几。

8+（　）=1（　）

这样就把"9 加几"的算法合情合理推广到"8 加几"的进位加法。因为刚刚感受了"凑 10 法"的准确性与优越性，学生应该会很自然地想到要把 8 凑成 10。学生在迁移方法的过程中，体验了方法的通用性，沟通了知识与方法的联系。

以上通过一节具体的课例谈了笔者对教学内容五层次的理解。总之，教师既要立足教材，又要结合实际学情，将"人"这一主体因素纳入其中；有效设计教学内容，通过学习，让学生获得基本的知识技能，获得一定的数学活动经验、数学思想方法，以及良好的习惯品质。实现"人人学有价值的数学，不同的人在数学上得到不同的发展"，落实立德树人的根本任务。

基于"五步操作"提高学生解决问题的能力
——以"混合运算解决问题"为例
柳州市箭盘山小学　汪源　吴玉萍

一、研究背景及主要问题

低年段的小学生正处于思维发展初期，他们的思维往往混乱无序，在解决生活中简单、实际的问题时，不知如何下手。针对这样的现状，立足学生的思维水平，怎样在问题解决类的教学中，帮助学生构建科学实用的解决问题的方法策略模型，提高解决问题的能力，成为亟待解决的问题。

二、核心思想及研究目标

解决问题是小学数学教学中非常重要的内容，《义务教育数学课程标准（2011年版）》中有明确要求："培养学生综合运用有关的知识与方法解决实际问题，培养学生的问题意识、应用意识和创新意识，积累学生的活动经验，提高学生解决现实问题的能力。"

通过对解决问题类课堂教学实施策略的研究，结合日常教学，课题组制定出解决问题"五步操作"课堂教学模式，即遵循"理解题意、思路分析、建立数量关系、列式理解、计算验算"五个基本步骤。在解决问题类的教学中，着力于由浅入深归纳方法，对比迁移获得经验，促使学生形成系统的思维模式，并逐步构建结构化的解决问题策略模型，使其在感知与运用中提高解决问题的能力，增强应用意识。

三、研究内容

以日常教学的例题研究为基础，结合广西"双师教学"项目的录像课工作，课题组尝试在解决问题"五步操作"模式下，从解决简单的生活实际问题入手，通过从直观引导到层次抽象、数形结合建立数量关系、多例感知总结内化，促进分析方法系统化、意义理解深刻化、解决过程模型化，切实提高学生解决问题的能力。

四、研究的主要策略

笔者以二年级下册中的"混合运算解决问题"为例，在解决问题"五步操作"模式下，为了帮助学生构建解决问题的策略模型，提高解决问题的能力，在不断的研磨与实践中，总结并制定出以下策略。

（一）从直观引导到抽象层次，促进分析方法的系统化

《义务教育数学课程标准（2011年版）》指出：课程内容的组织要重视过程，处理好过程与结果的关系；要重视直观，处理好直观与抽象的关系；要重视直接经验，处理好直接经验与间接经验的关系。课程内容的呈现应注意层次性和多样性。

1. 多层次引导，在直观表达中"理解题意"

低年段学生以具体形象思维为主，在"混合运算解决问题"的教学中，我初步利用色条图引导学生理解题意，通过语言描述，引导他们由"直观表达"层面逐步上升到"抽象数量"层面，让学生主动经历"理解题意"的过程，培养其观察能力、发现和提出问题的能力。

笔者创设学生熟悉的"烤面包"问题情境，引导学生认真观察，"从图中你了解到哪些信息？"学生重复主题图中的已有文字进行直观表达："一共要烤90个面包，已经烤了36个，每次能烤9个"。笔者把已知信息在色条图上表示出来，并借助色条图，引导学生在原有认知的基础上逐步理解，明确了"90个是面包的总数，36个是已经烤了的"。有少部分思维活跃的学生能主动地进一步抽象到"90个是总数，36个已烤的是90个的其中一部分，红色的是剩下另一部分没烤的"这一更高的层次。如图1所示。

小学数学教学深度化创新："实一活一厚"

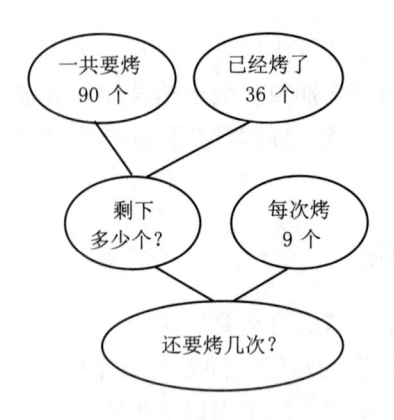

图1 "烤面包"问题情境

此外，为了理解"每次烤9个"的意思，笔者引导学生对应色条图，知道"第一次烤9个，第二次也烤9个……每次都是烤9个"，"绿色部分是每次烤9个，红色部分也是每次烤9个，整个烤面包的过程都是每次烤9个"。最后根据已知的信息，通过"你能提出什么数学问题？"培养学生主动发现问题、提出问题的能力。

教学效果：为了使学生充分地"理解题意"，笔者借助色条图，为学生创造观察、思考、交流的空间，通过层层递进地引导，使学生思维逐步由"直观表达"层面上升到"抽象数量"层面，并通过自主提问培养学生的思维能力，使他们在交流中感受数学问题来源于生活。

2.多角度思维，在"思路分析"中逐步抽象

把一个问题的解题思路分析得清晰、有条理，是解决问题的重要前提。笔者通过综合法、分析法两种不同的方法，让学生感悟"2条信息和1个问题"的关联，引导学生从宏观整体角度分析题意，为后续探究解决问题的方法打好基础。这不仅培养了学生的整体思维，也为其今后的解决问题思路分析提供了系统的方法参考。

聚焦"剩下的还要烤几次"这一核心问题，笔者继续引导学生理解色条图，并通过两级提问引导学生利用综合法分析：①根据已知的三条信息，我们可以首先求出什么？②求出了剩下多少个，又知道每次烤9个，我们又可以求出什么？笔者在完善树形分析图的同时，让学生直观地体会到"两个相关联的已知信息可以解决一个问题"。接着，笔者利用树形分析图变换角度，通过"要求……，就要知道……和……，题目已经告诉我们……"的形式进行逐层引导，鼓励学生对应分析图进行理解与分析，帮助他们进一步厘清思路，提高

流畅的思维和数学语言表达能力。

教学效果：在"理解题意"和"思路分析"中，笔者借助条形图和树形图，为学生的直观表达提供支撑；引导多角度思维，使学生在逐层抽象中不仅感悟到解决问题"2条信息+1个问题"的形式，还掌握了分析法、综合法两种系统化的思路分析方法。

（二）数形结合建立数量关系，促进意义理解深刻化

几何直观是数学素养的重要指标，是思维能力发展的重要基础。有了对解题思路的整体把握，笔者引导学生小组合作，通过数形结合、多边互动，帮助学生"建立数量关系"，借助多样化的策略引导学生"列式理解"。先求中间问题"还剩多少个"，借助抽象的线段图雏形，学生找到了数量关系式"总数－已烤的＝剩下的"，并根据数量关系列出算式：90-36=54个。如图2所示。

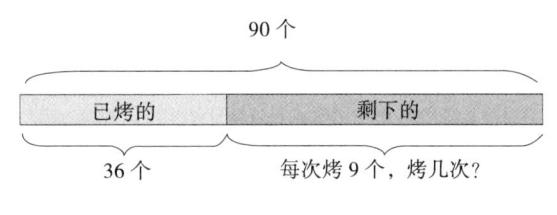

图2 线段图

接着，"要求剩下的还要烤几次，可以用怎样的数量关系式来表示？"学生小组合作，尝试用图和关系式来分析思路并解决问题。笔者给四人小组提供了不同的学习卡，学生通过多样化的画图策略，在圈一圈、涂一涂、分一分的操作中，发现了信息中隐藏的联系，理解了"要求剩下的还要烤几次，其实就是求54里面有（　）个9"。笔者在组织学生汇报交流时，要引导生生互动理解算式"54÷9＝6"中54和9的含义及算式的整体含义，并沟通数量关系"剩下的个数 ÷ 每次烤的数 ＝ 烤的次数"与算式之间的联系。

教学效果：在"建立数量关系"和"列式理解"过程中，笔者借助几何直观模型，丰富了学生解决问题的策略，通过图、文、式之间的互译转化，渗透数形结合、演绎、归纳等数学思想，促使学生抽象出问题模型，明晰数量关系，从而形成对数量关系和算式的深刻理解。

（三）多例感知总结内化，促进解决过程模型化

"掌握"和"运用"是数学教学结果目标的较高层次，为了引导学生总结

内化，最终达成结果目标，笔者通过"计算验算"的设计，让学生在对比迁移中进一步感知算式各个数量之间的内在联系，培养互逆思维，并逐步构建结构化的解决问题策略模型。

学生将算式综合为"（90-36）÷9"并计算出结果，为了提高解答的准确性，"我们可以怎样验算呢？"同桌讨论交流，大部分学生都知道用"9×6=54，54+36=90"的纯计算方法进行验证。笔者改变情境："每次烤9个面包，烤了6次，一共烤了多少个？"笔者让学生回顾解决问题的过程，通过前面解决问题的"四步"过程，组织学生交流。他们发现，原来数量关系"每次烤的数×烤的次数=面包的总数"就是他们验算的依据，"每次烤的数""烤的次数""面包的总数"这三个数量之间存在着密不可分的联系，已知其中任意两个量都可以顺利求出第三个量。

接着，笔者让学生在烤面包情境的基础上，四人为一小组轮流出题，其他组员找出数量关系并列式解答，学生玩得不亦乐乎。最后，笔者设计具有层次的练习进行课堂检测，再一次让学生经历解决问题的"五步"过程，帮助学生积累解决问题的经验。

教学效果：学生在主动、互动的课堂参与中，获得了丰富的感性知识，思维得到内化提升，提高了应用能力。

五、研究过程及成效

（一）依托特级教师工作坊和中心组开展实训教研，以研究帮助教学改进

依托鱼峰区"正当时"特级教师工作坊和鱼峰区小数中心组的平台，在解决问题类的教学中，课题组以"五步操作"（理解题意、思路分析、建立数量关系、列式理解、计算验算）的教学模式展开研究，并制订了两年研究计划。

根据计划，2019年上半年，鱼峰区小学数学教师按年段进行校际合作，对课堂教学实践展开研究。在解决问题类的课堂教学中，如何突出要点、提炼方法步骤？老师们积极承担领航导师、课例展示、专题引领等任务，主动开展互动交流。经过多次实训研讨，在特级教师陈朝雄老师的指导与帮助下，大家不仅收获了"五步操作"教学策略理论，更在合作与实践中积累了课堂教学的宝贵经验。

（二）结合"双师"项目和日常教学逐步落细、落实，以课堂促进学生学习

2018年9月，根据广西"双师教学"项目安排，笔者承担了"双师"二年级数学的录像课任务。在"五步操作"教学策略理论的支撑下，笔者开始注重解决问题模块的教学，每每遇到，都会跟学校教研组的老师们认真研讨，努力找到教学实施的落脚点，把理论运用到自己的课堂实践中。

经过一个学年的努力，笔者在日常解决问题的课堂教学和"双师"录像课的实施中，一直坚持帮助学生清晰解决问题的五个基本步骤，引导学生学会自主理解题意，主动分析思路，并通过多种方式明确数量关系后，顺利高效地解决问题。笔者所在班的孩子现在解决问题的能力有了很大的提高，相信"双师"项目的农村学校教师们也能通过观看"双师"项目平台的视频课例，获得一些收获和启发，最终促进学生高效地学习。

（三）辐射鱼峰区农村学校教育和青年教师专业成长，以交流推进共同进步

任何的教育教学理论和经验只有经过交流和推广，才能发挥出更大的效果。解决问题类课堂的"五步操作"教学模式经过研究与推广，在鱼峰区小数区域内起到了良好的辐射引领作用。鱼峰区农村学校教育、鱼峰区小数青年教师都是受益群体，大家在不断地研究与实践交流中，推进教育教学共同进步。

（1）在鱼峰区教育局、教研室的组织和带领下，鱼峰区的首席教师及"梯级名师"多次去农村学校开展交流活动。苏志晓老师带着课例"解决问题"到三江县送教交流深受好评；苏智敏、吴玉萍、李艳、黄继宁、龚选秋等老师到鹿寨县城南实验小学、社湾小学、阳和小学等学校开展"春风行动"，意义深远；笔者也有幸和杨双好、黄龙芳等老师到里雍镇中心小学、白沙镇中心小学开展鱼峰区农村小学"深度教学"教研活动，一节"混合运算解决问题"现场课，促进了双方的共同进步。

（2）通过一节课例，带动了一批青年教师的专业成长。"混合运算解决问题"这节课经过了多次的研磨。第一次：为了更好地送教交流，该课例得到了自治区特级教师陈朝雄老师和鱼峰区首席教师吴玉萍的指导与点拨；第二次：为了帮助青年教师赛教成长，该课例得到了"青蓝师徒"和"三人共同体"的帮助；第三次：为了"双师"课堂更好的效果，该课例得到了教研团队的协调与支持。总而言之，在交流研讨中，青年老师们互帮互助，不仅获得了解决问题的教学策略，更收获了专业的成长和提升。

解决问题"五步操作"课堂教学模式的建构，既是教师教学方式系统化的过程，更是学生思维形态结构化的过程。在这一模式的指导和实践下，学生解决问题的能力得到了提高，应用意识得到了进一步的增强。如何进一步深化研究，增强解决问题策略方法的操作实效性和辐射引领性？这将是我们继续努力的方向。相信在鱼峰区小学数学团队的同心合力下，解决问题类的课堂教学策略研究成果定能更好地服务于课堂、服务于学生和老师。

让问题解决五步骤深入人心
——"解决问题"课例研究成果报告
柳州市德润小学　苏志晓　谭常明　熊建军　黄龙芳

一、问题提出

小学数学课堂从一至六年级，每一册教材都有解决问题版面的类型，且占比大，分值高，而学生的得分情况往往不尽如人意，这是因为在解决问题课堂上，教师的教学方式过于死板，教学思维过于局限，忽视了学生的长久发展。

受传统的老师讲学生听的灌输式教学方法的影响，教师在解决问题的课堂上教学方法都过于单一、死板。一个问题，几乎所有的学生都会用老师在课堂上讲过的方法来解决。这种方法虽然在一定程度上加强了学生对知识点的记忆，但是也严重影响了学生多种思维深度的发展，导致学生对所学知识不能灵活掌握，一个问题变个问法或者变个数字、位置，学生就懵了。这远远背离了新课程素质教育的要求，使小学数学教学陷入一个死角，得不到有效的提升。这种过于局限、死板的教学策略和方法，不但影响学生对数学学习的兴趣和学习热情，更影响课堂教学的效率，对学生素养的发展也是一种制约。

二、研究背景

（一）立德树人是教育的根本任务

党的十八大明确了立德树人是教育工作者的根本任务，立德是教育的重中之重，树人要从小抓起，尤其在小学阶段。小学数学作为基础的学习科目，应该将立德树人的教育理念融入其中，让学生在学习数学知识的同时，培养全面的素养品德。数学学科的要求目标之一便是"立德树人"，即把握立德树人在小学数学课堂中的灵活性、科学性、过程性等重要特点，促进学生解决问题能力的提升和情感价值的升华，将每一个学生培养成有品德的人。

（二）解决问题是《义务教育数学课程标准（2011年版）》中的重要目标

解决问题是数学教学的重要组成部分，《义务教育数学课程标准（2011年版）》在总目标中提出："初步学会从数学的角度发现问题和提出问题，综合运用数学知识解决简单的实际问题，增强应用意识，提高实践能力。"由此看来，解决问题的教学在小学数学中处于重要位置。

（三）学校层面

笔者所在学校开展了《基于结构化思维小学数学教学目标的有效落实》课题研究，致力优化数学课程体系，构建德润高效创新的课堂教学模式，打造德润卓越教师，使学生具备解决问题的能力，渗透解决问题的数学模型思想，发展学生的创新意识，致力让每个学生健康快乐地成长。

三、研究过程

（一）第一次研磨：从课本出发，突出学习方法

初研教材，课题组以课本中呈现的解决问题的一般步骤作为切入点，引导学生以"知道了什么？——怎样解答？——解答正确吗？"三步骤进行教学，重点突出让学生运用画图策略解决问题。通过试教笔者发现，孩子将主要精力放在了"用不同的形状表示人数"上，有的孩子用圆圈，有的孩子用三角形，等等，这使数学课堂趋于形式而缺少了数学味。

第一次研磨，课题组只关注了教材中呈现的内容，突出学习方法，但呈现的方式单调、呆板，难以引起学生的学习热情，于是课题组开始思考，怎样才能达到《义务教育数学课程标准（2011年版）》中提出的"获得分析问题和解决问题的一些基本方法"呢？

（二）第二次研磨：从课标出发，突出数量关系

课题组再次针对课例进行研讨，发现原来画图策略只是注重了直观表达，而解决问题的本质应是突出数量关系。于是，在展示课上，课题组把原来教材中的三个步骤更加细化，让孩子通过"找信息、理解题目意思——想问题、选

择有用信息——会画图、明确数量关系——列算式、应用数量关系——会检验、巩固数量关系"五个步骤，突出找到数量关系是解决问题的关键。从课堂上看，孩子们不再追求简单地画图，而是能正确地找到与题目相关的数量关系去解决问题，孩子说"总人数－来的部分＝没来的部分"，并能借助数量关系举一反三，解决更多同类型的生活问题，如"总只数－鸡的只数＝鸭的只数""总钱数－花的钱数＝剩下的钱数"等。

　　第二次研磨，课题组研读《义务教育数学课程标准（2011年版）》，重视理论基础。课题组的进步是关注了数学的本质，突出解决问题的关键是找到数量关系，发展学生的创新意识。但也暴露出课题组只关注了"课"，忽略了"人"的问题，在课堂上忽略思维的教学，学生错失构建认知结构的机会。有参会老师们提出了质疑"当题目中有无相关信息时，学生是怎样判断数量关系的？"

（三）第三次研磨：从思维出发，突出思路分析

　　针对这个问题，课题组再次请教了陈老师，陈老师引导笔者关注"分析问题的方法"，即分析法和综合法，这使笔者醍醐灌顶。当孩子遇到问题需要解决时，解答思路的有效分析才是孩子们需要掌握的思维方式，才能真正做到用数学的眼光看世界。于是，在三江送教的课堂上，笔者更加强调了"理解题意—思路分析—数量关系—列式理解—计算验算"这五个解题步骤，孩子们分析"要求没来的那部分人数，就要知道总人数是16人，还要知道来的部分是9人，所以踢进4个球这个信息和问题无关"；还有的孩子这样分析"已经知道了总人数16人，和其中的一部分9人，用减法能求出另一部分的人数，踢进的球数和问题没有关系"。在掌握了分析法和综合法之后，课题组发现孩子在解决问题时更加从容，不仅能从条件入手正确列出数量关系，还能从问题出发主动运用数量关系进行检验，在解决问题时更加得心应手。

　　第三次研磨，课题组转变了角度，以学习者为中心，将"关注老师的教"转变成"重视学生的学"，将"让学生能解答这一道题"转变成"学生能解答这一类题"进行探究，将学生的方法教学转变成思维的教学，使解决问题的教学更加有成效。

四、研究成果

（一）重视多层题意理解，激发学生的学习兴趣

　　要解决问题，应先从理解题意入手。在实际的教学中，笔者发现学生在

看题目的过程中就不知道是什么意思,有时候被题目的过程描述弄得晕头转向,从而直接判断这道题目"很难",选择放弃。教师应该如何引导学生理解题意呢?《义务教育数学课程标准(2011年版)》指出:课程内容的组织要重视过程,处理好过程与结果的关系;要重视直观,处理好直观与抽象的关系;要重视直接经验,处理好直接经验与间接经验的关系。课程内容的呈现应注意层次性和多样性。数学是来源于生活的,将生活问题整理提升为数学问题,中间有一个抽象的过程。因此在教学中,教师要引导学生有层次地读题,理解题意。

第一个层次是用情境复述信息。在本节课上,老师先让学生观察主题图,"从图中你知道了什么数学信息,需要解决什么问题?"学生通过观察,准确说出题中的数学信息和问题,"有16人来踢球""现在来了9人""我们队踢进了4个球",要求"还有几人没来"。这是理解题意的第一个层次,即根据情境进行文字叙述。

第二个层次是数量关系上的理解。如果学生仅仅停留在照搬书本原话来复述题目,往往不利于学生厘清数量关系,因此教师要引导学生尽量读出题中的数量关系。例如,在学生从图中获取信息的基础上,老师进一步追问"16人是什么意思?"学生说出"是踢球的人数",教师继续引导说出其所表示的数量,也就是"总数",并借助直观图突出数量关系。再追问"与16人相关的信息是什么?",学生理解到"9人"是"已来的人数",是"16人中的一部分"(图1),"还有几人没来"是"16人中的另一部分"(出示图1),这是理解题意的第二个层次,也就是将文字信息抽象为"总数""部分数"这样的数量名称。如图1所示。

图1 踢球关系图

学生通过这样从直观到抽象的表达,发现"踢进4个球"这个部分数与总人数无关。在这一环节中,学生从纷乱的实际问题中获取有用的信息,抽象成数学问题,初步感知这一问题中所包含的数量关系。

(二)重视解题思路分析,帮助学生掌握分析方法

数学问题一般都是由条件与问题两部分构成的,任何人解决数学问题都会看问题、找条件，这是最常见的思维方式。所以，分析法与综合法是解决数学问题的两种基本方法、基本思路，教师在教学中应让学生重点掌握。

分析法就是从所求问题出发，逐步找出需要的条件，直到条件都是题中已知的，从而使问题获得解决的方法，即执果索因。综合法则是从已知条件出发，逐步找出可以解答的问题，直到这个问题就是题目所要求的，从而使问题获得解决的方法，即由因导果。无论是哪种分析问题的方法，其目的是为了得到题目中的数量关系，而这一过程需要长期训练来实现。

本课中，教师先让学生找出已知信息，并说出每个信息的含义，问"根据'有16人来踢球'这个'总数'和'现在来了9人'这个'部分数'你能求什么？"，学生想到"可以求还有几人没来"，也就是另一部分的人数，这时让学生完整读题，整体感知题中总数、部分数以及另一个部分数之间的关联。接着，教师又反问"知道了总人数16人和其中的一部分，可以求还没来的部分。那要求还没来的部分，就要知道哪两个信息？"这里教师将综合法和分析法两种方法结合起来用，训练学生灵活的思维。教师先让学生顺着思维，从已知条件入手，找出有关联的两个条件，逐步逼近要求的问题；再让学生从问题出发，根据要求的问题提取出相关联的两个信息。这样有利于发展学生的合情推理的能力和数学逻辑思维。

（三）重视几何直观分析，发展学生解决问题的主动性

数量之间隐含的关系如何表征出来？那便是数量关系式。传统的应用题教学相当重视数量关系的分析和训练，在当前的"解决问题"教学中，数量关系的分析被有意或无意地忽略了，学生的认识和思维只是停留在具体情境，缺乏在大量情境基础上的归纳提炼和概括抽象，因而学生运用数量关系解题的能力较差，数学思考的发展没有深度。国家课程标准核心组成员孔凡哲教授认为："数量关系是数学研究的核心内容之一。"基本的数量关系是学生形成解决问题模型的基础，只有掌握基本的分析综合的方法，积累基本的数量关系和结构，才能使学生在获取信息之后迅速地形成解决问题的思路，提高解决问题的能力。

本课教学的内容就是运用"总数－部分＝另一部分"这一数量关系解决"求另一个数的实际问题"。教学中是如何将抽象的数量关系让学生理解并掌握的呢？根据小学生的特点，教学中主要采用画图的策略，将抽象的数量关系直观化、显性化。

在明确题目中的两个条件之后,教师鼓励学生用自己喜欢的方式画图,学生通过直观呈现、观察对比发现"不论是哪种画图方法,都表示出已知总数16人和其中的一部分是9人,求另一部分是多少,用减法计算。"在这一过程中,学生抽象出并理解数量关系"总数－其中一部分＝另一部分",体会到减法计算的道理。

但值得一提的是,学生有着不同的知识背景和思考角度,他们的差异是客观存在的。画图策略固然是一种很重要的解题策略,但在解决实际问题中教师应鼓励学生用已有的经验大胆思考,寻求解决问题的途径。例如本道题,教师可以让学生通过画图或是动手操作等不同的直观手段来分析两个条件之间、条件和问题之间的关系,只要达到理解要解决的问题中的数量关系的目的即可,这体现了解决问题策略的多样性,以及发展实践能力和创新精神的课程目标。

(四)重视数量关系,培养学生构建数学模型

在理解题意后,教师要让学生根据题意列出算式,并要求学生说"数"解"式",不仅知其然,还要知其所以然。例如,学生列出算式16-9=7(人),让学生说说:"16表示什么?9表示什么?16-9表示什么?7表示什么?"等,让学生经历由图(直观)到数(抽象)的过程,找出问题中的"数学模型",发现求部分数的问题就是用总数减掉另一个部分数。

(五)重视验算与反思,优化学生的认知结构

新教材中"问题解决"的编排方式指明了三步走的思维引导模式,如低学段的:知道了什么?—怎样解答?—解答正确吗?这样的编排体现了问题解决的完整思维过程。学生往往做完一道题后,说不出自己是怎样想的,更不会自觉地检查、论证自己的思维过程,这就需要教师有意识地培养。

本节课中,在学生列式解决出问题后,教师继续引导他们对问题解决的结果进行检验、验证"解答正确吗,怎样检验?"学生说"可以用相加、减的方法来检验,7+9=16(人)",教师指向直观图,引导学生观察理解"没来的7人,和来的9人合在一起,就是总人数16人",利用逆向思维去检验,让学生通过"部分＋部分＝总数"的数量关系来检验求部分数的问题,从而学生对问题有了更为整体的思考,使他们对知识的掌握更加牢固。

小学数学教学深度化创新："实—活—厚"

解决问题五步骤课例分析

——二年级上册"解决问题"

柳州市德润小学 古雅坚

基于现在的教学现状，一些新教师对于解决问题的课例感到无从下手，教师不会教，教不透；对于数学存在困难的学生，其最薄弱的环节也是解决问题，学生学不会，久而久之就不愿学了。于是，解决问题成为数学界最难啃的骨头。以下笔者将结合问题解决教学的五大要素即理解题意、思路分析、数量关系、列式理解、计算验算进行课例分析。

《义务教育数学课程标准（2011年版）》要求："结合具体情境，体会整数四则运算的意义""能运用数及数的运算解决生活中的简单问题，并能对结果的实际意义作出解释"。根据课标的要求笔者将解决问题的步骤浓缩为五大步骤。

一、理解题意

教师出示数桌子数量的问题情境，引导学生运用观察法发现信息和收集信息。第一题已知有4排桌子，每排5张。第二题已知有两排桌子，一排有4张，另一排有5张。教师有意识地引导学生用完整的数学语言表达数学信息和数学问题。学生回答出：我知道了有4排桌子，每排桌子有5张。一排有4张，另一排有5张。要求的是一共有几张桌子？

二、思路分析

教师引导学生按照分析法和综合法，让学生经历从直观到抽象，再由抽象到直观的过程，并分析解题的思路。教师先要引导学生明确要求的是一共有几张桌子？这时用一个问号来表示。要解决这一问题，需要哪几个信息？一共有几排，每排有几张。这道题的意思就是求4个5相加是多少。有2排桌子（整体），一排5张（部分），一排4张（部分），求一共有多少张。也就是求4和5相加是多少。

三、数量关系

接下来教师引导学生运用数形结合的方式,理解抽象的数量关系。第一题学生画了 4 排圆,表示 4 排桌子,每排画 5 个圆,表示每排有 5 张桌子,大括号和问号表示一共有多少张桌子。第二题学生画了一排 4 个圆,另一排画了 5 个圆,大括号和问号表示一共有多少个圆。学生结合图画理解整体 – 部分 = 部分的数量关系。这两道题都是求整体,都可以用加法计算。其中,第一题是相同加数的加法可以用乘法计算。接着抽象出求几个几相加用乘法计算、求几和几相加用加法计算。

四、列式解答

当学生脱口说出式子 4×5=20(张)的时候,教师要继续深化学生的思维,追问第一题的 4 表示什么?5 表示什么?20 表示什么?第二题的 4 表示什么,5 表示什么?9 表示什么?两道题同样都是 4 和 5,为什么表示的意思是不一样的?为什么一道题用乘法,一道题用加法解决。引发学生对比分析,再次明确求几个几相加用乘法计算、求几和几用加法计算。

五、计算验算

没有经历这一步,解决问题的过程是不完整的,因此学生也必须要有检验的意识。教师引导学生经历了计算验算的过程,老师引导学生用加法算减法的计算结果是否正确。通过乘法算式 4×5=20(张)份数是 4,每份数是 5,求 4 个 5 相加,用乘法计算比较简便。其中的一排桌子 4 张部分和另一排 5 张,正好合起来是 9 张,也就是要求的总数。用加法计算,思路和答案都正确。

第三章 主体内涵要活

一、主体内涵方面存在的现实问题

1. 信息单向流动，存在虚假学习问题

学生主体落实难，存在虚假学习的问题。数学课堂教学是一种数学教学活动，在此活动中信息多是单向流动，或是以教师讲学生听为主，信息从教师向学生进行单向流动，或是以学生说教师听及少数学生听为主，信息由学生向他人进行单向流动，教师讲的活动、学生讲的活动都只是信息单向交流的活动，缺乏学习主体多轮的交往互动。这种只停留在信息单向流动的学习，是一种虚假的学习。在课堂教学活动过程中，学生是学习的主体，但大多数教师的这种意识只停留在观念层面，而真正做到使学生发挥主体性参与学习活动的较少，未能充分发挥主体内涵的要素式、结构化、层级性的导向价值。这与"全面发展"的宗旨是相悖的。

2. 主体性目标不落实，主体学习流于形式

教师不够重视学生学情，提出的主体性目标不恰当，且目标的落实过程流于形式，这使得课堂乍看是热热闹闹的，可实际上学生并没有进行多少真正的思维活动，一节课下来，开展的活动并不少，但对于提升教学效果的帮助却不大。因此，在教学活动中创造性地提出准确的主体性目标，体现学生主体内涵的思维性、主动性与互动性就显得特别重要和必要。

二、主体内涵的基本认识

1. 主体内涵的概念

什么是主体内涵？什么是主体发展要"活"？

从主体论视角来看，教师应重视学生在学习活动中的主体地位，落实主体性目标。主体内涵关乎"怎么学"的问题。人的学习是有思维的，思维是有思维对象的，人可以选择主动式或互动式参与活动。主体内涵是指作为学习的主体所具有的行动内涵与根本特征，其以社会界为思考范畴，是指人在社会范畴内所应具有的主人翁行动的内涵，强调突出主体，尊重差异。

什么是主体发展"活"？主体发展要"活"是指要把握主体内涵，主体内涵"活"，人就要焕发出生命活力，这主要表现在数学思维灵活、个体生动活泼、团队发展活跃，这样的课堂就是活力课堂。

教学活动是师生积极参与、交往互动、共同发展的过程。学生学习应当是一个生动活泼的、主动的和富有个性的过程。主体发展"活"是指积极主动、交往互动、多轮互动的发展动态，是数学思维灵活、个体生动活泼、团体发展活跃的发展状态。主体内涵是从过去重点研究教师及教师的"教"转向重点研究学生及学生的"学"的重要发展。主体内涵主体性目标的落实，是学生主体从观念层面的空泛之谈到操作层面的落实深化，能够促进教学质量与效果的提升。主体发展"活"的关键要素主要有两个层次：外显行动与内在思维。其中，外显行动层次主要有两个关键要素——主动与互动；内在思维层次的关键要素主要是一个——思维对象，思维对象主要有九级，内在思维之九级思维对象分别与九级结果性目标相对应。

2.主体内涵的特征

思维性、主动性、互动性是主体内涵的显著特征。思维性，即思维对象的清晰性，为能力的提高提供具体抓手，让其有径可走、有法可依，并可使学生掌握思维方法与对象，极大程度上使教学由过于注重知识的传递转向注重让学生学会学习，以清晰的思维对象为开始，以迁移应用为过程，以达成目标为结果；主动性，以独立思考为起始，以主动参与为过程，以富有个性为结果；互动性，以尊重差异为基础，以交往互动为过程，以合而不同为结果。

主体内涵在课堂上的特征表现如下：在基于主体的课堂上，课堂主体从一元向多元发展，形成多元主体的团队；在基于主体的活动中，学习活动从一轮互动走向多轮互动，在多轮互动中深化发展；在基于主体的策略方面，思想方法从单一性走向多样性，使得解决问题的策略多样化；在基于主体的表达方面，结论由标准化表达走向个性化表达，最终实现结论的个性化表达；基于思维对象促进能力提高的功效，教师可以清晰的思维对象为抓手、为切入点，分层递进培养学生的多项能力。

3. 主体内涵的目标

主体性目标是主体内涵的核心要素。从主体论视角来看，教师应重视学生在学习活动中的主体地位，落实主体性目标。教师可创设时空，适当进退，给予学生独立思考的空间。教学活动是师生积极参与、交往互动、共同发展的过程。学生的学习应当是一个生动活泼、积极主动和富有个性的过程。主体内涵的主体性目标是指数学思维灵活、个体生动活泼、团体发展活跃。

4. 主体内涵的理论

（1）行动是能力的外显表现

积极主动、交往互动是主体行动的关键要素。学生是学习活动的主体，是主体内涵的重要内容。学生获得知识，提高技能，形成品质，发展素养，离不开学生主体的实践，只有学生主体式地亲身参与学习活动，才能使学科内涵，乃至其主体内涵和品质内涵方面得到发展。在主体参与学习活动的过程中，学生可以选择讲解式、接受式、主动式、互动式的学习方式，但这些方式都必须建立在以学生为主体的基础之上，而在主体学习的过程中以主动、单轮互动、多轮互动的学习方式为关键要素，使学生在讲授式、接受式的学习过程中，积极主动地进行思考也是主体式的学习。

（2）思维是能力的内在素养

能力是外显表现，思维是内在素养。行动是思维的外衣，而高阶发展的层级性思维，正是突显目标的层级性，突出思维的对象要素，以九级结果性目标分别对应九个不同的思维对象，使目标的内涵要素与思维的内涵要素分别对应、相互沟通、融合发展，以清晰的九级思维对象促进九级目标的层级性发展，使学生思维向高阶发展，促进主体内涵的深度落实。

三、主体内涵的基本策略

主体内涵主体性目标的落实，使"学生主体"从观念层面的空泛意识转向操作层面的落实深化，促进教学质量与效果的提升。因此，在教学活动中创造性地提出主体性目标，确定衡量主体性目标的关键要素主要是思维性、主动性与互动性。实施主体内涵的基本策略就是"九级思维、两大行动"。第一，以"九级思维"落实主体内涵。九级思维主要是指以现象、概念、观点、方法、问题、经验、关联、标准、综合性新发展为主要对象的思维。第二，以"两大行动"落实主体内涵，两大行动是指主动与互动。主动性是两大行动之一，以"主动性"关键要素促进个体生动活泼发展；互动性也是两大行动之一，以"互动性"关键要素促进主体内涵发展。主体性目标要素式结构化思维图："思维性——主动性——互动性"。思维性促进数学思维灵活发展；主动性促进个体生动活泼发展；互动性促进团体互动活跃发展。

（一）以"九级思维对象"促进主体内涵的落实

思维对象不清晰是认知结构的缺陷，是难以落实高阶思维的根源。思维是内在素养，经过十多年的连续实践研究，小学数学课堂已经在教学实践中有效地解决了思维对象模糊的问题。思维对象的模糊是阻碍学生能力水平提高的重要内涵因素，也正是因为思维对象的不清晰，学生在学习活动过程中无的放矢，这会导致教学事倍功半。

思维性——数学思维灵活，教师应以九级思维对象促进学生的数学思维灵活起来。思维是内在素养，以内涵发展要素式思维的主要特点，结合小学数学课堂教学实际，可将主体性思维目标按从低到高的发展水平分为三个阶段：浅层思维、中等思维、深度思维，即初阶思维、中阶思维、高阶思维。正确地把握思维的对象问题，是有效提升思维水平、提高能力水平的关键。不同层级的能力目标，其思维的主要对象也不相同，具体内容如下表：

思维阶段	初阶			中阶			高阶		
结果性目标	了解	理解	认同	掌握	运用	分享	分析	评价	创新
思维的对象	现象	概念	观点	方法	问题	经验	关联	标准	综合

感知领悟阶段的结果性目标是了解、理解、认同，其思维的主要对象分别是现象、概念、观点，属于初阶思维；行动实践阶段的结果性目标是掌握、运用、分享，其思维的主要对象分别是方法、问题、经验，属于中阶思维；评价创新阶段的结果性目标是分析、评价、创新，其思维的主要对象分别是关联、标准、综合，属于高阶思维。

了解是以现象为主要对象的思维；理解是以概念为主要对象的思维；认同是以观点为主要对象的思维。

掌握是以方法为主要对象的思维；运用是以问题、问题的解决方法、问题的模型为主要对象的思维；分享是以经验为主要对象的思维。

分析是以关系性、关联性为主要对象的思维，包括因果关系的思维、过程与结果关系的思维、现象与本质关系的思维；评价是以标准为主要对象进行判断的思维，包括标准的解释、事实的梳理，及将其两者进行对照评判的思维；创新是指小学数学的创新，是学生自己与自己比、自己与团队比，发现和提出的新问题、分析和解决问题的新方法、完成的新行为、形成的新认知、取

小学数学教学深度化创新："实—活—厚"

得的新成果等综合的开拓性思维。

（二）以"主动性"行动促进主体内涵发展

学生是谁？学生是主人——应积极主动发展。学生有选择权，而直接经验对学生来说很重要，所以学生要积极主动地发展。

主动性——个体生动活泼，教师应以"主动性"关键要素促进个体生动活泼。应以"两大行动"落实主体内涵，而主动是"两大行动"之一。"主动性"是落实主体内涵的一种关键要素，因此应以"主动性"关键要素促进个体生动活泼。学生在时间上有自主权，思想上有独立思考的自主权，做事上有方法过程选择的自主权，这样主体性目标才能精细化地落到实处。主动方面的主要表现是以独立思考为起始、主动参与为过程、富有个性为结果。行动上的主动是其最重要的特征，应使学生能主动地发现和提出问题，能主动地思考并发现方法，能主动地分析和解决问题，能主动地参与活动、质疑、反思、操作等。个性化的表现是其最主要的效果，应使学生用个性化的语言表达其发现的结论、方法或规律。教师应使学生在取得成效的过程中学会分享，面对合作主动表现，自主主持活动与发表建议或意见，自主进行学习活动的反思和对他人的评价。而分享的成效能发挥更大的影响力与辐射力，此时个体的主动就是集体主动的源泉，能为集体发展奠定坚实的基础。

（三）以"互动性"行动促进主体内涵发展

学生是谁？学生是群体中的人——应交流互动式发展。学生有交流权，在交流互动中，其能纠正偏差，提升品质。教育从心灵沟通开始，通过交流、应用，能使学生的学习效果提升。

教师应以"两大行动"落实主体内涵，而互动是"两大行动"之一。"互动性"也是落实主体内涵的一种关键要素，应以"互动性"关键要素促进主体内涵发展。而在当前教学活动中严重缺乏互动，这是课堂低效的重要原因。通过仔细地录像观察和深入地语言分析，我们发现：在低效的课堂中，教师的教学语言中几乎没有几句引导学生相互沟通的话，板书中没有引导学生对各种方法进行整理的启示，总结中没有意识到要引导学生进行合理、优化的判断。这或许是造成课堂低效的重要原因。

互动性——团体互动活跃，教师应以"互动性"关键要素促进团体发展活跃。互动是主体沟通的主要表现形式。沟通是人与人之间的信息交流过程，也是人与人之间发生相互联系的最主要形式。课堂教学活动也应该是教师与学生、学生与学生之间的一种特定沟通，师生之间、生生之间的有效沟通应该是有效课堂教学的保证。互动方面的主要表现是以尊重差异为基础、交往互动为过程、合而不同为结果。互动的形式可分为同桌学习、小组学习、展示汇报、质疑交流、赏识激励等。在交流中教师要适时介入，引导学生开展具有实效的交往互动，比较各种知识的异同以使学生达到相互沟通理解，并在比较中让学生寻找合理、简便的解决问题的优化策略，形成优化意识。"互动"不仅仅意味着让学生讲出不同的想法给他人听，更要使学生在理解他人想法后做出比较和判断。授课老师也有必要对"互动"做出行动的改进，对"互动"进行启发引领，对"互动"进行评价激励。

四、主体内涵的主题实施

学生发展要"活"，这落实了主体性目标。教育的本质是社会性，是人与人之间的关系，因此课堂教学要落实以人为本的发展观。《课标》指出，教学活动是师生积极参与、交往互动、共同发展的过程。学生学习应当是一个生动的、活泼的、主动的和富有个性的过程。主体性目标的关键要素主要有三个：思维性、个体性与团队性。

（一）以数学眼光观察感知，落实初级目标，突显数学思维

了解、理解、认同是感知领悟的关键要素，也是三个不同层级的状态。感知领悟是主体性目标的初级阶段，其以个体参与、了解、感知为起始，理解内涵为过程，认同接纳为结果。在观察中了解，是指学生从具体情境中辨认或者举例说明对象；在活动中理解，是指学生不仅能举例而且能描述特征，以概念表达；在内化中认同，是指学生从内心接纳，这是行动发展的重要基础。在参与中，由于参与程度不同，有的人只是了解，即能从具体情境中辨认或者举例说明对象；有的人在了解的基础上发展到了理解，即能举例又能描述特征，以概念表达；有的在理解的基础上发展到了认同，从内心接纳，这是行动起步发展的关键。

（二）以个体主动发展落实中级目标，达成个性发展

掌握、运用、分享是行动实践的关键要素，也是三个不同层级的状态。行动实践是主体性目标的中级阶段，在"做中学、做中求发展"是落实主体性中级目标的最好方法，行动上的主动是行动实践阶段最重要的特征，其在主动方面的主要表现是学生能主动地发现和提出问题，能主动地思考并发现方法，

能主动地动手操作实践，能主动地分析和解决问题，能主动地参与活动、质疑、反思、操作、表达等。个性化的表现是其最主要的效果，即学生能够用个性化的语言表达其发现的结论、方法或规律。要使学生在取得成效的过程中学会分享，因为分享能发挥更大的影响力与辐射力，此时个体的主动就是集体主动的源泉，能够为集体发展奠定坚实的基础。在许多的主动形式与现象中，个体主动的关键要素是掌握、运用、共享，这也是主体性中级目标的三个不同阶段。在个体主动中，有的人在内心认同之后，立即付诸行动，迁移方法到新事物之中，达到"掌握"水平，这时，在"做中学，做中求发展"就成为落实主体性中级目标的最好方法；同时，有的人缺乏行动，永远停留在认同层面。在行动的过程中，能解决问题，找到方法、规律，取得新的认识，既有效果又有成果，就达到了"运用"水平，但有的人只有行动、能解决问题，却无法取得成果。在达到"运用"水平、取得成效的人中，有的学会了反思与共享，取得了更大的影响力与辐射度，达到了"共享"水平。当个体代表着团队意志与任务进行行动时，个体的主动就是团队的主动，而此时的积极行动，既是个体的主动，也是团队的主动。

（三）以团队互动落实高级目标，达到共同发展

金字塔学习理论指出，教授他人或立即应用，学习效果最好。因此，在课堂教学活动中，应增强对团队发展理论的应用。

团队发展原理内容具体如下：以团队为单位开展活动、组织管理、激励评价，以学习共同体的方式协调发展，能够更好地提高教育质量；充分准备，把事情做在前面；积极主动，用比期望值更高的标准做事，响应团队是个人价值的最佳体现；学会沟通，与不同身份、不同意见的人交流，达成共识，消除一切障碍；及时交流，善于把认识进行分享、共享，促进团队共同发展；有效贡献是合作的基础，信任关系是合作的核心，共同愿景是合作的动力；别人的、团队的期望影响着个体的大多数行为；凝聚力是战胜艰难的重要力量；团队效益优于个体效益之和；民主合作会产生更高的积极性；理想抱负在参照别人的成就时会更高。

分析、评价、创新是评价创新的关键要素，也是三个不同层级的状态。评价创新是主体性目标的高级阶段，是从个体发展到团队发展的质的飞跃。注重思维过程与核心能力的落实是此阶段最重要的特征，活动过程中的互动是其最重要的表现；尊重差异是基础、交往互动是过程、合而不同是结果；应学会沟通，及时交流，善于分享。此阶段经常表现出的现象是同桌学习、小组学

习、展示汇报、质疑交流、赏识激励等。

五、主体内涵的课例实践

（一）思维灵动的主体课堂

人教版小学数学五年级下册"长方体和正方体的认识"

柳州市驾鹤路小学　苏智敏

1.感知领悟阶段：以现象为对象，唤醒初阶思维，了解长方体、正方体的特征

师：（出示一个长方体和一个正方体）你们还认识它们吗？在这节课的研究前，咱们先来认识长方体和正方体各部分的名称。

（学生观看微课：面、棱、顶点的产生过程。）

【活动一】数面

师：我们已经认识了面、棱、顶点，你们同桌之间相互指一指，说一说，长方体有几个面？几条棱？几个顶点？

（1）师：谁来说一说？（引导学生边指边说：长方体有6个面、12条棱、8个顶点。）

（2）师：你是怎么数它的面的？生：边数边转动长方体学具。师：还有不同的数法吗？生：转着数，很难数清楚，所以我是这样数的：（长方体学具不转动）前面1，后面2，左面3，右面4，上面5，下面6，共六个面。

（3）师：你更欣赏谁的方法？为什么？（学生纷纷发表自己的看法。）

小结：咱们在数面的时候按照一定的顺序数会更加清晰、准确。

【活动二】数棱

师：同学们掌握了有序数面的方法，请运用这个方法数数长方体有几条棱吧！

（1）师：谁来说一说？生：长一组，1、2、3、4条；宽一组，1、2、3、4条；高一组：1、2、3、4条；长、宽、高共有三组，每组4条，共12条棱。

（2）师：你能把长度相等的作为一组来数，这是一种有序的方法，是一种好方法。还有不同的方法吗？生：我有不同的方法，也是有序的……

……

请你们继续数一数顶点。

【活动三】数顶点

师：谁来说一说？

生：上下各4个，一共8个；或者左右各4个，一共8个。

师：同学们很善于观察，不仅发现长方体6个面、12条棱、8个顶点，更重要的是你们做到了不重复，不遗漏。

师：仔细观察长方体的6个面，你有什么发现？……有不同的发现吗？

生：老师，我有新的发现，一条棱两端有顶点，即两个顶点共有一条棱，重复了两次，每个顶点都有长、宽、高三条棱，3×8=24，每一条棱都重复了两次，所以24÷2=12条棱。

师：在知识之间进行联系思考，是一种好的学习方法。好多同学还没听懂，没关系，后面我们还会继续学习。

小结：一般情况下，长方体的6个面都是（停顿）长方形，特殊情况下有两个相对的面是正方形。

师：我们发现了长方体面的形状特点，那面的大小呢？……你们有什么办法来验证吗？

生A：可以测量然后计算面积。

生B：（指着自己和同桌相同的长方体）我拿这两个长方体重叠在一起比较。

师：像这样完全相同的面还有吗？

继续汇报，引导归纳：（边指边说）像这样的两个面形状和大小完全一样，我们就说它相对的面完全相同。

师（评价）：你们太棒了！让我们带着这份热情继续研究！再仔细观察，长方体的12条棱，你又有什么发现？……你是怎么知道的？

生A：我可以用尺子测量。

师：你利用测量的方法比出了这组相对的棱长度相等。

生B：因为这2条棱是这个长方形的对边，长方形对边相等，所以它们长度相等。

师：你能用长方形对边相等的特征来验证这两条棱长度相等。

师：长方体还有像这样相对的棱吗？观察你手中的长方体，请找一找。

师（归纳）：长方体相对的棱长度相等。

经过课前调查分析发现：96.8%的学生对长方形、正方形等平面图形有了清晰的认识，89.2%的学生知道长方体面的特征，但是只有47.1%的学生具有较好的空间观念，超过半数的学生头脑中没有形成立体图形的表象。

因此，在开课的教学中，老师先以微课视频中的直观动态现象，唤醒学生的空间意识，认识长方体和正方体各部分的名称。接着依托学生手中的具体实物——长方体，先是在数面、数棱、数顶点的活动中，引导学生主动观察，用不同方法数、有序数，使其知道了长方体面、棱、顶点的数量，再进一步主动思考，发现长方体面的形状、大小以及棱的特点。以直观动态现象、具体实物现象为思维对象，通过摸一摸、数一数等主体参与为主要方式的课堂活动，能够充分唤醒学生思维，使其理解长方体、正方体的面、棱、顶点的特征。

2.行动实践阶段：以方法为对象，激发中阶思维，理解长方体、正方体的特征

【以方法为思维对象的操作活动】

活动名称：拼搭小能手，拼搭长方体模型。

探究问题：长方体的12条棱可以分成几组？

活动材料：4种不同长度的小棒（具体长度如下表）和多个连接小棒的接头。

| 长度 | 12cm | 9cm | 10cm | 5cm |

活动步骤：

（1）小组讨论选取什么拼搭材料，并填写选料单。比一比，哪个小组能一次拼搭成功。

（2）组长拿着选料单领取材料，然后拼搭一个长方体。如果拼搭不成功，允许更换一次材料，再写在选料单上（选料单如下表）。

第_____小组选料单

立体图形	选取材料次数	棱的长度	棱的条数	拼搭成功吗？
长方体	第一次	（　）厘米	（　）条	成功（　） 不成功（　）
		（　）厘米	（　）条	
		（　）厘米	（　）条	
		（　）厘米	（　）条	

续表

立体图形	选取材料次数	棱的长度	棱的条数	拼搭成功吗？
长方体	第二次	（　）厘米	（　）条	成功（　） 不成功（　）
		（　）厘米	（　）条	
		（　）厘米	（　）条	
		（　）厘米	（　）条	

小组发现：把12条棱分成（　）组，每组（　）条。

（3）小结：看来要拼搭成功，需要3组长度相等的棱，每组4条，这4条都是相对的棱。

我们通过长方形对边相等推理得到长方体相对的棱长度相等，现在又在拼搭活动中验证了这个结论。像这样相交于同一个顶点的3条棱我们称为长方体的长、宽、高。

【以概念为思维对象的理解活动，使目标达到"理解"】

师：谁能够解释刚才某个同学关于顶点与棱的联系的思考：怎么解释 $24÷2=12$？

生：有8个顶点，每个顶点都有长、宽、高三条棱，$3×8=24$，每一条棱都重复了两次，所以 $24÷2=12$ 条棱。

师：重复在哪？动手比一比。

生：……

【以方法为思维对象的迁移活动，使目标达到"掌握"】

（1）刚才我们从面、棱和顶点研究了长方体的特征，你能不能也从这三个方面研究正方体的特征呢？请你拿出正方体，同桌之间互相说一说。

师：谁来说一说？（全班交流汇报。）

（2）长方体和正方体有哪些相同点和不同点？（学生汇报，找出相同点和不同点。）

（3）当长方体的长、宽、高的长度一样，它就变成了正方体，所以正方体是特殊的长方体。你能尝试用集合图来表示它们的关系吗？（出示集合图，学生汇报。）

小结：今天我们通过观察、对比，（出示透视图）发现了长方体和正方体的特征，认识了长方体的长、宽、高和正方体的棱，并且知道了长方体和正方体的关系。

在拼搭活动任务的驱动下，学生以方法为思维对象，动手拼搭长方体，通过选材对比、操作体验、反思交流，在问题解决思路的探索中，调动多种感官协同活动，继续开展以方法为思维对象的迁移活动，研究正方体棱的特征，并进一步探究长方体和正方体的相同点和不同点。教师给足学生思维的空间和时间，"操作体验——完善认识——学法迁移"一气呵成，充分激发了学生的数学思维，在帮助学生动手操作中积累活动经验，深化对长方体、正方体特征的理解。

3.评价创新阶段：以关联为对象，发散高阶思维，分析建构立体图形表象

【拆架想形，在关联中巩固对特征的理解】

（1）如果我们把这个搭好的长方体拆掉1条棱，你能想象它原来的样子吗？拆掉2条棱呢？3条呢？（引导学生借助相对的面或棱展开想象。）

（2）还能继续拆吗？至少要保留几条棱才能想象出它原来的形状？是任意的3根都可以吗？

（3）如果只剩2条棱呢？

（4）视频演示如何借助相对的棱确定面的大小和位置。

【想象发散，在关联中建构立体空间表象】

综合练习：一个长方体长26厘米，宽15厘米，高1厘米。

（1）如果把高进行增减变化，可能是什么样子？将高缩短到0.1毫米是什么样子？如果高缩短到0呢？

（2）如果长、宽都进行增减变化，可能是什么样子？当长和高都缩短到0是什么样子？

以开放性的情境为载体，让学生以关联为思维的对象。一是联系相关概念发散思考，通过分析比较，理清立体图形和平面图形的本质区别与联系，提高概念的清晰度与区分度，构建了知识的网络结构，提升了思维的广度和灵活度。二是对比相关图形特征，从三维立体过渡到二维平面，通过空间想象，在实际物体、几何图形和特征描述之间建立了可逆的联系，缩短二维空间与三维空间的距离，帮助学生分析中建构立体图形表象，培养学生的空间观念与思维能力。

（二）积极主动的主体课堂

人教版二年级下册第七单元"近似数"

柳州市德润小学 熊建军

主体性目标：学生自主探究求近似数的方法。

创设情境：视频播放9 985名运动员参加本届全运会的情景，即将近10 000人。

核心问题：找一个数的近似数的方法是什么？

操作策略：数形结合，通过数一数、拨一拨、猜一猜、比一比、说一说等方法主动探究找一个数的近似数的方法。

1. 学生开展探究活动

任务：选用不同的画图方式表示9 985和10 000。

师：9 985和10 000有什么关系呢？生：很接近。

师：要研究这两个数，可以用学过的哪些方法来研究？

生：学过的点子图和方块图可以表示数。我们可以结合图来比较这两个数。

师：好点子，想一想，只有这两种方法吗？请动手操作去探究9 985和10 000的关系，同桌之间合作交流。

2. 学生交流展示

师：对比你用不同图式表示出的9 985和10 000，你发现了什么？

生1：我在平板上用点子图先圈出了9 985，再圈出15就是10 000，这两个数都很大，两个数相差15，而10 000是最近接9 985的整万数。

师（评价）：你会学以致用，用点子图从数量上进行了9 985和10 000的比较。

生2：我利用平板上的一组正方体表示1 000，我摆了10组就是10 000，如果拿走一个十和五个一的小方块就得9 985，通过比较我发现9 985和10 000很接近，如果拿走一个小方块就得9 999，离10 000最接近。我还发现9 999、9 998、9 997……9 986和10 000都很接近。

师（评价）：你不但会从数的组成上发现9 985和10 000非常接近，还能推理出和10 000都很接近的数，会主动思考。

3. 播放名师资源

引出工具——数轴。

师（追问）：你们还可以用其他的方式来表示这两个数吗？

生1：可以画一条数轴表示9 985和10 000。

生2（质疑）：但是数太大了，我不知道怎么画。

师：有困难，但不怕困难，就是一种高尚的精神。人都是在克服困难中前行的。

生：可以试着把数轴上一格的数变成整千的数。

师：同学们有疑问也能积极地想方法。那么请大家借助与名师课堂的互动，思考：观察9 985和10 000在数轴上的位置关系，你有什么发现？

生1：我看到9 985离10 000很近，（用手比画）有这么近。

生2：9 985还差15就到10 000了。

生3：数轴表示很清晰，一大格表示500，一小格是100，9 985的位置在靠近10 000的左边一点，所以从数轴可以看出9 985的近似数是10 000。

生4（评价）：视频里的学生发言声音很响亮，回答很完整。

师（点评）：发现问题，就要积极想办法，要善于学习他人更好的方法。

4. 对比归纳，主动探究

师：通过对比归纳，刚才我们用点子图、方块图和数轴表示出了9 985和10 000，我们都发现了什么？

生（归纳）：因为10 000是离9 985最近的整万数。所以10 000就是9 985的近似数。

师：除了9 985，还有哪些数的近似数也可以是10 000？请你们以小组为单位在数轴上找一找，说一说。

生：我可以在数轴10 000的左边上找到9 997、9 998、9 999等都比10 000小的数，在数轴上10 000的右边有10 001、10 002、10 003等都比10 000大的数，它们的近似数都是10 000。

生（评价）：这些准确数的近似数都是10 000。我发现一个近似数可以有多个准确数。近似数为10 000的准确数可能比10 000大也可能比10 000小。

师（评价）：同学们真会主动探究，积极思考！

师：猜一猜9 105的近似数是不是10 000呢？那10 850是不是呢？

生：不是。

师：为什么不是，找一个数的近似数的方法是什么？

生1：因为9 105比较接近9 000，所以9 105的近似数是9 000。

生2：因为10 850比较接近11 000，所以10 850的近似数是11 000。

生3：你们找的都是一个数的整千数。如果找的近似数是整万数，9 105、10 850的近似数就是10 000。

生（归纳）：找一个数的近似数的方法，就是找这个数最接近的整万、整千、整百、整十数。

5. 迁移运用，加深理解

师：（数轴出示2 000和3 000之间）同学们会根据这条数轴在整千数的区间里，自己找一个数的近似数了吗？

生，接近3 000，所以说2 819的近似数是3 000。

师：（放大数轴）2 800是不是2 819的近似数呢？

生：在2 800和2 900之间，在整百数里，2 819更接近2 800，所以说2 819的近似数也可以是2 800。

教师手指着3 000和2 800，问：一个数的近似数可以是什么样的数？

生（总结）：我们发现一个数的近似数既可以是整千数，也可以是整百数，也可以是整千整百数，可以根据具体的要求来选择近似数。

主体性课堂的反思与评析：

"主动性"是落实主体内涵的一种关键要素，本案例以"主动性"关键要素促进学生个体生动活泼地参与探究活动，使学生能够主动思考问题：一个数的近似数可以是什么样的数？除了以点子图、立方体模型，还可以用其他的方式来表示这两个数吗？并使学生能主动地质疑问题：画一条数轴表示9 985和10 000，但是数太大了，该怎么画？此时教师适时进行精神鼓励：有困难，但不怕困难，就是一种高尚的精神，人才都是在克服困难中前行的。这使学生能主动地感悟精神的力量。继而，学生能够主动地进行操作感知：点子图的操作、立体模型的操作、数轴的操作。同时，学生能够主动地表达探究结果：我还发现9 999、9 998、9 997……9 986和10 000都很接近；我可以在数轴10 000的左边上找到9 997、9 998、9 999等都比10 000小的数，在数轴10 000的右边有10 001、10 002、10 003等都比10 000大的数，它们的近似数都是10 000。而后，学生能主动地归纳总结：我们发现一个数的近似数既可以是整千数，也可以是整百数，也可以是整千整百数，可以根据具体的要求来选择近似数。从活动中可知，学生能主动思考问题、主动质疑问题、主动感悟精神、主动操作感知、主动表达探究结果、主动归纳问题等，在发现问题、思考问题、质疑问题、分析问题、验证解决问题的各个环节，学生都有机会主动参与，充分体现了其主动性，并以"主动性"有效地落实了主体内涵。

教学通过学生的主动探究、动手操作多种方法探究，直观地帮助学生在"数"与"形"之间建立思维联系，使学生在学习过程中主动地发现和提出问题，主动探究解决方法，有小组合作交流活动、有思考、质疑，还有反思、评价，等等。让主体性目标精细化地落到实处，以更好地构建近似数的概念，有深度地落实教学目标。

北师版五年级下册第二单元拓展课"展开与折叠"

柳州市德润小学　苏志晓

合作探究，寻找正方体的平面展开图的特征。

1.集中研究，观察正方体展开图的特点

（学生操作几何画板，将正方体沿着棱展开。）

师：请你认真观察正方体展开的图形，并说出它有什么特点？

生1：有6个面。

生2：6个面都是正方形。

师（启发）：你们观察到了数量，那么这些面之间有什么联系？

生1：6个面都是连在一起的，没有分开。

生2：从不同的方向展开，6个面的排布情况也会不同。

师（评价）：你们观察得非常仔细，不仅看到了图形的特点，还关注到了图形之间的联系，联想思维是一种高素质的表现。

2.独立思考，发现正方体展开图各面间的联系

师（提问）：把正方体展开，6个面的排列有几种情况？

（1）学生独立思考。先把用磁力片围成的正方体沿着不同的棱展开，得到不同的展开图，再用涂一涂的方法记录在平板的表格里，此环节约6分钟。

（2）4人小组内交流。每位成员记录不同的展开图，合并相同，厘清分类，合作讨论正方形展开图的规律。

（3）组长汇总与记录，整理成一副思维导图来展示。

3.展示交流，归纳正方体展开图的规律

（同屏展示学生的思维导图与正方体不同的展开图。）

A小组：我们小组发现，沿着正方体中间这一溜展开，中间的4个正方形不会变，变的是上下两个正方形，而且这两个正方形可以处在这16个不同的地方。（组内另一学生展示组内整理的图片，并标记上下两个正方形可能出

小学数学教学深度化创新："实—活—厚"

现的位置。)

师（启发）：你这种观察的方法是不是有什么规律？能不能起个名字？

生：有规律的！我们是从上往下看，第一行只能是1个正方形，第二行是4个正方形，第三行是1个正方形，第一行和第三行的正方形位置可变，个数不变。所以我们给它起名叫做"141型"。

师（启发）：他们是横着观察的，大家同意吗？

生（质疑）：要是竖着看呢？

B小组：竖着看也可以呀！那就是从左往右看，最左边也是1个正方形，中间是4个正方形，最后右边也是只有1个正方形，合起来也是"141型"。

师（评价）：非常高兴参与你们如此精彩的汇报，你们能从每一行正方形的个数发现正方体展开图里的奥妙！你们很会思考。

师（启发）：这个小组发现的展开图中间都是4个正方形，有没有小组发现的不一样？

C小组：也是像他们这样观察，我们发现"132型"也可以。

师：能不能用摆一摆或者画一画的方法，展示给我们看看。

学生用磁力片在黑板上摆出"132型"的正方体展开图，其他小组继续补充。

生（评价）：我觉得你们很聪明，能够"照葫芦画瓢"，举一反三，我们干脆就用数字来命名正方体展开图的规律吧！

师（总结）：我们发现正方体的展开图有141、132、222、33这样的规律。

主体性课堂的反思与评析：

《数学课程标准》指出："数学教学活动，特别是课堂教学应激发学生兴趣，调动学生积极性，引发学生的数学思考，鼓励学生的创造性思维。"在这一教学环节中，教师设计了以学生为主体的学习活动，使学生能主动观察、主动思考、主动探索、主动质疑、主动发现并将规律抽象化、主动命名规律、主动评价，以主动性的落实促进主体内涵的发展。

在集中研究时，教师应充分发挥学生主动观察的积极性，善用启发与评价，发挥学生的主动性。教师通过信息技术展示正方体的展开过程，引导学生观察展开图的特点："你观察到了数量，那么这些面之间有什么联系？"学生在教师的启发下，有的观察展开图里各个正方形的特点，还有的从整体上观察展开图中各面之间的联系，观察的方式多种多样，因此教师对其给予了充分的肯定评价："你观察得非常仔细，不仅看到了图形的特点，还关注到了图形之间的联系！"学生自主选择观察的方式和方法，体现了学生学习方法的"活"。

在独立思考中，充分保证了学生自主探索的时间和主动思考的空间。教师没有着急让学生在小组内讨论，而是鼓励学生先独立思考，自己动手操作，并记录在表格中。参加小组讨论的学生都是在有思考的前提下，拿着自己的记录去进行小组内的合作交流，这充分尊重了每一位学生的主体地位，让每一个学生都在小组学习中有价值、有贡献，因此学生的思维也就更加积极。总结来看，此举充分调动了学生学习的主动性。

在展示交流中，鼓励学生主动质疑、主动反思、主动评价，并能够个性化地进行表达。最好的课堂是学生学习行为积极、快乐的课堂。在小组展示交流过程中，课堂由教师的"教"转向学生的"主动学"，教师更注重小组之间的交流，让小组之间有自主选择的权力，如有的小组用数字表达，有的小组用文字表达。又例如，A小组发现的规律是"横着观察每一行正方形的个数"，教师没有马上评价，而是把主动权交给学生——"你们都同意吗？"这时，B小组主动提问："竖着看也成立吗？" C小组主动质疑："中间也不一定就是4个吧？"还有的小组主动反思与评价："他们小组会举一反三，用数字表示规律时很简洁方便，我们都用数字来表示规律吧。"教师把交流的权力交还给学生，让学生在合作学习中培养协作、分享、竞争的意识，使学生更主动地进行表达，促进全体学生的共同进步。尊重学生，相信学生，赏识学生，在这样的课堂中学生敢于交流，乐于展示，主动参与，并在互动中轻松习得，这样的课堂自然就成了孩子们学习的乐园。

人教版小学数学三年级上册"认识几分之一"

"认识几分之一"的教学活动设计体现了"学科内涵＋主体内涵"融合发展。例如，可设计问题性知识如下：什么是月饼的二分之一？什么是月饼的四分之一？什么是圆形的三分之一？什么是长方形的五分之一？在教学活动中，教师启发引导学生积极主动地提出这些问题：谁能提出新的问题？谁能举出一个新的例子？谁还有不同的思路？因此，学生就积极主动地提出了这些问题。这就是"问题性知识＋主动性知识"的融合发展。

可设计事例性知识如下：可用月饼、圆形、长方形、正方形等物体表示分数。在教学活动中，教师启发引导学生积极主动地举例表示分数：月饼能表示分数，什么事物也能表示分数？谁能举个例子说一说。因此，学生就会积极主动地举出现实生活的物体表示分数，这就是"事例性知识＋主动性知识"

的融合发展。

师：请尝试用一个长方形表示五分之一。哪一份能表示五分之一呢？

生1：把一个长方形平均分成5份，这一份（边说边指着图上最左边的一份）是这个长方形的五分之一，还有不同的表示方法吗？

生2：把一个长方形平均分成5份，这一份（边说边指着图上靠左边的第二份）是这个长方形的五分之一。

生3：把一个长方形平均分成5份，这一份（边说边指着图上最中间的一份）是这个长方形的五分之一。

生4：把一个长方形平均分成5份，这一份（边说边指着图上靠右边的一份）是这个长方形的五分之一。

生5：把一个长方形平均分成5份，每一份（边说边指着图上每一份）都是这个长方形的五分之一。

这一教学环节呈现的是"方法性知识＋主动性知识"的融合发展，能够促进主体内涵的落实。

人教版小学数学五年级上册"梯形面积的推导"

主体课堂既是学生组际间的主动交流，也是组际间的互动交流。

为了实现学生组际间的主动和互动交流，特意设计了合作探究的情境，核心问题是：怎样计算梯形的面积呢？开展小组探索梯形面积公式的推导活动。活动中，各小组需要两个完全一样的梯形进行有效探究，四人小组全班共有12个，其中10个小组都准备好了两个完全一样的梯形，能够轻松进行自主探索的活动，为了从单组内交流提升到组际主动和互动交流，设计了如下活动：其中两个小组组内只有一个梯形，而梯形面积的推导却需要两个完全一样的梯形才能有效探究，只有一个梯形的小组，组内一般情况下无法直接轻松开展探究学习活动。此时学生已有三角形面积推导的转化经验——两个完全一样的三角形可以转化成一个平行四边形，而为了把要研究的新问题转化成已知的进行探索，基于已有学习经验，学生很快举手提出问题：老师，我们组还差一个梯形学具，能再提供一个吗？老师回答说：条件有限，虽然想法是好方法，但现在老师无法提供，你们还能用其他方法开展探索活动吗？这时学生很快发现并主动提出开展组际交流：老师，我们能两个组合作进行探索学习吗？经过教师的适当"后退"，两个小组很快发现了组际交流的可能性，并主动开展了组际交流，分工合作，顺利达成了组际之间主动和互动的目标。这是"问题性知识＋互动性知识"的融合发展。教师表扬鼓励这两个小组：能积极主动地思考，主动寻找解决问题的方法，会在小组之间进行友好合作交流，既具有合作精神，又具有创新精神，这是本班首创的组际之间的课堂主动思考、合作学习活动，其敢为人先的创新精神值得学习。在课外，这两个小组仍然继续主动合作进行探索活动。积极的主体课堂表现出良好的主动性和互动性，只利用一个梯形，利用中位线进行割补转化，同样推导出了梯形的面积公式，在课堂上条件有限的情况下同样能够解决实际问题。

（三）交往互动的主体课堂

1.教学活动是组际之间的互动

人教版小学数学三年级上册"分数的初步认识"

课堂上让学生动手操作、数形结合，折一折、涂一涂，能在方法性知识中落实主动性和互动性知识，通过小组合作，各小组可以自主创造大小形状不同的$\frac{1}{4}$；通过互动交流，说一说，一个大大的，一个小小的，一个是方的，一个是圆的，为什么都是$\frac{1}{4}$呢？基于这种方法，培养学生的能力。同时，学生也可以自主性地组织团队之间的互动：请大家给我提出意见，大家觉得我说得对吗？同意我的想法吗？你有什么意见？谁还有补充？通过组际之间的互动，达到共同发展的新高度。

2.在教学活动中实现多层次有效互动

人教版小学数学六年级下册"正比例的意义"

为了实现展示交流的多层次有效互动，面对问题，鼓励学生解决问题的策略多样化；面对合作，鼓励学生个性化发展。活动中，文字语言、数据语言、图形语言等多层次能力水平都在交流展示中交融互生，主体性目标的落实有效地促进了生态课堂的发展。例如，甲生用文字语言的方式表达正比例的意义：汽车每小时行驶60千米，当行驶1小时，路程是60千米；当行驶2小时，路程是120千米；当行驶3小时，路程是180千米；当行驶4小时，路程是240千米……甲生是用语言文字的方式表达数量关系。乙生用表格数据的方式表达正比例的意义，并在表达中表明了算式意义：$\frac{60}{1}=60$，$\frac{120}{2}=60$，$\frac{180}{3}=60$，$\frac{240}{4}=60$……丙生则在直角坐标系中描点（60,1），（120,2），（180,3），（240,4）……连线等画图表达。多名学生在多个层面上进行交往互动，学生的思维在现象层面、图像层面、抽象层面等多个水平层次上进行互动，通过策略的多样性、思维的灵动性，焕发出生命活力。

3. 在教学活动中实现主体多元有效互动

人教版小学数学四年级下册"小数的加减法"

情境：小丽买了两本书，一本是《数学家的故事》，1.42元，另一本是《童话选》，3.56元，她一共花了多少钱？

问题：1.42+3.56=？如何理解这道题计算的算理？

生1：2分加6分，4角加5角，1元加3元。

生2：分加分，角加角，元加元，要对齐。

师：很好，利用情境进行思考，还有别的方法理解算理吗？从多个角度思考能使人更加智慧。

甲生：1.42和3.56的小数点要对齐。

乙生：在1.42+3.56的竖式中，百分位上的2和百分位上的6要对齐，十分位上的4和十分位上的5要对齐，个位上的1和个位上的3要对齐，相同数位对齐。

丙生：在1.42+3.56的竖式中，2和6的计数单位都是百分之一，4和5的计数单位都是十分之一，1和3的计数单位都是一，相同的计数单位相加减。

教师引导学生经历自主探索小数加减法计算方法的过程，体会小数加减法和整数加减法在算理上的联系，掌握小数加减法的计算方法。在整个学习过程中，学生经历了由理解算理到探索算法的过程，学生通过互动交流，层层深入，借助已有的知识经验，由具体到抽象，理解了小数加法的算理，即"小数点对齐即相同数位对齐，相同数位对齐，相同计数单位上的数才能直接相加"。在教学活动中实现了主体多元有效互动，帮助学生深刻理解了学科知识的本质内涵。

4.教学活动是团体内的多轮互动

人教版小学数学五年级上册"密铺问题"

这是"问题性知识＋互动性知识"的多轮融合发展。第一轮是理解密铺的互动：这三组图形都是密铺，什么是密铺？师生共同讨论后清晰了密铺的概念，即用图形在平面上铺得既无空隙，又不重叠，平铺没有空隙是关键。第二轮是大胆猜想密铺问题的互动：正方形、长方形、平行四边形、圆形、等边三角形、等边五边形、等边六边形、等边八边形，这些图形中哪个图形能够密铺？使多个学生分别猜想各个图形能否密铺。第三轮是动手操作互动：利用学具进行操作活动，使学生拼一拼，铺一铺，检验自己的猜想是否正确。在密铺验证活动中，如果有同学发现有的图形拼不了，则引导其继续进行深入思考：为什么拼不了呢？能说说密铺的道理吗？密铺条件与图形的什么要素密切相关吗？第四轮是猜想密铺关键要素的互动：由学生独立思考，有的学生从边的要素开展密铺研究，结果发现不行，但却从中得到提醒，再从角的要素进行研究。第五轮猜想密铺与角度有关，并开展密铺与角的度数的相关联探索。密铺是不是与角度有关呢？有什么关系呢？密铺图形的角，有什么特点呢？经过探索交流得到结论：聚集在同一顶点的几个角之和是360度，这样的图形就能密铺。第六轮应用新知解释不能密铺的现象：正五边形、正六边形能不能密铺？说一说理由。正五边形的内角和是（5-2）×180=540度，每个内角的度数是540÷5=108度，108×3=324度，108×4大于周角360度，所以正五边形不能密铺；正六边形的内角和是（6-2）×180=720度，每个内角的度数是720÷6=120度，120×3=360度，刚好是周角，所以正六边形能密铺。

5.表达结论个性化的多轮互动

人教版小学数学三年级上册"周长"

柳州市箭盘山小学 雷宇

师：什么是一周？
生：一周就是一圈。
师：让我们来观看视频，认识什么是一周。

小学数学教学深度化创新："实—活—厚"

学生观看视频。

师：看了视频，你知道什么是一周了吗？

生：一周就是从起点开始，绕着边线绕一圈又回到起点，这就是一周。

师：什么是相片的周长？请你用手比画一下。

师（板书）：相片一周的长度，是相片的周长。

师：谁来说说什么是三角形的周长？

全班边指边说三角形的周长。

师（板书）：三角形一周的长度，是三角形的周长。

师：刚才从这边描，换个方向，从那边来描，还是三角形的周长吗？为什么？

小结：只要是图形一周的长度就是它的周长。

师：同桌之间找一找、指一指、说一说圆的周长。

师（板书）：圆一周的长度，是圆的周长。

师：我们已经认识了相片、三角形、圆的周长，那现在你们知道什么是周长了吗？

师（板书）：图形一周的长度，就是它的周长。

出示小胖跑步的主题图，动画演示第1次小胖跑步路线图。

师：仔细观察他跑的是操场的周长吗？

生：他没有跑够一周，不是操场的周长。

动画演示第2次小胖跑步运动图。

师：这一次，他跑的是操场的周长吗？为什么？

生：不是，因为他不止跑了一周。

动画演示第3次小胖跑步运动图。

师：仔细观察小胖跑的路线，你有什么发现？

生：他跑了2圈，是2周。

师（评价）：你很棒！你会用今天学到的周长知识来说，这实际是操场的两个周长。

在概念课上，需要学生通过多层次的活动建立概念、理解概念。本节课教师提出问题：什么是"一周"呢？先由学生尝试说说什么是"一周"，充分暴露出学生的元认知情况，然后引导学生带着问题观看视频，在视频结束后，教师又提问：你看懂了什么？你知道什么是一周了吗？引导学生在教师的指导下完善概念，深入理解"一周"的内涵，突破教学的难点。接着继续深入周长概念，通过观察让学生进一步理解"一周"的长度是沿边线从起点出发再回到起点。通过手势比画、语言描述三角形、长方形、圆的周长，再借助三次动画演示，让学生在表达结论个性化的多轮互动中经历知识的形成过程，以问题为引领，进行师生互动，生生互动，学生与资源的有效互动，以多轮互动帮助学生更好地交流对知识的理解，解决学生在学习过程中遇到的难点和疑问，形成多元的互动网络，让学生在这个交流互动的过程中，积极投入到数学思考中，更好地、主动地、富有个性地进行数学学习，促进学生思维的发展。这使学生获得数学知识技能、数学学习过程与方法的同时，实现了师生之间人格的交往、精神的树立与心灵的理解。

第四章　品质内涵要厚

一、品质内涵的现实意义

1. 品质内涵落实难的问题——被动学习的问题

有时会听到老师抱怨，现在的学生真不学，老师真的没办法。学生对学习活动没有兴趣，不想学、不爱学、不会学。这些不爱学的问题，只是课堂的表象问题，其在实质上都是学生缺乏学习内在动力、被动学习的问题。在数学教学的课堂上能够做到数学核心素养与人的品质素养整合发展的仍在少数，未能充分发挥品质内涵的要素式、结构化、层级性的导向价值；普遍存在以学科知识为核心的知识观、教学观，未能结合育人品质整体性进行整合与深度融合；在课堂教学活动中只重视局部而忽略整体，只重视教书而忽视育人的不足。这与"立德树人"的根本任务是相悖的。

2. 充满品质内涵正能量的阳光心态是从哪里来的？——价值性知识是精神力量的源泉

学生是发展中的人，在不断地向上、向善中发展。学生的认识是有局限的，学生有受教育权，需要听老师讲。教师应为学生提供思维"支架"，提供高水平的示范，提供价值引领。学生的发展有待完善，学生有过错权，被理解与包容是学生成长的需要，要允许学生犯错，而逆境的、挫折的、警示的或错误的资源在教育教学中也有着重要的价值。

"没有微信"的寒门贵子单小龙，以 676 分考入清华大学。他的父母都是地地道道的农民，且母亲患病多年，父亲和哥哥常年在外打工。高中时他只有一部老爸送给他的非智能的按键手机。从他的身上，我们看到了如何战胜成长中的逆境，看到了现在人们少有的坚毅精神。他以"努力的人生是苦一阵子，不努力的人生是苦一辈子"这样的价值性知识作为精神鼓舞，刻苦学习；选择了"在奋斗的年龄不选择安逸，不想苦一辈子，坚持努力，成为更好的自己"的知行统一的价值追求；用行动践行了"心灵真正富足的人，其实都不怕吃苦。只有扛得住艰难，才能配得上梦想"的价值性知识。

3. 化逆境为机遇，较强的承受挫折的精神是怎样修炼来的？——价值性知识在逆境中更加闪亮

以707分考上北大的寒门女孩王心仪，在《感谢贫穷》一文中这样写道："外公与妈妈一年的医药费也是一笔不小的开销，姥姥生病时家里又欠下了不少债，这也就免不了要省掉花在衣服上的钱。亲戚家若有稍大的孩子，便会把一些旧衣服拿到我家。有些还能穿的衣服经母亲洗洗，也就穿在了我和弟弟身上。她常说，穿衣裳不图多么好看，干净、保暖就很好了。这也就不难理解为什么母亲现在仍穿着二十年前的校服了。我和弟弟也十分听话，从不吵着要新衣服、新鞋子。不过，班上免不了有几个同学嘲笑我磨坏的鞋子、老气的衣服、奇怪的搭配。记得初一一个男生很过分地嘲弄我身上那件袖子长出一截的"土得掉渣"的棉袄，我哭着回家给妈妈说，她只说了一句：'不要理他，踏实做事就好'……人生的路毕竟不是走给别人看的。那件衣服我穿了初中三年，那句话我也记到现在……贫穷带来的远不止痛苦、挣扎与迷茫。尽管它狭窄了我的视野、刺伤了我的自尊，甚至间接夺走了至亲的生命，但我仍想说……感谢贫穷，你让我领悟到真正的快乐与满足……同时让我拥抱到了更美好的世界。"

感谢贫穷的心灵，是在"衣服干净保暖就好""做事踏实就好"等价值性知识作为内在精神支撑之下产生和成长的。

4. **历史使命——从教学走向教育**

党的十七大报告提出："坚持育人为本，德育为先。"2012年11月8日，党的十八大报告提出："把立德树人作为教育的根本任务。"党的十九大报告提出："落实立德树人根本任务。"2013年11月12日中国共产党第十八届中央委员会第三次全体会议通过了《中共中央关于全面深化改革若干重大问题的决定》，明确指出，要将立德树人的要求落到实处。2014年《教育部关于全面深化改革落实立德树人根本任务的意见》提出："坚持系统设计，整体规划育人各个环节的改革，整合利用各种资源、统筹协调各方力量，实现全科育人、全程育人、全员育人。"于是，教育系统要将立德树人作为根本任务落到实处。这是教育系统普遍关心的大问题。全国教育大会（2018年9月10—11日在京召开）指出，凡是不利于实现"立德树人"这个目标的做法都要坚决改过来。习近平总书记于2018年5月2日《在北京大学师生座谈会上的讲话》中提出，

小学数学教学深度化创新："实—活—厚"

要把立德树人的成效作为检验学校一切工作的根本标准，真正做到以文化人、以德育人。并于2018年9月10日的全国教育大会上提出，要把立德树人融入思想道德教育、文化知识教育、社会实践教育各环节，贯穿基础教育、职业教育、高等教育各领域，学科体系、教学体系、教材体系、管理体系要围绕这个目标来设计，教师要围绕这个目标来教，学生要围绕这个目标来学，凡是不利于实现这个目标的做法都要坚决改过来。教育是国之大计，党之大计。立德树人是发展中国特色社会主义教育事业的核心所在，是培养德智体美劳全面发展的社会主义建设者和接班人的本质要求，是课程改革、整个教育改革的根本方向和根本任务，也是具有中国特色的育人模式。

二、品质内涵的基本认识

1.品质内涵的概念

什么是品质内涵？什么是品质内涵要厚？

教师应以育人目标为视角，重视从数学教学走向数学教育的具体实施，落实品质性目标。广西壮族自治区教育厅发布的文件中指出：全面推进"学科德育""课程思政"建设，使各类课程与思想政治理论课同向同行，形成协同效应。学科育人问题是当前课堂教学最主要的风向标。成尚荣先生指出：学科的本质与核心价值是育人。学科育人直抵学科教学的核心，解释了学科的本质。因此，学科育人是以学科知识为载体，以育人为目标，挖掘学科的道德教育和人格养成价值，培养学生的学科核心素养，彰显学科育人的独特价值。品质内涵关乎"培养什么人"的问题，主要是指育人目标，为学生的一生奠定基础，为学生的将来负责，使人的多元素质得到良好发展，最终达到全面发展。

品质内涵是指小学数学活动中学生具有的品质内涵，以心灵界为思考范畴。品质是一个人付出行动时所具有的规矩、责任、价值、精神、信念等内在素养。行动是外显表现，品质是内在素养，它是行动的灵魂和支点，也是提升行动质量和人才素养的关键。其表现在学习活动中则主要是品质性知识，既有学科素养又有人文素养，教师也要做到既教书又育人，从教学走向教育。教育是什么？教育就是教书育人。我教书，我育人，传播思想，塑造灵魂。三流教师教知识，二流教师教方法，一流教师育人品，育人品才是好老师。老师最大的作用就是唤醒与激励，唤醒学生的价值追求，唤醒学生心底的责任感，激励学生达到更高、更好的发展目标。不是书上所有内容都要由教师在课堂上讲授，也不是由教师讲过的内容才算学过，不是能给学生讲明白就是好老师，而是会引导学生想明白的人才是好老师。

什么是品质发展厚？品质发展厚是指把握品质内涵，主要表现在育人为根本，厚德重道。在小学阶段主要表现在习惯好、责任强、精神优。这三种优秀品质是人生最基础、最重要的品质，简称"三佳品质""三品基础"。在小学阶段培养这些品质的课堂就是厚重课堂。优秀人才与一般人员的最重要区别，一是习惯好，二是责任强，三是精神优。

主要的实施策略：基于方法训练能力，基于规矩养成习惯，基于任务强化责任，基于价值树立精神，基于爱心塑造美好心灵。落实品质内涵、品质性目标后，小学数学课堂就从知识技能的课堂上升到了教书与育人并重的课堂高度，育人品质在一般课堂得到扎根式的、增量式的变化，课堂教学实现教书与育人全要素思维与发展。

2.品质内涵的特征

品质以学科内涵和主体行动为载体，品质是内在素养，不能够单独出现。

品质是内在动力，思想力是提高质量的第一内生动力。在教学活动中，价值性的增加，心灵层面的沟通，极大程度上给学生注入了发展的动力，而且是学生内在发展的动力，这种动力就是价值引领之下的思想力，思想力就是对品质追求与思考的内在力量，思想力是提升内在素养和学业质量的内在第一动力，思想力是提质增效的内在第一动力，思想力是提高人才素质、提高行动质量的第一内生动力。对于教师来说，思想力是提高教育质量的第一内在动力。对于学生来说，思想力是提高学业质量的第一内在动力。教育，应是像卢梭阐释的那样，"其目的，是让人成为天性所造就的人"，是像马斯洛所说的那样，"帮助人达到他能够达到的最佳状态"。让孩子做最好的自己。

3.品质内涵的类型

品质内涵有许多，但作为人生的基础主要包括三个方面的内容：习惯、责任与精神。习惯以规矩为基础，责任以任务为基础，精神以价值为基础。

4.品质内涵的目标

品质性目标的落实以原理性知识为载体，以知识和能力为基础开展活动，注重由低到高层次发展，依次是知识活、能力高、习惯好、责任强、精神优等多个层次。知识活主要是指学科内涵的目标，能力高主要是指结果性目标，习惯好、责任强、精神优简称为"三佳品质"，主要是指品质性目标。教师应以"课"为重点，以十大知识动态发展为抓手，在注重课的整体性的前提下落实目标，从零散的知识到知识形成结构，开展知识层次的教学。以"法"为重点，在方法性知识的指导下，培养学生发现和提出问题、分析和解决问题的能力，实现从知识到能力层次教学的跨越。以"人"为重点，围绕人的主体性进行学习，在与规范性知识的结合下，培养学生的良好习惯——学习习惯，行动习惯，思维习惯，实现从能力到习惯层次教学的跨越。以"质"为重点，使学生在价值性知识的引领下，形成责任担当与精神信仰，实现从养成习惯到树立精神不同层次教学的跨越。品质层次的教学，主要通过知识认识、榜样事例、心灵共鸣三个层面的过程开展活动。

5. 品质内涵的理论

行为是外在表现，品质是内在素养。行为与品质是一体两面，属于一阴一阳，二者和谐共存是成才之道。品质是人生最重要的基础，成人成才的品质内涵的关键是习惯、责任与精神。人生最基础的品质，包括行动与习惯、行动与责任、行动与精神等。从缺乏规矩的行动发展到自律、遵守规矩的习惯，从不拘小节的行动发展到细节上追求精益求精的责任担当，从缺乏精神的行动发展到自觉追求精神的行动，就是以文化人的过程，就是教化的重要过程。

品质是内在动力，思想力就是对品质追求与思考的内在力量，思想力是提高人才素质、提高行动质量的第一内生动力。对于教师，思想力是提高教育质量的第一内在动力；对于学生，思想力是提高学业质量的第一内在动力。思想力是指思想的深度和力度，通过不懈的学习、磨炼、打造，所形成明晰的正确方向，坚定的价值观念，高尚的精神追求，高度的自觉意识和不断增强的主观能动力。它是源于主体内在的动力，能够抵抗沉重打击，能够穿越复杂的环境，有力地推动任务的执行与目标的实现。在习惯方面，行为的重复出现是外在表现，规矩性知识是内在素养；在责任方面，行为是外在表现，责任是内在素养，任务要求是外在表现，职责担当是内在素养；在精神方面，行为是外在表现，精神是内在素养，执着的行为是外在表现，价值性知识是内在素养。

价值性知识在人的认识发展中起着至关重要的作用。如果面对相同的事和理，要获得更优的认识，主要是靠个人积累与团队之间的交流，着力点是改变联想、改变比较、改变价值。为了改变情绪、改变认识，在相同的事实与原理上下功夫是徒劳的，重要的途径与方法是改变角色、改变立场，从不同的角色立场进行思维与决策判断；改变比较的方法，选择不同的比较对象、不同的参照，则认识的结论不同；联想不同的经验、改变不同的价值认识，也可以改变情绪、结论。

认识差异层级性关键过程

——价值性知识在认识发展中起着至关重要的作用

行动过程	外在表现	内在素养
事实	事实一样，事还是那个事	现象、形象、事实、活动
知识	知识相同，理还是那个理	知识、原理、规律、方法
价值，被忽略的重要一环	认识的不同，经验的激活，价值的引领，真诚的态度，方法的指导，角度的选择	经验、角色、立场联想、比较、价值
结果	情绪的表现，判断的结论则不同	感受、情绪、结论认为、判断、收获

三、落实品质内涵的基本策略

教师应从育人目标视角，重视从数学教学走向数学教育的具体实施，落实品质性目标。作为基础教育的中小学，究竟应该为学生的未来发展奠定什么样的基础？品质性目标就是品质内涵的核心要素。落实品质内涵的基本策略：以"三个层级""三品基础"落实品质内涵，以"多个基于"促进多个品质内涵的落实。

1. 以"三个层级"促进品质内涵的落实

"三个层级"是指通过知识认识、榜样事例、心灵共鸣三个层级的过程开展活动。

第一层，知识认识，提高品质性知识的认知，应以原理性知识为载体开展品质性知识的认知与行为落实的各种活动，规矩性知识、任务的职责与要求、价值性知识等都属于品质性知识的范畴。一次探索胜过十次说教，一个习惯胜过一群先生，一个信念胜过九十九个兴趣。

第二层，榜样事例，发挥榜样的作用，唤醒品质的内在需求。通过各种各样的榜样事例教育学生，对于小学生来说，最特别的是身边的、日常学习活动中的榜样事例，最能发挥榜样的强大力量，发挥示范引领的作用。

第三层，心灵共鸣，为学生创造美好的体验，培养美好心灵从沟通开始，推动学生的各种品质内在素养的发展。教师通过启发引领，让学生积极主动地交流互动并参与活动，在学生获得感悟的基础上，以规矩性、价值性知识为基础，以习惯、责任、精神为抓手，在教学活动中开展认同、共享、分析、评价等各层级目标的活动，真正实现心灵的沟通，心灵的共鸣。

2. 以"三品基础"促进品质内涵的发展

小学教育是基础教育，其基础性表现在哪？小学数学教学走向小学数学教育，该抓住哪些方面才是真正地抓住了基础性呢？我们从群经之首的《易经》中可以得到启发。《周易·系辞上》说："易则易知，简则易从。易知则有亲，易从则有功。有亲则可久，有功则可大。可久则贤人之德，可大则贤人之业。易简，而天下之理得矣；天下之理得，而成位乎其中矣。""简易"就是一个很重要的原则，少而精，简而有效，是落实基础品质的精髓、宗旨。以"简易"原则思考基础教育中的基础问题，思考育人的最基础素养问题。经过多年实践，小学数学学科向课程思政发展，向教书育人发展，我们认为"习惯、责任、精神"就是人生良好素养基础之中的基础。因此，应以习惯好、责任强、精神优促进品质内涵的发展。

3. 以"多个基于"促进多个品质内涵的发展

"多个基于"是指基于方法训练能力，基于规矩养成习惯，基于任务培养责任，基于价值树立精神，基于爱心塑造心灵。

以价值引领发展，真心赏识学生，满足学生心理需要，树立学生学习自信心，树立学生精神追求，塑造学生品质。

四、品质内涵的主题实施

学科教学是实现学科育人的"最后一公里"。应坚持教学的教育性原则，充分挖掘学科的育人价值，把思想道德教育融入教学的全过程。

（一）基于规矩养成习惯

什么是习惯？习惯就是基于某种规矩的行为自觉重复。"习惯好"就是指学生养成了良好的习惯，包括良好的学习习惯、行为习惯、生活习惯等。把良好行为的种子种在孩子的心里，然后让它转化为孩子的行动，接着把行动强化为习惯，一种无论在什么情况下都能一以贯之的好习惯，一种无论有没有人监督都不会改变的好习惯，这样的习惯就是"德"。小赢靠智，大赢靠德；德为立身之本，品为立命之根；立人先立德，树人先树品。

教育就是培养习惯，基于规范性知识，使学生养成良好习惯。规范性知识包括表达的规范性、行为的规范性、使用工具的规范性等。使学生养成良好的学习习惯，养成健康文明的行为习惯、对自己学习的反思习惯、良好的劳动习惯等。良好的学习习惯表现在日常的学习活动之中，是终身学习的宝贵品质，如认真学习、勤奋学习、独立思考、反思质疑等，都是良好的学习习惯。

行为的重复出现是外在表现,规矩性知识是内在素养。

行为的规范性知识。例如,在合作讨论时要轻声进行,不要影响到别人,"轻声讨论"就是行为的规范性知识,这是培养学生相互尊重的品质。

表达的规范性知识。如"分数的意义"教研调查发现,表达的规范性严重缺失,在关于本课时的学习以及后续的关于分数问题的解决的学情调研中发现,82%的学生都缺乏对"分数的意义"的正确表达及表达习惯。在用分数表示阴影部分,学生往往只说出了"三分之一、四分之三、六分之五",只见数据而丢掉了更重要的相关联的两个数量,丢掉的是"分数"的核心内涵,即两个数的关系。因此教学时应有意识地增加表达规范性知识,培养学生的表达习惯,如一份月饼占整块月饼的二分之一,每个茶杯是这套茶杯的三分之一,阴影部分占整个图形的三分之二,阴影部分占整个图形的四分之三。

现行的教材,在学习了分数的意义之后,下一次接着学习分数的内容,就已经是解决分数问题了。从分数意义的实物示意图一下子发展到要求用线段图作为几何直观工具解决难题,在这中间跨越的范围就太大了:缺了线段的学习过程,线段图这个工具学生都还没有掌握,怎么谈得上运用呢?在实际教学中,只有补好了这个过程,学生才能更好、更自觉、更有能力地应用线段图工具解决问题,该要素式结构化思维图如下:实物示意图—线段图—线段图作为工具解决实际问题。

在"分数的意义"一课之后,应增加线段图的学习活动。

用画图的方式,快捷地表示出以下数量关系:

(1)一个圆的四分之一;学生画一个圆的示意图,用阴影部分表示出四分之一。

(2)4个圆的四分之一;学生画4个圆的示意图,用阴影部分表示出四分之一。

(3)8个圆的四分之一;学生画8个圆的示意图,用阴影部分表示出四分之一。

(4)12个圆的四分之一;学生画12个圆的示意图,用阴影部分表示出四分之一。

(5)16个圆的四分之一;学生画16个圆的示意图,用阴影部分表示出四分之一。

以上各小题,学生都毫不犹豫地用示意图进行了表示,且随着画圆数量的增加,示意图的描绘面临着严峻的挑战,也极大地激发了学生的深度主动思考。

（6）用画图的方式，快捷地表示出 32 个圆的四分之一。此题目刚出，就有不少的学生大胆地、积极主动地举手提问："老师，我可以不一个一个地画圆圈，而是用一个长条方块表示 32 个圆吗？""老师，我可以用一条线段表示 32 个圆吗？"老师反问道："为什么呢？能说说理由吗？"学生回答说："因为这样画比较快，又能看得懂。""因为这样画比较简洁，8 个圆是 32 个圆的四分之一，8 个圆也能简洁表示。"老师抓住时机进行鼓励："条形图、线段图都能表示 32 个圆，其中的 8 个圆也能很好地表示出来，线段图不仅能够表示圆，也能表示其他很多物体。这是一种创新，也是一种好方法，今后在解决问题中还有广泛应用，同学们真了不起，要把它学好呀！"就这样，从示意图过渡到了线段图，线段图工具就逐渐成为学生宝贵的学习工具之一了。

同时，教师应使学生以严谨的态度，养成使用工具的习惯，学会工具使用的规范性知识。直尺、三角尺、圆规、计数器、方格子图、数轴等都是数学的重要工具，培养学生学会使用这些工具开展学习活动是教学的重要内容，使用工具的习惯是学习习惯的重要组成部分。应使学生养成用方格图工具探索面积的习惯，养成用尺规作图的习惯，养成用数轴表示数或比较大小的习惯，养成用计数器化抽象为直观的习惯，养成用几何直观（如画示意图）分析问题、辅助解决问题的习惯。

（二）基于任务强化责任

"天下兴亡，匹夫有责"，早在我国古代就有这样一句成语。而这句话最早是出现在顾炎武的《日知录》卷十三《正始》中："保国者，其君其臣肉食者谋之；保天下者，匹夫之贱与有责焉耳矣。"天下苍生的兴盛、灭亡，关乎所有人的利益，因此，每一个老百姓都有义不容辞的责任。

每个人在每个时代、每个岗位中都应该有自己的责任，责任是一种职责和任务，是担当和付出，做好分内的事情，承担应当承担的任务，完成应当完成的使命，做好应当做好的工作。如今我们生活在和平年代，同样有着许多义不容辞的责任：医生的责任是救死扶伤；警察的责任是铲奸除恶；教师的责任是教书育人……那学生的责任是什么？

2015 年新修订的《中华人民共和国教育法》（2015 年 12 月 27 日第十二届全国人民代表大会常务委员会第十八次会议通过，自 2016 年 6 月 1 日起施行）第六条规定：教育应当坚持立德树人，对受教育者加强社会主义核心价值观教育，增强受教育者的社会责任感、创新精神和实践能力。

什么是责任？责任是指分内必须做到的事情，即基于本分尽心尽责。

"责任强"就是具备强烈的责任感，对自己的学习工作认真负责，对团队的任务精益求精，对家国的事情勇于担当，特别是对艰难困苦、坎坷挫折勇于面对，敢于担当。什么是精神？精神就是基于某种价值追求行为的内在特征。

人生的终极意义在于承担责任，责任心有多大，舞台就有多大，事业就有多大。比尔·盖茨说："人可以不伟大，但不可以没有责任心。"歌德说："责任就是对自己要求去做的事情有一种爱。"当负责任成为一种自然而然的习惯时，它将成为人生中一笔意想不到的财富。责任就是价值，不尽责任就没价值。一个人承担的责任越大，证明其价值越大，有责任心的人不一定成功，没有责任心的人肯定不会成功。不想承担责任意味着放弃了权利，被赋予责任时就意味着负担起了别人的信任，当责任被践踏时也意味着别人对自己不信任，放弃责任就意味着放弃在社会中更好地生存的机会，放弃了事业成功的机会。没有不需要承担责任的地方，也没有不需要完成任务的岗位。责任是品质建设的重要开端，缺乏责任意识，有能力也没有用，社会不缺少有能力的人，真正需要的是有能力又富有责任感的人。

什么是责任？责任是指把本分的事做好，分内的事情必须做到，没有做好分内的事情必须承担责罚。应使学生清楚地知道职责任务是什么，并自觉地履行，把职责任务转化到行动中。整个人生就是一个承担责任的过程，不同的角色有着不同的责任，并不是只有干出惊天动地的大事业才算承担责任，应在小事上承担责任，在细节处体现责任。

要从小强化责任意识，为自己负责，对自己的言行负责，对学习和工作负责，为团队负责，为社会负责，为家国负责，培养自己服务国家、服务人民的社会责任感。

责任心强的人，能自觉地遵守时间和约定，服从组织安排；做事有热情，诚实地工作，说到做到，信守承诺就意味着负责任；认真地工作，自觉地完成工作；不推卸责任，能自我提升、不断改善，工作成果甚至能够超出预期；从细节上完善工作，以细节打动人心；不过分依赖他人，出了问题勇于担当，面对困难勇于挑战。

缺乏责任心会导致怎样的后果？责任意识弱化的表现，是随意地破坏规则，自我责任意识弱化，做事敷衍了事；诚信意识弱化，失信于人，也得不到他人的信赖；能力与业绩低下，自身能力无法提高，工作业绩低下；团队责任意识弱化，从团队的角度看，有损团队的形象和利益，与团队成员不和谐，容易发生安全事故，这样的人处于再安全的岗位也会出现险情，很小的问题也可能酿成大祸。

小学数学教学深度化创新:"实—活—厚"

如何强化责任?基于任务强化责任,"本"清"分"明去落实。行为是外在表现,责任是内在素养。一是"本",责任之"本",从内心去认识本位职责,在做事中体现做人的根本,做事是发自内心地去做,不被动地等待,而是主动地担当,以自愿的心态,自觉的行动,积极地投入;二是"分",责任之"分",按照任务的分内要求去行动,认真做事,及时完成,有质有量,甚至超过预期而取得更好的效果。强化责任担当的实践策略如下。

1.第一层,知识认知

提高品质性知识的认知,以原理性知识为载体开展品质性知识的认知与行为落实的各种活动。

(1)守规则是责任担当。自觉地遵守规则,体现规范性;遵守制度管理,实现行为自律。依据2004年中华人民共和国国家教育委员会修订的《小学生日常行为规范(修订版)》规定,学生应课前准备好学习用品,上课专心听讲,积极思考,大胆提问,回答问题声音清楚,不随意打断他人发言。对课前预习、课后复习也有具体要求:课前预习,课后认真复习,按时完成作业,书写工整,卷面整洁。这些规则,目的在于加强对学生的德育教育和行为训练,以促使他们从小养成良好的行为习惯,遵守规则。

(2)诚信是责任担当。诚实的工作体现出诚信性,要慎重许诺,坚决履行诺言,要多从别人的角度考虑问题,要设身处地地想一想自己不承担责任将会给别人带来什么样的麻烦和痛苦。投机取巧就是自毁责任,就是自毁前程。诚信是一种美德。人们常说"诚信者赢天下,失信者寸步难行"。受社会生活中某些失信现象的影响,小学生的"诚信"意识正受到冲击和挑战。在学生的日常生活中欺骗老师、欺骗家长、欺骗同学的现象时有发生,例如抄袭同学的作业,偷拿家长的钱、同学的文具,知错不改,等等。我们需要正视这些问题,寻求切实可行、行之有效的方法,如《小学生日常行为规范(修订版)》规定,学生应诚实守信,不说谎话,知错就改,不随意拿别人的东西,借东西及时归还,答应别人的事努力做到,做不到时表示歉意,且考试不作弊。教师应将这些具体内容渗透在教育教学中,培养学生诚信做人,积极践行社会主义核心价值观。

(3)自觉是责任担当。应使学生自己觉悟个体与整体的关系,认识到自己的任务在整个全局工作中的重要性,把实现整体的目标当成自己的工作目标来追求,恪尽职守,自觉地工作,体现主动性,认真踏实地工作,自主学习,自主维护自己的、团队的、家国的利益与形象。自觉属于主观能动性的范畴,是学生在学习活动中表现出来的认真、勤奋、主动、坚毅的心理特性,这种特性是直接推动学生学习的内部力量。在教学实践中，个别学生对于学习的目的缺乏认识，在学习过程中缺乏主动性和积极性，甚至消极怠学。因此，课堂上根据教学内容，尽可能地设计人人参与的数学活动，在活动中培养学生的学习兴趣。对于发展中的学生，不吝啬赏识，多一分鼓励，少一些批评；多一分信任，少一些责备，让学生养成自主学习、自主思考的习惯。

（4）改善是责任担当。改善是指在原有的情况下再次修改，使得结果更加完善。不断地改善与创新体现出创意性，学生应学会根据变化的情况采取相应对策，尽善尽美、高标准严要求地完成任务，用行动证明执行力，用行动证明解决问题的能力，用有效沟通证明完美的凝聚力，用行动证明尽全力配合团队同事的同心同德的合力。责任可能是一次任务，一次学习，一次理解，一次宽容等。

（5）精细是责任担当。从小事做好，从细节求精。天下难事，必做于易，天下大事，必作于细。海尔集团总裁张瑞敏说："一定要注意细节，要从自己做起，从身边做起，不断审视自己，提醒自己，把小事做好，把细节做细，事情才会成功，才会完美。""什么是不简单，把每一件简单的事情做好就是不简单，什么是不平凡，把每一件平凡的事情做好就是不平凡。""细节决定成败"，近些年，一些地方不断发生煤矿瓦斯爆炸事故、交通安全事故，究其原因，大部分是因为安全管理细节没有到位，违章操作等。因此，从小培养学生从精细处做起尤为重要，教师可以从日常的学习生活抓起，从身边的小事抓起，每一件事、每一次活动、每一节课、每一次作业，都可以培养学生认真倾听、工整书写、仔细检查、及时订正等精细的习惯。

（6）勇担过错是责任担当。应预防过错的产生，但不应畏惧造成过错的原因，要对结果负责，如果遇到了困难和挫折，要积极地思考克服的办法；如果造成了错误，要勇于正视问题，以主人翁的姿态对待问题与过错，不找任何借口，不推卸责任给别人，自觉地向内归因，具有承担的勇气，但勇于负责不意味着"盲目负责"。如果找借口推卸责任，容易养成懒惰的坏习惯，会无形中提高沟通成本，极大地削弱团队协调作战的能力。要为成功找方法，不为失败找借口。

"人非圣贤，孰能无过"，失败和犯错是每个孩子必须面临的人生课题，勇于承担责任是从平凡走向优秀的第一步。现在的孩子大多娇生惯养，以自我为中心，犯了错误总是说别人的问题，缺乏自我反思和责任担当。因此我们要对学生的行为态度加以引导，要让学生养成勇于承认错误的习惯，但凡有什么事情没做好，必先检讨自己错在哪里。从而使学生勇敢地面对自己的错误,勇于承担责任。

守规则是责任担当、诚信是责任担当、自觉是责任担当、改善是责任担当、精细是责任担当、勇担过错是责任担当,这些都是学生在责任方面所需要学到的知识,可在课堂上直接运用或灵活运用。

2. 第二层,榜样事例

发挥榜样的作用,唤醒品质的内在需求;指出存在问题的行为,在行为上认知责任方面的内涵。通过各种各样的榜样事例,特别是身边的、日常学习活动中的榜样或事例,发挥榜样的强大力量,发挥示范引领的作用,发挥典型事例的警示作用。

案例:在课堂上可以用各种各样的榜样事例树立典范,引导其他学生产生替代感受,向这种正面的积极行为学习。比如低年级孩子上课注意力不集中、好动、坐不住,针对低年级孩子的年龄特点,在课堂上我们经常用榜样的事例引领学生,如"××同学坐得特别好,是一位认真听课的好学生",用表扬某位同学坐姿端正、眼睛看着老师、认真听讲等,树立他为全班学习的榜样,使其他同学产生强化效应,使学生因响应老师的积极评价而向这位同学学习,也坐端正,眼睛看老师,认真听课。这样的榜样事例可以用来引领新的行为,激励已有的行为,削弱不良的行为。

3. 第三层,心灵共鸣

创造美好的体验,培养美好心灵从沟通开始,推动学生的各种品质及内在素养的发展。教师通过启发引领,让学生积极主动地交流互动并参与活动,在学生获得感悟的基础上,以规矩性、价值性知识为基础,以习惯、责任、精神为抓手,在教学活动中开展认同、共享、分析、评价等各层级目标的活动,真正实现心灵的沟通,心灵的共鸣。

案例一,小王同学在课堂上始终不能安安静静地听课,小动作不断,还会旁若无人地找同学说话。教师分析到,这种行为产生的原因是多方面的,主要是规则意识、自我责任与团队责任意识的缺失。于是教师在课堂活动中有意识地在补充责任方面的知识,并且利用小学生好胜好强的心理特点,针对安静听课的同学进行激励表扬,树立起身边的榜样,如:第三小组的同学很认真听课,没有人在搞小动作,特别认真听同学的发言,还能够补充同学的发言,请大家思考,这是哪些优秀品质的表现?学生们纷纷思考并积极举手发言,以全班的集体的力量带动个别后进的同学。老师还应把握恰当时机使行为表现与内在素养有效结合,适时地进行提升与提炼:"认真听课是遵守课堂规则,守规则是责任担当的重要表现;不影响别人听课是团队意识的表现,自我意识与团队意识都是责任担当的重要表现。责任心强是人生中崇高的美德。大拇指点赞、掌声送给这样有责任心的同学。"这样的课堂教学活动，在细节上挖掘了行动表象背后的内在素养，在恰当的时机在"教书"的基础上进行了"育人"，教书育人在同一个教学行为活动环节中达到"双向"交融发展，达到知行统一。在这个教学活动中，教师的育人方法是"知识＋事例＋评价＋导向"，以事例为基础，挖掘品质内在素养，评价的内容具体清晰，并且明确提出了引领发展的方向。

案例二，课堂上，学生不愿意分享，有的老师就抱怨学生缺少积极性，所以缺少热情，以自我为中心，不愿思考等。其实，"不愿意分享"只是行为的外在表现，缺乏"积极主动性"是内在素养；这是行动的一体两面，而不是真正的原因。正因为如此，采取抱怨学生缺少积极性的做法，是很难改变学生不愿意分享的行为的，是不可能取得良好的效果的，因为其真正的原因是缺乏知识的认识与榜样的力量，对症下药才能取得立竿见影的效果。活动过程如下："小廖同学大胆地把自己的见解跟大家分享，俗话说'赠人玫瑰，手有余香'，学会分享就是为班级奉献智慧，请把掌声送给学会分享、奉献智慧的同学。"这样的课堂活动教学，既树立了身边的榜样，又巧妙地给学生补上了品质性"知识"的短板。

案例三，小李是班上学习后进的同学，平时考试只有六十多分。在一堂练习课中，第一次练习小李同学写错了，老师对他说"没问题，先问一问同桌的同学，再来一次"。第二次练习，小李同学还是错了大部分，只对了一小半，老师从方法上对他进行了具体讲解，对他说"进步很大，能正视自己面对的困难，能挑战困难、克服挫折是优秀人才的高品质，离目标就差那么一步之遥了，再来！"经过改进更正，小李还是错了一个计数单位。此时老师郑重其事地对全班同学说："在我们前进的道路上，由于认知的不全面，总是难免会出现错误的，请大家思考，这样的错误对于我们的学习有没有作用？有什么作用？"同学们高高地举起稚嫩的小手，纷纷表达了自己的意见。老师总结时说："挫折也是有价值的，科学家就是在尝试中经过了很多种错误之后，才获得成功的，正视挫折，克服困难，那么困难就是成功前行的垫脚石。小李同学三次尝试克服困难，他就是勇于挑战挫折的好同学。"学生的发言，教师的启发与点拨，就是心灵沟通，就是心灵共鸣。

上述三个案例，比较好地落实了知识认识、榜样事例、心灵共鸣三个层次的发展。在课堂教学活动中，既要能很好地落实学科内涵，又要能很好地落实品质内涵，使教书与育人双向落实、融合发展。这样的课堂，是真正立德树人的课堂，真正做到了从数学教学转变为数学教育。

（三）基于价值树立精神

1. 为什么要树立精神？

教育要培养什么样的人？课堂教学需要什么样的价值追求？教育就是教书育人，教育的根本任务就是立德树人，如何将育人目标落实在具体教育活动中，真正实现育人功能与价值，是教育领域的重大问题。这既是社会主义核心价值观的具体实践，也是中华民族优秀文化的传承与发展，能够最终实现学生知识、能力、习惯、品质的提升。

价值观是人的观念系统的"根"与"本"，教学若不在这上面扎根，人的素养就会有根本性的缺陷，人就会迷失方向。基础教育的基础性，绝不仅仅是使学生掌握基础的知识技能与方法，更重要的是使学生掌握基础的品质，这其中主要包括人生中基础的规矩意识、责任意识与价值观、精神追求，即基础性的品质内涵。

中共中央总书记习近平在2016年我国第32个教师节时，号召全国广大教师从四个方面做学生的引路人，其中之一是"做学生锤炼品格的引路人"。

苏霍姆林斯基说："你不仅是自己学科的教员，而且是学生的教育者、生活的指导者和道德的引路人。"

教师应与学生共同反思，在课堂教学活动中，是否存在着与这个时代所倡导的团队精神不相协调的地方呢？有高远的目标吗？为了实现这个目标，有自觉而恒久的行为准则吗？在集体需要的时候，能勇敢地担当起集体一分子的责任吗？能为集体出力流汗、献计献策、排忧解难吗？能真诚团结后进的同学共同进步吗？又能为制止课堂上违反规矩的不良行为而努力吗？

雷锋曾经说过："一滴水只有把它放在大海里，才永远不会干涸，一个人只有当他把自己和集体事业融合在一起的时候，才能有力量！"是的，一滴水可闪闪发光，晶莹如珠，可是一经风吹日晒，马上会干涸，会消失得无影无踪。在集体的江河湖海中，个人就是其中的一滴水珠。滴滴水珠汇成江河，不仅能永远存在，而且体现出自己的价值，所以一个人的归宿是集体！这个故事说明什么道理？——团结力量大！

2. 什么是精神？

精神能反映人的整体面貌、特色和凝聚力、感染力、号召力，是一种行动的内在素养表现，是思维方式、行为准则与价值观念的内在素养的表现，是对价值、理想、信念的追求。行为是外在表现，精神是内在素养，执着的行为是外在表现，价值性知识是内在素养。

"精神优"是指传承中华民族的优良传统，具有我们的民族气质和民族精神。树立文化自信，从文化中汲取精神，深厚博大的传统文化、丰富多彩的民族文化、独具特色的红色文化、生机勃勃的社会主义当代文化，特别是自改革开放以来的创新文化和新时代的逐梦文化，都蕴含着厚重的中国精神。

人要具备哪些基本精神？人是需要一些精神的，这种精神体现了一个人做人的品质和做事的境界，人具有的精神，代表了他的素养和形象；精神是学业的动力和支撑，精神是事业的力量源泉。学科教学要参透人才所应具备的一些基本的精神：敬业、乐业、精益求精的工匠精神，实事求是、崇尚真理的科学精神，家国天下仁爱和平的民族精神，中国特色的红色精神，行动实践改革进取的创新精神等，通过树立精神提升人的品位和境界。

工匠精神。工匠精神以敬业、乐业、精益求精、专业精进为内涵。其一，敬业、乐业是工匠精神的本色。敬业，好学上进，热爱学习，热爱工作，认为自己的职业有一种神圣感，在学习工作中一丝不苟，认真负责，注重细节与质量，对每一件小事都不放松。乐业，为自己的学业、职业感到自豪，热爱自己的工作，享受工作的乐趣，陶醉其中，怡然自得。其二，精益求精是工匠精神的精髓，"精"就是完美，追求完美；"益"就是更加；"求"就是追求。精益求精就是追求细节、一丝不苟、遵守规矩、耐心坚持、专注执着地工作，拥有高尚丰富的精神世界，宁静淡泊，专心致志，在学习与专业精进的道路上不断精进奋斗，追求卓越。其三，知行合一，专业精进是工匠精神的灵魂，能使工匠不惜花费时间精力，在专业领域不断追求进步，反复改进，锲而不舍地追求高品质的内在素养，主动地突破原有的环境和资源，在更大的范围内、更高的层次上对知识、方法与规律进行探索，追求更高的境界。

科学精神。这是学生在学习、理解、运用科学知识和技能等方面所形成的价值标准、思维方式和行为表现，主要包括理性思维、批判质疑、勇于探索（《中国学生发展核心素养》）；就是怀疑、批判、分析和实证这四种精神之总和（易中天，《中国教育，你能够改正么》）；科学精神是崇尚真实的思想境界，是对实践价值和理性价值的认知，是追求和坚持真理的品格（东北大学，陈昌曙教授）。科学探索精神就是要实事求是、探索求知、崇尚真理和勇于创新。科学精神的精髓是求实创新（江泽民，《论科学技术》）。以问题的发现与提出培养学生的质疑精神，以问题的分析与解决培养学生的实证精神。创新是科学精神的核心，实事求是是科学精神的基本要素，继承与批判是科学精神的内在要求，行动实践是科学精神的形成基础。

小学数学教学深度化创新："实—活—厚"

　　民族精神。当今时代民族精神就是中国精神，以爱国主义为核心，爱自己、爱团队、爱祖国同胞、爱家国天下、爱大好河山、爱灿烂文化。民族精神主要体现在社会主义的核心价值中，也包括解放思想、实事求是、与时俱进、勇于创新、知难而进、一往无前、艰苦奋斗、务求实效、淡泊名利、无私奉献等方面。弘扬和培育民族精神，使学生在国家安危、民族存亡的紧要关头能够挺身而出，在他人生命、财产安全遇到威胁的关键时刻，能够见义勇为、扶危济困、无私奉献；在日常的学习、工作中，能够勤勤恳恳、任劳任怨。一方有难八方支援，全国上下同心同德。中华民族精神的优秀传统表现在对物质生活与精神生活的和谐追求，表现在重视人生理想、人格境界、高尚道德情操的修养。因此，学生们应树立远大理想，增强责任感，立志成才；继承和弘扬中华传统美德，培育良好的品质，发扬艰苦奋斗的精神，刻苦学习，顽强拼搏；在生活上艰苦朴素，勤俭节约，努力使自己成为一个民族精神的传播者、弘扬者和实践者，为中华民族的伟大复兴做出自己的贡献。

　　红色精神。红色精神是民族精神的有机组成部分。中国共产党领导的革命、建设、改革所形成的中国特色的红色精神，是爱国主义的生动体现，既是对传统民族精神的传承，又是对传统民族精神的发展。其中包括红船精神、井冈山精神、长征精神、延安精神、西柏坡精神、雷锋精神、铁人精神、两弹一星精神、载人航天精神、唐山抗震精神、抗洪精神、抗击"非典"精神、抗震救灾精神、女排精神、大庆精神、袁隆平精神等。只有树立正确的名利观，才能培养宽广的胸怀和良好的心境，才能激发做好学习工作的积极性和主动性，才能增强责任感和使命感，才能成就无我的高尚人格。始终做到国家第一、事业第一、奉献第一，用自己的聪明才智和辛勤汗水服务社会、造福人民；正确看待得与失、苦与乐、荣与辱等重大人生问题，做出符合党和人民要求的选择；做到不为虚名所累、不为金钱所困、不为权力所惑的超然境界；培养精诚合作、甘为人梯的协作精神。集思广益，互利多赢、共建共享，增强大局意识，发挥团队优势，调动积极因素，凝心聚气，为实现伟大目标而共同奋斗。

　　创新精神。是时代精神的主流，越来越成为社会生产力解放和发展的重要标志，越来越决定着一个国家、一个民族的发展进程。应以改革创新为核心，培养学生解决问题的能力、实践能力与创新能力。做改革创新的实践者，树立改革创新的自我意识，树立大胆探索的信心和勇气，树立以新创造为目标的崇高志向，不断增强改革创新的能力和本领，而在这其中，专业知识是基础，思维方式是前提，实践能力是关键。

3. 如何树立精神？

基于价值性知识，追求品质。价值性知识的认识、认同、践行是品质形成的第一内生动力。它是思想力、执行力、情感态度的第一内生动力的源泉。树立精神，是培养理想信念和精神追求。2014年2月24日，习近平总书记主持十八届中央政治局第十三次集体学习时指出：一个国家的文化软实力，从根本上说，取决于其核心价值观的生命力、凝聚力、感召力（《习近平谈治国理政》第一卷）。立德树人是教育的根本，立德先立价值，树人先树精神。价值是立命之根，价值是立身之本，价值性知识就是行为的种子，就是精神大树的种子，把价值性知识播种在孩子的心灵上，其就会发芽并转化为孩子的动力，转化为孩子的行动，成长为孩子源源不断的精神力量。因此教师应把品质内涵落实在课程课堂教学的主渠道之中，提高教育的站位高度。

价值引领发展，"让学生生活在希望中"。应真心赏识学生，满足其心理需要，树立其学习的自信心，树立其精神追求，塑造学生品质。当学生按时完成探究任务时，应夸奖学生"守时，是高素质人的基本特征"；当四人小组，有效分工，有序合作，声音控制恰当，未影响其他同学时，应夸奖学生"合作，是现代人高素质的重要表现"；当学生发现发言有误、作业有错并马上改正时，应夸奖学生"实事求是，有错就改是科学素养的重要体现"；当学生在展示交流活动中，倾听并及时补充时，应夸奖学生"积极参与，交流互动是学习的高水平成就"；在探究发现汇报过程中，当学生有个性地发表自己的结论时，应夸奖学生"敢于发表有理有据的不同看法，是社会担当与创新发展的重要基础"。在这些活动中为学生送上的夸奖都包含着价值性的知识，其在具体的课例中的应用可以更加灵活。

如"今天你最棒——公倍数"课例的故事如下："我真棒！"有力的声音回荡在教室里，引得路过的同学忍不住停下脚步张望。这是蓝老师和箭盘山小学的同学在一起的课堂，此时已经是上午第四节课，是以往学生最疲倦的时候，但现在的他们依然精神百倍。蓝老师让大家帮"小乐"解决问题，于是所有的目光再次回到题目，细细咀嚼，有的学生已经开始在本子上写写画画。蓝老师发现第四组有一个男孩子老是去看同桌，于是走过去，看到他拿着小日历，那上面画有符号，他擦掉符号，又看看同桌，挠挠头，有点不知所措，不一会儿，他在练习本上"唰唰"地写起来，"妈：4、8、12、16、20、24、28。爸：6、12、18、24、30。爸、妈：12、24"。"写得真好，你是用列举法，换一个角度思考并解决了问题。学习方法的灵活运用，是高水平能力的灵活展示。"蓝老师小声地称赞他，但从他的表情看出，他的信心不足，不敢肯定自己的方法。随着老师深入浅出地讲解，他知道自己的方法是对的，于是表现越来越好，大胆举手发言，声音响亮，言语完整，充分感悟着学习的成功与乐趣。更让人欣赏的是做练习题时，这个小男孩不用列举法，敢于尝试新的方法，用集合圈来表示。蓝老师禁不住地说："孩子，你不仅掌握了知识，还发展了思维，学习习惯非常好，在我心目中，今天你最棒！敢于求新，自强不息，是成功人士的重要法宝。"蓝老师在本例中成功地运用了许多价值性知识，如"掌握知识，发展了思维，是非常好的学习习惯"；"学习方法的灵活运用，是高水平能力的灵活展示"；"敢于求新，自强不息，是成功人士的重要法宝"等。

价值性知识除了有关于人品的价值性，还有关于学科的价值性。

学科价值性知识，能够引领学生了解数学的价值。价值性知识是学生遇到困难时还保持兴趣的源动力。例如"改写用'万'作单位的数"，一般的教学，把精力集中在以下几个方面：分级，取消个、十、百、千级的四个0，再加上"万"字。如红细胞5 000 000个，白细胞10 000个，先把5 000 000、10 000进行分级：500｜0000、1｜0000。然后取消个、十、百、千级的四个0，再加上"万"字，就是500万、1万。这样的教学，恰恰忽略了数学的价值。教材中有这样一句话：有时为了读写方便，把整万的数改写成用"万"作单位的数。教材的意图非常明显，就是让"学生能了解数学的价值"，它的价值在于方便、简洁。体会的途径有很多，在课堂上，通过读、通过写都可以体会到用万作单位的数的方便、简洁。因此，可在教学活动中增加两组数的分别读、写的比赛活动，让两组学生分别读A、B两组数据，比一比谁读得又对又快，采用计时比赛，表扬快的学生。又让两组学生分别写A、B两组数据，比一比谁写得又对又快，也是计时比赛，表扬快的学生。学生在活动中体会到了数学的价值，在第三次比赛取消了限制时，所有学生都正确地选择了改写的方式，使教学活动取得了很好的效果。

A组：红细胞（5 000 000）个，白细胞（10 000）个

（1）一个人的头发约有（80 000）到（90 000）根。

（2）一个人的血管总长约（40 000 000）米。

（3）人一年平均眨眼睛约（55 000 000）次。

（4）2010年上海世博会共有约（2 000 000）名志愿者，累计参观人数约（73 080 000）人次。

B组：红细胞（5 000 000）个，白细胞（10 000）个

（1）一个人的头发约有（80 000）到（90 000）根。

（2）一个人的血管总长约（40 000 000）米。

（3）人一年平均眨眼睛约（55 000 000）次。

（4）2010年上海世博会共有约（2 000 000）名志愿者，累计参观人数约（73 080 000）人次。

（四）基于方法训练能力

基于方法性知识训练能力。方法性知识是指策略性、程序性、操作性等活动过程的具体措施或操作步骤方面的知识。在基本技能的教学中，不仅要使学生掌握技能操作的程序和步骤，还要使学生理解程序和步骤的道理。基本技能的形成，需要一定量的训练，但要适度，不能依赖机械的重复操作，要注重训练的实效性。教师应把握技能形成的阶段性特征，根据内容的要求和学生的实际，分层次地落实。

如"小数的意义"中，"一位小数的意义"教学的程序性知识，即一位小数的学法。

（1）把1米（有图示）平均分成10份，取1份（是1分米），把1分米改写成用"米"做单位，分数怎么表示？小数怎么表示？（$\frac{1}{10}$，0.1）

（2）把1米（有图示）平均分成10份，取3份（是3分米），把3分米改写成用"米"做单位，分数怎么表示？小数怎么表示？（$\frac{3}{10}$，0.3）

（3）把1米（有图示）平均分成10份，取4份（是4分米），把4分米改写成用"米"做单位，分数怎么表示？小数怎么表示？（$\frac{4}{10}$，0.4）

抽象一位小数的学法："先分再取——先分数表示，再小数表示""多例比较——探索共同特征"。这样的学习方法，不仅可以应用于一位小数的学习，也可以迁移应用到两位小数、三位小数的学习之中，起到事半功倍的作用。

（五）基于爱心塑造心灵

《课标》指出，要使学生"了解价值，提高兴趣，增强信心，养成良好的学习习惯，具有初步的创新意识和实事求是的科学态度"。这是学生发展的目标。教育的最高境界是塑造心灵，在课堂教学中培育"六颗心"：对自己有信心，对他人有爱心，对学业有恒心，对团队有同德心，对家国有奉献心，对环境有敬畏心。

小学数学教学深度化创新:"实—活—厚"

自强不息,厚德载物

"自强不息,厚德载物"源自《周易》乾坤二卦,即"天行健,君子以自强不息;地势坤,君子以厚德载物"。这是一阴一阳之道,强调刚柔共济,德才兼备,共同完善人性。在《周易》中,乾卦讲的主要是潜龙、见龙、惕龙、跃龙、飞龙、亢龙等不同阶段的龙的品质、龙的精神;坤卦讲的主要是履霜马、直方马、含章马、括囊马、黄裳马、溅血马等不同阶段的马的品质、马的精神,故龙马精神成为中华民族的图腾代表,以自强不息、厚德载物为核心的龙马精神成为中华民族精神的重要组成部分。运转不息,刚健有为;承载万物,博大包容。

哲学家张岱年先生认为,中华精神集中表现于两个命题:"天行健,君子以自强不息""地势坤,君子以厚德载物"。一个是奋斗精神,一个是兼容精神。这两种精神,在铸造中华民族的精神上起了决定性的作用。中华民族有五千年历史,曾内忧外患,历经磨难,仍得以繁荣昌盛,靠的就是自强不息的精神与厚德载物的品德。

正如梁启超所言:"君子自励犹天之运行不息,不得有一曝十寒之弊,学者立志尤须坚忍强毅,见义勇为,不避艰险。君子接物,度量宽厚,犹大地之博,无所不载。责己甚严,责人甚轻。名高任重,气度雍容,望之俨然,即之温然。"

"天行健,君子以自强不息"的意思是:天(即自然)的运动刚强劲健,有作为的人就应效法于天,自主奋发图强、永不停息;使自己拥有自主自立、积极向上的阳刚禀赋,具有生生不息、日新月异的动力,具有勇于拼搏、开拓创新的精神,即使颠沛流离,也不屈不挠,志存高远,争创一流。

自强不息,是一种积极的人生态度,是一种人生追求的境界,是对人生意义的深刻认识和理解。人生何处无困苦,奋争首要当自强。人的一生,只有在新的追求中才能更有意义。只有对生活充满热情和信心,对事业和未来充满希望和情怀,才能始终如一地坚持生命不息、奋斗不止的精神。只有永不松懈,敢闯、敢试、敢冒风险、敢拼才会赢。做一个高尚的人,在气节、操守、品德、学识等方面不断地战胜自我,愈挫愈奋,永远向上,力争达到更高、更好的境界。苟安者弱,拼搏者强;自强者昌,自弃者亡。

自强不息给人以生长的力量,如自然现象,经历了春生,夏长,秋收,冬藏,周而复始的交替变更,生生不息;自强不息给人以创新的力量,让人不断地有新的追求、不断地学习和掌握新的知识和技艺,不断有新的成就,永远也不满足已经取得的成绩;自强不息给人以警醒的力量,让人有一种忧患意识,时时警惕,"如临深渊、如履薄冰",知人者智,自知者明,胜人者力,自胜者强。

自强不息,提醒每一个人要做更好的自己。"天将降大任于斯人也,必先苦其心志,劳其筋骨,饿其体肤,空乏其身,行拂乱其所为,所以动心忍性,曾益其所不能。"发展的强大动力就是一股甘于"受累、受气"和"吃苦、吃亏"的"精专务实"精神,锲而不舍,追求卓越。"立大事者,不唯有超世之才,亦必有坚忍不拔之志。"敢于吃苦,乐于吃亏,遇到问题不回避、遇到风险不逃避、遇到困难不躲避,不仅是一种做事的态度与劲头,更是一种务实的作风与精神,爱岗敬业尽职责、身体力行有作为、不计得失有担当。生命有长短,学习无止境。用心栽下一棵树,大地还你一片森林。用心撒下一滴汗,河流还你一汪清泉。用心点亮一盏灯,夜空还你一抹星辰。努力去做每一件事,生命因你而精彩。

厚德载物,是一种高尚的人格,是以崇高的道德来承载更多的责任。做人时,心胸开阔,意志高远,严于律己、宽以待人;处世时,能够关心人、爱护人,与人为善,"积善之家,必有余庆;积不善之家,必有余殃";在社会上,做一个有良心、守规矩的人,遵守法纪,行为规范。

厚德载物给人以立身之德性。从小事做起,从手头的事做起,以求真、务实的态度,坚守内心的真诚,点点滴滴,踏踏实实,用正当的方式规范言行。厚德载物,提醒每一个人要不断提高自己的品性修养。只有"厚德"才能承载发展过程所带来的各种问题和困惑,只有拥有坚忍不拔的上进心和诲人不倦的关爱心,才能担起更大的责任。"仁者乐山,智者乐水",水因变通而智,山因包容而仁。"不知则问,不能则学,虽能必让,然后为德。""养天地正气,法古今完人。""只要人人都献出一点爱,世界将变成美好的人间。"只有"厚德"我们国家才能成为文化大国、文化强国,才能成为真正意义上的强国。一个没有道德的人,就如一片碱地,虽有其形,却被闲置;一个没有道德的人,就如一把野草,虽有其根,却必遭焚烧。

厚德载物,就是"上善若水","水善利万物而不争,处众人之所恶,故几于道"。这其中的关键词"道"是老子哲学的核心,是天地万物遵循的自然法则,"几于道"的"几"是非常接近、达到、合乎的意思,可以理解成"达到、符合自然法则"。而"几于道"又与前面的"上善"(最美好的品格)前后呼应。整句话的意思是：最美好的品格、高尚的情操，应像水一样。水滋养万物、造福万物却与世无争；水总是处于人们所不愿处的地方却洁身自好，故达到了美好境界，符合自然法则。有道德的人是上善之人，有像水一样的柔性，有像水一样美好的品格，其高尚的情操，明能照物，能滋养万物而又不与万物相争，有功于万物而又甘心屈尊于万物之下。"大本领人当时不见有奇异处，真学问者终身无所谓满足时。"

以情育情，以爱育爱
——世界因爱而美丽

人人都应学会自爱，学会爱人，学会爱团队。"得道者多助，失道者寡助"，爱，是本善，是真性，是万德、万能、万福的根源。爱，从心，从受，是以真诚之心感受。关爱别人是仁，解决问题是智，消除烦恼是慧。

美好的愿望是鲜花，伟大的梦想是灯塔，我愿意通过苦乐顺逆的体验历练意志，我能够采取积极主动的行为完善成长，我勇于担当责任来提升自己，让世界因我而美丽。爱是心灵的成长，爱父母、兄弟、姐妹，爱集体、爱国家、爱这个世界，我将用全然的爱来接受这个世界，并用全然的爱让世界更加美丽。我深深地知道，只有美德、智慧才能让世界美丽，而物质不能，所以让世界因爱而美丽吧！

人是有缺点和不足的，这不是人能自愿选择的，我不抗拒，我会全然地接受，我要通过努力来弥补，我要通过改变自己来改变世界！爸爸、妈妈、长辈们，我会容忍你们，也盼望你们容忍我，我们一起学习和改变；老师、同学、朋友们，我会接受你们，也盼望你们接受我，我们一起学习和提升；先生、女士、同志们，我会理解你们，也盼望你们理解我，我们一起学习和实践；此时此刻，我不再用完美要求你们，也请你们不再用完美苛求我。我是集体的一部分，我们是一个整体，包容是集体的源泉，改变是前进的力量！包容使生命更美好，改变让世界更美丽！

人要对自己的生命负责，决定生命的主人是自己。人生没有等待，只有选择，选择念头和语言，选择思想和行动，选择合作与共享；没有等待，只有创造，创造生命的喜悦、美好和奇迹！希望就是一个一个选择连接起来的轨迹，成功就是一天一天行动不断努力累积起来的总和，幸福就是一场一场酸甜苦辣历尽之后的滋味。"合抱之木，生于毫末"，"千里之行，始于足下"；改变自己，就是为了更美好的世界。我要用全身心的爱来对待自己，对待每一个人，对待自己的一言一行；对待今天，对待每一件事，每一株小草，每一粒沙子……我要用全身心的爱来迎接美好的明天！

每个生命都是由身体、大脑和心灵组成的。就像一个礼物，里面比外面珍贵，内容比包装珍贵。我的大脑里装着什么，比身体的长相和穿着珍贵，而我心灵的美德、胸怀、智慧和境界，比大脑里的更珍贵！"非淡泊无以明志，非宁静无以致远。"所以，我要重视心灵的修养和提升。

从今天起，我要高高地放飞自己的梦想，积极乐观地生活和学习。我知道自己的梦想有多么重要。它就是一粒种子，无论我有什么样的梦想，天地都会帮助我、成就我。如果我是一粒小草的种子，天地就会帮助我成为一株绿色的小草；如果我是一粒鲜花的种子，天地就会帮助我开出一朵灿烂的鲜花；如果我是一粒楠木的种子，天地就会帮助我成为参天大树。我要成为这世界上一粒最美丽的种子，让世界因我而美丽！

心中有无限的创造力就能影响世界！曾经，有一个善人在春天分别给了两个乞丐一间破房和一块空地，可是到了秋天，一个懒惰的乞丐贫病而死，而另一个勤劳的乞丐却富裕快乐。在宇宙中，每一个灵魂都是乞丐，四处漂流，老天就是善人，给了属于我的一间破房和广袤无垠的空地。那间破房就是我不完美的身体，而那块空地就是我无边的心灵。我知道，只要我用勤劳播撒智慧与爱的种子，就一定会有硕果累累的明天。从这一刻起，我要用无限的信心展望未来！这就是我努力学习、成长、吃苦和忍受的动力！我要带着希望，揣着梦想走过那崎岖之路，我要让自己像花一样绽放，我要让生命因我而飞翔，我要让世界因我而美丽！

"对上以敬，对下以慈，对人以和，对事以真。""积德累功，慈心于物，忠孝友悌，正己化人。"一个人的人生中应有一个美好的梦想，孝道是生命的营养，爱心是成功的希望，坚持是放飞自我的力量。

大家不同，一样精彩

一叶草，一株花，一棵树，都种在盆里。从生长到发展，你的天时是什么？你的地利是什么？你的人和又是什么？

丽日映照，嫩草生机勃勃；微风过处，花香沁人心脾；乍暖还寒，树干顶天立地，这是草的天时，花的天时，树的天时；时非因物而有异，天涯海角般般同。而此时此刻，花盆就是它的地，小小的花盆，是它生根发芽的营养源泉，有土，有水，有肥的花盆，这就是草的地利，花的地利，树的地利，地不因小而不利，长不因盆而不悦。春天一来，风和日丽，小草吐绿，百花争奇，小树也开枝散叶。或在阳台，或在屋内，或在案上，有赏花的，有颂草的，有赞扬树的，也有浇花的，护草的，培树的，这是花的人和，草的人和，树的人和；人物共融，福慧相互。

随着春生夏长秋收冬藏，花盆中小小的花呀，草呀，树呀，随着主人，走向了荒山沃野，田间地头，当春回大地，百花竞放，阵阵花香越过山岗；风和日暖，遍地草绿，生机盎然，持续发展；风霜雨雪，万树峥嵘，硕果累累挂枝头，栋梁之材拔地起，这是花的天时，草的天时，树的天时；各自有天，天天有利，物竞天择，适者强盛。而此时，广袤的大地是它生根发芽的营养源泉，有山泉雨水浇其根，有腐枝败物肥其地，这是草的地利，花的地利，树的地利；广阔天地，大有作为。花以香陶醉人，人以花自比；草以绿净心灵，除尘以留空阔宁静；树以枝干撑天下，担当乾坤寒暑，这是花的人和，草的人和，树的人和；能助人者，人恒助之，得天道者，必有天德。

从花盆到一块田地，从一块田地到一山一岗，或贫瘠或肥沃，从一岗一带到布满山坡平原，或沙砾或石崖，自主成长，自主开放，都在让自己美丽，也都在美丽大地；花草树木，适合环境，因地制宜，皆得地利。春来百花齐开放，夏日荷花别样红，秋高气爽菊花艳，寒冬腊月梅花开；荷菊梅花，各待其候，因时而动，皆得天时。艳阳下有人遮阳，劲风中有栏围挡，丰收中群英聚颂，花的品质千古传扬；在奉献中收获，这是花的人和。草连片而生，树成林而长，或四时常青，或枯而复活；与日月合朔，与天地同心，这是草与树木的天时人和。

天地人，以和为贵。天地人三才，三者皆失则愚昧穷苦，得一和者为日常好民；得二和者为善德有福之人；三者皆和者为君为王为高人。从花草到树木，从盆里到广阔天地，从生长到发展，无非天地人和，大家不同，一样精彩。

会听课的孩子是好孩子

柳州市德润小学 苏志晓

我和一年级（1）班的孩子们有幸参加三江县骨干教师们的教研活动，展现一节一年级"解决问题"的数学课堂，在这节课上我见识到了特级教师陈老师的教育智慧。

孩子们安安静静地进入会场并快速找到座位，一个小男孩兴高采烈地回头向听课的老师们打招呼，坐在听课席第一排的陈老师也礼貌地回应了这个小男孩，并让他做好听课准备。

在课堂中，小男孩多次回头想要陈老师与他玩耍，陈老师采取了"冷漠"的态度，并用眼神提醒他，但效果甚微。

小男孩依然我行我素，甚至下座位打扰其他孩子。陈老师开始严厉地批评他。作为课堂主导者的我，也开始着手小男孩的课堂管理，我让他回头坐端正，但小男孩并不买我的账，开始找各式各样的借口闹腾。

"老师我没有笔！"于是我帮他问同学借了笔。

"老师这个橡皮不是我的啊！"我把橡皮收走。

"老师这道题我懂了不想听！"

"老师……"

为了不影响整个展示课的效果，我开始忽略这个小男孩的举动，让他在座位上为所欲为。

下课铃声响了，孩子们有序地离开教室。这时我发现，陈老师正在尝试和这个小男孩交流，小男孩的班主任老师也被吸引来了。

陈老师严厉地询问小男孩："你刚才为什么不听课？"小男孩的眼睛瞬间就红了，委屈地看着陈老师不说话。

陈老师改变了策略，先表扬男孩的闪光点，帮助孩子建立自信心。陈老师说："我看到你很快就说出答案了，你很聪明哦，你是不是都听明白了？""你刚才主动向借给你笔的孩子道谢了，看来你是有礼貌的孩子啊！"……男孩依然不出声。

这时，班主任老师向陈老师解释："他的脑子有点不正常。"我想："哦，原来是所谓的问题学生。"但是陈老师并没有放弃这个孩子，仍旧尝试沟通。

"你告诉我，什么样的孩子是好孩子？"小男孩不理。

"没关系我可以告诉你，会听课的孩子是好孩子。你能不能重复我的话？"小男孩开始有一点动摇，陈老师多次尝试、提醒，但小男孩依旧不说话。

沉默的时间越来越长，五分钟过去了，与会的老师都在等待，班主任老师也想拉着小男孩慢慢离开，想要结束这件事情。但陈老师还是没有放弃，温柔地握住了男孩的手臂，用殷切的眼光继续期待小男孩的回应，陈老师说："我相信你，你能够说出来的！"

小学数学教学深度化创新："实—活—厚"

终于，小男孩非常小声地说出了："会听课的孩子是好孩子。"
陈老师鼓励他："你能不能大声地说出来？"
小男孩抬起头，眼光里迸发出希望的喜悦，大声地说出："会听课的孩子就是好孩子！"
这时，全场响起了雷鸣般的掌声！

反思
"立德树人是教育的根本任务"是在党的十八大首次被提出的，要求教育必须重视德育，坚持德育为先。数学课堂中，我们在教好学生专业课的同时，怎么把立德树人放在首要位置呢？故事里陈老师给了我很好的示范。

一、教学生做一个有信心的人

下课铃响后，其他同学都陆陆续续离开了教室，只有这个小男孩被留了下来，于是他开始不理睬周围的老师，问而不答。陈老师不断鼓励小男孩，先表扬他"有礼貌"和"聪明"，给孩子建立了足够的信心。但孩子还是不回答老师的问题，这时，陈老师开始降低难度，设置了一个让孩子轻易就能达到的要求——重复陈老师的话，使得孩子不会因回答不出而丢脸。终于在陈老师温柔又耐心的坚持下，孩子逐渐松口，慢慢地尝试与人沟通，这样的教育方式赢得了全场老师雷鸣般的掌声。

信心是成功的基石。如果陈老师放任孩子不回答问题而离去，那这个孩子的内心永远建立不了自信，以后再碰到困难的事情，他的第一想法就是逃避，而正因为陈老师坚持不懈的努力和尝试，为孩子赢得了一次获得全体教师掌声的机会，这无形中在孩子的心里种下了一颗自信的种子，将来他也一定敢于表达自己，勇敢地展现自己。

二、教学生做一个有目标的人

目标是一个人努力的指路标，是人的主体能动性的具体体现。故事里的小男孩很迷茫，他缺少的就是价值性知识，他的沉默是因为不知道怎么做才是一个好孩子的标准，因此陈老师给了他"会听课的孩子就是好孩子"的答案，这既是给予价值引领，又是给予一个期望目标，告诉他"会听课"的就是好孩子。最终当孩子能大声地说出这句"会听课的孩子就是好孩子"之后，我相信，这个孩子有了奋斗的目标，明确了方向，并将带着老师们的期待，在将来的课堂上付出努力，付诸实践，他的未来一定会越来越好！

在课堂上有效渗透人品性目标

柳州市德润小学 谭常明

什么是人品？如何开展新时代立德树人的课堂教学实践？

人品是指能力、习惯、品质（包括六项基本素质等）。《课标》指出：应使学生了解数学的价值，提高学习数学的兴趣，增强学好数学的信心，养成良好的学习习惯，具有初步的创新意识和科学态度。这是课程总目标的内容，也就是六项基本素质。

《课标》（2011版）提出：评价既要关注学生数学学习的水平，也要重视学生在数学活动中所表现出来的情感与态度，帮助学生认识自我、建立信心。那么，如何通过实施激励性的评价，帮助学生树立自信心？应对知识技能进行评价，帮助学生树立自信心；对学习过程进行评价，帮助学生树立自信心；对问题解决过程进行评价，帮助学生树立自信心；对情感态度进行评价，帮助学生树立自信心。下面我将以"退位减法"为例，谈谈如何在学习过程中进行人品性评价的一些渗透。

【教学片段】

在教师与学生共同分析了"56-18"的竖式之后，还有一只小手高高地举着：我还有不同的方法。

师：（高兴地把生1请到了黑板前）哦？你有不同的方法，太好了！请你写出来吧。（生1写竖式）

师：咦？她也写了竖式，那到底哪儿不一样呢？你能边写边讲一讲吗？

生1：我先用5减1得4，再用6减8，不够减就借1得8，再把十位改成3（边说边用小手擦掉十位上的4，改成了3）。

师：（笑着提出建议）你不想问问同学们对你的做法有什么想法吗？征求一下大家的意见。

生2：我认为你的方法太麻烦了，你都已经把5-1=4的结果写在十位上了，算完个位还得再擦去，太麻烦了。我给你提个建议，你可以先从个位算起，不够减时向十位借1之后再算十位，这样就不用擦十位了。

师：（及时追问）这位同学从十位算起，行不行？在什么情况下就会和咱们的方法差不多，不那么麻烦？

生3：在个位够减不用借位的时候，就差不多了。

师：（面带笑容地望着生1）听了同学们的建议，你有什么感觉？

生：我觉得大家说得有道理，我要按大家说的方法去做。

师：快把掌声送给她吧！学会听取善意的建议是一种进步，这位同学很会学习。

这个教学片段中，"学会听取善意的建议是一种进步"是价值性知识，教师以价值性知识引领学生向品质性目标发展。

吴老师一开始是鼓励性地说："你有不同的方法，太好了！请你写出来吧。"后来，教师采用延迟性评价，先让学生自我评价，当学生自评不到位时，再引导其他学生助其评价，实现群体思维与个体思维的对接，最后老师再对学生评价，评价的是学生的学习过程。吴老师在学生学习过程中遇到问题后能适时评价，这及时帮助学生建立了自信心。吴老师的课堂里的掌声不仅时常送给那些富有创造性的想法与学生，还会送给那些出了错，跌倒后自己爬起的学生，这也是建立学生自信心的一种必要方式。

在立德树人课堂上开展低年级习惯培养的实践行动

柳州市箭盘山小学　雷宇

党的十七大报告指出："要全面贯彻党的教育方针，坚持育人为本、德育为先，实施素质教育，提高教育现代化水平，培养德智体美全面发展的社会主义建设者和接班人，办好人民满意的教育……更新教育观念，深化教学内容方式、考试招生制度、质量评价制度等改革，减轻中小学生课业负担，提高学生综合素质。"党的十九大报告再次强调："要全面贯彻党的教育方针，落实立德树人根本任务，发展素质教育，推进教育公平，培养德、智、体、美、劳全面发展的社会主义建设者和接班人。"现行的教育，不再一味地追求知识，而是提倡学生素质的全面发展。所以在全国教育大会及广西教育大会中，也多次提出要聚焦落实立德树人这一根本任务。立德树人作为教育的根本任务，必然关注人的全程发展、全面发展、和谐发展、持续发展和终身发展。在让学生学习数学知识的同时，应培养学生全面的素养品德，包括了解学习的价值，提高学习的兴趣，增强学好的信心，养成良好的学习习惯……本学期，在鱼峰区教研员陈老师的引领下，我坚持基于规矩性知识培养学生的良好习惯，结合校本课程"亲元课程之习惯本元下的倾听习惯培养"，我对如何在一年级课堂上培养学生良好的学习习惯、有效落实人品性目标、达到全面育人目标进行了实践探索，下面谈谈我的尝试及探索。

一、"认真听"的学习习惯的培养

小学生自我约束能力差，尤其是低年级小朋友，对外界各种反应比较敏感，注意力缺乏长久性，要他们认真听几分钟还可以，要他们认真听上十几分钟乃至半节课还真不容易，实践告诉我们，要使低年级小朋友有较持久的注意力，教师除了要认真设计好教案、上好课、吸引学生，还必须从平时的点滴训练抓起。

1. 教给学生倾听的方法

由于年龄特征的限制，学生普遍存在着喜欢别人听自己说而不喜欢自己听别人说的问题。我们可以开导学生，告诉他们善听者往往也是善于思考的好学生，要养成善于倾听的好习惯。并教给学生一些方法：（1）猜想发言的同学会说什么；（2）对同学的观点进行归纳；（3）想想看他说的有没有道理。

2. 指导学生倾听的姿势

手势或身体动作最能反映一位学生是否在倾听。课堂上我们的老师应对学生听的姿势给予认真指导。例如，当学生听同学发言时，要求学生眼睛看着发言同学，边听边思考，做到神情专一。如果同学的回答与自己的思考相一致，则以微笑、微微点头表示认可或赞同。学生养成了这样的习惯以后，课堂效率就能大大提升。

二、"善于想"的学习习惯的培养

在课堂教学中，培养学生"善于想"的学习习惯，包含着让学生"肯想"和"会想"两层意思。根据教育学原理，教师在课堂上既要给学生想的机会，又要留给学生想的余地，还要教给他们想的办法；在教学时要留给学生更大的思维空间，对学生未成熟的意见不过早地干涉和暗示，允许学生走一些弯路；尽可能做到不把学生的思维框在一个小圈子里，不让学生往教师事先设计好的坑里跳，真正把学习主动权交给学生，不禁锢学生的思维，鼓励学生大胆说出自己的想法，积极提问，并号召全班学生向经常提问题的学生学习，看谁提的问题最多、最好。教给学生提问题的途径：（1）从知识的起源的"怎么样""为什么"及知识的归纳或分类上寻找问题；（2）从"新""旧"知识认知结构矛盾交接处来提出问题；（3）从多角度思考并提出问题，如"还可以怎么想""假设……又怎样"等。

三、"敢于讲"的学习习惯的培养

培养学生们"敢于讲"的习惯。作为课堂练习的基本要求,我们应反复训练学生大胆发言,要求他们声音要响亮,口齿要清楚,要求学生想好了就举手,讲话要完整。训练学生大胆发言,对于读得正确、响亮的学生,当场给予肯定和赞许,对于读得或讲得不准确或有明显错误的同学,也不应轻易批评或指责,不挫伤小朋友的积极性和自尊心,而应耐心开导,循循善诱,让他们重讲一遍,讲得好一点。经过长时间这样的训练,学生慢慢地养成了敢说敢讲的好习惯。在这同时,我们着重鼓励后进生发言,而后进生在课堂上一般都有怕讲话、怕讲不好、不敢举手的时候,所以我们要做到先让后进生讲,先让后进生板演,先让后进生动手演示,让他们有动手、动脑、动口的机会,使他们看到自己的成绩。批改作业时,我们可以把后进生叫来面批,让他们讲讲想的过程,培养他们"敢讲"的习惯,发现他们的进步,并当众给予表扬或鼓励。对学有所长的学生,则鼓励他们提出不同见解,如果学生不会质疑,则教师应该设疑。这样经常训练,学生就会从无疑到有疑,从不会质疑到会质疑,这样就调动了全体学生敢讲的积极性。

四、"认真作业"的学习习惯的培养

《新课标》指出:"对作业要严格要求。"作业是课堂教学的升华,作业可以检查学生的学习效果,巩固其在课堂学到的知识,加深其对课本知识的理解,而独立完成作业是学生养成良好习惯的好机会。我们在教学中应做到:

1. 认真审题

审题是正确解题的前提。我们在课堂上应教给学生读题方法,要求学生边指边读,强调他们多读,弄懂题目具体有几个已知条件和问题,在读中画重点字、词,养成用符号标记的习惯,同时指导学生分析对比的方法。

2. 规范书写

教给学生写作业的方法,从写数字清楚,书写整齐、美观到格式正确,都有规范要求。要求学生在限时内完成作业。有了时间限制,学生不敢随意浪费时间。和时间比赛的结果会鼓励并激发学生的积极性。

3. 细心计算

计算是小学生数学学习中最基本的技能。我们应训练学生沉着、冷静的学习态度。用草稿纸计算,计算必须慎重,切勿草率从事,不管题目难易都要

认真对待。对认真计算有进步的同学应给予鼓励表扬，树立榜样。

4. 检验改错

在数学知识的探索中，有错误是难免的。我们要求学生在作业中把检查和验算当作不可缺少的步骤。我让学生在每次作业改错后画上相应的符号，经过这样日积月累、潜移默化地提醒，学生自然而然会养成检验、改错的习惯。

5. 良好的行为

要求学生独立思考，独立完成作业，不能抄袭别人的作业。

五、"合作"的学习习惯的培养

合作与竞争是人与人之间交往的两大主题，由此可见，合作学习的习惯正是小学生发展性学习习惯的重要组成部分。《数学课程标准》在其基本理念中也已明确指出：有效的数学学习活动不能单纯地依赖模仿与记忆，动手实践、自主探索与合作交流是学生学习数学的重要方式。小学生的合作学习指课堂合作讨论，交流解题思路，课外合作收集生活中的数学、身边的数学信息，研讨处理信息的方法，引起思维碰撞，促使学生产生积极的学习态度，推动其兴致勃勃地去学习，这培养了学生思维的广阔性、深刻性和其自主解决问题的能力。为此在课堂上我们按学习能力、学习态度、身高等情况搭配成组，推选好小组长，做好具体分工。老师在合作前明确任务、要求，这样有利于学生有目的、有计划地去完成学习任务，同时促进同学之间相互启发及帮带的形成。

在小学数学课堂教学中，我将继续积极探索、务实创新，努力落实"立德树人"的根本任务。

第五章 "实活厚"整体发展

"实活厚"的发展是三大内涵、四位一体、五课协同的发展,是内涵上整体要求、方法上统筹兼顾、工作上整体行动,是一种整体性发展。

"实活厚"在课例中整体发展,既是课堂教学的指导思想,又是教、学、研、培"四位一体"的内涵特色,也是教师日常教学教研过程中,备课、研课、上课、说课、评课"五课"协同的操作方法。"实活厚"要求在课堂教学活动中促进教学质量提质增效,在教师专业发展建设中做到整体发展。

在教学活动中三大内涵应作为整体统筹兼顾,以学科内涵为基础、以主体内涵为外显、以品质内涵为内核,三大内涵相互交融、相互协调、合为一体的发展是整体的发展,融合的发展,协调的发展。

学科内涵、主体内涵、品质内涵是对同一教学活动不同维度、不同角度的反映。教师要科学制定与有效落实九级目标,以目标为中心开展教研教学活动,目标的制定、目标的落实、目标的检测、目标的反馈交流等已成为提质增效与专业发展的重要抓手。教师要善于挖掘教学内容、教材本身的五层内涵,把核心性知识、单元知识、课时知识、教师级知识和学生级知识有效统一在教学活动之中。在教学过程紧扣十大知识,促进问题性知识、事实性知识、方法性知识、抽象性知识、警示性知识、结构性知识、主体性知识、规矩性知识、价值性知识、标准性知识十大知识的动态发展。交流从心灵的沟通开始,要善于开展激发心灵共鸣的活动。教师要以落实品质目标为己任,努力把品质目标有机地融合在数学教学过程之中。实活厚课堂教学活动评价内容。如表5-1所示。

表5-1 "实活厚"堂教学活动评价

项目	具体内容		评价	备注
	一级	二级		
实	九级目标	目标层级清晰，科学制定与有效落实，目标与活动配备，达成课堂目标，理论与实践融合		
	五层内涵	内涵层级清晰，相互联系沟通。知识现象与知识抽象有效融合		
	动态发展	备课中各类知识清晰，活动中知识动态发展、动态生成		
活	思维灵活	基于方法训练能力，以清晰的思维对象促进各级结果性目标的落实，活动中有着灵活的数学思维，思路清晰、策略多样		
	个体活泼	学生个体能积极主动地参与活动，能主动地发现与质疑问题、提出与分析问题、解决与评析问题		
	团体活跃	学生以小组、团队开展行动，全体参与，团结协作，多轮互动		
厚	习惯好	规矩性知识清晰，基于规矩养成良好学习习惯、行为习惯和思维习惯		
	责任强	职责任务明确，勇于挑战，勇于担当，尽心尽责干好分内事情		
	精神优	价值性知识清晰，以价值性知识引领活动，在活动中树立精神，积极开展心灵沟通活动		
总评	学科内涵、主体内涵、品质内涵整体发展，既教书又育人，落实立德树人根本任务			

说明：评价方式分为等级制与分值式评价两种。等级制评价分为优、良、中（一般）、较差、很差五级；分值或评价分为5分、4分、3分、2分、1分五种打分。

小学数学教学深度化创新："实—活—厚"

"用字母表示数"课例研修活动

柳州市箭盘山小学　彭俊　蒙俊敏　陈莉

2012年12月20日，柳州市鱼峰区教育科研特色展示活动——"实活厚教学"专题研究活动在柳州市箭盘山小学顺利举行。柳州市教科所小学数学学科陈进主任、鱼峰区教育局陈朝雄教研员以及鱼峰区各学校教师参加了此次活动。

此次展示活动是以课例为载体，推动"实活厚"教学理念研究的开展。此次活动由城区数学中心组成员彭俊老师进行"用字母表示数"的教学，邓苟冰老师进行主持。活动中，市教科所陈进主任对"用字母表示数"这节课进行专业引领，将此次活动推向了高潮。她首先充分肯定了箭盘山小学全体教师为本次活动付出的努力，并表扬了授课教师以及研课团队为此次活动做出的精心准备。本次活动的顺利开展对推动鱼峰区数学学科教育科研更上一层楼具有指导意义。

课堂上彭老师精彩纷呈的教学语言给孩子们营造了一个轻松的课堂氛围，极大地鼓舞了孩子们的学习热情，促进孩子们知识增长的同时也提高了孩子们的学习自信心。本课研修团队老师从"学科内涵要实，主体发展要活，品质发展要厚"这三方面，对这节课进行了整体性的研磨、反思与分析。

一、基本情况全面备课，科学制定教学目标

教学内容：人教版小学数学五年级上册第47～48页例4及相应的练习。
教学知识点，如表1所示。

表1　《用字母表示数》教学知识点

项目知识点	知识技能的目标			
	认识	理解	掌握	运用
用含有字母的式子表示数，既表示关系，又表示结果				√
字母取值范围			√	
求值			√	

教学目标：

（1）理解含有字母的式子表示的意义——既表示关系又表示结果。

（2）在理解数量关系的基础上，会运用含有字母的式子表示数量关系，发展符号感。体会用含有字母的式子表示数量的优越性。

（3）在理解含有字母式子的具体意义的基础上，明确字母的取值范围是由实际情况决定的，会根据字母的取值，求含有字母的式子的值。

教学重点：含有字母的式子的意义——既表示关系又表示结果。

教学难点：用含有字母的式子表示数量关系的方法。

教、学具：课件、探究卡、学习卡

二、教学活动精细化分析，有效落实教学目标

本节课，彭老师教学有梯度，层层深入，由具体实例到一般意义的抽象概括，使学生很好地理解了用字母表示数的两种意义，有效地落实了教学目标，体现了以教学目标为中心的教学活动新理念。

（一）探究用含有字母的式子表示数

【用字母表示数对小学生来说是比较抽象的。例如，a+30这个式子，他们往往不习惯将其视为一个量，常有学生认为这是算数的过程，不是结果。为了解决这个困难点，落实"用字母表示数的两种意义"，彭老师设计了一个神奇的"魔盒"，让学生在玩中掌握用字母表示数的方法，理解含有字母的式子可以表示数以及数量间的关系。魔盒是蕴含函数思想的一个载体，激起了学生极大的探究欲望。学生探究、验证魔盒奥秘的过程其实就是学生主动探究如何用含有字母的式子表示两个数量之间关系的过程。同时，魔盒输出的是数，又便于让学生理解含有字母的式子可以表示一个结果。】

1. 魔盒猜数，感知变化规律

师：小朋友们喜欢看魔术表演吗？今天彭老师准备给大家变个小魔术。看，这就是我变魔术要用的神秘道具——魔盒。不过，我还需要一个小助手，谁来？

学生（所请的一名学生）上台。

师：相信有了他的帮助，我的魔术一定能变得非常成功。

【教师以比较隐蔽的方式赞扬合作精神。】

师：魔术是这样的，我如果在魔盒的左侧输入一个数，那么，经过加工，魔盒就会从右侧输出一个新的数。而你的任务就是帮我们记录"输入数"还有"输出数"（板书：输入数，输出数）。

小学数学教学深度化创新："实—活—厚"

大家的任务是观察输入数和输出数有什么关系，你发现了什么？

【问题性知识清晰，学生带着问题参与探索活动。】

师：看好了，我先输第一个数（输入5）。变，多少呀？输入数是多少？输出数呢？

生：（板书）5，15。

2. 抽象规律，用文字表示数量关系

师：神秘吗？想参加这个游戏吗？谁来说个数？你来说，我来输。

生：12，22。

【事实性知识清晰，学生主动举例，个体主动的表现。】

师：我看到有些同学脸上有兴奋的表情，你可能有发现了，别着急，把你的秘密藏起来，我们再来一个怎么样？他们刚才说的都是比较小的数，咱们来大一点的数。你来。

生：1000。

【事实性知识清晰，学生团队内互动举例，主体内涵的表现。】

师：（输入）那在魔盒变化之前，你能猜一猜，这次魔盒输出的会是多少呢？（停顿）猜好了吗？一会儿，你要是猜对了，就用你表现兴奋的表情表现出来，怎么样？

师：刚才猜对的同学，在这个魔术中，你学会了思考，你就猜对了。

【"学会思考"是规矩性知识，以清晰的规矩性知识培养学生良好的思考习惯。】

很多学生出示：兴奋的表情、手势。

【在规矩性知识的清晰引领下，学生群体与教师之间的互动回应效果良好，是主体内涵多轮互动的表现。】

师：那好，看看是不是真有这样的规律，我们用魔盒验证看看。刚才输入的是整数，还可以输入什么数呢，你说。

【教师有效地进行启发性提问。"刚才输入的是整数"是启示，"还可以输入什么数呢"是提出新的问题，以"启示＋发问"的方式有效引领学生进行有效思考。这是有效的问题性知识。】

生：可以输入小数。输出的是10.5。

师：说说你的10.5怎么得来的？

生：用0.5+10得到的（边说边板书：0.5+10）。

【事实性知识清晰，学生个体主动，又是团队中不同个体的主动，从而形成团队内互动举例，是主体内涵的表现。】

师：注意观察输入数、输出数，你有了什么发现？

【问题性知识清晰，学生带着问题参与探索活动。】

手势指板书：

输入数	输出数
5	15
12	22
1000	1010
0.5	0.5+10

【学生基于多个例子进行归纳推理，落实数学推理核心性目标。】

生1：我发现，0.5表示输入的数，10.5表示输出的数。

生2：我发现，输出的数比刚才输入的数大10。

生3：输出的数是10.5，也是0.5+10。

生4：10.5是一个数，0.5+10是一个式子。

【学生能够个性化地表达思考的结果，能够个性化地表达发现的结论，这是学生的抽象表现，也是探索活动中理性认识内涵要素的具体表现。】

师：10.5，0.5+10都是输出数，10.5是一个数，是一个结果；0.5+10是一个式子，是一种关系，表示输出数比输入数多10的关系。

师：在大家热烈的参与下，我们团结协作发现了输出数的特点：输出数既表示一种结果，又可以表示一种关系。团结是个法宝。（板书：结果 关系）

【"团结是个法宝"是价值性知识，教师挖掘学习活动中的团结精神，以知识活动为基础，实现从学科内涵的教学走向品质内涵的教学，从教书走向了教育。】

师：咱们再来变最后一个怎么样？这次怎么得到的？

生：20，20+10=30。

师：20+10既可以表示输入数和输出数的关系，又可以表示输出数（指板书）。

师：我觉得你太了不起了！一边观看魔术表演，一边观察思考，发现了魔盒的秘密。现在呀，你们说魔盒神奇，不如说你们能解决问题更有智慧。

【"能解决问题更有智慧"是价值性知识，教师基于价值树立精神。】

感谢某某同学，为我们辛苦记录，为我们接下来的研究提供了资料，谢谢你！请回。

【"感谢某某同学，为我们辛苦记录"是对榜样进行感恩，以榜样的力量教育学生。】

板书：

输入数	输出数
5	15
12	22
1000	1010
0.5	0.5+10
20	20+10

结果，关系

3. 用含有字母的式子表示数量关系

师：怎样算出输出数的？

生：输入数加10就可以得到输出数。

师：也就是说：输入数+10=输出数（板书：输入数+10=输出数）。

师：这么多的数。说得完吗？（板书：……）请你想一个既简洁又概括的方法，来表示所有的输入数和输出数，并能一眼看出它们之间的关系，把你的想法写在探究卡上。探究卡如图1所示。

用字母表示数的探究卡
表示输入数和输出数的关系：＿＿＿＿＿

图1　用字母表示数的探究卡

师：如果你有困难，你还可以和同桌商量一下。（巡视指导）

学生展示交流：

生1：输入数是100时，输出数一定就是110。

生2：输入数X，输出数Y。

生3：输出数＝输入数+10。

生4：输出数＝a+10。

【学生能够个性化地表达探索发现的结果，能够个性化地表达发现的结论，这是学生的抽象表现，也是探索活动中理性认识内涵要素的具体表现。】

师：无论结果是对是错，积极思考都是对的，是对是错都是科学研究的重要过程，为这几位同学积极参加科学研究的精神点赞！精神可嘉，但结果不一定正确啊。谁来说说，你觉得他这种表示方式怎么样？

师：这位同学写了具体数。

生：我这样写可以吗？

师：当然，但是太具体了，只表示出了一种情况。

师：这位同学写了两个数，分别用不同字母表示。

师：你能用字母表示数，这一点非常可贵，字母能表示很多的数。但还不能看出它们之间的关系。

师：有什么新办法吗？

生1：能用含有字母的式子表示吗？能用 a+10 表示吗？

师：什么意思呢？

生2：a 表示输入的数，a+10 表示输出的数。

生3：我也知道：a 表示输入的数，a+10 表示输出的数比输入数多10。

师：此处应该有掌声啊！你知道这掌声表示什么意思吗？

生2：表示我们回答对了。

生1：表示我提出的问题得到了同学们的肯定。

生3：我觉得还表示：一个提出问题，一个回答问题，合作精神也值得我们发扬。

生4：第三个也是对的：输出数 = 输入数 +10。

【教师以清晰的行动实践阶段的目标组织教学活动，以"你知道这掌声表示什么意思吗？"问题性知识引导学生进行自己观点的分享。"分享"是九级目标之一，在掌握、运用的活动基础上，以"经验"为重要思维对象。团队之中，多名学生自由地进行关于自己的活动经验的交流互动。】

师：既学会了数学知识，又合作解决了数学问题，更具有了合作研究的科学精神，真了不起！

【"合作解决数学问题"是行动的外在表现，"具有合作研究的科学精神"是品质的内在素养。一体两面，教书与育人双向落实。】

（板书：a　a+10）

师：输入数为 a 时，输出数是 a+10，a+10 表示什么？

生5：输出数。

生6：关系。

师：a+10 既可以表示输出的数——这个结果，又可以表示输出数比输入数大10——这个关系。

（板书：既表示……又表示……）

数量关系：输出数 = 输入数 +10。

师：这就是今天这节课咱们共同学习的"用字母表示数"。

小学数学教学深度化创新:"实—活—厚"

（板书课题：用字母表示数）

师：你们善于观察（指板书表格部分），思考，总结规律，找到了魔盒的秘密（指板书文字式和字母式部分），了不起！

4. 求含有字母的式子的值

数量关系：输出数＝输入数＋10。

师：如果a等于20，a＋10等于多少？

生：30。

（递等式板书：当a＝20时，a＋10＝20＋10＝30）

（学生自己举例：按书写格式递等式书写）

生：当a＝50时，a＋10＝50＋10＝60。

5. 回顾用字母表示数的方法

师：回顾一下，是怎样得到含有字母的式子的？

生1：我们知道：输出的数比输入数多10。

生2：我们可以用文字表示数量关系，数量关系：输出数＝输入数＋10。

生3：也可以用字母表示数量关系：a＋10。

师：能完整地表达吗？

生4：我们知道：输出的数比输入数多10，可以用文字表示数量关系，数量关系：输出数＝输入数＋10；也可以用字母表示数量关系：a＋10。

师：抓住信息—用文字表示数量关系—用字母表示数量关系（并板书）。

师评：学习方法是打开数学殿堂的一把神奇的钥匙。同学们，今天你们善思善学，找到了用字母表示数的方法。老师为你们喝彩！

【教师引领学生抽象出学习方法"抓住信息—用文字表示数量关系—用字母表示数量关系"，既突出了数学抽象的核心性目标，又突显了学生积极主动、交流互动突出主体内涵的过程，也为达到迁移应用奠定了基础。目标层层清晰，以迁移方法解决实际问题。以"学习方法是打开数学殿堂的一把神奇的钥匙"价值性知识引导学生重视学习方法的抽象总结，形成重视学习方法的内在动力。体现了主体内涵与品质内涵融合发展。】

（二）基础练习，能力训练

师：我们刚才学了用字母表示数量关系，生活中是否也能用字母表示一些事物的关系呢？让我们看一看。

1. 课本例题，主题图

师：从图中你能了解到哪些信息？

多名学生积极回答了主题图的多项信息。

生1：小红1岁时，爸爸1+30=31岁。

生2：小红2岁时，爸爸2+30=32岁。

生3：小红6岁时，爸爸6+30=36岁。

……

生4：爸爸比小红大30岁。小红比爸爸小30岁。

【学生有话可说，团队积极互动，课堂氛围良好，团队多轮互动，有效落实主体内涵。】

师：请用一个式子表示出小红与爸爸的年龄关系，先用文字表示数量关系，再用字母表示数量关系。

【抽象了学习方法"先用文字表示数量关系，再用字母表示数量关系"，这是方法性知识，形成思维模块，基于方法性知识培养能力。】

师：你能用一个式子简明地表示出任何一年爸爸的年龄吗？

同学们先独立思考，并完成"探究卡"。完成的同学和四人小组的同学交流自己的想法。待会儿汇报你们的学习成果。（探究卡如图2所示）

用字母表示数的探究卡

问题：爸爸比小红大30岁，你能用一个式子表示出小红与爸爸的年龄关系吗？

我用文字数量关系表示：

（　　　　　　　　）＝爸爸的年龄。

用一个式子简明地表示出任何一年爸爸的年龄：

当小红（　　）岁时，爸爸的年龄是（　　）岁。

图2　用字母表示数的探究卡

全班在探究卡上回答，再展示探究卡进行交流活动（投影探究卡）。

师：这个小组每个同学都积极发言，并能做到轻声慢语，我们请他们先来汇报。

【"积极发言""轻声慢语"是合作学习的规矩性知识，要以清晰的规矩性知识培养学生良好的行为习惯。】

生1：小红的年龄+30=爸爸的年龄。

生2：当小红（a）岁时，爸爸的年龄是（a+30）岁。

生3：当小红（b）岁时，爸爸的年龄是（b+30）岁。

生4：当小红（x）岁时，爸爸的年龄是（x+30）岁。

【学生的多种表达也形成了团队多轮互动的效果，有效促进了主体内涵落实。】

师：你积极思考，能根据问题找到数量关系，写出用字母表示的式子，真棒！

师：当 a = 11 时，爸爸的年龄是多少？请把算式和结果填在作业纸上。

（投影一个学生的作业，集体订正）

师：想一想，a 可以是哪些数？a 能是 200 吗？为什么？

师：可见在特定的情境下，字母的取值是有一定范围的。

（三）综合练习

1. 选择题，先说说文字数量关系，再说说所选择的答案

（1）东东每天早晨跑步 800 米，a 天跑了（　　）米。

① 800+a　　② a÷800　　③ 800a

生1：每天跑的米数 × 天数 = 总共跑的米数，所以选③ 800a。

生2：速度 × 时间 = 路程，所以选③ 800a。

生3：每份数 × 份数 = 总数，所以选③ 800a。

【学生学会以文字数量关系为依据选择正确的答案，以"先用文字表示数量关系，再用字母表示数量关系"的方法培养能力。学生达到了评价创新阶段的"分析"目标。分析是指有条理地表达自己的思考过程和认识水平，分析是对知识之间的关系性、关联性的比较认识。】

（2）有 m 个饺子，平均装在 10 个盘子里，每盘装（　　）个。

① 10m　　② m÷10　　③ m-10

（3）某公共汽车上原来有 28 人，到中心广场下车 x 人，又上来 y 人，现在车上有（　　）人。

① 28+x+y　　② 28-x-y　　③ 28-x+y

师：说说你选它的理由是什么？

师：你能先分析数量关系，再写字母表达式，掌握了学习的方法，真牛！

【教师以赏识的眼光赞美学生的能力，并且揭示了能力目标形成的思维对象——方法性知识。教师以对思维对象的清晰阐释促进数学思维的灵活发展。】

2. 挑战赛

师：同学们，你们愿意接受更高的挑战吗？好，那我们就进行一个班级挑战赛。一、二组分成一组，为挑战组；三、四组分成一组，为进取组。提出问题和解决问题都能夺得一颗星。比一比，哪个组最能干。

（PPT 出示）妈妈买了 4 双鞋，每双鞋 a 元，买了 b 双袜子，每双 2.5 元。

师：准备好了吗？开始！

师：挑战组手举得最快，请你提问。

师：会提问是会思考的表现。

师：进取组请接招。

师评：挑战组先声夺人，进取组也不甘落后，一比一。（贴星）

师：第二回合，预备——开始。

师评：（算分）同样出色！你们不仅能提出有价值的数学问题，还能用字母表示数的方法来解决问题，真为你们感到骄傲！

【通过分小组竞赛，以一方提问一方回答的形式，培养"问题意识"，利用学生好胜好动的年龄特征设计教学活动，提高了学生学习数学的兴趣和参与程度，培养了学生"用数学"的意识。同时，通过让学生在具体情境中用字母来表示所需要的数量或数量关系，培养他们的符号化思想。】

3. 用含有字母的式子填空

（PPT 出示）小红骑自行车每小时行 a 千米，小明步行每小时走 b 千米。如果他们在同一条路上，同时同地出发，2 小时后相隔（　　）千米。

师：读一读。（生齐读）把你的答案写在探究卡的背面。

（投影学生作业）

师：说说你的想法。

生 1：因为小红的路程 + 小明的路程 = 他们相隔的路程，所以 2 小时后相隔（2a+2b）千米。

生 2：因为小红的路程 - 小明的路程 = 他们相隔的路程，所以 2 小时后相隔（2a-2b）千米。

师：为什么有的用"加"，而有的用"减"呢？谁的对？理由是什么？

【学生动手比画"同向""相向"而行，并解释数量关系，表达严谨。】

师：谁的对呢？

生 3：老师，两种情况都有可能，应该两种情况都对吧？因为题目没有限制走的方向，所以同向走或相向走都是对的。

师：学会有依据地思考，有依据地判断，是高水平思维的表现，养成了数学严谨的科学精神，掌声送给这些同学！

【学生以"因为……所以……"为规矩养成表达习惯，达到了评价创新阶段的"评价"目标。评价是指依据标准对事物进行分析并且进行价值判断。学生以数量关系为标准，判断用"字母表示数"的正确性，这是评价创新阶段的高阶思维。教师从学生严谨的表达中提炼出了"严谨的科学精神",以知识活动为基础,以学生为中心,教书与育人双向落实,从数学教学走向了数学教育。】

(四)全课总结

师:今天你有什么收获?你最欣赏谁?说说理由。

三、"实活厚"教学反思与分析,促进教师专业发展

(一)把握学科本质,学科内涵要实

1.十大知识,课堂动态发展

"观察输入数和输出数有什么关系,你发现了什么?"是问题性知识,教师以清晰的问题性知识创设探索活动,学生带着问题积极参与探索活动。"刚才输入的是整数"是启示,"还可以输入什么数呢"是提出新的问题,教师以"启示+发问"的方式开展启发式教学,这是有效的问题性知识。输入数、输出数分别是5、15;12、22;1000、1010;0.5、0.5+10;20、20+10;都是事实性知识,教师以清晰的事实性知识开展活动,学生主动举例,是个体主动的表现,学生能进行个性化表达就是事实性知识的动态发展。"生2:我们可以用文字表示数量关系:输出数=输入数+10。""生3:也可以用字母表示数量关系:a+10。""师:抓住信息—用文字表示数量关系—用字母表示数量关系。""同学们,今天你们善思善学,找到了用字母表示数的方法。老师为你们喝彩!"用文字表示数量关系、用字母表示数量关系都是方法性知识,学生能进行个性化表达就是方法性知识的动态发展。"生1:小红的年龄+30=爸爸的年龄。生2:当小红(a)岁时,爸爸的年龄是(a+30)岁。生3:当小红(b)岁时,爸爸的年龄是(b+30)岁。生4:当小红(x)岁时,爸爸的年龄是(x+30)岁。"这是抽象性知识,即结论性知识,学生能进行个性表达就是抽象性知识的动态发展。"东东每天早晨跑步800米,a天跑了( )米。生1:每天跑的米数×天数=总共跑的米数,所以选③ 800a。生2:速度×时间=路程,所以选③ 800a。生3:每份数×份数=总数,所以选③ 800a。"学生以文字数量关系为依据进行判断,这些数量关系就是判断选择的标准性知识,学生能进行个性化表达就是标准性知识的动态发展。

问题性知识、事实性知识、方法性知识、抽象性知识、标准性知识都属于十大知识,在课堂上得到了个性化的发展,融入了师生的个性理解,成为有

力量的知识，发展成为动态知识。

2.五层内涵，核心贯穿始终

（1）单元知识与课时知识都能在课堂上有效落实。"用字母表示数"是"简易方程"单元的内容。如图3所示。

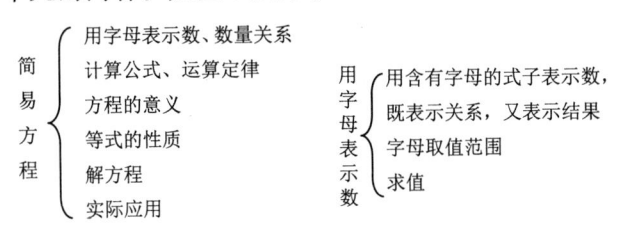

$$
\text{简易方程}\begin{cases}\text{用字母表示数、数量关系}\\ \text{计算公式、运算定律}\\ \text{方程的意义}\\ \text{等式的性质}\\ \text{解方程}\\ \text{实际应用}\end{cases} \qquad \text{用字母表示数}\begin{cases}\text{用含有字母的式子表示数，}\\ \text{既表示关系，又表示结果}\\ \text{字母取值范围}\\ \text{求值}\end{cases}
$$

图3　《简易方程》知识点和《用字母表示数》知识点

核心性知识、单元知识、课时知识、教师级知识与学生级知识组成学科知识的五层内涵，教师级知识与学生级知识发展成为动态知识，而核心性知识贯穿始终。

（2）数字抽象与函数思想作为核心性目标都能在课堂上有效落实。输入数是5，输出数是15；输入数是12，输出数是22；输入数是1000，输出数是1010；输入数是0.5，输出数是0.5+10；输入数是20，输出数是20+10。以这些特殊事例为基础抽象出一般规律："生：输入数加10就可以得到输出数。师：也就是说：输入数+10=输出数"体现了从特殊到一般的数学抽象；"0.5表示输入数，0.5+10表示输出数，也表示输出数比输入数大10；20表示输入数，20+10表示输出数，也表示输出数比输入数大10；a表示输入数，a+10表示输出数，也表示输出数比输入数大10；"以这些特殊事例为基础抽象出一般规律：a+10表示一种结果，也表示一种关系，体现了从特殊到一般的数学抽象；"生1：小红1岁时，爸爸1+30=31岁。生2：小红2岁时，爸爸2+30=32岁。生3：小红6岁时，爸爸6+30=36岁。"从这些特殊事例中可抽象出一般性数量关系：小红的年龄+30=爸爸的年龄。体现了从特殊到一般的数学抽象。数学抽象是指从客观现象中提取出共同属性、本质属性，并用数学语言予以表达的思维过程。数学抽象反映了数学的本质特征，是形成理性思维的重要基础。数学抽象过程中隐含着从定量到变量的发展过程，变量思想是函数思想的重要内容。因此，使学生体悟数学抽象、函数思想是本课的核心目标，贯穿了整节课。

3. 九级目标，能力有效落实。从以内容为中心到以目标为中心开展教学活动

三个阶段是指感知领悟阶段、行动实践阶段、评价创新阶段。九级目标是指了解、理解、认同、掌握、运用、分享、分析、评价、创新。初级阶段即感知领悟阶段，目标是了解、理解、认同，学生的思维处于低阶思维状态；中级阶段即行动实践阶段，目标是掌握、运用、分享，学生的思维处于中阶思维状态；高级阶段即评价创新阶段，目标是分析、评价、创新，学生的思维处于高阶思维状态。

教师以清晰的行动实践阶段的目标组织教学活动，以"你知道这掌声表示什么意思吗？"问题性知识引导学生进行自己观点的分享："生1：表示我们回答对了。生2：表示我提出的问题得到了同学们的肯定。生3：我觉得还表示：一个提出问题，一个回答问题，合作精神也值得我们发扬。生4：第三个也是对的：输出数＝输入数+10。""分享"是九级目标之一，在掌握、运用的活动基础上，以"经验"为重要思维对象。团队之中，多名学生自由地进行关于自己的活动经验的交流互动。

"东东每天早晨跑步800米，a天跑了（　）米。"学生学会以文字数量关系为依据选择正确的答案。以"先用文字表示数量关系，再用字母表示数量关系"的方法培养能力。"生1：每天跑的米数×天数＝总共跑的米数，所以选③800a。生2：速度×时间＝路程，所以选③800a。生3：每份数×份数＝总数，所以选③800a。"学生达到了评价创新阶段的"分析"目标。分析是指有条理地表达自己的思考过程和认识水平，分析是对知识之间的关系性、关联性的比较认识。"小红骑自行车每小时行a千米，小明步行每小时走b千米。如果他们在同一条路上，同时同地出发, 2小时后相隔（　）千米。""生1：因为小红的路程＋小明的路程＝他们相隔的路程，所以2小时后相隔（2a+2b）千米。生2：因为小红的路程－小明的路程＝他们相隔的路程，所以2小时后相隔（2a–2b）千米。"为什么有的用"加"，而有的用"减"呢？谁的对？"生3：老师，两种情况都可能，应该两种情况都对吧？因为题目没有限制走的方向，所以同向走或相向走都是对的。"学会有依据的思考，有依据的判断，是高水平思维的表现，学生达到了评价创新阶段的"评价"目标。评价是指依据标准对事物进行分析并且进行价值判断。学生以数量关系为标准，判断"用字母表示数"的正确性，这是评价创新阶段的高阶思维。

"东东每天早晨跑步800米，a天跑了（　）米。"学生在理解的基础上，把方法规律迁移推广到新的对象、新的情境之中，对知识的学习已经达到"掌

握"目标。"小红骑自行车每小时行 a 千米，小明步行每小时走 b 千米。如果他们在同一条路上，同时同地出发，2 小时后相隔（ ）千米。""运用"目标是指使用知识方法解决问题，行动取得实践效果，行动取得理性成果。学生综合运用知识、方法解决了小红和小明的距离问题这一实际问题，就已经达到了"运用"目标。教学目标即是科学制定的学习理论的目标，又已经有效地落实在教学活动之中。

（二）把握主体内涵，主体发展要活

1. 基于方法，思维灵活

"师：那好，看看是不是真有这样的规律，我们用魔盒验证看看。刚才输入的是整数，还可以输入什么数呢，你说。"教师有效地进行启发性提问，"刚才输入的是整数"是启示，"还可以输入什么数呢"是提出新的问题，以"启示 + 发问"的方式开展启发式教学。"师：请用一个式子表示出小红与爸爸的年龄关系，先用文字表示数量关系，再用字母表示数量关系。""先用文字表示数量关系，再用字母表示数量关系"抽象了学习方法，这是方法性知识，形成思维模块，学生自觉地将其应用于基础练习与综合练习之中，基于方法性知识培养能力。"生 1：我们知道：输出的数比输入数多 10。生 2：我们可以可以用文字表示数量关系，数量关系：输出数 = 输入数 +10。生 3：也可以用字母表示数量关系：a+10。""师：抓住信息—用文字表示数量关系—用字母表示数量关系（并板书）。学习方法是打开数学殿堂的一把神奇的钥匙。同学们，今天你们善思善学，找到了用字母表示数的方法。老师为你们喝彩！"教师引领学生抽象出学习方法"抓住信息—用文字表示数量关系—用字母表示数量关系"，以学习方法的迁移应用培养学习能力，促进教学目标的有效落实。"某公共汽车上原来有 28 人，到中心广场下车 x 人，又上来 y 人，现在车上有（ ）人。""说说你选它的理由是什么？"学生交流回答之后，教师进行有效评价："你能先分析数量关系，再写字母表达式，掌握了学习的方法，真牛！"教师以赏识的眼光赞美学生的能力，并且揭示了能力目标形成的思维对象——方法性知识。教师以对思维对象的清晰阐释促进数学思维的灵活发展。

2. 基于主动，个体活泼

"从图中你能了解到哪些信息？""生 1：小红 1 岁时，爸爸 1+30=31 岁。""生 2：小红 2 岁时，爸爸 2+30=32 岁。""生 3：小红 6 岁时，爸爸 6+30=36 岁。""生 4：爸爸比小红大 30 岁，小红比爸爸小 30 岁。"多名学生积极主动地回答了图中的多项信息。积极主动性能够促进个体生动活泼地发展，有效地促进主体内涵的落实。

3. 基于互动，团队活跃

"师：你能用一个式子简明地表示出任何一年爸爸的年龄吗？""生1：小红的年龄+30=爸爸的年龄。生2：当小红（a）岁时，爸爸的年龄是（a+30）岁。生3：当小红（b）岁时，爸爸的年龄是（b+30）岁。生4：当小红（x）岁时，爸爸的年龄是（x+30）岁。"学生的多种表达也形成了团队多轮互动的效果，有效促进了主体内涵落实。

"小红骑自行车每小时行a千米，小明步行每小时走b千米。如果他们在同一条路上，同时同地出发，2小时后相隔（　）千米。""生1：因为小红的路程+小明的路程=他们相隔的路程，所以2小时后相隔（2a+2b）千米。生2：因为小红的路程-小明的路程=他们相隔的路程，所以2小时后相隔（2a-2b）千米。""师：为什么有的用'加'，而有的用'减'呢？谁的对？理由是什么？""生3：老师，两种情况都有可能，应该两种情况都对吧？因为题目没有限制走的方向，同向走或相向走都是对的。"针对同一个问题，学生团队进行多轮交流互动，有相同的方法，有不同的答案，有一而再再而三的深入思考与回答，形成了有效的多轮互动，是思想与智慧的真正碰撞，从单向信息流动的"假学习"发展到了信息多轮互动的真正的学习活动。

（三）把握品质内涵，品质发展要厚

1. 基于规矩，养成良好习惯

"在这个魔术中，你学会了思考，你就猜对了。""学会思考"是规矩性知识，教师以清晰的规矩性知识，培养学生良好的思考习惯。很多学生答对后会表现出兴奋的表情与手势，统一的手势是在规矩性规范之下形成的。在规矩性知识的清晰引领下，学生群体与教师之间的互动回应效果良好。"因为小红的路程+小明的路程=他们相隔的路程，所以2小时后相隔（2a+2b）千米。""因为小红的路程-小明的路程=他们相隔的路程，所以2小时后相隔（2a-2b）千米。"学生以"因为……所以……"为规矩养成表达习惯。

2. 基于价值，树立优秀精神

"相信有了他的帮助，我的魔术一定能变得非常成功。"教师以比较隐蔽的方式赞扬了合作精神。"在大家热烈的参与下，我们团结协作发现了输出数的特点：输出数既表示一种结果，又可以表示一种关系。团结是个法宝。""团结是个法宝"是价值性知识，教师积极挖掘学习活动中的团结精神。"20+10既可以表示输出数和输入数的关系，又可以表示输出数。""我觉得你太了不起

了！一边观看魔术表演，一边观察思考，发现了魔盒的秘密。现在呀，你们说魔盒神奇，不如说你们能解决问题更有智慧。""能解决问题更有智慧"是价值性知识，教师基于价值树立精神。"合作解决数学问题"是行动的外在表现，"具有合作研究的科学精神"是品质的内在素养。"小红骑自行车每小时行 a 千米，小明步行每小时走 b 千米。如果他们在同一条路上，同时同地出发，2 小时后相隔（ ）千米。""生 1：因为小红的路程＋小明的路程＝他们相隔的路程，所以 2 小时后相隔（2a+2b）千米。生 2：因为小红的路程－小明的路程＝他们相隔的路程，所以 2 小时后相隔（2a-2b）千米。""师：为什么有的用'加'，而有的用'减'呢？谁的对？""生 3：因为题目没有限制走的方向，同向走或相向走都是对的。""师：学会有依据的思考，有依据的判断，是高水平思维的表现，养成了数学严谨的科学精神，掌声送给这些同学！"教师从学生严谨的表达中提炼出了"严谨的科学精神"，以知识活动为基础，以学生为中心，教书与育人双向落实，实现了从学科内涵的教学走向品质内涵的教学，从教书走向了教育，从数学教学走向了数学教育。

"三大内涵"齐驱助跑教育特色发展

——"认识梯形"课例研究报告

柳州市柳石路第四小学　骆宏斌

摘要：以课的整体性落实目标，把握学科内涵，凸现课堂特色，实现从知识教学到能力教学的跨越；以人的主体性进行学习，把握主体内涵，提升教育品位，实现从能力教学到习惯教学的跨越；坚持教育的可持续性发展，把握品质内涵，落实立德树人，实现从习惯教学到素养教学的跨越。"三大内涵"的发展助跑教育特色发展。

关键词：学科内涵，主体内涵，品质内涵，特色发展

一、几何概念教学中要解决的问题

"图形与几何"是小学数学课程内容四个领域之一，主要涉及现实世界中的物体、几何体和平面图形的形状、大小、位置关系及其变换。它是人们更好地认识和描述生活世界并进行交流的重要工具。

将 2001 年版的《全日制义务教育数学课程标准（实验稿）》与 2011 年版的《义务教育数学课程标准（最新修改稿）》中对几何领域的说明进行对比，

小学数学教学深度化创新："实—活—厚"

2001年版把研究"图形与图形关系"的学习内容归纳为"空间与图形"，而2011年版则将这个领域的名称修改为"图形与几何"。为什么要做这样的修改呢？

时间和空间是人们认识世界最为基本的概念：通过时间可以分辨事物之间的先后关系，得到事物的顺序差异；通过空间可以分辨事物之间的位置关系，得到事物的性质差异。因此，空间是一个关于物体存在形式的基础概念，人们从物体的存在形式中抽象出关于图形以及图形关系的概念，构成数学的研究对象。要研究这些概念的位置关系和变化规律，人们必须构建空间的度量方法，几何学就是研究如何构建空间度量方法的学科。

构建空间的度量方法是至关重要的，人们根据度量方法的不同称谓不同的空间。比如，把基于直线距离的有限维空间称为欧几里得空间，把基于内积的无穷维空间称为希尔伯特空间，把基于曲线坐标的空间称为黎曼空间，等等。通过对空间等概念的辨析，可以得知，空间是一个基础概念，从中抽象出的研究对象是图形及图形的关系，运用的研究方法是几何学。因此，用"图形与几何"作为此领域的名称其实是在揭示这个领域的研究内容和研究方法。

几何概念是学习几何知识的基础，是形成几何知识体系的基本要素，是学生建立几何学认知结构的着眼点和关键点。在义务教育阶段，所涉及的"图形与几何"的学习内容主要是欧几里得几何，研究对象是抽象出来的基于直线距离的平直的概念，如点、线、面、体，是欧几里得几何体系中的公理和性质，甚至是跳出欧几里得平行公理发展的非欧几何。那么如何让学生轻松掌握几何概念？发展空间想象力就成了几何概念教学必须解决的问题。

走内涵式发展道路一直是鱼峰区教育特色之一，即以课的整体性落实目标，把握学科内涵，凸现课堂特色，实现从知识教学到能力教学的跨越；以人的主体性进行学习，把握主体内涵，提升教育品位，实现从能力教学到习惯教学的跨越；以教育的可持续性发展人，把握品质内涵，落实立德树人，实现从习惯教学到素养教学的跨越。

二、解决问题的策略

《义务教育教学课程标准（2011年版）》指出，"图形与几何"的学习应帮助学生建立空间观念。空间观念主要是指实物特征与几何图形的双向建构，包括由实物特征抽象出几何图形和根据几何图形想象出所描述的实际物体；想象出物体的方位和相互之间的位置关系；描述图形的运动和变化；依据语言描述或通过想象画出图形；等等。学生通过对空间图形在静态和动态这两个层面上的认知可以建立空间观念，形成几何直观。

空间想象力就是依据感知经验在头脑中正确建构起客观事物的直观表象和依据直观表象建构起由词语定义或符号构成的概念意象。如何发展空间想象力？显而易见，要发展空间想象力就要建立空间观念、形成几何直观能力。空间观念的建立和几何直观能力的形成必将使学生的形象思维能力与抽象思维能力获得综合的有机发展，进而实现空间想象力的发展。几何直观是指利用图形描述和分析问题，借助几何直观可以把复杂的数学问题变得简明、形象，有助于探索解决问题的思路、预测结果。"几何"主要是指"利用图形"，这里的图形主要是指点、线、面、体以及由这四要素组成的其他几何图形；"直观"的目的主要是将"复杂、抽象的数学问题变得简明、形象"，帮助学生直观地理解数学。

（一）注重知识内涵的发展

布鲁姆在《教育目标分类学》中认为知识是"对具体事物和普遍原理的回忆，对方法和过程的回忆，或者对一种模式、结构或框架的回忆"。数学是一门抽象的科学，要重视直观，处理好直观与抽象的关系。万物皆有形，形象性是艺术的外显特征，数学课堂同样需要形象性。在数学课堂上，要想将抽象严密的逻辑推理过程直观形象地展现出来，教师就必须充分挖掘教材与学生资源，创设符合学生年龄特点的情境，借助学具、教具、多媒体等现代化手段，辅以亲切感人的艺术性语言，唤起学生的学习热情，轻松愉快地把学生带进瑰丽的知识殿堂。

1. 关注知识的形成过程，建构概念系统

《义务教育数学课程标准（2011年版）》提出："数学课程的内容不仅要包括数学的一些现有成果，还要包括这些结果的形成过程。"学生的学习是一个主动建构知识的过程，学生要获得数学知识和方法需要个人再现类似的创造过程，学生学习数学的过程已不再是学生被动地吸收课本上的现成结论，而是一个学生亲自参与的充满丰富、生动的思维的活动，一个经历实践与创新的过程。

例如，在"认识梯形"一课中，教师出示课件（图1）。

师：依据自己的生活经验，判断下列图形（图1）是不是梯形？

小学数学教学深度化创新:"实—活—厚"

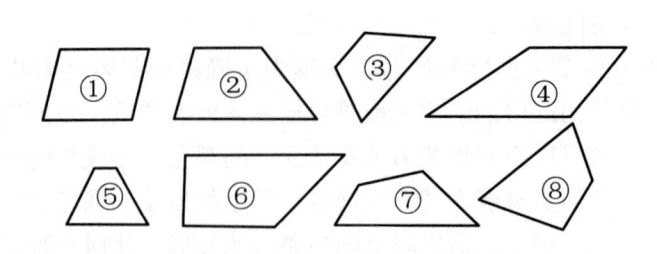

图1 《认识梯形》课件图

学生利用手中的平板电脑快速进行选择,教师即时获得反馈数据。

师:与平行四边形相比,形状、大小都不一样的梯形又有什么共同特征?

紧接着,学生进行有序探究,在对比观察、交流讨论中建立梯形概念的表象,借助工具动手操作,解决问题,对比辨析,进行验证,充分经历"现象—图象—抽象"的概念生成过程,建构概念系统的同时内化了推理和建模的思想。

这八个大小形状各异的梯形直接展现在课件上,形象又直观,符合小学生的思维特点。让学生依据自己的生活经验快速地判断图中的图形是不是梯形,完全交给学生,关注学生的生活经验,使学生对梯形的原有认知充分暴露。这时八个图形中的图形①平行四边形已是学生的旧知,在旧知的铺垫下,学生通过对比能够认识到平行四边形和梯形之间的差异,更好地掌握了梯形的特性。

2. 以丰富的外延揭示图形概念的本质特征

概念是反映客观事物本质属性的思维形式。正确的概念是科学抽象的结果。每一个科学概念都有其确定的内涵和外延。内涵代表概念所反映的事物的本质特征,外延代表的是概念所能囊括的所有个体或样例。只有让学生对概念的内涵和外延都有了准确的了解,才能使学生真正掌握概念。

课件提供了八种形状、大小不同的图形让学生进行认识,对多个静态梯形进行探索,以丰富的图形变式扩展概念的外延,引导学生借助想象、旋转的动象增强对图形概念外延性的认识,为学生深刻理解概念本质提供了有效的活动。本课的教学先从一般的梯形着手,如从生活实物中的梯子、鞍马、大坝横截面抽象出来的梯形,研究它们的共同点,得出概念的内涵,再将定义运用到特殊的梯形,使学生充分经历概念的形成以及对概念的认知、应用过程。

3. 动手操作,在对比交流中揭示概念本质

著名的心理学家皮亚杰说过:"儿童的思维是从动作开始的,切断动作与

思维的联系，思维就得不到发展。"要理解几何概念的本质，只借助看、听、说等方法是不够的，需要做到眼、耳、手、口、脑并用，在动手操作和实验探索中感悟和理解概念，总结出概念的本质属性。

要操作就不能流于形式，不能只是课堂"热闹了起来"，要做到由操作向理性认识飞跃，就需要把握学生的认知特点，让学生的思维紧贴着操作的过程，这样操作才能成为打开学生思维的钥匙。例如，在操作前进行学法指导，第一要明确"要做什么"和"怎样做"，给予必要的启发和讲解；第二是定向操作，借助教具或信息化手段直观演示操作的程序及其内在逻辑性。

工具是几何教学中必不可少的，合理地运用工具能够让空间观念的发展有具体的载体，在"认识梯形"一课中，验证对边是否平行有三种方式：第一种是利用延长线的性质，先用课件动画演示画延长线的方法，再让学生利用画延长线的方式判断对边是否平行；第二种是借助方格图，先通过一起数格子的方式验证平行线之间的距离处处相等，学生再利用手中透明的方格纸来验证不同的梯形；第三种就是平移，这也是最难掌握的一种方式，需要借助一把直尺和一把三角尺，或者两把三角尺，其中一把固定位置，另一把通过平移来验证对边是否平行，此方法特别需要教师进行操作程序的演示。

学生在动手操作中发现问题，如对于摆放位置斜着的③号和⑧号图形，会想到了先旋转，再利用方格图的方法，很快就能够解决问题。这样顺着学生的思维走，在师生、生生的对比交流中，教师灵活把握，让学生通过有效的操作，在多种数学活动中经历概念形成的过程，就能帮助学生的认识实现从表象到概念本质的质的飞跃。

4.解释拓展，在实际应用中巩固概念

学生理解与掌握了概念后，就需要将概念运用到新的情境中去，理解的目的在于应用，在于不断地充实、扩展，而概念的应用是概念学习的最高层次。运用已有概念解决相关问题，可以帮助学生在解决一些情景复杂的问题时，既能运用概念最本质的属性解决问题，又能巩固、完善和拓展概念，从而提升学生思维的深度和广度。

例如，在"认识梯形"的练习中，两个完全一样的梯形可以拼成什么图形？此题目既开放又有层次，这时可利用电子书包的素材，给学生提供三种类型的梯形：普通梯形、直角梯形和等腰梯形。不同的素材拼成的图形会不一样，但都需要把握梯形"只有一组对边平行"的特性。利用这组平行的对边做文章，如两个普通的梯形和两个等腰梯形拼出来的都是一个平行四边形，两个直角梯形可以拼成一个长方形。学生在操作活动中能够形成鲜明、正确、清晰的表象，这样学生就对于梯形的本质特征有了进一步的理解，并能够将梯形与其他图形联系起来。此练习拓宽了学生的思维，为学生以后的学习打下了坚实的基础。

5.沟通知识的内在联系，建构知识网

《义务教育数学课程标准（2011年版）》指出课程内容要将知识系统化。知识网络的建构可以把孤立静止的数学知识联系起来，使其活跃，可以更好地帮助学生学习系统化、结构化的数学知识和数学思想方法。引领学生体会某一知识可能是旧知识的"生长点"，也可能是新旧知识的"连接点"，向学生渗透事物是普遍联系的观点。

可通过画集合圈的方式，将平行四边形、梯形、长方形和正方形之间的联系形象地展示出来，探讨"长方形和正方形与平行四边形之间有哪些联系？"最后总结可知，一般四边形的两组对边经过质变出现一组对边平行就形成了梯形，两组对边分别平行就产生了平行四边形，四边形体系的建构丰富了各个图形的概念本质。

在"认识梯形"最后一个环节，教师利用一组平行线和另外两条直线的动态组合进行教学，在操作、想象活动中，学生不仅能根据梯形"只有一组对边平行"的特征直观辨认出梯形，还能将梯形与前面学过的四边形、平行四边形、长方形、正方形等进行辨析对比，加深了对图形之间的区别与联系的认识。教学通过概念的辨析、图形分类、集合思想的活动沟通了知识之间的内在联系，从表象到抽象的沟通形成了集合圈式的知识结构网络图，使课堂有了学科内涵的深度。

（二）注重主体内涵的落实

每一个学生都有自己的活动经验和知识积累，都有自己的思维方式和解决问题的策略。学生的学习不是一个被动接受知识、强化储存的过程，而是用原有的知识处理各项新的学习任务，通过同化和顺应等心理活动和变化，不断地构建和完善认知结构的过程。要基于学生的认识规律、心理特征和学习数学的特点，体现学生主体内涵。《义务教育数学课程标准（2011年版）》就指出："在教学活动中，教师要选择适当的教学方式，因势利导、适时调控、努力营造师生互动、生生互动、生动活泼的课堂氛围，形成有效的学习活动。"

1.充分发挥学生的主体地位

《义务教育数学课程标准（2011年版）》指出："教学活动是师生积极参与、交往互动、共同发展的过程。有效的教学活动是学生学与教师教的统一，学生是数学学习的主体，教师是学习的组织者与引导者、合作者。"教学效果的好与坏是由学生是否参与、怎样参与、参与多少决定的，如何发挥学生的主体作用，使学生积极主动地参与到课堂教学中来，真正成为学习的主人，便显得尤为重要。

例如，在导入新课时以"猜图形"的游戏激活学生已有的知识和经验，充分利用学生已有知识基础和生活经验是一个很重要的认知起点。学生带着"判断下列图形是不是梯形？""①号图形为什么不是梯形？""形状、大小不一样的梯形有什么特征？""什么样的图形叫梯形？"等问题进行思考、探究、交流，使课堂充满思考的氛围，学生主动、互动地参与活动，充分体现主体性。

2. 发展学生的数学核心素养

素养是学生知识、技能、态度和认知等多方面的集合体，它指向过程，关注学生在其培养过程中的体悟，而非结果导向，是一个伴随终生可持续发展、与时俱进的动态优化过程，是个体能够适应未来社会、终生学习、实现全面发展的基本保障，强调价值、情感以及态度的综合作用。林崇德在书中对核心素养进行了界定"核心素养是学生在接受相应学段的教育过程中，逐步形成的适应个人终身发展和社会发展需要的必备品格与关键能力。"

马云鹏认为，数学学科核心素养主要是指数学学习者在学习数学或者数学某一个领域所应达成的综合性能力。数学核心素养是一个高度抽象的思维产物，它高于数学知识和一般的数学思维方法，是指众多的数学素养中那些关键的、处于重要位置上、使用频度较高的素养，包括数学抽象、逻辑推理、数学建模、数学运算、直观想象、数据分析等多个方面。它只能在数学知识的学习过程中，数学思想方法的掌握过程中，通过逐步积累、领悟、内省形成。用史宁中的话说，数学的核心素养就是用数学的眼光观察世界，用数学的思维分析世界，用数学的语言表达世界。

例如，在"认识梯形"中，通过猜图形、探究、辨析活动，创设开放的思考空间，让学生在充分的操作、想象的活动中，认识梯形的特征及各部分的名称，既提升了学生的数学思维，又培养了学生的空间观念，在"激活经验—建构概念—把握本质—解释运用"过程中使梯形概念教学走向精致。在"梯形的高"教学活动中，教师给予学生充分的思考时间，让学生体验"观察—猜想—验证—结论"的学习过程和方法；鼓励、指导学生使用方格图、三角尺等工具进行探究，培养学生良好的学习习惯，引导学生抓住概念的本质进行思考。这些都是有效的学法指导。

（三）注重品质内涵的提升

《说文解字》中对"教育"的解释是"教，上所施，下所效也""育，养子使作善也"。捷克著名教育家夸美纽斯在《大教学论》中提出教育是把一切知识教给一切人，这是一种泛教育的思想，他认为"教育在于发展健全个性"。美国教育家杜威也说"教育即生活""教育即生长""教育即经验之不断改造"。这些思想落实到课堂即培养学生健全的人格，提升学生的素养，着眼于受教育者及社会长远发展的要求，面向全体学生，全面提高学生的基本素质，注重培养学生的态度、能力，促进他们生动、活泼、主动地发展。

在"认识梯形"中，教师利用电子书包，在课堂上适时进行面向全体学生学情的精准调查，既调动了学生学习的积极主动性，又为教师教学新课提供了所需要的学情信息。鼓励、指导学生使用方格图、三角尺等工具进行探究，培养学生良好的学习习惯。学生在电子书包上进行个性化展示，学生之间进行个性化的评价，这都旨在让学生获得成功的体验，主动参与到课堂中去，使学生充分体会到教育的幸福，感受到教育的"爱"，并将这种"爱"形成智慧，让教学品质内涵式发展，回归本真教育。

三、解决问题的过程与方法

教师的专业成长离不开"实践反思、同伴互助和专业引领"，而"磨课"则是这三位一体的综合体现。研磨过程更像是一次次创新、一次次推翻、一次次反思的历程。2016年注定是我从陪跑、陪练成为主角的一年，从城区的选拔到柳州市的决赛，最后到广西区赛场，青赛之旅让我"破茧成蝶"。一路走来我深有感触：磨课就是磨人的过程。磨课的同时，课在完善，人在成长。

（一）团队研磨——抓单元主题备课

单元备课就是单元的思维模式，单元的核心内涵与主要形式，单元教学的要素与课堂教学风格的统一。单元主题是指基于单元内容与教学所应落实的主题，主要包括单元的核心内涵、内在联系和主要形式。主题源于单元的课时，课时教学能有效地运用单元主题的策略，能有效地落实单元主题。在"认识梯形"研磨中，团队结合备课的"八备"策略，建构几何概念课的整体教学主线，构建学科内涵、主体内涵、品质内涵都得以发展的深度课堂。

（二）导师引路——对知识取舍有道

课堂上，简短的40分钟十分珍贵，如何高效地利用好每分每秒，设计好每一个步骤，一直是教师最为关注的内容。然而，面面俱到的结果往往是一无所获。导师指出：只有根据文体特点、学情、教情及教学目标，做到有的放矢，具备"任凭弱水三千，我只取一瓢饮"的取舍精神，才会更有收获"认识梯形"这节课的知识点多而散，包括梯形的概念及各部分名称、直角梯形和等腰梯形的特殊性、画梯形的高等，以及要沟通四边形之间的联系。如何取舍就显得尤为重要，不是不教，而是选择合适的素材整合知识，给学生留足思考和探究的空间。

（三）技术融合——研磨擦出新思路

对于如何进行信息技术与学科教学的深度融合，导师陈朝雄分析了信息技术进课堂的历程，从1.0版本整合到3.0版本的深度融合，始终要坚持以生为本，把握教育的内涵。概念教学需要丰富的素材支撑，这些学材从何而来便成了我们的着眼点，所以便有了学生借助电子书包根据生活经验判断梯形的课程。

四、成果创新点

（一）依托大数据，注重知识内涵的发展

数据素养是准确观察、分析和处理不断变化的各种数据，有效使用数据并促进决策的能力。教育者应能转换数据为信息，并最终将数据转化为行动化的知识，能持续促进学校或班级中的教与学。教师的数据素养具有三大价值意蕴：有助于教师适应数据驱动的文化，增强教学领导力；有助于教师科学决策教学，提升教学绩效；有助于教师适应科研的第四范式，促进科研成果产出。

"认识梯形"教学中，以"猜图形"的游戏激活学生已有的知识和经验，充分利用学生已有知识基础和生活经验是一个很重要的认知起点。紧接着依托电子书包判断"八种大小、形状不同的八个静态图形是不是梯形？"在数据的支撑下展开教学，变静态图形为动态图形、单向活动为多向互动，提高活动的效益。学生有序探究，想一想，说一说，动手操作，解决问题，对比辨析，进行验证，经历"现象—图象—动象—想象—抽象"多层次的发展过程，从而揭示梯形的特征，形成梯形概念。从而既关注了知识的形成过程，建构了概念系统，又丰富了概念的外延，揭示了图形概念的本质特征。

（二）巧用微课翻转课堂，注重主体内涵的落实

教材是最基本的课程资源，但教材静态呈现的文本特质与学生动态的学

习过程之间似乎需要某种桥梁，即课程。应对现有教材进行二度开发，设计开放的、运动着的课程内容和课程活动。在课程问题上，杜威认为要以儿童的兴趣和需要为基准点，重视课内外活动和直接经验。课程内容的"微创新"能更好地发挥学生的主动性，促进学生核心素养的发展。

要关注发展学生的数学核心素养。通过猜图形、探究、辨析活动，创设开放的思考空间，让学生在充分的操作、想象的活动中，通过微课认识梯形的特征及各部分的名称，学生观看微课之后完成学习任务单，期间遇到困难可以再次从资源库中调出微课观看，充分发挥主体地位，从而既提升了学生的数学思维，又培养了学生的空间观念。同时，数据的及时反馈增强了学生学习数学的兴趣，也为教师进行下一步教学提供了动态的学情信息，变静态的数学文本为动态信息，变单向活动为多向活动，提高了活动的效益。

（三）妙用交互思维，发展学生空间观念

交互即交流互动，是人与人之间、人与平台之间的相互交流和互动，从而能够碰撞出更多的创意和思想。交互媒介的引入正冲击着传统的教育观念，交互式思维的融入让课堂效果显而易见，促进了教学质量的提升。《义务教育数学课程标准（2011年版）》也指出："教学活动是师生积极参与、交往互动、共同发展的过程。"

电子书包作为一种全新的教学媒体走进学生的生活，能够使直观的数据即时呈现，让老师在课堂上适时进行面向全体学生的精准教学。未来的课堂也许不再局限于教室，但作为课堂两大主角的学生和老师不会变，会更加突显学生主体性和个性化发展，VR（虚拟现实技术）、AR（增强现实技术）的引入与学习共同体的组建丰富了生生间的交流，学生学习更加自主，学习效率有效提高。

在"梯形的高"教学活动中，教师给予学生充分的思考时间，让学生体验"观察—猜想—验证—结论"的学习过程和方法，巧妙运用交互思维进行有效的学法指导。在最后一个环节，教师利用一组平行线和另外两条直线的动态组合，引导学生在想象活动中与电子书包交互，在平板上操作图形。与学生交互能够使学生不仅能根据梯形"只有一组对边平行"的特征直观辨认出梯形，还能将梯形与前面学过的四边形、平行四边形、长方形、正方形等进行辨析对比，加深对图形之间的区别与联系的认识；与教师交互，共画集合圈，从表象到抽象的沟通有助于学生形成集合圈式的知识结构网络图。在多种交互思维下，在概念的辨析、图形分类、集合思想的活动中，知识之间的内在联系得到了沟通，学生的空间观念得到了发展。

数学概念是抽象的、严谨的、系统的，概念的教学离不开丰富的素材和对素材的整理分析，丰富概念的内涵离不开对概念的解释应用和建构网络。多例表明，在归纳和推理中建构概念的模型，不仅适用于几何概念的建构，还适用于其他数学概念的建构。小学数学概念教学是小学数学教学的重要组成部分，几何概念的教学也是其中的一部分。要将"认识梯形"中梯形概念的形成过程进行推广，基本都要经历四个环节"概念的引入—概念的形成—概念的巩固—概念系统的建构"。即提供直观感性的生活素材，搭建起生活经验与数学知识的桥梁，或者是利用旧知，沟通新旧知识的联系，其目的是在直观感知中建立概念的表象；使学生在观察、操作、交流等活动中揭示概念的本质属性，归纳、形成概念，这是从具体到抽象的环节；运用多种方式，将抽象的概念运用到具体事例中，加深学生对概念的理解和记忆，使新建立的概念得到巩固；寻找概念之间纵向或横向的联系，组成概念系统，使教材中的数学知识转化成为学生头脑中的认识结构。

"分数与除法"课例研究

——让体验更深刻，让学习更有效

柳州市柳石路小学　江娟娟

摘要： 随着教育的不断改革，新课程的不断发展，学生积极主动地进行学习是适应时代发展的要求。要注重课程内涵的落实，提升学生学习自主性；注重主体内涵的落实，培养学生的自主学习能力；注重品质内涵的提升，形成学生自主学习的习惯；使学生感受数学学习的魅力，获得富有生命活力的数学教育，全面提升学生的数学核心素养。

关键词： 内涵式发展　自主学习能力　核心素养

一、课堂要解决的主要问题

（一）研究的意义

《义务教育数学课程标准（2011年版）》中明确提出："学生学习应当是一个生动活泼的、主动的和富有个性的过程。"数学教学活动应激发学生兴趣，调动学生积极性，引发学生的数学思考，鼓励学生的创造性思维；还要注重培养学生良好的数学学习习惯，使学生掌握恰当的数学学习方法。小学生处在形成良好学习习惯的重要阶段，教师通过合理的引导，培养小学生自主学习数学的能力，增强小学生自主学习数学的意识，全面提升学生的数学核心素养。

（二）研究的价值

分数是小学生对数的概念的一次重要扩展，也是小学生对数的认识的一次重大飞跃，它对学生更好地理解数的连续性与可分割性起着非常重要的作用。分数概念不但抽象，而且复杂，是学生认识和理解时最容易出现问题的概念。因此，帮助学生正确认识分数的意义，全面立体地建构分数与除法的关系，是小学数学分数教学的一项重要任务，也是提高小学数学教学质量的基石。通过研究能够帮助学生建构有效的数量关系，丰富学生对分数概念的深刻体验，逐步完善学生的认知结构，让学生学习更加有效。

（三）存在的问题现象

学生的数学学习过程是一个自主建构对数学知识的理解的过程，他们带着原有的知识背景、活动经验和理解走进学习活动。为了使每一个学生在课堂上都能主动的学习，充分的参与和最大限度的发展，我们进行了教学前测。

前测内容：

1.把1张正方形纸平均分给4个人，每人分得多少张？把3张正方形纸平均分给4个人，每人分得多少张？

2.计算1÷7得多少，你有几种方法？

3.把24颗糖平均分给3个人，每人分得多少颗？每人分到它的几分之几？

前测结果：

第1题正确率分别是97%、43%，说明当单位"1"是一个物体时，学生能很快根据分数的意义找到答案；而当单位"1"是一些物体而且不能分得整数结果时，学生就出现疑惑了，不知道分得的结果是多少。

第2题：98%的同学只想到一种方法去解决问题，即列竖式计算。少数的同学能想到用分一分的方法去尝试。

第3题正确率分别是96%、32%，大部分学生都能用正确的方法解决关于"量"的问题，但解决关于"率"的问题时正确率较低，可见，学生在这类问题上存在着很大困难。

（四）提出的问题

1.本节课例存在的现象

通过学生反馈上来的具体信息，我了解到：本节课之前，学生已经学习了分数的意义,这为学习本节课内容打下了基础。在理解分数与除法的关系的过程中,难点有两个。一是理解具体情境中的"张"所表示的意义。例如,建立分数与除法的联系时,对于学生来说理解3÷4的结果是四分之三张存在困难。二是学生理解时容易混淆分数两方面的意义(分数既可以表示"分率"又可以表示"数量"),这部分的知识也比较抽象。

而在日常教学中我们还会发现,学生虽然已经学过分数与除法的关系,但在遇到实际问题时经常不愿意或不习惯用分数表示除法的商。这一现象的背后蕴含着什么样的本质问题呢?在学生看来,用整数和小数才能表示计算的结果,而分数不行。是什么原因造成学生认识上的误解呢?怎样让学生区分量与率?

以上几个问题都和"分数与除法的关系"有关。对于分数与除法的关系,很多学生的认识仅仅停留在"被除数相当于分子,除数相当于分母,除号相当于分数线,商相当于分数值"这个外在的形式上。这说明在教学中,我们往往只关注了分数与除法的外在联系,而忽视了它们之间内在的本质联系。怎么帮助学生理解分数与除法之间的本质联系——用分数表示除法运算的结果?如何帮助学生认识分数的两种意义,并理解它们的内在联系和区别?都是我们要面临的问题,已成为我们分数教学中迫切需要解决的问题。

2.一般的课堂存在的现象

在小学数学教育中,教师可能会因教学目标、教学方式等影响,过于重视知识的讲授,而忽视了学生自主学习能力的培养。反思多数的数学课堂,我们可以发现教室里年复一年重复着这样的现象:教师问、学生答,教师讲学生听。课堂上经常存在以下问题。第一,小学生进行数学自主学习的参与度低。学生发言、提问的积极性不强。第二,小学生进行数学自主学习的学习效率较低、效果较差。学生的思维灵活性不强,较难提出自己的想法或创新的观点。第三,小学生没有形成良好的自主学习意识与习惯。第四,小学生缺乏良好的自主学习方法。

3.解决的主要问题

对于数学学科而言,学生自主学习能力的培养是十分关键的。每个孩子都是独一无二的,面对数学学习内容的丰富性,满堂讲不可取,满堂问不可取。在小学数学教学过程中,如何构建有效的自主学习,全面提高小学生的自主学习能力呢?如何使学生在自主学习中积累丰富经验,增强能力,掌握更高明的方法?这对学生核心素养的奠基意义深远,是我们目前必须解决的问题。

特别是在帮助学生理解分数与除法之间的本质联系的过程中,提高学生学习的主体性；在用分数表示除法运算的结果，并理解它们的内在联系和区别的教学活动中，使学生掌握学习方法，进一步体现学习自主性，皆已成为我们分数教学中迫切需要解决的问题。

二、解决问题的策略

（一）注重课程内涵的落实，提升学生学习自主性

1.激活经验，制造冲突，激发学生自主探究欲望

数学经验是体验的基础，教师应从学生已有的经验出发，结合本节课学习内容设计引发知识迁移和激发探索的导向性问题，提供给学生自我探索、获得知识的直接感知体验，满足学生自我实现的需要。

创设情境，提出问题。

师：同学们看过江苏卫视的《一站到底》吗？今天就来玩一玩数学课的"一站到底"，如果全部闯关成功，你就是本轮的战神。准备好了吗？开始答题。

24÷2=   5÷2=   3÷10=   5÷9=

学生挑战：24÷2=12，5÷2=2.5，3÷10=0.3

5÷9=，学生答不出。

师：看着这些题目，你有什么想问的？

学生提问：

生1：怎么这么难算？

生2：为什么算得这么慢？

师：这样的两个数相除，怎样最快写出结果呢？今天我们就一起来研究这样的问题。

"分数与除法"一开课即以抢答激趣，设计了游戏引入环节，以学生耳熟能详的"一站到底"开课，学生很感兴趣，营造了活跃的课堂氛围，激发了学生探究的兴趣。虽然只是简单的4道除法口算题，却激活了学生原有的知识经验：24÷2=，5÷2=，3÷10=，5÷9=。前3题，学生争先恐后的抢答，最后1题，却停住了。在此，引发学生思考"前几道题，大家都算得很快，最后一题却算不出来，看着这些题目，你有什么想问的？"以5÷9制造激活经验认知上的冲突，从而激发学生的学习需要和求知欲望。由于年龄等多方面因素的影响，学生提出的问题并不是很到位，如"怎么这么难算？""为什么算得这么慢？"老师应及时给予肯定，赞扬学生提问题的探索精神"提出一个问题比解

决一个问题更重要",使学生愿意提问、喜欢提问,进而提出"两个数相除,怎样最快写出结果?"这一核心问题激发了学生积极主动的探索,真正做到了"为学生的需要而教"。通过口算练习,从分数的产生上帮助学生加深和扩展对分数的理解,为接下来的学习埋下伏笔。著名教育家赞可夫曾说:"教学法一旦触及学生的情绪和意志领域,触及学生的精神需要,就能发挥高度有效的作用。"有位老师说过,"数学味道"就是数学课中的"情趣与思想"。数学课如果只注重情趣没有思想,学生学得就不会深入;只有思想没有情趣,学生就会感到枯燥,难以热爱。好的开端是成功的一半。

2. 经历知识动态发展的过程,自主构建,拓展自主探索的空间

突出问题与方法,开展探索活动。

师:大家喜欢吃比萨饼吗?那我们现在就去比萨店看看吧。你看到了哪些信息?想提什么数学问题?

生1:我看到了6块饼平均分给3个人,我提的问题是每人分得多少块?

生2:我看到了1块饼平均分给3个人,我提的问题是每人分得多少块?

师:都很善于观察,找到了关键的信息,也很善于思考,正确地提出了问题。会思考是高人才的重要素养。

师:会解决问题吗?说说你是怎么想的?

生3:我会解决"6块饼平均分给3个人,每人分得多少块?"。

生4:6÷3=2(块),6块饼平均分给3个人,每人得两块饼。

师:一人回答了问题,一人解决了问题,两人合作,合作精神值得发扬,掌声鼓励。

在具体情境中开展教学活动,这是教学的三大重点之一。教师创设"分饼"生活情境:"大家喜欢吃比萨饼吗?那我们现在就去比萨店看看吧。你看到了哪些信息?想提什么数学问题?"学生在情境中找出数学信息,并提出了"6块饼平均分给3个人,每人分得多少块?""1块饼平均分给3个人,每人分得多少块?"等数学问题,亚里士多德曾说过:"思维是从疑问和惊奇开始的。""疑问"能使学生产生认知冲突,促进学生积极思考,从而才能实现创新。这里的"疑问"就是问题。可以这样说,创新始于问题,没有问题就不能创新。

具体操作,直观演示,解决分数与除法的关系问题。

师:6÷3=2(块),总块数÷人数=平均每人得的块数。

师:第二个问题,你会做什么呢?1块饼平均分给3个人,每人分得多少块?

生1:我只会列式,不知道对不对,1÷3。

小学数学教学深度化创新："实—活—厚"

师：谁能说一说这种想法的理由？
学生说不清楚。
师：老师明白你的意思，就是把1块饼平均分给3个人。
师：老师举着教具，你能用这个将这块"饼"平均分吗？
生2：先把饼切割了，再分给3个人。
师：谁听懂他的话了？
生3：我听懂了，就是用刀切割饼，平均分。
师：敢于思考，敢于表达自己的思考，不怕错的精神就是科学家的精神。热烈掌声鼓励。
学生纷纷举手，想发言。
师：有这么多敢于挑战困难的同学，真不错。
师：先切割饼，再分给三个人，再用数表示每人分得的饼，是一种好方法。
师：我们就一起用学习卡，摆一摆，画一画，填一填，看看谁能找到正确的答案。
学生在学习卡上尝试解决。动手操作，摆学具切割饼，并完成学习卡。
学生展示交流。
师：（小结）刚才的学习中有两个非常好的发现，一个是除法的知识，1÷3，两个整数相除，可以用分数来表示除法结果，结果是三分之一。另一个是很好的学习方法：先切割……，再分给……，再用分数表示。
师：再遇到问题，你会用这种方法吗？
学生纷纷表示会。
师：3块饼平均分给4个人，谁能提出问题？
生1：问题：每人分得多少块？
生2：每人分得几分之几？
师：都是很有特色的问题。一起来分一分吧。
学生迁移方法，操作学具，尝试解决问题。
学生展示交流。
方法一：切饼，每块饼平均切割成4份，分第一块饼，平均分给4人，用数表示是1÷4，每人得到1个$\frac{1}{4}$块；同样分第二块饼，平均分给4人，1÷4，每人得到1个$\frac{1}{4}$块；同样分第三块饼，1÷4，每人得到1个$\frac{1}{4}$块。分三块饼就

是 $3÷4$，每人得到 3 个 $\frac{1}{4}$ 块，就是 $\frac{3}{4}$ 块。

方法二：切饼，三个饼摞起来平均切割成 4 份，分饼，平均分给 4 人，每人得到这其中的 1 份，也就是这个饼的 $\frac{3}{4}$ 块。

教师用课件强化展示，并在黑板贴图、板书。

学生借助学具动手操作，进行具体分饼活动，学生自主探索积极体验，这为学生概括分数与除法的关系提供了足够的操作经验。学生初步体会了分数的另一种含义，即表示具体的数量。学生理解了 1 块饼平均分给 3 人，每人分得这块饼的 $\frac{1}{3}$，每人分得 $\frac{1}{3}$ 块；3 块饼平均分给 4 人，每人分得这些饼的 $\frac{3}{4}$ 块。得到了两个算式"$1÷3=\frac{1}{3}$""$3÷4=\frac{3}{4}$"。

接下来，让学生观察算式，问"你发现了什么？"学生说"有规律"。在此，教师并不用急着总结规律，而是让学生凭着这种感觉再写一些这样的式子，帮助学生把头脑中模糊的感觉继续进行强化，从学生中收集到更多这样的算式，实现数据的收集。最后，学生通过用自己的语言来总结规律，得出规律。

问题性知识的动态发展促进了学科内涵的扎实落实。教师围绕"分饼"精心设计了一个大情境，学生在这一个大情境中，自己发现了问题，并提出了关于解决"分饼"的一系列问题，如"每人分得多少块？""每人分得几分之几？"从而以此展开一系列的探索活动。在此，这些数学问题是问题性知识的动态发展，能够培养学生提问题的能力，促使学生为问题而思、而问、而学。让学生在具体情境中筛选数学信息，提出数学问题，并分析和解决问题，培养学生的问题意识。

方法性知识的动态发展促进了学科内涵的扎实落实。在本课中，教师从学生实际出发创设了有"分饼活动—发现规律—收集数据—总结规律"一系列程序的探究活动，"先切割饼—再平均分给人—又用数表示"这些程序就是方法性知识的动态发展，在活动中学生是经过自己的探索和思考得出结论的，即"分数与除法的关系"，遵循了学生的认知规律，学生经历了知识形成的过程。对于本课的教学重点"分数与除法的关系"学生掌握得很好，这正是由于教师与学生共同经历了"经验—模型—符号"方法性知识的数学化过程。这真正体现了课程标准的理念：数学活动应该是学生经历数学化的过程，是学生自己构建数学知识的活动。

3. 数形结合，把握学科本质，引导学生学会自主思考

数形结合思想就是通过沟通"数"（数量关系）与"形"空间图形的联系来形成数学概念或寻找解决问题途径的思维方式。在教学时，教师力求用数与形的结合，让学生借助直观图形深化对"$1÷3=\frac{1}{3}$""$3÷4=\frac{3}{4}$"的理解，沟通除法与分数的关系。教师借助学具动手操作，为学生概括分数与除法的关系提供了足够的操作经验。学生通过分饼过程，初步体会了分数的另一种含义，即表示具体的数量。知识是什么，是思考的结果、经验的结果。对分数与除法关系的理解过程是以具体可感的圆片为材料，以动手操作为方式，在丰富的表象的支撑下生成知识的过程，是一个不断丰富感性积累，并逐步抽象、建模的过程。

通过教学前测我们可以发现，由于学生在学习分数的意义时已经对把一个物体平均分比较熟悉，所以在此之前，要把一块饼平均分给3个人时，学生能轻松地解决问题；但在本环节，学生理解"把3块饼平均分给4个人，每人分得多少块？"是存在一定困难的，这是本节课教学的重点，也是难点。教师在学生具体操作的基础上进一步进行直观演示教学，借助课件演示回顾分的过程，在黑板上用图形表示出学生"分饼"的过程，并用数学算式表示出来，进行贴图和板书。教师利用数形结合，使学生理解3块饼的$\frac{1}{4}$是3个$\frac{1}{4}$块，也就是每人分得$\frac{3}{4}$块，沟通新旧知识之间的联系；用图形来突显分数的意义，展现了一个具体到抽象的过程，把握了数学的本质；在黑板上留下学生学习的思维过程，关注学生个性差异，帮助不同层次学生理解分数与除法关系。教师注重学生学科素养养成，在渗透数学思想方法的同时培养学生自主思考能力。实践证明，每位学生都有学好数学的潜力。教师要提供合理的学习材料和思维支架，引导学生在操作、观察、讨论、思考中发现数学规律，促进学生思维逐步深入。学生的具体操作与教师的直观演示有效地帮助学生突破了本节课的重难点知识。

教学过程关注了以下几个方面：一是提供直观具体的材料；二是在充分使用这些材料的基础上，让学生逐步自己发现结论，从文字表达到文字表示的等式再到用字母表示，经历从复杂到简洁，从生活语言到数学语言的过程，也经历了一个具体到抽象的过程。

（二）注重主体内涵的落实，培养学生的自主学习能力

1.多种感官参与探索，激活思维，鼓励学生个性化学习

多种感官参与探索过程，加深对知识的理解。在探索分数与除法的关系，理解分数商的意义时，教师设计四人一组为单位进行探究，切合了问题情境，便于检验平均分的结果。通过分一分、说一说、看一看、摆一摆等形式，让学生直观地感知、完整地思考，学生有了表现自我的机会和成功的体验，发挥了主体作用。通过小组交流，让更多的学生能运用正确的学习方法，体会分数与除法的关系，准确地用自己个性化的理解表达分数商的含义，加深学生的理解。学生积极采纳有益意见，交换见解，产生思维碰撞，形成自己创造性的见解，在个性化学习中求"活"、求"异"，启迪思维。激活学生思维、发展学生智力、培养学生能力是课堂学习目标之一。教学实践中，鼓励学生充分调动多种感官参与探索，引起学生积极思考和创造的兴趣，给学生自主、个性化学习的机会。

2.多层次启发，逐步抽象，实现学生自主构建

任务：观察比较，发现规律。

师：你能发现这样的式子的规律吗？你能凭着这种感觉再写一些这样的式子吗？

师：观察比较这些算式，你们能用自己的话说说这些算式有什么规律吗？

任务：归纳关系。

师：大家所说的这些规律其实就是分数与除法的关系……为了更简洁地表示分数与除法的关系，我们还可以用字母表示。

生：……

学生知识的掌握需要经过一个内化的过程，尤其是数学教学，教师更要充分提供表象，遵循由具体到抽象的认知规律，使学生将具体形象的感知过程内化为头脑中的智力活动。教学中为了照顾到不同层次的学生，教师根据学生实际情况，多层次启发，"层级式"前进，为学生搭建阶梯，由表及里地帮助学生明晰道理。第一层次教学，以直观形象辅助，通过画图，课件展示平均分的过程，利用直观形象的动画过程帮助学生正确解决"率"与"量"的问题。第二层次教学，通过正反例的展示交流，让学生自己说理由、找方法，在思辨中寻找正确的结果。第三层次教学，学生通过互相思辨、互相启发、互相帮助，更好地探讨知识间的内在规律，去解决实际问题。让学生经历知识形成的

过程，实施探究学习、体验性学习，促进知识的自主建构。

（三）注重品质内涵的提升，形成学生自主学习的习惯

1.重视学生学习方法的指导，教会学生自主学习的方法

学法指导是培养学生自主学习能力，使学生形成自主学习习惯的第一步。在学生完成综合练习后，教师设计了"率"与"量"的对比，教会学生用观察比较的方法发现"率"与"量"的联系与区别，抓住概念的本质，帮助学生掌握解决问题的方法。在拓展练习中，教师指导学生运用数形结合方法，帮助学生化繁为简、化难为易，解决有一定难度的问题。教师通过数学学习方法渗透和细心指导，帮助学生掌握正确的学习方法，扫清学习障碍，提高学习效率和学习积极性，促进学生自主学习能力的发展。

2.重视学生学习过程方法提升，使学生获得正确、适合自己的学习方法

师：现在用这个关系回头再看看这道题，你很快算出结果了吗？3÷10你会表示成分数吗？

师：我们现在回头看看：这节课有什么收获，今天这节课学到了什么知识？今天这节课是怎么学习的？学习方法是……今天的学习活动中哪一种精神给你留下了深刻的印象？也可以说说自己的表现是怎么样？

生：……

问题寓于方法，内容承载思想，落实核心素养。总结和反思是学生数学学习活动的重要组成部分，在问题解决后我们还应深入地去思考。这种回过头来重新审视问题的习惯就要由教师在学生解决问题、掌握知识后进行适时引导。数学学习是一个问题解决的过程，方法自然就寓于其中；内容则承载着思想。也就是说，知识本身仅仅是我们的一方面，更为重要的是以知识为载体渗透的思想方法。

掌握正确、适合自身的学习方法正是学生会学习的一种表现。就分数与除法而言，如果仅仅为得出一个关系式而进行教学，就只是抓住了冰山一角而已。实际上，借助于这个知识载体，我们还要关注蕴藏其中的归纳、比较等思想方法，以及如何运用已有知识的方法探究得出新的知识方法，从而提高学生的数学核心素养。学习方法的获得离不开教师的引导和点拨。在结束新知学习后，设置"回头看"教学环节，关注学生学习的过程和方法提升，帮助学生将在本节课中感受了、经历了、运用了的方法进行提炼总结。实践研究证明：知识概念要建模，过程方法也同样要建模。在学习完知识后教师要和学生一起将相关联的、同一个系统的知识进行有效的整合，形成结构性知识，形成正确的

学习的方法性知识。这样才能让学生在数学学习中体验得更深刻，实现学习方法的提升，帮助学生获得正确、适合自己的学习方法。

三、解决问题的过程与方法

（一）理论学习，专家引领

在课例研究之前，我们研究团队开展了专题化学习，用《基础教育课程改革纲要（试行）》和《义务教育数学课程标准（2011年版）》指导教学行动，让课堂教学活动更有高度。在教研员陈老师的专业引领下，以课例为载体，鱼峰区小学数学中心备课组落实"实、活、厚"三要内涵：把握学科本质，学科内涵要实；把握主体内涵，学生发展要活；把握品质内涵，素质发展要厚。学科内涵奠定基础，主体内涵彰显活力，品质内涵提升品质。我们将三要内涵发展与课例研究相结合指导课堂教学改革。

（二）团队研修，共赢成长

我们以课例为载体，组成了研修团队。团队各成员同心同力，在团结协作的基础上，大家分工明确，各司其职。团队建设分为三个梯队，分别是核心组、骨干组、技术组。除行政主管全面负责团队的工作外，核心组要负责理论研究、教学设计；骨干组主要负责教案的实施研究、前测后测的收集、分析等；技术组主要以跟班学习、制作课件为主。每位成员在研课中都展现了勇于承担，积极思考的学习态度，把一个人的力量转化为一个团队的力量，用团队去影响同伴，用集体带动大家。不再局限于基层教师单兵作战，而更多地体现为同伴互助，通过研究共同体的建立，完善和发展了师徒结对的模式，形成了研究合力。

（三）问题聚焦，集体备课

以课例为载体，让参与活动的老师更好地解决课堂教学中存在的问题，通过一课研究统整一个领域，以真实的教学实践为研究载体，让教师在自己的课堂情境中反思自己的行为，让教师在团队研修互动、建构中获得深刻的专业成长体验。

以问题为驱动，深入课堂教学实际，以解决问题为目的开展课例研究活动。围绕教学中教师普遍反映的"如何构建有效的自主学习，全面提高小学生的自主学习能力？"等一系列问题，开展"落实内涵发展，培养学生自主学习能力"小专题集体备课活动。通过问题聚焦，集中教育智慧，学科小组内进行"小精专"备课，研讨教学重难点和教学实施策略，形成共案，以研究成果带来教学改革新局面。

通过核心问题引领、数形结合、丰富的个性化体验、思想方法的提炼与习得帮助学生清晰地认识"分数与除法的关系"，扎实地理解分数的两种不同的意义，突破了分数概念教学中存在的问题，以问题引领让自主探索的目的更明确。问题寓于方法，内容承载思想，培养学生的思维能力，提高学生思维的深刻性，帮助学生养成追根溯源的探索精神，发展学生的数学核心素养。

（四）观课、研课、实训研究

课堂是促进教师专业化成长的主阵地和主渠道，只有不断反思、不断改进，才会有进步。以"发现问题—分析问题—寻求策略—实践探索—反思总结—回归实践"方式进行观课、研课、实训研究。执教教师先根据学生学情，结合自身的工作实际，形成实案；然后上教研课，备课团队现场观课。进行主题评课，交流讨论，发现问题、分析问题；最后开展实训式研究解决问题的策略，进行研磨改进。通过课例打磨，使教学更加合理，充分实施三要内涵教学，培养学生自主学习能力。

四、成果创新点

（一）动态发展形成个性化的学习

未来社会呼唤主体意识，要求学生生动活泼、个性化发展。教学应为学生们释放学习空间，开放学生思维，发散学生思路，鼓励学生个性化学习，让他们自由地发问，大胆地猜想、批判，主动探究，个性化表达，教师给予适度的引导。长期坚持下来，使学生慢慢地养成个性化的学习习惯，为学生的思维深入打下良好的基础，使学生的学习方式发生深刻而积极的变化，帮助不同水平的学生都能获得成功的数学学习体验。

（二）基于规矩培养学生自主学习习惯

叶圣陶说："教育就是培养习惯，把良好的学习习惯转化为学生内在的需要或倾向，那就是教育的成功。"自主学习习惯是学生良好学习习惯的重要组成部分。在教学中应提供机会，让学生自己去体验，让学生经历观察、归纳、发现、探索的学习历程。教给学生方法，让学生自己去锻炼。在教学中，让学生逐步自主尝试举例、发现结论。设计挑战，让学生自己去解决。设置分层练习，给学生自主学习的空间。

为学生创造更广阔的学习时间和空间，把课堂打造成学生思维力、观察力、记忆力、注意力的"训练场"，成为学生学习方法指导的主阵地，真正改变学生的学习方式，培养学生自主学习的习惯。

（三）基于价值激活学生的创新精神

让学生学会自主学习的最高层次就是让学生学会创新。在教学中，在新旧知识连接点制造认知冲突，唤醒学生的创新意识。创设猜想、探索、验证的学习活动，激活学生的创新思维。为学生提供思维支架，调动学生主动参与认知的积极性，让学生经历知识形成的过程，促进学生知识的自主建构。提供学法指导，在数学教学中提高学生的创新能力，促使学生学会创造。

小学数学主体特色课堂的实践研究
——以三年级上册"吨的认识"为例

柳州市鱼峰区箭盘山小学　吴玉萍

【摘要】时代呼唤人的主体性，课堂教学中应充分体现学生的主体性。尊重学生的主体地位，培养学生的主动性、能动性和创造性是社会发展对学校教育的必然要求。本文从提出问题、思考策略、研修过程、创新之处、实施成效五个方面梳理了创建主体特色突出的课堂的实践研究成果。通过注重对接经验，激发学生在积极思考中感知概念；组织实践活动，促使学生在自主体验中理解含义；指导合作交流，引导学生在互动参与中应用知识；聚焦趣味问题，培养学生在主动反思中体会价值，使学生成为认识的主体、创造与发展的主体。

一、教学问题提出的价值

《义务教育数学课程标准（2011年版）》提出："教学活动是师生积极参与、交往互动、共同发展的过程。有效的教学活动是学生学与教师教的统一，学生是学习的主体，教师是学习的组织者、引导者与合作者。"主体特色课堂即促进学生主观能动性发展的的课堂。在教师的引导下，学生积极、自主、主动地参与课堂教学活动，形成良好的师生之间、生生之间的友爱互动关系，使学生养成主动参与、乐于思考的习惯，形成良好的数学素质和学习品质。在小学数

小学数学教学深度化创新："实—活—厚"

学课堂上创建主体特色突出的课堂是素质教育提出的要求，也是学生主体健康发展的必然趋势。

（1）了解学习价值，对接学生经验。顾明远提出："学生既是教育的客体，又是教育的主体。"本单元的学习是学生今后学习的重要基础，为提高学生的解决问题能力和实践能力创造了条件。美国著名教育家杜威强调，教育必须建立在经验的基础上，教育就是经验的生长和经验的改造，学生在积累经验的过程中产生问题，而问题又可以激发他们去探索知识，产生新观念。在本课的学习中，学生借助生活经验丰富对"吨"的感性认识，感受数学知识在生活中的应用，并调用生活经验和学习经验，将知识和方法应用在解决问题的过程中，最终对常用的质量单位形成比较系统、完整的认识。

（2）明确问题要义，增强情感交流。苏霍姆林斯基曾说："真正的教育意味着人和人心灵上最微妙的接触。学校是人们心灵相互接触的世界。"积极的情感体验可以促进学生脑细胞的活动，从而激发学生的发散思维，形成积极的、互动交往的课堂教学氛围。"质量单位"在学生的现实生活中存在，但是学生对"克""千克"相对熟悉，对大的质量单位"吨"的感性认识和体验较少，对三个质量单位之间的逻辑联系没有系统的学习，因此只有建立起质量单位间的联系才有助于学生从整体上把握质量单位。教师结合教材的内容和学生的生活实际精心创设有效、有趣的教学情境和问题，为"文本"注入了"人本"的新活力。在师生真情实感的交往互动中，教师用爱开启学生的心灵，真正为学生创造一种乐学的环境，让学生充满信心，积极地进行学习，愉快地参与到"吨"等质量单位知识的形成过程中，继而在解决现实生活中问题的过程中感受数学学习的成功和快乐。

二、教学活动实施的策略

"做数学"是数学主体性课堂教育的重要观点，强调学生学习数学是一个现实的体验、理解和反思的过程，强调以学生为主体的学习活动对学生理解数学的重要性。

（一）注重对接经验，激发学生在积极思考中感知概念

（1）在分类活动中，引导学生关注新旧知识的联系。教师出示生活中有"千克""克""吨"不同质量单位的物品图片，无序摆放，如"一支牙膏150克""一张课桌10千克""一个书包5千克""一艘轮船载重5 000吨"等。学生思考："按什么标准分？"然后尝试将图片进行分类。

请学生上台展示分类的过程,并说说自己为什么这样分,其他学生看看和自己的想法有什么相同和不同之处。

通过这样的感知活动,让学生观察、调动已有知识,联系实际生活经验进行分类,在联系和对比中初步感受到"吨"与"千克""克"的不同。

(2)在主动交流中,引导学生联系生活感知学习价值。"语言是思维的外壳。"学生交流对质量单位的分类标准和分类过程中的想法,有助于学生更加明确学习"吨"这个质量单位的必要性,激发学生主动学习新知的兴趣。教师播放货运码头集装箱装卸货的情境视频,学生观看后,交流生活中在哪里还看到过用"吨"做质量单位的物体。

学生出示收集到的"大宗物品"或"计量较重"的图片,如"超市仓库存货30吨""桥梁上限制通过载重50吨""一列货运火车载重300吨""食用油生产商生产了1 000吨花生油"等图片。

生生互动,学生边看边思考:"吨"和"克""千克"比较,是一个怎样的质量单位?通常是什么物品的质量单位?

互动交流调动了学生的生活经验。学生通过展示自主收集的生活中的较大质量单位,在自主对比、自由对话中感知了"吨"的作用。这既体现了数学生活化,又让学生感受到了学习新知识"吨"的必要性。

(二)组织实践活动,促进学生在自主体验中理解含义

教师组织丰富的、有层次的实践活动,促进学生通过自身的主动参与、同伴协同参与活动,在自主体验中理解"吨"这个概念的含义。

(1)模拟操作,调用学生生活经验。研究表明:在学习时,如果仅靠听和看,最多能吸收30%的新知识;如果动手操作,可以吸收90%以上的新知识。教师结合学生生活实际,调用学生的生活经验,让学生扮演收货员的角色进行统计登记,参与"仓库卸货数大米"的操作活动,让学生用自己的语言来数一数。这样,学生经历了"10个100千克是1 000千克,是1吨"的知识形成过程,同时也沟通了"千克"与"克"的联系。

(2)游戏体验,调动学生思维经验。"生生互动背一背"的活动让学生直接感受质量单位"1吨"。当学生有了"一位同学大约是25千克"的直接经验,再引导学生用自己的方式进行推算:大约多少名同学的体重合起来是1吨?根据学生的猜想,老师请40名同学起立,引导全体学生观察、推算、想象:这么多名同学的体重合起来就是1吨。这样,将感性经验与合情推算相结合,最终得出质量单位的现实意义——40名学生大约是1吨,使学生理解了"1 000

千克=1吨"。

（三）指导合作交流，引导学生在互动参与中应用知识

布鲁纳说过："教学过程是一种提出问题和解决问题的持续不断的活动。"问题的提出者不仅指教师，还包括学生。乐于提问、交流正是学生积极参与新知识学习的具体表现，这样的学生才真正是学习的主人、课堂的主人。

（1）在多边互动学习中，学生自主选择素材积累对1吨的感性认识。只有当学生有选择权时，才真正是"主动学习"。在推算"几个生活的物品=1吨"活动中，每个四人小组都有这样一套"学习卡"，以供学生根据自己的个性进行自主选择。

A.一头奶牛（图）重500千克，（　）头=1吨，（　）个500千克=（　）千克。

B.摆一摆，算一算，有10个食用油桶（图），每个油桶（图）重100千克，（　）个=1吨，（　）个100千克=1 000千克。

C.一袋水泥（图）重50千克，准备一捆小棒（20根），估一估，（　）袋=1吨，也可以摆一摆，算一算。用一根小棒代表一包50千克的水泥。

D.一只老虎（图）重250千克。（　）只老虎=1吨，我是这样想的：（　）只=（　）千克，所以（　）只=（　）千克。

四种学习卡从思考数量关系、操作直观素材、丰富表象素材、推算文字表达等不同的方式给学生提供了进行多边互动的学习时空，让学生在合作交流中积累对"1吨"的感性认识。

（2）在主动推理过程中，学生主动理解质量单位间换算的意义。苏霍姆林斯基说："在人的心灵深处，都有一种根深蒂固的需要，就是希望自己是一个发现者、研究者、探索者。"让学生对比观察"1吨=1 000千克"等号两边的质量，提问"什么变了，什么没有变？"使学生在"变"与"不变"的辩证思考中理解质量单位的内涵。

（四）聚焦趣味问题，培养学生在主动反思中体会价值

学生只有在对某件事物产生了浓厚兴趣的时候，才会主动地思考问题、积累经验。教学中，教师提供了一篇趣味文章——《数学日记》，让学生独立思考后指出单位不当之处并修改，说说看了这篇日记自己的感想。

6月1日　天气：晴朗

今天早上，妈妈带我和妹妹到动物园参观。我背上我心爱的小背包，大约有1克重。在公交车站等车时，一辆装有5千克水的洒水车开过来给路面洒

水。从我家到动物园大约有 2 千米。到了动物园，我开心极了。我的妹妹大约重 15 千克，她非常喜欢小白兔。动物园里的小白兔很可爱！饲养员叔叔提着 4 克重的新鲜青草来喂白兔，它们可开心了！我喜欢长颈鹿，看——它的脖子有大约 3 米长呢！听说一只长颈鹿大约有 1 吨重，它们喜欢吃树叶，一顿大约吃 2 克重的食物。今天真是有趣的一天！

日记中包含了质量单位"克""千克""吨"，以及本单元的长度单位"千米"和"米"在生活中的综合应用。这篇日记有助于学生在有趣的情境中感受到单位的作用，反思自己的学习成果，形成"用数学的眼光观察生活，用数学思维解决生活问题"的好习惯。

三、课例研究形成的过程

（一）进行单元备课，明确教学的着力点

本课是三年级上册第三单元"测量"中的第三个教学内容。测量是人们对客观事物进行量化把握的重要手段和方法。本单元共三个内容：毫米、分米的认识；千米的认识；吨的认识。每个内容三个例题。教材关注学生的数学现实和生活现实，将学生所要学的概念设计在学生熟悉的或有趣的情境中，让学生去发现、探究、体验。

（二）充分读懂学生，找准设计的突破口

根据学生的年龄特征和知识积累，单元内容按逐级递进、螺旋上升的原则将测量的教学划分为若干阶段。学生在二年级已经初步认识了质量单位"克"和"千克"，这是了解测量的第一阶段。在本学期，学生要学习质量单位"吨"，这是理解测量的第二阶段。学生处在第一学段的最后时期，形象思维已经初步形成，借助表象逐渐发展抽象思维。学习活动中，学会独立思考、主动学习、讨论分享是学生数学素养提高的需要和表现。在互动交往中，形成良好的数学表达习惯、合作习惯、操作习惯等，是学生积累活动经验的重要过程。

质量单位是学生熟悉的、在生活中无处不在的内容，对此部分内容进行教学设计比较容易激发学生的学习兴趣，使学生感受到数学在生活中的作用。

（三）丰富活动素材，落实设计的创新点

"外延越丰富，内涵越深刻。"要达成课例制定的目标，就要在活动中提供给学生丰富有趣、层次清晰、有数学味的情境和学习素材，如生活中各种质

量单位的物品、以"吨"为单位的情境、动物园里可爱动物的质量,数学日记等,调动学生的积极性,让学生兴趣盎然地"动手做数学""学习有趣的数学",主动思考、互动学习,使教学设计在主体课堂中"落实、落新"。

四、课堂教学落实的创新点

(一)学生在有趣、连续的情境中主动思考,丰富对概念的感性经验

"教师应该充分利用学生已有的生活经验,指导学生把所学的数学知识应用到现实中去,以体会数学在现实生活中的应用价值。"课例中,四人小组获得的独具特色的四张学习卡中就有孩子喜欢的动物;在练习环节,教师以"带大家去动物园看看可爱的动物朋友们"激趣引入,激发学生对熊猫、小狗、大象、鲸鱼、蝴蝶等动物体重的对比;在学生自主思考理解质量单位间换算的意义时,借用鲸鱼和大象的体重引发学生的主动发现;最后,"丽丽到动物园游玩了一天,回到家写了一篇《数学日记》"更是聚焦了大家的思考点。日记是学生喜爱的一种表达方式,这篇日记在内容设计上沟通了"测量"这个单元的知识点,包括长度单位和质量单位的应用,既能激发学生运用知识解决问题的兴趣,又能引导学生做生活的有心人,用数学的眼光来观察生活、记录生活、思考问题。

(二)学生在多边互动学习中个性化学习,理解不同单位间的联系

学生"有选择权才有主动"。例如,在合作交流环节,让学生自主选择学习路径,是尊重学生个性化学习的方式。学习卡 A 主要是数量关系的思考;学习卡 B 是给予学生动手操作的直观素材;学习卡 C 用小棒代替了直观图,丰富了表象;学习卡 D 是引导学生联系"背一背"等之前实践中的推算过程,进行文字表达。小组内交流也是多种资源的生生互动、组际互动,学生在学习过程中思维活跃,主动思考。

五、主体特色课堂研修的成效

(1)结构化检测,反馈学习评价。要了解本课例的教学实施的成效,可通过结构化练习进一步检验学生对质量单位的感知程度和应用能力。教师结合课堂学习中学生情感态度的表征,全面了解学生的学习过程和结果,激励学生学会学习、积累学习经验,掌握恰当的数学学习方法,形成良好的数学学习习

惯，增强学好数学的信心。

（2）教师自主反思，深入主体课堂。通过以课例为载体对主体特色课堂的实践研究，教师能够发挥主导作用，促进学生主体的发展。教师进一步深入数学主体课堂教学实践，即与学生共同创建愉快的情感课堂、自主的开放课堂、互动的对话课堂、智慧的对话课堂，以教师激励、指导学生自主学习、主动建构为特色，实现促进学生数学素养发展。

计算教学的策略研究
——"除数是整十数的笔算除法"课例研究成果

柳州市二十四中附小　钟田芝

【摘要】计算是小学数学教学的主要内容，它在小学数学教材中所占的比重很大。培养小学生的计算能力一直是小学数学教学的主要目的之一。《义务教育数学课程标准（2011年版）》明确提出运算能力是数学课程内容的十个核心概念之一。因此，培养学生准确、迅速、灵活的计算能力是小学数学教学的一项重要任务，也是提高教学质量的基石。而良好的计算能力更是学生今后生活、学习和参加社会活动所必备的基本素养之一。算理与算法是计算教学中应重视的两个方面，它们是相互联系的，是有机统一的整体，算法是对行为的规定，算理是算法的解释。所以课堂教学只有重视计算的算理和算法才能给学生今后更好地学习数学奠定扎实的基础。

一、解决的问题

（一）教学中存在的计算问题

1. 教学中轻算理、重算法

受传统计算教学的影响，教师往往过于关注计算方法，而轻视计算算理的教学。很多教师认为学生能算对就可以了，不需要让学生理解算理。而学生经过一段时间的反复训练，确实能达到较好的效果，从而更让教师走进只注重算法不注重算理的误区，造成了机械训练的现象。结果，学生只是能够进行计算，但是算理不清晰，导致之后的计算课的学习中计算步骤一多学生的程序性思维就混乱，无法很好地迁移旧知去探索新知，学习能力非常弱。最后学生无法感受计算课的思维含量，进而在计算课中丧失思考能力，对计算感到枯燥无味，学生的计算能力无法形成。

2.教学中重算理、轻算法

最近几年对计算教学的研究更深入了，呼吁教师重视算理。通过学习，很多教师改变了观念意识，知道在数学教学中，讲算理非常重要，讲算理的数学教学能让学生知其然，更能让学生知其所以然。基于以上的认识，很多课堂又出现了这样一种误区，就是一味地让学生说算理。经常能听到这样的课，一直到课结束，学生还是在那里不厌其烦地说道理，时间就在这么多次的说理中慢慢溜走了，于是练习的时间就很难保证。殊不知算法的形成与巩固还需一定量的练习，缺失了练习的巩固，即便生成了算法也会如同水中浮萍，学生无法真正掌握。

3.教学中没有沟通算理和算法

当前很多教师做到了同时重视算理和算法，但是又往往忽略了算理和算法中间的这一地带，硬性进行连接，这违背算法的"生长"规律，会造成很多诸如算理与抽象算法出现断层、算法硬性"嵌入"、算理清晰但算法混沌等问题。算理与算法不能进行有机融合，很多计算教学开始总是结合学生已有经验去组织学生理解算理，学生明白算理之后直接对接算法，结果就是学生算理理解了，认识也很清晰，却不能形成算法，最后教师只好把方法硬性嵌入学生的认知结构，让学生就要用这种方法，就应该这样计算，等等。显然这种硬性嫁接只能为学生认识留下"硬伤"，而不能促进其去自主发展。

（二）解决问题的意义和价值

如果只是通过反复"演练"让学生掌握计算方法，会造成学生由于算理不清，知识迁移的范围极为有限的情况，学生会无法适应计算中千变万化的各种具体情况。如果只是通过数形结合的方式，让学生清晰理解算理，不懂得抽象出算法，那么学生就只能流连在直观形象的算理中，无法正确计算。所以在计算课教学中，一定要让学生理解算理，掌握算法，还要在算理直观与算法抽象之间架设一条桥梁，铺设一条道路，沟通算理和算法之间的联系，让学生在充分体验中逐步完成动作思维—形象思维—抽象思维的发展，从而落实学科内涵，使死板的计算教学活起来。

（三）提出的问题

根据以上现象，如何让学生更好地理解算理，同时又更好地掌握算法？如何沟通算理和算法之间的联系？都是我们要解决的问题。总而言之，如何在让学生理解算理、掌握算法的基础上提高学生的计算能力，是我们迫切需要解决的问题。

二、解决问题的策略

通过本节课"除数是整十数的笔算除法"的课例研究，得到解决问题的策略。

（一）借助数形结合，夯实算理

由于小学生的思维正处于由具体形象思维向抽象逻辑思维过渡的阶段，要使学生明白算理，就需要教师在课堂上提供直观支撑。数形结合是数学解题中常用的思想方法，数形结合的思想可以使某些抽象的数学问题直观化、生动化，能够变抽象思维为形象思维，有助于学生把握数学问题的本质。

1. 借助形，在操作情景中明算理

算理是指四则计算的理论依据，它是由数学概念、性质、定律等内容构成的数学基础理论知识。抽象的算理离不开直观的支撑，学生对数学的理解往往是从动手操作开始的。在运算教学中，动手操作不仅可以改变教与学的方式，激发学生学习运算的兴趣，还能将抽象的算理形象地表示出来，促进学生对算理的理解，成为学生建构算法的助推器。

在"除数是整十数的笔算除法"一课中，为了让学生更好地理解算理，钟老师创设了小棒操作的情境图和格子图。

片段一：利用小棒图，探究"92÷30"。

你会笔算 92÷30 吗？请你试一试。

（1）尝试列竖式计算。

（2）收集学生作业。

$$
\begin{array}{r} 3 \\ 30{\overline{\smash{\big)}\,92}} \\ \underline{90} \\ 2 \end{array}
\qquad
\begin{array}{r} 3 \\ 30{\overline{\smash{\big)}\,92}} \\ \underline{90} \\ 2 \end{array}
$$

师：商 3 到底写在哪位上，才是正确的呢？请同学们借助小棒图，与同桌讨论一下。

生1：边操作边说算理：这里一共有 92 根小棒，多少根为 1 份？（30 根）30 根为 1 份，30 根为 1 份……可以分成 3 份。3 份表示的是 3 个 1。

生2：92 根小棒最多有 3 个 30，商是 3。

生3：商3写在十位上，表示3个10；商3写在个位上，表示3个1。分92根小棒，30根为1份，可以分成3个30，3份表示的是3个1。商应该写在个位上。

片段二：利用格子图，迁移学习"178÷30"。

（1）学生独立尝试完成。

（2）四人小组交流：利用格子图，讨论商是几，你是怎么想出来的？

（3）理解算理。

生1：边圈格子图边说算理：这里一共有178个格子，多少个格子为一份？30个格子为1份，30格子为1份……可以分成5份。

生2：178个格子最多有5个30，商是5。

生3：178个格子，30个格子为1份，可以分成5份。5份表示的是5个1。商是5。

2.借助形，从计数单位来明算理

紧紧把握位值的概念，强调计数单位，用计数单位来说理，这样"除数是整十数的笔算除法"教学就不仅与旧知对接，还可以贯穿到后面的运算中，使整个小学的计算都能一脉相连。

例如，钟老师通过操作情景让学生理解算理后，接着引导学生从小棒中抽象出计数单位，从计算单位来说算理。

钟老师教学"92÷30"时一边指着小棒情境图一边说：从小棒图中，我们知道92里最多有几个30？（3个）；1个30，2个30，3个30，92里最多有3个30，商是3，也就是3个1，所以商写在个位上。

钟老师教学"178÷30"时，一边指着小棒情境图一边说：从格子图中，我们知道178里最多有几个30？（3个）；1个30，2个30……178里最多有5个30，商是5，也就是5个1，所以商写在个位上。

本节课使用数形结合的方法，"动象—图象—抽象"三象同步促进算理教学达到深度优化。教师利用多种直观的素材，有小棒、有格子图，先从操作层面上说算理，动手摆小棒、圈格子、动手比一比都是操作认知，属于动象思维；再从计数单位层面说算理，属于抽象表达；借助小棒和格子图，属于图像思维。动象、图象与抽象三象同时同步进行，符合学生的认知规律，符合小学数学学科的特点，使算理教学活动达到深度融合水平，突破了本节课"商3到底该写在哪位上"的教学重难点，达成了本环节的教学目标。

（二）激活思维，掌握算法

1. 回顾旧知，迁移算法

计算内容之间的联系十分紧密，在笔算除法中，虽然计算的复杂程度会因除数或被除数数位的增加等情况逐渐增加，但基本算理和算法都可以迁移，所以说这是一个循序渐进、螺旋上升的学习过程。

教学片段：

师：同学们，课前我们笔算了这两题"$92 \div 3 =$""$178 \div 3 =$"。谁来选其中的一题说说你是怎么算的？

师：在学习中我们遇到除数是一位数的除法时，都是怎样笔算的？

生：先看除数是几位数，除数是一位数，就用被除数的前一位去除，如果不够除，就用前两位来除；除到哪一位，就把商写在哪一位上；每次除得的余数都比除数小。

笔算除法的算法存在一致性，都是先看除数，除数是几位数，就用被除数的前几位去除，如果不够除，就多看一位。教师通过复习除数是一位数的笔算除法的计算过程，唤起学生已有的知识基础和学习经验，让学生在迁移中初步感悟算法，为学习除数是整十数的笔算除法做好铺垫。因此，教师应注意把握笔算除法的结构序列，找准新的计算内容的发展点，激活学生的已有知识，实现算法的迁移和构建。

2. 理解算理，抽象算法

直观操作是数学教学的有效手段，通过直观操作不仅能将抽象的算理形象地显现出来，还能为算法构建提供原型支撑，从而帮助学生更好地抽象出算法。

教学片段：

师：刚才我们理解了商为什么是3，写在个位上。现在谁来说说你怎样笔算"$92 \div 30 =$"？

生：接下来用商3乘除数30，得90，写在被除数92的下面。92减90得2。所以$92 \div 30 = 3 \cdots\cdots 2$。

师：同学们，我们来看看这位同学的竖式，他的92下面写"90"，对吗？你是怎么想的？

生1：对，因为分掉了9个10根的小棒，所以是对的。

生2：对的，但我有不同的想法。我们是92个1去除30，商3个1。3个1乘30等于90个1。分掉的是90个1根小棒，所以被除数92下面写90个1，

90个1就是9个10。

师：敢于发表不同的想法，愿意跟同学交流自己的想法，既具有勇于挑战的科学精神，又具有团结合作的作风，是高素质优秀人才的重要表现。

3. 通过多例感知，归纳算法

只通过计算一道题就让学生掌握算法是不现实的；只通过一个例题就让学生归纳出算法是肤浅的。如果只进行了一个例题的探究，学生对算法的感知就不够深刻。至少要通过三个例题，这样才能丰富学生的感知，使学生有力地总结规律，归纳算法。

教学片段：

师：同学们，我们已经会笔算92÷30了，接下来，敢不敢再来笔算两道计算题？

生：敢！

师：请你笔算"60÷20="" 85÷40="。

学生自主计算。

师：同学们，你们计算完了，谁来说说你是怎么计算的？

……

师：同学们，刚才我们计算的式子的除数都是整十数，我们都是怎样计算除数是整十数的笔算除法的？

……

师小结：先看除数是几位数，除数是两位数，就用被除数的前两位去除；除到哪一位，就把商写在哪一位上；每次除得的余数都比除数小。

总之感知越丰富，抽象就越深刻。在计算教学中，一定要至少结合三个例题总结计算法则，这样学生对算法才能真正掌握。

（三）沟通算理与算法间的联系

计算教学既需要让学生在直观中理解算理，又需要让学生抽象出算法，更需要让学生充分体验由直观算理到抽象算法的过渡和演变过程，从而达到对算理的深层理解和对算法的切实把握。

教学片段：

师：同学们，刚才我们已经理解了怎么笔算"92÷30="，那现在请你结合小棒图，说说这个竖式中每一个数字表示什么意思。

生：被除数是92，表示有92根小棒，除数是30，表示每30根分为1份，商是3，表示可以分成3份，90表示分掉了90根小棒，余数2表示还剩下2根小棒。

师：谁来结合小棒图或计数单位，说说这个竖式的意思？

生：92根小棒，每30根1份，可以分成3份，分掉了90根，还剩2根。

理解算理、掌握算法后，还要让学生对着操作图说说竖式中每一个数字代表的意义，竖式所记录的是怎样的操作过程，接着提升到通过计数单位来说竖式的意思。通过沟通算理和算法之间的联系，切实落实好计算教学。

总而言之，在计算的教学中，教师要时刻站在学生的角度去审视计算教学，以学生的眼光看待计算，努力提高学生计算的准确率、速度，培养学生积极、主动思考的好习惯，真正贯彻计算教学"厚"理念；注重算理与算法并重，搭建算理与算法之间的桥梁，提高计算课教学效率，真正促进学生思维发展，发展学生核心素养，从而实现学生的可持续发展。

三、解决问题的过程与方法

（一）教材分析

"除数是整十数的笔算除法"这部分内容是"除数是一位数的笔算除法"的延续，又是学习"除数是两位数的笔算除法"的起始和基础，所以这部分内容的学习是承上启下的关键一课。同时，这节课对于培养学生的数感、提高学生的计算能力也会起到非常重要的作用。尽管学生已经有了除数是一位数的笔算除法的基础，但除数是两位数的除法对学生而言，是一次认知上较大的飞跃，学生会出现不能准确地确定商的位置的情况。教师可以尝试让学生探究除数是整十数的除法的算理，并适时适当给予指导，帮助学生规范格式、理清算理，提升认知。学生只要扎实掌握这部分内容，学习除数是两位数的除法时可以完全进行迁移。

（二）学情分析

学生已经学习了除数是一位数的除法，掌握了除法计算的笔算方法和基本的试商方法，为本节课的学习打下了知识基础。经过前面的学习，学生已经具备了用观察、归纳、迁移、类推、合作探究等方法学习知识的认知体验。在教学中要充分调动学生学习的积极主动性，引导学生将除数是一位数的除法计算知识迁移、类推到除数是整十数的笔算除法中，培养他们自主学习的能力。由于小学四年级学生的思维正处于由具体形象思维向抽象逻辑思维过渡的阶段，学生之间存在个体差异，为了保证底线教学，让每个学生都能理解算理，既可以借助教材让学生进行自主学习,又可以借助直观学具让学生理解算理,再通过在计算中进行思考与交流等数学活动,让学生从感性认识上升到理性认识,逐步建构除数是整十数的笔算除法的计算方法。

(三)调整策略

一开始的教学中,教师容易把算理和算法混淆了来讲,造成学生不知道该如何讲算理、如何讲算法的情况。调整后,在学生自主探究辨析的基础上,先引导学生说算理,再引导学生说算法。

说算理,要利用数形结合的方法从两个层面去说。第一从操作层面去说算理。例如,教学"92÷30"时,为了让学生理解商3为什么写在个位上,首先从操作层面说算理(边指小棒图边说):这里一共有92根小棒,多少根为1份?(30根)30根为1份,30根为1份……可以分成3份。第二从计数单位来说算理,边指着小棒图边说:从小棒图中,我们知道92个1里最多有几个30?(3个)1个30,2个30,3个30,92里最多有3个30,商是3,也就是3个1,所以商写在个位上。

说算法,要在理解了算理的基础上进行,要完整地说清楚。如何进行"92÷30"的算法教学呢?例如,刚才我们是怎样计算"92÷30"的?就是先看除数,除数是几位数?(两位数)所以我们就用被除数的前两位去除,92除以30,商几?(商3)写在个位上。

四、成果创新点

1. 教学方法创新

利用数形结合的思想方法,借助直观教具"小棒图""格子图"来帮助学生理解算理。例如,在探究"92÷30"的笔算时,让学生先尝试,再借助小棒图与同桌讨论。借助"小棒图",数形结合,突破"商3到底该写在哪位上"的教学难点,为除的过程和方法提供直观支撑,使算理更清晰明了。又如,在探究"178÷30"时,利用格子图,从格子图上升到计数单位,用计数单位说算理。采用多种教学素材,让学生不断明确算理、强化认识。

2. 观点创新

(1)分层理解算理。本节课从两个层面让学生理解算理。让学生先从操作层面理解算理,再从计数单位层面理解算理。课堂上学生基本经历了直观—操作—抽象的过程,能够清晰地理解除数是整十数笔算除法的算理。

（2）尊重学生个性表达来落实算法教学。在学生理解算法后，问学生："你是怎么算的，谁来说一说？"这一问题是让学生将自己的思考过程进行描述。有的学生说"我先看除数30是两位数，被除数92也是两位数，就可以直接除"，有的学生说"3要写在个位上"，还有的学生说"3×30=90，92-90=2"，这些个性化的表达将课堂气氛变得活跃，我们也能从中知道学生对除数是两位数的笔算除法的算理掌握得很好。教师就可以实时根据学生的个性化表达将算法进行提炼，教学内容一气呵成。

落实学科内涵课堂实践研究
——以"梯形的面积"为例
柳州市白云小学　陆晓伦

学科内涵实是指把握学科本质，学科内涵要实。学科内涵从零散式碎片化发展到向系统性结构化转变，从粗放型到要素式精细化落实，这促进了教育质量的提升。学科内涵要实，就是学科内涵要落实，主要表现在内容充实、方法实在、目标扎实，这样的课堂就是实力课堂。下面就以人教版五年级上册"梯形的面积"磨课历程为例，探讨一节落实学科内涵的实力课堂打造的过程。

一、重视方法渗透，从知识传授走向能力培养

学习"梯形的面积"一课之前，学生已经学习了平行四边形、三角形的面积计算方法，具有了一定的探索图形的面积计算公式的经验，并初步领悟了"转化"的数学思想方法，具备了初步的归纳、对比和推理的数学活动经验。因此，让学生用同样的推理方法推出梯形面积的公式是可能的。在第一次教学中，我们重点突出"转化"的思想方法的渗透。

【教学片段1-1】

师：同学们，我们在学习平行四边形和三角形面积的公式时，会用到一种非常重要的数学思想，转化。（板书：转化）

我们一起来回忆公式推导的过程，请看屏幕。（屏幕播放平行四边形面积公式推导，三角形面积公式推导）

师：运用转化的数学思想，我们先把要研究的图形转化为学过的图形，发现它们之间的联系，从而推导出面积计算的公式。

小学数学教学深度化创新："实—活—厚"

【教学片段1-2】
师：同学们猜一猜，梯形的面积可能与什么有关？
生1：我猜梯形的面积和上底、下底，还有高有关。
生2：我同意他的说法，我觉得还要把梯形转化成平行四边形。
师（追问）：为什么要转化成平行四边形？
生2：梯形没有学过，平行四边形学过了。
生3：把没有学过的知识转化成学过的知识，就能解决问题。
师：那梯形的面积是怎么计算的？下面我们来进行一个探究活动。
学生开始分组动手操作，探究梯形的面积怎么计算。下面是小组的汇报展示。
组1：我们选择两个完全一样的直角梯形，拼成一个平行四边形。每个梯形的面积就是所拼成的平行四边形面积的一半。梯形上底与下底的和等于拼成的平行四边形的底，梯形的高等于平行四边形的高，由此得出：梯形的面积 = 平行四边形的面积 ÷ 2 = 底 × 高 ÷ 2 =（上底 + 下底）× 高 ÷ 2。
组2：我们选择的是两个完全一样的等腰梯形，方法和上一组差不多，也是得到了和他们一样的结论。
组3：我们组选择的是两个完全一样的普通梯形，拼成一个平行四边形，也得到了相同的结论。

【课后分析】
这两个片段重点围绕着"转化"开展教学活动。第一，采用多媒体演示，直观地再现平行四边形和三角形面积公式的推导过程，唤起学生的回忆——"转化"的方法，沟通了新旧知识的联系，为新知迁移做好准备。第二，让学生合作进行探究活动，把梯形转化成平行四边形，发现图形之间的联系，从而推导出梯形面积的计算公式。

一切看上去都非常的顺利，但是在课后练习中，大多数学生只会照搬公式，对"转化"的本质也没有真正理解，课堂上的操作也是按照老师的安排，对梯形面积的计算的本质没有理解到位，具体表现在：没有自主提出问题，没有对方法的思考，没有对操作素材的选择，更没有水到渠成的公式推导。概而言之，学生处于一种零散式碎片化学习的状态，即没有做到学科内涵的扎实落实。

那如何才能做到"学科内涵要实"呢？根据第一次教学具有散、碎特点的情况，我们在设计上增加了概念教学的"四要素"，即"问题—事例—方法—结论"，我们认为，把四个要素作为学生学习思维的重要抓手，利于学生结构化学习，能够为实现从零散式碎片化走向系统性结构化打下重要基础。

二、凸显内涵要素，从零散式学习走向系统性学习

再次教学时，在原基础上做出了三处调整。

【教学片段2-1】

调整一：把回忆学习方法转变成为激活学习结构。

师：同学们，我们已经学习了平行四边形和三角形的面积，我们一起来回忆一下，请看屏幕（屏幕显示平行四边形面积和三角形的面积学习的四个步骤）。

在学习平行四边形面积的过程中，我们经历了哪几个步骤？学习三角形呢？

引导学生结合表格，回忆出四个步骤：问题—事例—方法—结论。

师：今天我们同样用这四个步骤来学习新知识——梯形的面积。

【教学片段2-2】

调整二：把被动探究操作转变为主动经历学习结构。

教师出示学习步骤表，请学生探究梯形面积的学习步骤。如表1所示。

表1　学习步骤表

问　题	
事　例	
方　法	
结　论	

师：同学们，按照这四个步骤，你打算怎么学习梯形的面积？

生1：我提出的问题是"梯形的面积怎么计算？"

生2：我打算选择两个完全一样的梯形来研究这个问题，原因是学习三角形的面积时是这样做的。

生3：我选择的方法是转化，原因是之前学习平行四边形的面积和三角形的面积时都运用了转化的方法。

生4：最后我要推导出梯形面积的计算公式，这样就能解决之前提出的问题了。

师：看来大家对怎么学习梯形的面积有了很清晰的步骤，下面我们就开始进行探究学习活动。

学生开始进行探究活动，教师组织学生汇报交流。

……

【教学片段2-3】

调整三：把学会解题转变为学会学习。

在完成练习后，教师呈现了新的情境图。如图1所示。

师：你从图中能看到什么？请按照学习的四个步骤，提出一个问题并解决。

一块普通玻璃的售价是480元。这块普通玻璃可以切割成4块大小相等的车窗玻璃。

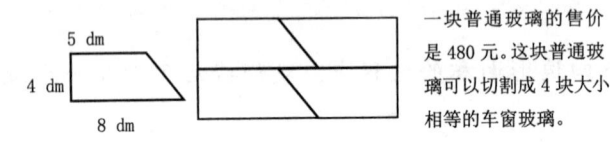

图1 情境图——汽车玻璃面积

生1：我提出的问题是"一块汽车玻璃的面积是多大？"我选择的事例是图上这个梯形的图，我的方法是运用公式计算，按照公式，我计算出这块玻璃的面积是80平方分米。

生2：我提出的问题是"这块玻璃的面积是多大？"事例就是图上这个长方形的图，我的方法是运用长方形的面积公式来计算，最后得出面积为104平方分米。

生3：我提出的问题是"一块汽车玻璃的价格是多少钱？"事例是图上这个梯形的图，还有一块普通玻璃的售价是480元。我的方法是计算法。最后得出一块汽车玻璃的价格是120元。

……

【课后分析】

三个调整，第一个调整是复习平行四边形面积和三角形面积，回忆"问题—事例—方法—结论"的方法结构，沟通新旧知识的联系，为新知的迁移做好准备；第二个调整是以学生为主体，以"问题—事例—方法—结论"的方法结构为途径，让学生经历梯形面积的学习，在探究活动中，掌握了梯形面积的计算方法，实现了碎片化思维到整体性思维的转变；第三个调整是在新情境中再次运用"问题—事例—方法—结论"的方法结构，把学习拓展到实践层面，实现了学生从会解题到学会学习的转变。

但是，在完成探究后的汇报展示中，学生对操作过程、结论的表达较为碎片化，不能完整地用语言描述学习的过程。

运用原探究学习单——学习步骤表进行探究活动时，学生能结构化地经历梯形面积学习的过程，但是，在交流展示中，对于"方法"这个步骤，学生无法清晰地表达出自己的操作流程和思考过程，有的学生说了操作，但是没有说自己是怎么推导出公式的；有的学生在推导公式时无法有逻辑地说出前因和后果。

因此，我们决定为学生提供思维支架，帮助他们把思维条理化、清晰化。

三、提供思维支架，从碎片化表达走向系统性表达

这一次教学，我们针对学生表达不完整的问题，修改了探究学习单。如图 2 所示。

探究学习卡

梯形面积学习步骤	填一填，说一说。
问题	我们是这样做的：
事例	把（　　　）转化为（　　　）。
方法	我们发现：转化后，平行四边形的底和梯形的（　　　）相等，平行四边形的高和梯形的（　　　）相等，平行四边形的面积是梯形面积的（　　　）
结论	平行四边形的面积等于=（　　　）×（　　　）
	我们的结论是：梯形的面积=_____

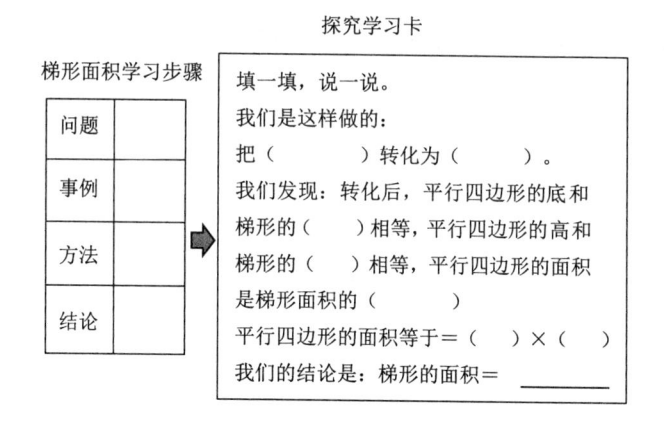

图 2　修改后的探究学习单

我们在方法这一环节中增加了"填一填，说一说"，为学生提供思维的模式，让学生在操作的过程中以结构化的思维理清思路，为有序的表达做好铺垫。

课堂上，教师组织学生开始汇报交流：你们是怎么做的？发现了什么？结论是？

组 1：我们小组提出的问题是梯形的面积怎么计算，我们选择的事例是两个完全相同的等腰梯形，我们运用转化的方法，把这两个梯形转化成一个平行四边形。我们发现：转化后，平行四边形的底和梯形的上底加下底的和相等，平行四边形的高和梯形的高相等，平行四边形的面积是梯形面积的一半。因为平行四边形的面积等于底乘高，所以梯形的面积等于（上底＋下底）× 高 ÷ 2。

组2：我们问题、方法和他们小组相同，只是我们选择的事例不一样，我们选择的是两个完全相同的直角梯形，但是得到的结论是一样的。

……

【课后分析】

由此可以看出，为学生提供适当的思维支架，有利于学生更好地形成结构化的思维，从而形成清晰、有序的数学表达。

但是这次的教学也暴露了学生思维不灵活的问题，学生在学习方法方面形成了结构化的思维，但是无法将梯形的面积与平行四边形的面积、三角形的面积联系起来，也就是知识没有结构化。那么应该如何解决这一问题？我们决定增加体现三个图形关系的练习，使学生在完成练习的过程中，感受三者的密切联系。

四、沟通新旧联系，从碎片化知识走向结构化知识

这一次的教学，我们增加了一道练习题：求下列梯形的面积（只列式，不计算）（单位：m）（图略，课件动态呈现一组梯形，梯形的高、下底不变，上底逐渐变小，直至变成一个三角形）。

【教学片段】

师：我们用开火车的方式，口头列式。

生1：（10+12）×8÷2。

生2：（8+12）×8÷2。

生3：（6+12）×8÷2。

生4：（4+12）×8÷2。

生5：（2+12）×8÷2。

这时，上底为0，第6个学生迟疑了一下，不过他思考了一下，回答：（0+12）×8÷2。就在此时，有学生举手了。

生7：我觉得应该是12×8÷2，因为现在已经是三角形了，所以我们可以直接用三角形的公式来进行计算。

生8：我也同意他的想法。而且我发现了，当梯形的上底逐渐变小，变成0的时候，梯形就转化为三角形了。

师追问：梯形上底逐渐变小，就转化成了三角形，那上底逐渐变大呢？

生9：当上底逐渐变大的时候，梯形就转化成平行四边形了。

教师播放视频，动画验证。

师：当上底等于0时，梯形可以看成三角形；当上底等于下底时，梯形

可以看成平行四边形，所以梯形的面积公式也叫作"万能公式"，用一个图形，串联了其他所有的图形。（教师边说边完善板书）

【课后分析】

此次教学重视了知识结构的体现，把梯形、三角形、平行四边形三个图形的面积公式进行了沟通，当上底等于零时，梯形面积公式可以转化为三角形的面积公式；当上底等于下底时，梯形面积公式可以转化为平行四边形的面积公式。这让学生体会到了梯形面积公式"万能公式"的作用，也把平面图形的面积公式构成了一个系统，让碎片化的思维转变成了整体性的思维。

纵观本节课，我们一共经历了三次变化，抓住要素"问题—事例—方法—结论"，形成学习方法结构；凸显数学方法结构——转化，联系了新旧知识；将知识相联系，将梯形的面积和平行四边形的面积、三角形的面积进行了联系，使学生感受梯形面积作为万能公式的作用。整节课是多个结构的深度融合，是思维与思维之间的碰撞，让学生在结构的重组中提升了能力，学会了学习，有效地落实了实力课堂。

第六章 落实"实活厚"的工作策略

一、从观念层面走向行动体现,把特色课堂的内涵落到实处

解决问题策略的落实、落细是深入实践研究的重要保证。

(一)五大目标

五大目标是落实全面发展的操作性目标,指结果性目标、过程性目标、核心性目标、主体性目标、品质性目标。其中结果性目标与过程性目标是《义务教育数学课程标准(2011年版)》明确提出的目标,而"核心素养""主体地位"在《义务教育数学课程标准(2011年版)》中,只停留在观念层面,而缺乏操作层面的目标。提出了十大核心观念,但只提出了主体观念,却未明确提出"目标"层面的可行性的要求与操作。为了有效落实核心素养、建设特色课堂,在研究过程中,针对核心性、主体性、品质性等方面,应在操作层面创造性地提出核心性、主体性、品质性目标,并在行动上有操作,在课例中有落实。

(二)三导活动

以"三导活动"促进目标的落实。以"问题导向",带着问题学,针对问题研,使教研活动成为解决实际问题的活动;以"目标导学",科学制定与有效落实学习目标;以"成效导行",把思想观念转化为实际行动,提升执行力,追求进步变化的增量。以课例研究的方式,完成从实践到理论的升华,达成"发现问题—理论学习—实践检验—行为矫正—知行升华—再寻问题"的循环过程。

（三）无生授课式研磨

无生授课式研磨有力推进了理念与实践融合的理想化进程。按照最切合学生实际、最佳实现教学意图、最优落实学习目标的理想化的课堂，按照心中有生而面前实际却无生的课堂状态，落实教学过程。这种理想化课堂的校本教研有效地推进了研训活动的实效性，如以"平均数""角的认识"等课例为载体开展无生授课活动。

（四）实训研修

实训研修，促进教师能力发展开辟新途径。实训式教研的灵魂是实时建构教师课堂的专业能力。这是从教师实际出发创新的一种有效教研活动。这一做法以课例为载体开设研磨活动，按需施训，注重资源整合，促进教学意图、学习目标、活动形式、要素式结构化思维等有机融合，深化研讨内容，尊重教师的主体地位；理论和经验结合，能有效帮助团队教师掌握理论、形成技能与方法。要切实提高课例研磨水平，促进理念与实践的有效结合，促进教学观念有效地转化为教学行为，促进教师依据思维模块自主进行专业发展，学员教师能有依据地对课例研磨进行点评、指导、创新。

二、由扬长发展走向互助共进，协同研究成为团队发展新常态

1.三级教研

三级教研，合作共赢，实现管理制度纵向优化。强化管理，成立"教研室—中心组—学科教师"三级管理制度和教研队伍，实行"教育同梦、教材同心、教学同行"的纵向管理模式，坚持以人为本，注重发展实效，提高教师课堂教学行为的有效性。例如，在教研室的指导下，城乡学校联合教研，强强学校联合教研，深入开展了教学与教研方面的亮点发现、问题诊断视导活动等，开展了"青蓝工程"的新教师培训，开展了"深度思维，发展素养"校际联动与实训研修，开展了有效促进思维活动的多校联合教研活动。多所学校在共同研修的活动中，一起解读课标，一同走进教师的常态课堂，寻找相应对策，不定期开放名师课堂，教师们共同解决教学中存在的实际问题，实现管理制度纵向优化。

2.三人同行

"三人同行"已成为推动课堂教学发展新常态。三人同行是在校际联动的基础上进行优化而成。"三人同行"已成为推动课堂教学发展的优质共享新模

式。"三人同行"是指在一次活动中,针对"对照理念""明晰内容""聚焦目标"等特色方面,团队成员多种角色"促进教师、执教者、合作者"协同共赢,专业引领者、课例执教者、同伴合作者三类人员协同教研,形成团队教师共同发展的教研新格局,如"送春风"进课堂等。"三人同行"丰富多彩的课堂研修活动"研讨一节课,成长一批人",有效地促进了课堂教学的深化改革。城区内课堂教学校际联动,推动软实力向均衡发展迈进,缓解了"青年教师多、优质师资少"的难题,为推进教育优质均衡发展做出了突出贡献。

三、理论性与实践性相结合发展,多元方式把研究过程推向细处

理论与实践相结合是教师专业发展的根本方法,采用"理论性与实践性相结合""集中培训与一线课堂教学相结合""示范引领与反思体验相结合"的方式,将教学研究与教学实践紧密联系起来,做中学,做中求发展,行动中研究,研究中行动,一边工作,一边研究,灵活采用问题诊断式、专题讲座式、课例研究式、综合研究式、镜子研修式等多种方式,引领教师不断学习、实践、反思、分享、提高。

(1) 问题诊断式。针对学员在课堂教学实践中遇到的实际问题进行实时指导和剖析,并为不同学员设置个性化的问题,有针对性进行具体剖析、阐释、讲解。

(2) 专题讲座式。开展教育教学专题讲座,针对小学数学学科内涵,按领域分年段解读剖析小学数学教材、课标、课例。针对教科研的要求设置科研课题与小专题、课例研究、教研活动的理论与实践的培训。针对研究型、智慧型、创新型教师的成长设置名师素养与文化特征、教学风格、教育哲学思考等相关课程。

(3) 课例研究式。立足教育教学实际问题选择科研课例,扎实开展课例研究工作,培养良好的科研素养,强化科研及创新意识,使教师掌握多元的研究方法,提高教育科学研究水平。

(4) 镜子研修式。此模式在研训活动中以做有品质的教师为指导思想,以"研训合一、学用结合;专项培训、改善行为;全员培训、知行一体;精心策划、用心施培、诚心管理、真心反思"为主要策略。以立镜子—照镜子—擦镜子—亮镜子为主要过程。具体如下。立镜子:对教师的随堂课进行全程录像,真实记录教师的全部教学细节。照镜子:观看录像,审视自我的优点和缺点。擦镜子:对不足进行反思、通过同伴互助、专家引领进行修正与弥补。亮镜子:经过反思与领悟后的教师再上跟进课会有别样的精彩。

做中学，做中求发展，特色教研具体案例见后文

以课例为载体的"六环生态"课例研修

课例研修有六个注重：注重意义、注重思想、注重目标、注重内容、注重策略、注重效果。这六个注重既是课例研究重要的六个内涵要素，又是教师专业发展过程重要的六个环节，是循环往复、可持续发展的研究活动，是一种生生不息的生态式教师研修方式，我们称之为"六环生态课例研修"。

一、课例研修注重意义

我们的教师为什么要写案例？为什么要进行课例研修？总的来说，课例是提高教师专业水平的黄金渠道，课例研修是教师行动研究上的皇冠，以课例研修为载体的案例是教师行动研究皇冠上的耀眼明珠。

（1）课例研修为教师提供了一个记录自己教育教学经历的机会。在日常教育教学中遇到的一些事例以可通过课例研修的形式再现出来，实际上也是对职业生涯中一些困惑、喜悦、问题等的记录和描写。如果说每个教师主要是在课堂、在学校、在与学生的交往中展示其自身生命价值，那么，课例在一定程度上就是教师生命之光的记载。课例中有教师的情感，同时课例也蕴涵着教师无限的生命力。记录、记载本身也承载着深深的历史感，每一时期、每一阶段处理事件的课例在很大程度上可以折射出教育历程的演变，它一方面可以作为个人发展史的反映，另一方面也可以作为社会大背景下教育的变革历程的反映。

（2）课例研修可以促使教师更为深刻地认识到自己工作中的重点和难点。能够成为课例的事实往往是教师工作中难以化解的难题。教师自己在对教学经历进行梳理时，头脑中印象深刻的常常是那些自己感到困惑不解的事实材料。这样的梳理过程会强化教师对自己教学能力的认识，让教师把注意力集中在一些根本性问题上，同时也会帮助教师认识他在处理这些问题上所具有的学识，或还有哪些不足。如果教师把课例的研修当成一种习惯，那么随着课例材料的增多，教师就会逐渐发现自身工作中的重难点到底在哪里，以后努力的方向应该是什么。

（3）课例研修可以促进教师对自身行为的反思，提升教学工作的专业化水平。许多教师只有在期末或年终学校评价自己的工作时，才会系统地反思自己的教育教学行为，关于自己教学工作中的"是什么""为什么""如何做"等

问题极少有意识地加以探讨。而课例写作在很大程度上可以扭转这种现象。它虽然不与教师职位的升迁相关联，但它能够促使教师反思自己工作中的某些方面，使教师发现某些问题，进而解决有关问题。这实际上可以极大地促进其专业发展，促使其向专业化水平迈进。如果课例研修能够渗透在教学过程的始终，而不只是一时冲动，不只是岁末特有的行为，反思也就成为常规工作了。

（4）课例研修为教师之间分享经验、加强沟通提供了一种有效的方式。教师工作主要体现为一种个体化劳动过程，平时相互之间的交流相对较少。课例研修是以书面形式反映某位或某些教师的教育教学典型课例的经历，它可以使其他教师有效地了解同事的思想行为，使个人的经验成为大家共享的经验。通过课例，教师知道自己的同事在想些什么，做些什么，面临的问题又是什么，提出的相应对策有哪些。在这种情况下，老师也会思考，假如我面临同样或类似的问题该如何处理，在我的教学经历中是否有同样的或类似的经历，能否进一步形成互学互鉴，等等。这种做法可以形成一种新的教师文化。大家通过个人分析、小组讨论等，认识及分享自己所从事工作的复杂性，以及会面临问题的多样性和歧义性，并且可以把自己原有的缄默的知识提炼出来，把自己那些只可意会不可言传或不证自明的知识、价值、态度等，通过讨论和批判性分析提升到意识当中和理性的高度。

（5）课例研修的作用：通过记录与反思促进专业水平发展。课例研修是记录教师教学生涯和成长历程的重要方式。苏霍姆林斯基说："我建议每一位教师都来写教育日记。教育日记并不是什么被提出某些格式要求的官方文献，而是一种个人的随笔记录，在日常工作中就可以记。这些记录是思考和创造的源泉。那种连续记了10年、20年甚至30年的教师日记是一笔巨大的财富。每一位勤于思考的教师都有他自己的体系、自己的教育学修养。"课例研修是教育教学反思的重要方式。反思一般是指行为主体立足于自我以外，批判地考察自己的行为及其情景的能力。杜威指出："反思是对经验进行重构或重组，使之增加经验的意义并增强指导后续经验方向的能力。"教学经验并不会自然地成为学习资源，只有经过反思的经验才是教师的自我财富。美国心理学家波斯纳提出了教师成长的公式：教师成长 = 经验 + 反思。他的研究表明，"如果一个教师仅仅满足于获得经验而不对经验进行深入的思考，那么，即使是有20年的教学经验，也许只是一年工作的20次重复；除非善于从经验反思中吸取教益，否则就不可能有什么改进"。反思是促进教师专业发展最重要的高级思维能力，处于教师发展中心位置。一节好的课例研修不仅是教师自身心路历程的真实反映，还是其他教师借以反思自身的基础和对照学习的镜子。

二、课例研修注重思想

教师是专业发展的主体，学生是学业发展的主体，课堂教学是师生积极主动、交往互动、人品发展的过程。教师作为专业发展主体，在参与中成长，在担当中发展，在物化中提高，在团队中强大。学生作为学业发展主体，积极主动参与，交往互动交流，在担当责任中成长，在追求精神中强大。这是课例研修中重要的"主体发展"指导思想。

教师的发展是有层级性的。可分为一般教师、合格教师、骨干教师。师生的发展层级都可以分为三个阶段、九级目标。教师走向专业成功的三大支柱：专业知识、专业技能、专业态度。

骨干教师的发展是多样性的。骨干教师的专业发展分为示范、辐射、引领三个层级。示范是指做出榜样，展示高水平的研讨课，展示先进性的研究成果，做出典范供大家学习。辐射是指带领教师，向内、向外扩张，分享名师优质资源，带领其他教师一起发展。引领是指引领内涵发展，在教育观念策略、课程的领导力、发展的思想力等方面起到主导作用。

三、课例研修注重目标

课例研修目标主要是指三个方面，一是解决实际问题，促进学生积极主动全面发展；二是改善教育行动，促进教师专业可持续发展；三是发展师生素质，提高教育质量，促进教育公平优质发展。

课例研修就是为了提升专业水平，提升理论素养与实践能力，从而提高教学质量。课例研修既不是为了检验某种已有的教育理论，又不是为了构建一种新的教育理论，更不是为了向别人炫耀自己的研究成果。课例研修主要是教师以自我叙述的方式来反思自己的课堂教学、反思自己的教育教学活动，并通过反思来改进自己的教育教学思路，改进自己的行为，提升自己的教育教学水平，不断提高教育教学质量。

我们倡导的以课例为载体的研修不仅关注文本学习和相互讨论，而且更多地关注教学行为的改进、教学行为的连环跟进。我们倡导的以课例为载体的研修是教师教学方式、研究方式、学习方式、专业发展方式的一场深刻变革，要让教师成为课程建设与课堂教学资源的真正主人，改进教学，发展自我，为自己而研究，为团队而研究，促进团队发展强大。课例研修在不同的阶段有着不同的发展目标，主要分为五个不同的发展阶段的目标，即学、会、好、优、强。

学是指尝试做课例研究，关键词是得一个"果"。完成课例研究过程，你就会上这节课；你会按照基本要素形成课例研究报告。

会是指学会做课例研究，关键词是得一个"法（序）"。完成课例研究过程，你就会上这类课；过程方面写出了几个有代表性的变化环节，你就会有模有样地完成课例研究报告。

好是指能做好课例研究，关键词是得一个"神"。完成课例研究过程，你会有主见地上出有自己风格的课；内涵发展方面主要是要素式结构化层级性发展，你会在模样上有所改变地完成课例研究报告。

优是指做到优课例研究，关键词是得一个"时"。完成课例研究过程，你会上出站在时代前沿的风格鲜明的课；细节能做到精品，既有内涵深度，又站在了时代的高度、立德树人的高度、全面发展的高度、核心素养的高度，时代发展的高度；你会创造性地完成课例研究报告。

强是指做到强课例研究，关键词是得一个"团"。完成课例研究过程，一个团队的人都达到了优秀的程度，共同发展；你的团队会创造性地完成一批典型的课例研究报告。发展教研团队、形成教研文化。

团队建设的目标：通过教科研与课堂教学活动，整体落实知识、方法、目标等课程内容，形成小专题、整体落实模式，促进提质增效真正落到实处，形成资源性、专题性、融合性系列推广成果，建设研究型、智慧型的学习共同体，提高教师专业素养，提高团队的整体水平，从而提高教育教学质量，促进均衡优质发展。

从教学走向教育。教育就是教书育人，教书与育人合二为一。在同一个教学过程中，既体现教书的内涵，又体现育人的内涵，教书育人内涵双向落实。

四、课例研修注重内容

课例研究的内容以课例为载体，主要包括问题和解决问题的方案。其中，课例研究的问题包括问题的现象与问题的本质；解决问题的方案主要包括寻找和形成解决问题的方法、策略、措施、途径、步骤、程序。

（一）问题导向，从问题出发，让问题引导学习

课例研修主要关注学科教学的现象与问题，通常是关于一节课的研究，主要是针对这节课中出现的有针对性的、共性的问题进行研究，促使教师更好地理解课程，更好地实施教学，提升教师专业水平。课例研修的价值在于能更

好地解决课堂教学中的问题，积累教育教学理论，促进教师专业成长。在课例研修时，教师一同开发与撰写课例研修成果。

问题从哪里来？研修的问题应具有真实性，课例研修的问题产生于教育工作者的教学活动，包括教学任务的落实、教学活动的开展、学生的学习状态、教师的指导与点评等产生的困惑与疑问。问题通常就是进行课例研究的主题。研修主题应具有价值性，来自真实的课堂，来自教育教学过程中出现的应该研究、探讨、改进、解决的具体问题，解决问题的方法策略应具有推广价值。

（二）什么是课例研修？

"课例研修"是指以课为例的研究，是促进教师专业成长发展的过程。"课"是指日常教学的课，"例"是指典型的例子，它能够以较佳角度、较佳高度、较佳广度、较佳深度展示内涵、本质。

课例是指含有教学问题或关键事件的一节典型的课，每一位教师都是教师队伍中最基本的单位，而课例又是教师日常教学工作的最基本的单位。什么是基本单位？即基本的方法、基本的规律、基本的思维步骤、基本的内涵要素、基本的内涵要素的结构等所赖以承载的最小单位。我们把最基本的组成单位研究好，就能起到示范、辐射、引领的作用，从而使课例研修纲举目张，事半功倍。

研修是指研究与学习活动，研究性的学习，研究性的修炼，其关键在于研究，针对实际存在的问题，开展有目的、有计划、有组织的序列修养、修炼的活动。一方面，力求在相关理论指导下开展活动，解决问题，改善行动，提高质量；另一方面，问题解决之后总结提炼相关成果，力争上升到理论的高度，以便进一步推广应用。"课例研修"是指课例实践的研究与修炼，有时也称为课例研究，其中的教学例子是真实的，是以某一具体的课例为研究对象，寻找解决教学问题的方法和技巧，从而提高教师的专业化水平的过程，是对课堂教学中含有问题或关键事件的教学过程的叙述及诠释，是课堂教学活动过程、教学活动改进的实例，是对一个教学问题和教学决定的再现和描述，是展示教学问题和问题解决方案过程的实际课例，即"讲教学活动过程及其背后的故事"的课例。这是以学科为基础，以课堂为主渠道，以课例为载体，以实践为中心，以问题为导向的行动研究；是让教师真正学会以问题导向、以目标导学、以成效导行的行动研究。课例研修主要是指课程案例的研究。包括课程认识的案例、课程实施的案例、课程创新的案例等。

（三）课例研修由哪些要素构成？

有背景与主题，情境与描述，问题与讨论，诠释与研究。主题明确，线索清楚，具有关键性事件，过程性资料翔实，有结论和反思。

（四）课例研修有何特征？

（1）真实性。"课例"必须基于已经发生过的课堂事例或正在发生的教学课例，必须基于真实的课堂教学实践，是实际发生的真实可信的教学活动，而不是设计的事件，不是教师的主观想象。但是对真实的课堂教学实践可以做某种技术性调整或修补，但不能虚构。因此，教师平时要善于捕捉这些教学课例的"原汁原味的课堂细节"，捕捉能打动人心的细节。只有"原汁原味"的教学课例才有特定的意义。

（2）主题性。叙事应该有一个主题。每个"课例研修"必须蕴含一个或几个教学事件，所叙述的教学事件必须具有一定的典型性，蕴含一定的教学理念、教学思想，具有一定的启迪作用。叙事的"主题"是从某个或几个教学事件中产生，体现方式是归纳式而不是演绎式，是从具体教育事件及其情节中归纳出来的，体现从实践到理论的提升，理论到实践的深化。

（3）情节性。叙事课例教学过程中出现的某一个有意义的"教育教学问题"或发生的某一种意外的"教育教学冲突"是对具体的教育教学事件的叙述，是有意义的相对完整的故事。而不是将某个理论问题作为一个"帽子"，然后选择几个教学案例作为例证。

（4）人物性。所叙述的故事要包含与事件密切相关的具体人物，教师既是说故事的人，又是他们自己故事或别人故事中的角色。不但把师生置于事件的场景之中，用自己的视觉去观察和体验，关注师生的亲身经历，使故事的人物角色"更饱满"，而且注重对教师或学生的行为做出解释和合理说明。

（5）可读性。它不是记流水账，而是围绕主题详略有别地进行叙述。阅读者可以从叙事报告的故事情节中看到教学影像，清楚把握教学中出现的问题，并用内省、比较的方法去解释报告中的问题。这种影像化的故事情节能提供给阅读者身临其境的感受，对于教育者而言，这种感受对教学观念、方法的改进的影响会更具体、更深入，因为我们知道，具体经验对于学习是非常重要的，它不同于教学之前的"教学设计方案"（或"教案"），也不同于教学之后的"教学实录"或"课堂实录"。教育叙事形成的报告是一种"教育记叙文"而不是"教育论文"。这种"教育记叙文"比传统的"教育论文"更能引起读者的共鸣并由此而体现它的研究价值。

（6）启发性。能促使自己进行教育教学的反思和帮助阅读案例的人从中"学有所获"。这是最重要的一项特征。一个好课例必须要有时代的特征，能反映当前教育教学中最普遍发生的问题，能引起自己和人们的反思，产生"共情"。

（7）富有个性化。即富有特色，思想上具有独到的思考与足够的深刻性，内容和形式有特色。教师要能用自己个性化的语言表达，对问题的分析和讨论能从理论的高度去挖掘并能提炼出自己的观点，使案例能引起人们多方位的、多角度的思考，能触及人们的灵魂。课例要既能体现细节的精益求精，又能揭示行动背后的意图与理念，真正做到理论与实践相结合。

五、课例研修注重策略

（一）研修的方法

主要的方法是行动研究法。行动研究法是指基于实际问题解决的需要，将问题发展成研究主题进行系统的研究，强调研究与行动相结合，以"对行动进行研究，以研究促进行动"为基本方法，以解决实际问题为目的的一种研究方法。

（二）研修的形式

是以课例为载体，基于教学最基本的单位"课例"进行的日常研修，正式研究与非正式研究相结合。

以团队合作为平台，强化合作交流，开发差异资源，同伴互助，以差异推动进取。

（三）研修的过程

课例研修的"六环生态"流程：问题—思想—目标—内容—方法—成果。一般流程：师情诊断—理论学习—教学设计—课堂行动与观察—交流研讨。简明表达就是"问题—设计—实践—反思—总结"循环进行，进行到交流研讨会议之后，又进入第二轮的循环。师情诊断以问题为前提；理论学习以专业引领为关键；教学设计以观念与行动对话为基础；课堂行动是根本立足点，以行为改善为根本目的；课堂观察是重要手段，以互动交流为重要平台，以问题解决为重要成果。

小学数学教学深度化创新:"实—活—厚"

(四)课例研修的发展层级

课例研修的发展层级是三个阶段、九级目标,教师发展九级目标的内涵与学生学业九级目标(见学科内涵部分)基本相同,依次为了解、理解、认同、掌握、运用、分享、分析、评价、创新几个不同的结果性目标层次;不同之处分别叙述如下。

1. 感知领悟阶段(了解、理解、认同):收集现象,形成概念,表达观点

师情诊断,师情现状分析,感知原行为阶段,关注个人已有经验的教学行为;开展教学现状诊断,将教学教研情况调查作为课例研究的切入点。寻找"现状是"与"应该是"的差距,明晰现状与目标的差距。寻找学科内涵的差距,寻找主体内涵的差距,寻找品质内涵的差距。

理论学习,间接专业引领,学习领悟更新理念,学习先进的思想与成功的经验,第一次行动反思:寻找自身与他人的差距,与新理念的差距,在诊断中的使用标准。

2. 行动实践阶段(掌握、运用、分享):抽象方法,提示问题,分享经验

经验是指经过实践验证的认识,包括行动过程、行动细节、行动背后的思想观念、本质特征的认识。

新设计阶段:关注新理念、新经验的课例设计,理论依据清晰,教学意图清晰,教学目标清晰,教学过程清晰。特别是学科内涵清晰,主体内涵清晰,品质内涵清晰。

新实践行动:第一次的课例行动实践,开展执教行动与课堂观察活动。走进"课堂"做研究:以"课堂"观察为立足点。

行动反思,研修会议合作交流。第二次行动反思,走出"课堂"讲故事:叙事反馈,共同面对教学,寻找设计与现实的差距,解释设计意图、设计理念、设计目标,诠释实践行动、行动过程、行动细节;重点提出实践行动已经改善之处和还需改善之处。自我反思与互动交流相结合。

新行为阶段,改善行为,第二次的课例行动实践,开展执教行动与课堂观察活动。

3. 评价创新阶段(分析、评价、创新):剖析关联,价值判断,开拓创新

新成果阶段,第三次的行动反思,关注学生获得的行为调整,关注教师获得专业提升。搜集整理行动的过程细节与效果数据,分析因果关系,依据标准进行评价,形成问题与问题解决的方案,形成具有推广价值的成果。重点关注新问题、新方法、新认识、新行动。

六、课例研修注重成效

成效就是指实践效果与理论成果。课堂是变化、学生学业成绩的提高、师生取得的荣誉和社会的赞誉等都属于实践效果,实践效果是研究的直接体现和现实价值。针对问题形成的解决问题的思想、方法、策略、措施、途径等整体方案都是理论成果,理论成果具有推广价值。

(一)重点与整体有效统一的课例研修

重点与整体相统一是基于典型课例的单元备课的思维支架之一,既整体把握又突出重点,是单元备课的基本策略。基于典型课例,建立单元主题性思维支架,挖掘单元整体性学科内涵,从典型课例入手到达单元整体的高度,提炼整个单元的核心内涵和主要形式。

以人教版六年级下册第四单元"比例"课时"用比例解决问题"为例。

先从整体入手,提炼整个单元的核心内涵和主要形式。再把重点落实,在典型课例中落实单元研究的主题。最后,重点与整体相结合,提升教学质量与专业水平。

"用比例解决问题"整体有什么?题意,数量关系,列式,式子意义,计算,验算,解答格式,学法的提炼。重点是什么?数量关系。要确定单元教学主题,形成整体教学主线;沟通内在联系,设计对应的整体教学策略,形成递进关系或并列关系的各课时教学活动;整合资源,优化过程,提炼学法,养成习惯,只有这样学生的学习效率才能提高。

(1)从定量变量的思考到式子的思考,体现整体性。"比例"单元核心问题如下:

例1:文具店有一种彩带,销售的数量与总价的关系如下表。

数量 /M	1	2	3	4	5	6	7	8	……
总价 / 元	3.5	7	10.5	14	17.5	21	24.5	28	……

观察上表,回答下面的问题。(1)表中有哪两种量?(2)总价是怎样随着数量的变化而变化的?(3)相应的总价与数量的比分别是多少?比值是多少?

例2:把相同体积的水倒入底面积不同的杯子。杯子的底面积与水的高度变化情况如下表。

杯子的底面积 /cm	10	15	20	30	60	……
水的高度 /cm	30	20	15	10	5	……

观察上表，回答下面的问题。（1）表中有哪两种量？（2）水的高度是怎样随着杯子底面积的大小变化而变化的？（3）相应的杯子的底面积与水的高度的乘积分别是多少？

例3：张大妈家上个月用了8吨水，水费是28元。李奶奶家用了10吨水，李奶奶家上个月的消费是多少钱？

例4：一个办公楼原来平均每天照明用电100千瓦时。改用节能灯以后，平均每天只用电25千瓦时。原来5天的用电量现在可以用多少天？

本单元核心问题如下：题中有几个量，有几个是定量，有几个变量，是哪几个，关联如何？你能写哪些数量关系式，表达你发现的规律；找出数量关系，依据数量关系列式解答。

在"用比例解决问题"的例4中，落实单元研究的主题。（1）题中有几个量？张大妈家上月用水8吨，水费28元；李奶奶家上月用水10吨。（2）有几个是定量，有几个变量，是哪几个，关联如何？你能写哪些数量关系式，表达你发现的规律。用水量是变量，水费总价是变量，每吨水费的单价是定量。水费总价÷用水量=水费单价。（3）先找数量关系，依据数量关系列式解答。

1.将策略的多样化应用于思考过程和解决问题过程，体现整体性思考过程策略的多样化。可用画图直观法分析、分析法分析，也可以用综合法分析，还可以同时应用两种以上的方法分析同一个问题

解决问题策略的多样化：可用算术法解决、也可以用比例法解决。

方法一，算术方法解，先算出每吨水的价钱，再算出10吨水需要多少钱：$28÷8×10=3.5×10=35$（元）。

方法二，算术方法解，也可以先求出用水量的倍数关系，再求总价：$10÷8×28=1.25×28=35$（元）。

方法三，比例法解：水费总价÷用水吨数＝水费单价（一定），每吨水的价值一定，即比值一定，所以水费总价和用水吨数成正比例。也就是说，两家的水费总价和用水的吨数的比值是相等的。根据正比例的意义，列出比例式（方程）。

解：设李奶奶家上个月的水费是 X 元。

$$\frac{28}{8} = \frac{X}{10}$$
$$8x = 28 \times 10$$
$$x = 280 \div 8$$
$$x = 35$$

答：李奶奶家上个月的水费是 35 元。

（二）现象与抽象有效统一的课例研修

现象与抽象有效统一是基于典型课例的单元备课的思维支架之一，现象越丰富，抽象越深刻；现象越典型，本质越突出。要分析现象的特点，挖掘抽象的特征。

以人教版二年级上册第四、六单元"表内乘法"课时"9 的乘法口诀"为例。

"表内乘法"单元的核心内涵为在乘法的基础上编写乘法口诀，主要形式是直观与抽象的有效结合。能统领整个单元的思维支架如下。首先，在情境主题中，一幅图有几个人（或物）？有几个几？其次，利用数轴、表格、学具等工具的直观操作，几个几相加得多少？用乘法算式怎样表示？最后，利用直观的图形直观、算式、口诀的对应关系编写口诀，再进行口诀的应用。在"9 的乘法口诀"教学中具体落实单元的主题策略，发展学生的数感。

1.在直观情境中，实现乘法意义的有效运用，发现和理解情境图中的信息

从情境图中得到哪些信息？

1 条船上有几个人？有 9 个人。表示 1 个几？表示 1 个 9。

2 条船上一共有几个人？有 18 个人。表示几个几相加？怎么列式？表示 2 个 9 相加，9×2；

3 条船上一共有几个人？有 27 个人。表示几个几相加？怎么列式？表示 3 个 9 相加，9×3；

4 条船上……

5 条船上……

6 条船上……

7 条船上……

8 条船上……

9 条船上一共有几个人？有 91 个人。表示几个几相加？怎么列式？表示

9个9相加，9×9；

2.利用工具，实现乘加关系的有效理解与计算

利用数线工具，即数轴，动作比划着跳一跳，（直观操作）的游戏，每次加9，形成动态认知；

数一数有几个9？算一算，

得数是多少？把得数填在空格内。

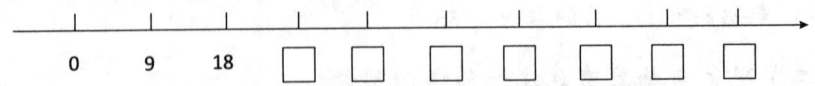

3.形象与抽象的对应关系，实现口诀的有效编写与应用

利用图形的直观、算式、口诀的对应关系编写口诀。看图编口诀、看式子编口诀，尝试编一编9的乘法口诀，再进行口诀的应用。

（三）问题与活动有效统一的课例研修

问题与活动有效统一是基于典型课例的单元备课的思维支架之一，问题是数学的心脏，活动是教学的躯体。根据教学内涵和目标确定核心问题、基本问题、关键问题、关联问题，以核心问题引领各个教学活动的开展。

以人教版五年级上册第六单元"多边形的面积"课时"梯形的面积"为例。

经历知识的形成过程，注意概念和图形的本质特征的认识，提高学生的思维水平。如图1所示。

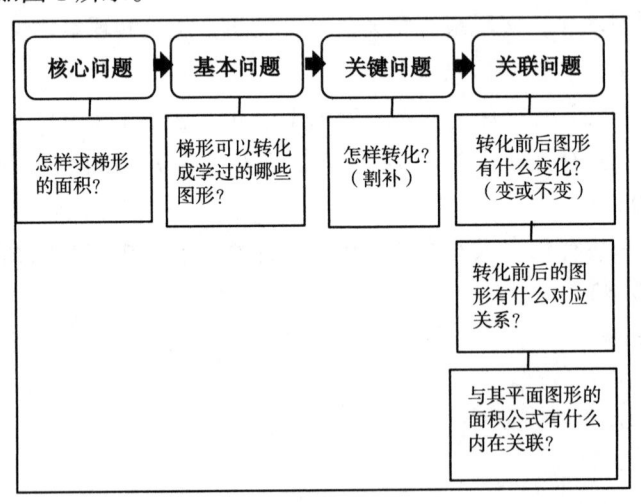

图1 知识的形成过程

"多边形的面积"单元的核心内涵主要是面积的计算、转化法，主要形式是以核心问题与细化问题贯穿整个单元的教学。整个单元的核心问题是"所求图形的面积怎样计算？"为了落实核心问题，可将其分解成系列的小问题，分为基本问题、关键问题和关联问题。

（1）核心问题，加强探究活动的针对性。在"梯形的面积"课时教学中，单元的核心内涵、主要形式要得到有效的落实。核心问题是"梯形的面积怎样计算？"学生带着核心问题开展探究活动，围绕核心问题进行交流互动，提高了教学活动的思考性和针对性。

（2）细化问题，提升交流互动的实效性。围绕核心问题对问题展开细化，包括基本问题、关键问题和关联问题，分别是梯形可以转化成学过的哪些图形？怎样转化？转化前后图形有什么变化（变或不变）？转化前后的图形有什么对应关系？怎样计算梯形的面积？以问题的形式，引导学生开展合作交流活动，问题应有多个层面的水平，交流互动应做到有的放矢，让不同的学生都得到发展。

（3）启发交流，实现学生主体参与活动的高效性。以核心问题和细化的问题为内容基础，在具体的教学活动中，可针对学生的具体情况进行有效的启发教学。当学生水平比较高时，教师仅需启发性地提出核心问题："梯形的面积怎样计算？"，然后学生就能整体性、序列性、全程性地完成探究交流的学习活动。当学生某个环节的学习存在障碍时，教师可针对障碍问题进行启发性教学，如学生对寻找转化前后的图形关系有困难时，教师可采取"启示＋发问"的方式进行引导：转化前是两个梯形，转化后是一个平行四边形，它们的面积、对应的边有什么关系？如图2所示。

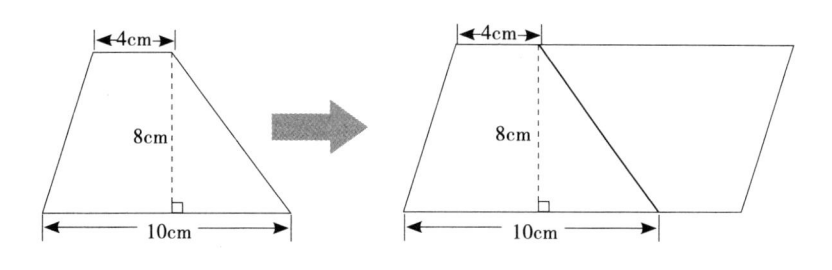

图2 梯形的转化

（四）形式与内容有效统一的课例研修

形式与内容有效统一是基于典型课例的单元备课的思维支架之一，由目标确定内容，由内容确定形式。核心概念有效落实，数形结合有效应用。

以人教版五年级下册第四单元"分数的意义和性质"课时"真分数和假分数"为例。

1. 教学问题

"真分数和假分数"研修之初的教学过程如下。存在什么问题？

（1）真分数。

比较 $\frac{1}{3}$、$\frac{3}{4}$、$\frac{5}{6}$ 这三个分数，有什么特点？如图3所示。

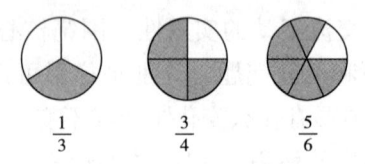

图3 真分数分数图

这三个分数的分子比分母小，这三个分数都比"1"小。这三个分数叫真分数。

（2）假分数。

观察 $\frac{3}{3}$、$\frac{8}{4}$、$\frac{11}{5}$ 这三个分数，有什么特点？如图4所示。

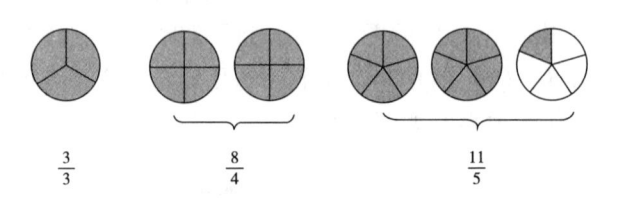

图4 假分数分数图

这三个分数的分子与分母相等，或者分子比分母大，这三个分数等于"1"或大于1。这三个分数叫假分数。

直奔本节课的重点"真分数和假分数"的概念进行教学是严重缺乏对整个单元进行整体备课的表现，整体把握单元核心内涵方面做得严重不足。

2. 教学策略

"真分数和假分数"教学要站在整个单元的高度，突出整个单元的核心概念（分数意义）的有效落实，以及整个单元的主要形式（数形结合）的有效应用。具体策略如下。

（1）从形到数，遵循思维特点，降低核心概念（分数意义）的理解难度。

"真分数和假分数"的教学过程如下：

利用面积模型表示分数：$\frac{1}{3}$、$\frac{3}{4}$、$\frac{5}{6}$。如图5所示。

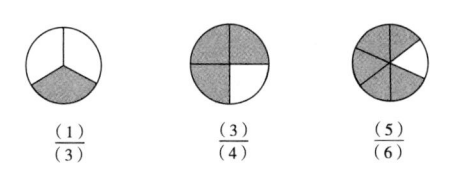

图5　用面积模型表示真分数

说一说把什么作为单元"1"？有几个相应的分数单位？

比较每个分数中分子和分母的大小，看一看分数比1大还是比1小？

利用面积模型表示分数$\frac{1}{3}$、$\frac{3}{4}$、$\frac{5}{6}$，突出分数的意义、分数单位及其个数。

（2）从数到形，提供主动思维平台，提高核心概念（分数意义）的理解深度。

"真分数和假分数"的教学过程如下：

利用分数模型涂色表示分数：$\frac{4}{4}$、$\frac{7}{4}$、$\frac{11}{5}$。如图6所示。

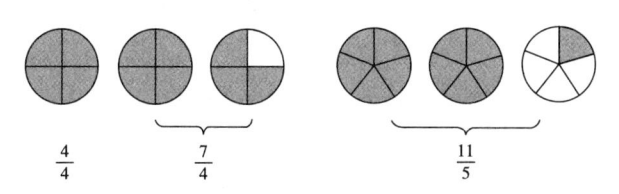

图6　用面积模型表示假分数

说一说把什么作为单位"1"？有几个相应的分数单位？

比较每个分数中分子和分母的大小，看一看分数比1大还是比1小？

利用分数模型涂色表示分数$\frac{4}{4}$、$\frac{7}{4}$、$\frac{11}{5}$，突出分数的意义、分数单位及其个数。并且思考难点问题：涂色表示$\frac{7}{4}$，为什么1个圆表示不了$\frac{7}{4}$，需用

-287-

2个圆表示？将2个圆平均分成了8份，表示7份，为什么不是$\frac{7}{8}$，而用$\frac{7}{4}$表示？

（3）数形结合，架起解决问题策略多样化的桥梁，注重核心概念（分数意义）在解决问题中的应用。

在数轴上表示真假分数：$\frac{1}{3}$、$\frac{3}{3}$、$\frac{5}{3}$、$\frac{1}{6}$、$\frac{5}{6}$、$\frac{6}{6}$、$\frac{7}{6}$、$\frac{13}{6}$。

在数轴上能直观明显地看出：1、$\frac{3}{3}$、$\frac{6}{6}$这几个数相等；在1（$\frac{3}{3}$、$\frac{6}{6}$）左边是真分数，右边是假分数。且能看出是按从小到大排列的顺序。

还可以用方格模型、分数模型等设计数形结合的其他活动，突出核心概念（分数意义）在解决问题中的应用。

以课例为载体开展"六有教研"的实践

广西柳州市鱼峰区教研室　陈朝雄

"六有教研"活动是指在教研活动中做到"六有"：现实有靶、心中有标、手中有法、眼中有人、思中有行、行中有果。

一、问题聚焦，现实有靶——自主收集实际问题

毛泽东说："你对于哪个问题不能解决吗？那么，你就去调查那个问题的现状和它的历史吧！你完完全全调查明白了，你对那个问题就有解决的办法了。"例如，多层次练习活动中，存在什么主要问题？请举例说明。在小组中交流日常教学多层次练习活动中的问题或案例，各小组选好代表准备发言。小组讨论交流后选两个小组的代表进行发言，其他小组补充发言。

二、理论学习，心中有标——专题学习，专业指导

专题化学习，进行新课标解读与应用，加强现场课例理论指导的针对性和解决问题的目标性，用新课标指导教学行动，让课堂教学活动更有高度。

三、观课研课，手中有法——带着质量标准上课观课

（1）制定或明确各项活动的质量评价标准，带着标准参与活动。

（2）任务驱动，明确观课问题，承担团队具体任务。分组观课，以行动为导向，做好课堂观察思考。

（3）带题授课，践行标准，课堂行动具体落实，处理好预设与生成的关系。实施预案，把预设转化为实际的教学活动，师生积极参与、交往互动。有预设也就有生成的资源，教师要及时地把握，因势利导，用好生成资源，使教学活动收到更好的效果。

四、交流互动，眼中有人——以课例为载体，以标准为导向，个体主动，群体互动，促进师生共同发展

各小组按课前任务进行组内交流，并选好代表准备发言。小组讨论交流后每一小组的代表向大会进行发言，其他小组补充发言。期间促进师适时进行启发、引导、聚焦、提升。促进教师进行小结，形成可推广应用的策略与结论。

五、实践推进，思中有行——按新标准推进行动，不断追求更好效果

分别对研究的教学活动、创造活动过程进行实践推进课，即现场微型课"走课"。"走课"就是以教师扮演学生，按正常课堂教学活动进行模拟教学。然后针对修改发展之处进一步评析。在一次教研活动中，形成两次实践三次反思，即第一次反思是上研讨课前对存在问题的反思，第一次实践是现场课；第二次反思是现场课后的反思，第二次实践是实践推进课；第三次反思是对推进课的反思。

六、及时物化，行中有果——自主反思与小组团队评价相结合，及时物化成果，赏识团队成员，促进学习共同体发展

自主反思：小组成员在小组内，以案例的形式交流自己的心得体会，小组代表向大会进行汇报。并开展小组评价，赏识团队成员，激励促进发展。会后及时物化，共享成果。

小学数学教学深度化创新："实—活—厚"

以课例为载体开展"六有教研"的实践研究
——"平行四边形的面积"多层次促进内涵发展活动案例

广西柳州市柳石路小学　江娟娟　广西柳州市驾鹤路小学　苏智敏

为了推动教研成果的交流，进一步促进教师专业发展，柳州市教育局、教科所举行了教研成果特色展示周活动。鱼峰区小学数学中心组于4月17日下午以学习共同体的方式展示了"六有教研"特色活动。本次活动得到了广西教育学院继续教育学院领导、市教科所专家的亲临指导，有来自柳州市、河池市共十一个县区二百多名教师参加了观摩活动。广西教育学院继续教育学院周院长、市教科所陈主任全程参加展示活动，并把研究活动推向了高潮，既全面肯定了展示活动，又为教研教学的进一步发展提出了能为教师解渴的高水平专业引领。周院长对整个教研活动给予了二十四字的总结性评价，他指出这是一次"教研氛围浓郁，特色思路明晰，团队建设高效，教学效益彰显"的盛会。他表示能以整个城区老师组建备课组进行展示的活动还是第一次见到，他认为学习共同体是一种资源的共享、课程的学习，他对城区中心组教研文化建设、老师的团结奋进表示非常欣赏。

一、活动意义

为了更好地推进课堂实践，提高教学质量和教师专业水平，开展"多层次活动"小专题研讨活动。

二、活动目标、内容与形式

（一）研讨主题

在练习环节中，多层次活动的内涵及发展策略小专题研究。

（二）活动内容及任务

结合我区课堂教学实际，深入开展素质项目内涵发展专题研讨，力求解决练习环节中多层次活动教学存在的突出问题，推进品质内涵深层化、区域化发展。以"平行四边形的面积"课例为主要载体，理解多层次活动的内容和形式。"多层次活动"主要是指知识形成过程的多层次活动和学生思维过程的多层次活动，即认知的多层次活动和思维的多层次活动。通过本次小专题学习、带题授课、参与式研讨交流等活动过程，进一步理解在练习环节中多层次活动的内涵，并形成多层次活动的操作策略，以便推广应用。

（三）学习方式

以学习共同体的形式开展行动研究，校际联动教研。

（四）活动设计理念

让教研活动成为教师解决教学实际问题的行动研究。有目标是有责任心的老师，有行动是有执行力的老师，明白行动策略是有智慧的教师，及时物化成果是有辐射能力的老师。在活动中研究，以提高教师素质和促进学生全面发展为目的，以"平行四边形的面积"典型课例为主要载体，以课堂为主渠道，以"对行动进行研究，以研究促进行动"为基本方法，以专项问题研究为主要方式，以学习共同体、参与式培训和行动实践、反思交流、总结提升、推广应用为主要过程，开展多层次活动、内涵式发展的研究。有问题、有目标、有行动、有策略，思想与策略、过程与方法、细节与精品相结合。

三、活动安排

（一）时间安排

半天时间，上午 8：00—11：30。

（二）地点安排

XX 小学报告厅。

（三）与会人员

城区数学中心组成员共 36 人。

（四）会前准备与安排

（1）执教者：江老师，城区中心组成员，负责准备并执教研讨课（35 分钟），本校团队一起参与前期准备工作。会前完成教学设计、教学具准备。

（2）专题导师：邓副校长，市级课堂教学研究指导中心成员，负责"多层次活动"小专题讲座，3000 字左右，15 分钟左右。会前完成发言稿、PPT。

（3）活动总促进师：温主任，学科带头人，负责交流互动环节的总负责人，负责交流互动环节的组织、启发、引导、提升工作。会前完成讨论问题的预设、教师需要解决问题的预设、交流互动环节的组织活动形式设计、交流互动环节的总结性发言，包括可操作的发展策略或措施。

（4）主持人：龚老师、徐老师，均是中心组成员。负责全程活动各环节的主持，负责各环节的串词，做到对每位出场人员的精彩介绍，做到每一活动环节的精彩点眼。

（5）总策划人：陈老师，教研室教研员，负责总策划，负责完成活动方案，并下发活动通知。负责专题的理论指导与实践指导，主要负责对执教者、专题导师、活动总促进师、主持人的指导工作。

（6）参与者：与会教师，会前每人准备一个日常教学中多层次练习活动的问题或案例。负责在课堂上观课，交流中积极发言。

（7）后勤负责人：韦主任，负责会议当天的签到、摄像、饮水、会场布置、音响、资料发放与回收、成果集、新闻报道安排等工作。

四、"六有"活动具体过程

活动的首尾保留城区教研活动习惯，发展教研活动文化，全体与会人员起立宣读：自强不息，厚德载物，以情育情，以爱育爱，大家不同，一样精彩。

活动过程主要是五大环节，一是小专题理论学习；二是现场课例；三是交流互动；四是推进演绎；五是心得交流与评价反馈。

分小组参与活动，6人为一个小组，各组设置组长、主持人、小组促进师、发言人、记录人等角色，如果小组人数是四人，则一人身兼数职，如主持人与组长为一人。如果小组人数较多，如七八人，则多人同担一项职责。

简单回顾上次研究内容：内容分析、学情分析、新授教学相关主要内容的要点。

（一）问题聚焦，现实有靶——自主收集实际问题

毛泽东说："你对于哪个问题不能解决吗？那么，你就去调查那个问题的现状和它的历史吧！你完完全全调查明白了，你对那个问题就有解决的办法了。"

多层次练习活动中，存在什么主要问题？请举例说明。在小组中交流日常教学多层次练习活动中的问题或案例，各小组选好代表准备发言。小组讨论交流后选两个小组的代表进行发言，其他小组补充发言。

经过讨论交流，专题导师总结提升如下。多层次练习中存在的主要问题为缺乏习题与交往互动内容。一是缺乏习题。从提供的教案来看，有的教学设计不重视练习部分的设计，如书上的题目、练习卡上的题目在教案中只见题号，不见习题。阅读者无法从教案中获得完整信息，如果又未把书、卡作为附页附在后面，则练习设计就存在缺陷，只见练习的环节，不见练习的内容。二是缺乏交往互动的内容。从教学设计和课堂教学来看，有的只呈现一道道的习题，只重视习题的答案，未对练习活动进行具体设计，学生的活动、思考的问题、再现的重点、迁移的方法、练习的形式、精讲的内容都是需要增强的内容。建议再现重点，再现方法，呼应学法，呼应内容。三是综合练习中综合点不明确，拓展练习中拓展点不明确。四是三个层次的分层练习中评价激励方式不到位，学生反思、生生互评、多样化的评价方式如何进一步突显内涵。

（二）理论学习，心中有标——专题学习，专业指导

专题化学习，进行新课标解读与应用，加强现场课例理论指导的针对性和解决问题的目标性。

（1）用新课标指导教学行动，让课堂教学活动更有高度。课标指出，学习活动是一个富有个性的过程，教学活动要适应学生个性发展的需要，让不同的学生得到不同的发展。有个性，有不同，就是要关注学生的差异，尊重学生的差异，因材施教。对学习的评价应是目标多元、方法多样。因此，在练习中，分层活动就是一种有效策略。基本技能的形成需要一定量的训练，但要适度，不能依赖机械地重复操作，要注重训练的实效性。教师应把握技能形成的阶段性，根据内容的要求和学生的实际，分层次地落实。差异就是分层的理论基础，创造、创新就是差异的高水平表现。

（2）形成课堂教学多层活动可操作细则，使指导与评价标准统一，内化形成具体行动。在多层活动中要有学科内涵、主体内涵、品质内涵三个方面的内容。

练习的多层次活动中要进一步体现学科内涵。要做到重点知识、重点方法、重点的思维过程在练习的各层次中有效突出，或再现重点，呼应内容；或再现方法，呼应学法。基本训练点、知识综合点、方法综合点、思维综合点、方法的拓展点、思维的拓展点等要做到心中有数。

练习的多层次活动中要进一步体现主体内涵。一是面向全体互动。要面向全体学生练习，基本练习参与率能否达到100%？综合练习的参与率能否达到90%以上？拓展练习的参与率能否达到80%以上？二是积极主动，富有个性。学生能积极主动地参与思考、交流等活动，在活动中能够充分发表自己的看法，提供个性发展的时间与空间。

练习的多层次活动中要进一步体现品质内涵，促进学生的全面发展，一是现阶段，主要以习惯为衡量全面发展的重要指标，后阶段再增加其他指标。学生要体现出多项良好的习惯素质，要培养学习习惯、行动习惯、思维习惯等良好习惯。帮助学生形成认真勤奋、独立思考、合作交流、反思质疑等学习习惯，倾听习惯、表达习惯、作图习惯、提问习惯都是良好的学习习惯。二是体现课程理念，关注差异，尊重差异；激励评价，方法多样；树立自信，体验成功。注重人品教育、激励教育、成功教育、自信教育、创新教育等。

（三）观课研课，手中有法——带着质量标准行动

（1）制定或明确各项活动质量评价标准，带着标准参与活动。任务驱动，明确观课问题，承担团队具体任务，分组观课，以行动为导向，做好课堂观察思考。1、2组负责基本练习环节；3、4组负责综合练习环节；5、6组负责拓展练习环节。每个组分别从以下几个方面进行观课。

①各层练习中学科内涵落实得怎么样？是否只是关注答案？是否做到了新授的重点知识、重点方法、重点的思维过程在练习的各层次中有效突出，或再现重点，呼应内容；或再现方法，呼应学法？基本训练点、知识综合点、方法综合点、思维综合点、方法的拓展点、思维的拓展点是否清晰？注重目标层次与思维对象的交融发展。

②各层练习中主体内涵落实得如何？一是面向全体互动。基本、综合、拓展练习学生的参与率达到多少？二是各层练习中学生的积极主动、交往互动、富有个性体现如何？

③各层练习中品质内涵体现如何？学生在活动中表现出几个习惯？是什么习惯？习惯的规矩性知识是否明晰？是怎样体现的？分层理念、关注差异、尊重差异如何落实？体验成功、树立信心是重要实践要求，是否落实？形式的多样性与内涵的深刻性体现在哪？评价的激励功能、主体多元、内容多样又如何体现？

④每一小组都思考：为了丰富教学内涵，提高教学质量，更好贯彻新课标的精神，进一步促进学生的发展，除了基本练习、综合练习、拓展练习，还能再创设什么层次的练习活动？学生的创造性活动又如何体现？

（2）带题授课，践行标准，课堂行动具体落实，处理好预设与生成的关系。实施预案，把"预设"转化为实际的教学活动，师生积极参与、交往互

动。有预设也就有生成的资源，教师要及时把握，因势利导，用好生成资源，使教学活动收到更好的效果。

（四）交流互动，眼中有人——以课例为载体，以标准为导向，个体主动，群体互动促进师生共同发展

各小组按课前任务进行组内交流，并选好代表准备发言。小组讨论交流后每一小组的代表向大会进行发言，其他小组补充发言。期间促进师适时进行启发、引导、聚焦、提升。预设情况如下。

（1）基本练习（如图1所示）：1、2组代表发言，其他小组补充。

这块平行四边形麦田的面积是多少？

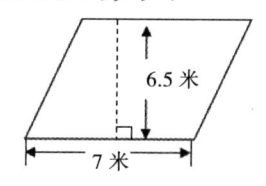

图1

在基本练习中，要形成先写字母公式再列式的习惯。在回答时让学生再一次回顾平行四边形面积计算公式，就是进一步体现重点知识。

经过现场统计，学生的参与率达到100%。

教师与学生一起进行评价，全对的、改正对的得100分，或打A+，或打三颗星☆☆☆。

（2）综合练习（如图2所示）：3、4组代表发言，其他小组补充。

请选择正确答案的序号填在括号里，平行四边形的面积是（　　　）。

① 4×5　② 4×7.5　③ 5×7.5

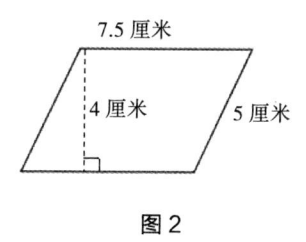

图2

学生养成表达习惯：我选择的是_____，我是这样想的：_____。

一般水平的综合练习只注意练习的结论，不注重过程。只满足于学生得出正确的答案：② 4×7.5。

-295-

小学数学教学深度化创新:"实—活—厚"

中等水平的综合练习不仅注重练习的结果,还重视练习的过程和方法与知识的综合运用。为什么是 4×7.5?而不是 4×5、5×7.5 呢?学生分析原因,阐述理由,在练习的过程中再现本节课的重点知识——平行四边形的面积公式和重点方法转化法(如图3所示)。这样的教学活动就到达了九级目标之中的"分析、评价"等级了,学生处于"评价创新"高阶阶段的思维活动。这样的学习活动有利于强化知识与方法的运用,也有利于后进生的理解与进步。

图3

较高层次的综合练习是课程资源、学生思维、数学知识的多层次利用:充分利用本题的课程资源,求底边5厘米对应的高是多长?其中又分为三个层次的综合练习。可以是顺向思维与逆向思维的综合练习,即本节课的知识两次运用求出高,先根据平行四边形的面积公式顺向思维求出面积 7.5×4=30 平方厘米,再利用面积公式的逆向思维,用算术方法求出高:30÷5=6 厘米。也可以是本节课知识与非本节课知识的综合练习,即方程知识与平行四边形面积综合运用求高,用方程求解。设底边5厘米对应的高是 x 厘米,根据平行四边形的面积相等列方程,$5x=7.5×4$;或先求出面积 7.5×4=30 平方厘米,再列方程,$5x=30$,最后解得 $x=6$。思维的综合或知识的综合才真正体现综合练习的要求。更高一个层次的综合是本位知识与上位知识的本质特征的综合思维。上述无论是思维综合的练习还是知识综合的练习,都要沟通知识的内在联系,挖掘知识的内涵,要使学生知道平行四边形有两组互相垂直的底和高(如图4所示),都可以用来计算平行四边形面积,以此培养学生多角度解决问题的能力。再上升到上位概念思考,即相互垂直的两条线段的乘积可以求出平面图形平行四边形的面积。为上位概念平面图形的复习与内在沟通与联系奠定基础。这样的教学活动过程,学生学习的重点是结构性知识,是知识之间的关联,学生能够在课堂上个性化地动态发展。

经过现场统计,学生的参与率达到 80% 以上。学生积极思考并回答转化法的应用及转化过程,深刻理解高与底的对应关系。

教师与学生一起进行评价,全对的、改正对的再得100分,或再打 A+,

第六章 落实"实活厚"的工作策略

或再打一颗星☆，与基本练习相加形成四星级。学生可与同桌交换评分，书写工整的可再加一颗☆或☺。

（3）拓展练习：5、6组代表发言，其他小组补充。

用不同的方法求解下图的面积。如图4所示。

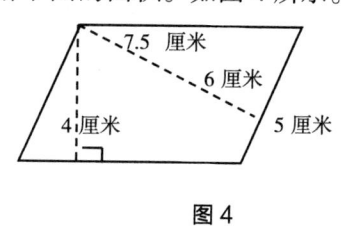

图4

经过现场统计，学生的参与率达到70%以上。学生积极思考并回答思考过程，灵活运用。

教师与学生一起进行评价，全对的、改正对的再得100分，或再打A+；或再打一颗☆，与基本、综合练习相加形成五星级。经过学习，学生被认定为"三星级学生""四星级学生"或"五星级学生"，更好地强化了成功感，更好地培养了自信心。

（4）新思考：或把综合与拓展合并为一个环节，再增加一个"创造活动"环节，让学生能够在更加广阔的时空环境中运用知识，开放性应用，学生自主思考、应用的范围更大，体现出一种创造性的活动，不再仅仅是解答习题，学生可以面对生活，发现问题并解决问题。教师设计的本节课的创造活动环节内容如下：

创造活动1：先作图、测量，再计算。在格子图上画出一个平行四边形，并画出两条高，测量并标出必要的数据（保留整厘米数或一位小数）。用两种方法求出平行四边形的面积。

创造活动2：自己给出一些条件，求平行四边形的底。先在格子图上作图、测量，再计算。可以是一道比较容易的题目，也可以是一道较难的题目。数据保留整厘米数或一位小数。

创造活动3：自己编一道水平比较高的题，求平行四边形的高，要求题目完整，解答完整，并且画图验证求出的高是否正确。数据建议用厘米作单位；选择整厘米数或保留一位小数；养成尺规作图习惯。

由本节课的创造活动推广到其他课的创造活动。

创造活动4：四年级下册"三角形的分类"，在格子图上有A、B两点，请补充一个C点，利用这三个点画出面积相等的三角形。如图5所示。

小学数学教学深度化创新："实—活—厚"

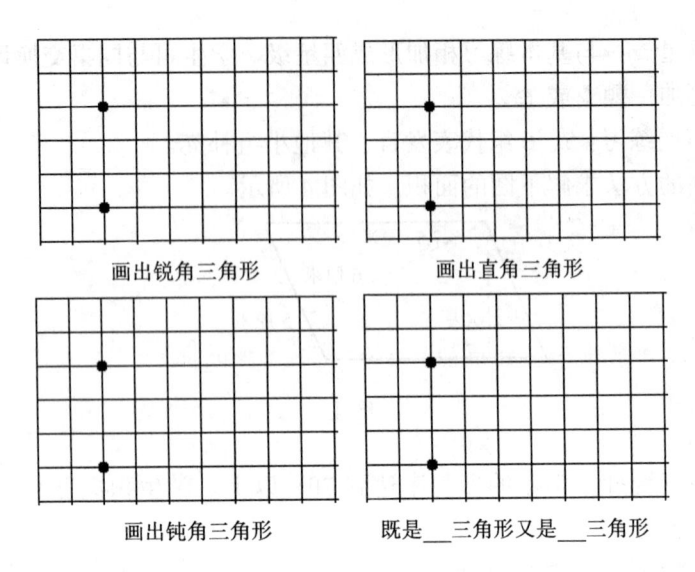

画出锐角三角形　　　画出直角三角形

画出钝角三角形　　　既是___三角形又是___三角形

图 5

（5）促进师小结，形成可推广应用的策略与结论：今天经过研讨，多层次练习活动有两种不同的发展层次，第一，是基本练习，综合练习，拓展练习；第二，是基本练习，综合拓展，创造活动。可以根据实际灵活运用。在各层次的活动中，尽量体现学科内涵、主体内涵和品质内涵，基本训练点、综合点、拓展点、创造点越清晰越有利于课堂教学的发展。我们要不断的应用标准与完善标准。

（五）实践推进，思中有行——按新标准推进行动，不断追求更好效果

好的建议是方向性与操作性相结合，为了更好地消化现场针对多层次活动存在的问题提出的意见与建议，选择两个小组教师，分别对综合练习的教学活动、创造活动过程进行实践推进课，即现场微型课"走课"。"走课"就是以教师扮演学生，按正常课堂教学活动进行模拟教学。然后针对修改发展之处进一步评析。

在一次教研活动中，形成两次实践、三次反思，即第一次反思是上研讨课前存在问题的反思，第一次实践是现场课；第二次反思是现场课后的反思，第二次实践是实践推进课，第三次反思是对推进课的反思。

（六）及时物化，行中有果——自主反思与小组团队评价相结合，及时物化成果，赏识团队成员，促进学习共同体发展

（1）自主反思。小组成员在小组内，以案例的形式交流自己的心得体会，要求对自己要有促进，对别人要有启发，可以是收获、思考、质疑等。之后，选择几个小组代表向大会进行汇报。要特别强调理论与实践相结合是专业发展的根本大法，以教学活动的细节打动人心，以小中见大提高理性高度。

（2）小组评价。面向大会发言，组长从组员中选择一人进行具体评价。赏识团队成员人员，挖掘同伴教师活动行为背后的精神，激励促进发展。

（3）团队发展。主持人针对活动最有特色的小组进行评价，营造团队教研文化，挖掘学习共同体发展内涵。

（4）会后及时物化，共享成果。将本次活动的通知、活动方案、导师发言稿、促进师的总结性发言、自主反思的心得体会、小组评价、团队发展、新闻报道及图片等结集分享，重点形成课例研修成果，都于一周内上传QQ群的邮箱。

"双师教学"是教师专业发展新平台
——"四制四环节"鱼峰研修案例

广西柳州市鱼峰区教研室　陈朝雄　广西柳州市箭盘山小学　吴玉萍

一、"双师教学"现实的必要性

（一）城乡教育如何一体发展？青年教师如何快速上道？骨干教师如何深度教学？这是当前急需解决的问题

本城区数学教师五年以内的新教师占数学教师总数的百分比由2017年的16.2%上升到了2019年的54.3%，城市青年教师急剧增多。而且由于行政区划的变动，本城区增加了两个乡镇，乡村学校教学资源不足是公开的秘密。

乡村教师、青年教师在多个维度上呈现弱势。一是信息素养较弱。虽然校园已经拥有百兆带宽城域网和数字化教学设备，但是利用不足，使用频率明显较少，教育信息技术的素养还存在不足。二是优质资源的使用较低。乡村教师和城市青年教师使用各类教学资源的比例数据为教学参考书占28%、同伴的资料占31%、网络名师资源和网络一般资源占41%，其中，网络名师资源只占网络资源的10%左右。名师优质资源在教学资源的使用占比中是比例最低的。如今，网上的名师优质资源很丰富，而乡村教师、城市青年教师主动使用的不多，使用量相差更是悬殊，对20所学校100名教师进行了调查，从2020年3

小学数学教学深度化创新："实—活—厚"

月到 5 月初的两个月的线上教学使用名师优质资源的数据来看，最少的（非项目老师）只有 7M，最多的是 8.9G，相差 1 000 多倍。三是教学效能感比较低。由于经验不足与培训效果较差，青年教师、农村教师的教学效能感相对较低，对自我的教学技能、教学效果信心明显不足，自我评价显著较低。

综上所述，"互联网+双师教学""名师优质资源+双师教学"处于起步阶段，尚未有成熟的经验可借鉴，更少见小学数学学科层面的成功经验，但已显示出强劲势头。现在加入此项课题的研究，必将对"双师教学"的研究起到有效的补充，对课堂教学提质增效，对城乡教育均衡发展有着重大意义。

（二）城区"双师教学"展示交流活动

教育教学最关键的三大核心要素是资源、教师和学生，教育教学提质增效的根本途径是资源、教师和学生三大要素的整体融合，优质资源是提高质量的关键要素，教师是教育过程中最有活力的要素，因此充分发挥"名师优质资源+"的作用对于教育教学真正实现提质增效有着十分重要的意义。

2020 年 11 月 5 日，以"为城乡教育均衡发展、为青年教师早日走上正轨、为骨干教师更好地深化发展，让每个孩子享受到优质的教育"为宗旨，在"做中学，做中求发展"的理念指导下，以管理措施、理论学习、课例研究、专题指导、反思导行等为主要内容，以团队骨干教师为中坚力量，在德润小学成功进行了"带题授课，以课说题""学教研培"四位一体的展示交流活动。展示出了"资源名师+本地教师""双师教学"研究，展示出了"名师优质资源+"的教学魅力，老师在自己的家门口就能向优秀名师学习借鉴，孩子在自己老师的课堂就能享受到校外名师的优质教学，也回顾了摸着石头过河的艰辛历程，显示了"双师教学"能真正促进课堂教学提质增效。来自城乡 24 所学校 100 多名老师收获满满。既有观念上的洗礼，又有能力上的提升；既有知识上的积淀，又有德艺上的增长。本次研修活动形成了鱼峰区"四制四环节"研修模式。（如图 1 所示）内涵发展初步形成了"问题导向、课例研讨、专题研修、物化提高"四环节特色，团队发展初步形成了"领航制、担当制、团队制、成效制"研修特色。

第六章 落实"实活厚"的工作策略

```
┌─────────────────────────────────────────────────────┐
│  问题导向      课例研讨      专题研修      物化提高  │
│                                                     │
│  领航制        担当制        团队制        成效制    │
│                                                     │
│  双师教学问题  本地现场课例  双师教学专题  教师发展案例│
│  一般课堂问题  名师视频课例  提质增效专题  学生发展案例│
└─────────────────────────────────────────────────────┘
```

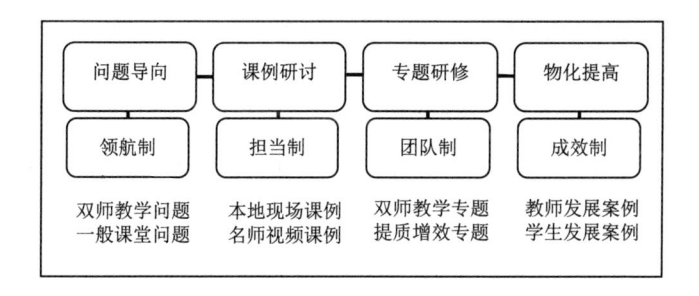

图1 鱼峰区"四制四环节"研修模式

二、内涵发展——优质资源是提高质量的关键要素

（一）问题导向——教研活动是教师解决课堂教学实际问题的过程

（1）团队研修活动的问题导向。立足问题解决，开展活动前向教师提出了活动研讨的问题与主题，教师是带着思考、带着任务参与活动的。本次活动以"双师教学"研究对教学能真正实现提质增效为主题，具体问题是互动型"双师教学"课堂如何有效实施"名师优质资源"与本地师生的有效互动？立德树人课堂如何体现提质增效？

（2）微小专题研修的问题导向。德润小学团队对"双师教学"进行理论学习和课例实践时，遇到具体的问题，如播放名师资源应该播什么？应该怎么播？老师应该做些什么？学生应该看什么？"双师教学"的课堂操作模式应该是怎么样的？面对这些问题，团队老师经过研究，初步探究出"双师教学"的互动型实践操作模式。

（3）课堂教学活动的问题导向。本次活动中，德润小学的邱老师进行"近似数"的"双师教学"课例展示，本课需要探究9 995和10 000的关系，邱老师采用资源名师的问题引导："怎样在数轴上表示这两个数？""观察这两个数，你有什么发现？"启发学生与资源名师互动，经过思考后回答资源名师的问题，再看看视频中资源名师和学生是怎么回答的，引导本地学生赏识评价视频中学生的回答等学习活动。邱老师引导本地学生与名师资源交流互动，倾听、赏识、评价，能够检验"双师教学"的课堂成果。

值得一提的是，"双师教学""名师资源"的课堂实施策略主要有四种模式，分别是直播型、互动型、剪接型与整合型。在本次活动之前，我们已经开展了直播型的研讨交流。直播型是借助直接播放"名师资源"视频进行教学。本次活动主要是互动型的课堂操作模式研讨交流，借助"名师资源"实录视频

-301-

小学数学教学深度化创新："实—活—厚"

在课堂上与学生进行交流互动，本地教师与名师互动，本地学生与名师资源互动，有效地拓展了学生在课堂上的主动参与、交流互动、个性表达的渠道，弥补了"资源名师"在本地师生互动性缺失的特点，增强了课堂教学动象感、直观感、参与获得感，更适合小学生以形象思维为主逐步过渡到抽象思维的年龄特征，进一步突出学生参与活动的主体性。（见图2所示）

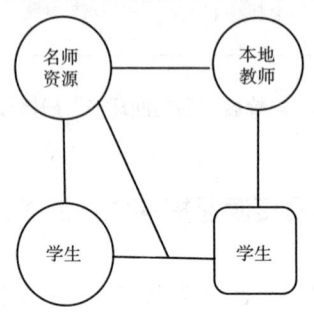

图2 鱼峰区"双师教学"互动型模式

（二）课例研讨——带题授课，以课说题，课与题融合发展是课例研讨的着力点，"五课融合"让每一个学生和每一名教师都享受到优质教育

在理论与实践相结合是专业发展的根本的思想指导下，"双师教学"五课融合活动带来了明显优势。

仅备课一个环节而言，运用"双师教学"模式，课前的准备工作相比而言需要更充分、更完备。除了备"课标"、备教材和备学生，还需要备"微课""优课"等选择进入课堂的教学资源。通读名师课例，学习名师的理念与教法、学法；解读名师课例，寻找最优质的资源，寻找适合本班教学应用的资源；剪辑名师课例，设计互动问题，设计教学意图，设计课堂上动态生成的知识，设计评价标准。具体有"选择资源—剪辑整合—解读资源"几个关键步骤，最后形成具有双师教学特色的教学设计。

带着"名师优质资源"进行备课，带着"名师优质资源"进入一般课堂上课，针对本地教师的课堂和"名师优质资源"的课堂同时观课，针对本地教师的课堂和"名师优质资源"的课堂同时研课，针对本地教师的课堂和"名师优质资源"的课堂同时评课，备课、上课、观课、研课、评课都与"互联网+"或"名师优质资源+"的"双师教学"有机融合，在研修过程中挖掘背后的理念，寻找成功的方法，物化典型的细节，诊断存在的问题，提出建设的策略，提醒注意的要点。从实践到理论能做到有效结合，有利于规范和指导教师教学行为，有利于促进本地课堂教学质量的提高，使学思结合、知行统一能够真正落地。

本次活动中，德润小学邱老师执教二年级下册"近似数"展示课。邱老师以"资源名师+本地名师"的"双师"教学模式进行授课，采用的是互动型实施策略。在备课时，精选录播李老师的名师教学视频，为了突破教学难点，剪辑了"9 985和10 000的位置关系"视频片段，在课堂上播放并与本地学生进行交流互动。邱老师播放名师视频，学生倾听名师提问："观察9 985和10 000在数轴上的位置，你有什么发现？"暂停视频，本地师生互动："关于这个问题，你有什么发现？"学生："这两个数很接近。"邱老师引导："你怎么发现它们很接近？"学生："看位置很接近，两个数相差15。"邱老师："认真倾听，视频中老师怎么说？同学们有什么发现？"播放完名师视频后，邱老师反馈性提问："对视频中同学的回答，你们来评价评价。"生1："视频中的同学有新的发现：9 985离10 000很近，离9 500远，是我们没有想到的。"生2："我们要学习他们，他们能完整地回答问题。""名师资源"与本地学生的互动操作环节让名师"走出"视频，"走进"教室，增加了"本地教师""本地学生"与"资源名师""资源学生"的互动交流新途径，增加了新要素，拓展了新方法，优质资源在课堂上真正激活了多个关键要素，有效地促进了课堂教学提质增效。

（三）专题研修——以"双师教学"资源选择与应用为研修内容，多角度观察双师教学课堂，从高观点进行学科核心素养小专题研究是城乡教师专业成长发展的新平台

本次展示主题鲜明，内容丰富，形式多样，熊主任等四位导师结合"近似数"课例，分别进行了四个方面的微小专题的专业领航。具体进行了"双师教学"备课模式、"双师教学"互动型课堂操作模式、立德树人课堂提质增效模式之概念教学五个关键要素、"双师教学"微小专题研究选题指南等四个微小专题的专业指导。

本文专题研修是指以城区内"双师教学"实践研究中的实际问题为研究内容，以教师为研究主体，以解决实际问题、改善教学行动、提高教学质量、发展师生水平、促进师生更好发展为研究目的，所开展的教、学、研、培四位一体的行动研究活动。教、学、研、培四位一体专题研修从点状的碎片化思维向多环节生态链的结构化思维转变，关注文本学习和合作交流，更关注教学行为的连环跟进，是以解决自己实际问题为目标的系列行动研究过程。例如，

小学数学教学深度化创新："实—活—厚"

"双师教学"结构化备课环节为"选择资源—剪辑整合—解读资源"，"双师教学"的"名师资源"互动型课堂四步操作模式即"问题引导—名师教学—资源互动—现场迁移"。立德树人课堂概念教学的五个关键要素为问题、方法、事例、结论、拓展。具体内容如下。

实验老师备课往往找不到路子，写出的"双师教学"研究的教案与一般的教学设计没什么两样，备课中找不到研究重点的着力点。谭主任针对备课难的问题，以"引名师资源，创优质课堂——双师教学的备课模式探索"为主题，以"选择资源—剪辑整合—解读资源"为关键步骤，以揭示资源的优势与意图，设计资源名师、本地教师与学生的互动交流为重点，以"近似数"一课为例进行具体说明，形成了"双师教学"备课与教学设计的特色。

熊主任根据学校进行的"双师教学"实践研究及遇到的问题——"名师资源"在课堂上难以用活，难以活用，资源名师与本地师生难以互动、难以融合，以"探究双师教学操作模式，促进师生深度教与学"为主题，以互动型策略为重点，提炼出双师教学的"名师资源"互动型课堂四步操作模式，即"问题引导，明确教与学的方向—名师教学，促进深度的执教—资源互动，促进学生深度学习—现场迁移，促进课堂提质增效"。这个操作模式简单实用，为老师们开展双师教学指明了方向。例如，在问题引导环节，在播放"名师资源"实录视频片段之前，本地教师向本地学生提出思考性问题："怎样在数轴上表示9 985和10 000这两个数的位置呢？"本课中精选的问题既是本地教师教学的重点问题，又是名师提出的问题，更是学生带着问题参与"名师课堂"的任务和学习探究的重点。

苏老师针对课题研究过程中，实验老师难以处理好实验教学与一般教学的关系的问题，以"立德树人课堂提质增效模式之概念教学五个关键要素"为主题，强调要提高认识，向科研要质量的思想转变；以教研科研强则教育强、教研科研领先则教育质量领先为指导思想，无论是实验研究的课堂，还是一般的教学课堂，其目的都是一致的，都是为了提高教学质量，为了提质增效，为了学生全面发展；以落实学科核心素养为重点，从点状研究、碎片化思维向活动生态链研究、结构化思维转变；以大单元要素式结构化为特点；以立德树人课堂概念教学内涵发展的五个关键要素"问题、方法、事例、结论、拓展"为抓手，进行专业引领，有效地指导老师在常规教学中创造研究特色。

（四）物化提高

成果物化是教师专业发展的不可或缺的环节，教师的专业发展经过实践之后很大程度是在物化中提高的。成果物化不仅建立在事例的自觉性上，还建立在理论的自觉性基础之上，要做到从现象层面到理性层面更熟悉本学科、本领域的成果，用证据表达课堂增长变化的情况，定性定量表达师生发展进步变化情况。

"成果"是教育教学物化后的结果，主要是指案例、论文、研究报告等，主要回答的是"怎么想""怎么做""怎么到达现在这样的"，解决问题中"有什么路子"的问题。成果是理性的，指形成的概念、原理、原则等理论成果，也包括具体的操作策略、基本模式、方法策略等技术成果。

要在物化中提高，注重"双师教学"研修成果的物化。团队成员的现场交流碰撞出了思维火花，经过团队成员会议交流提炼，初步形成了具有研修亮点的"四制四环节"鱼峰研修模式，以及"一二三四五"的鱼峰研修特色。"一二三四五"的鱼峰研修特色是指"一个团队、双师教学、三课研究、四步教法、五要探索"。

（1）一个团队齐心协力。一个特别好的团队经过三个多月的"双师教学"课题研究，能把课题理念落实在课堂教学之中，形成了"四步教学""五要探索"推动课题研究的发展，使课题落小在课例之上，落细在课堂之中，落实在师生发展之途。自觉地解读名师优质资源，借鉴名师理论与方法策略，使"与名师互动、与名师学生互动、与名师资源互动"成为课堂活动与教学研究靓丽的风景线，青年教师、骨干教师形成自主学习、自主发展的态势。

（2）双师教学知行合一。一般课堂形成了新的发展常态，资源名师与本地教师同时在课堂上开展教学活动，本地学生与名师学生互动，本地学生与资源名师互动，能够针对问题、方法、事例、感性认识、理性认识师生多维互动，有质疑、发现、补充、赏识、评价等生生多轮互动。拓展了学生积极主动、交往互动、个性表达发展的新平台。

（3）三课研究整体协调。课题、课例、课堂三课融合研究、融合发展。以课题研究为导向，以课例研究为载体，以课堂落实为目标，在研究活动中提出专业发展的真实问题，探寻解决问题的策略，形成具体实践的操作方法，切实解决教学的实际问题，落实学科核心素养，提高教师的专业水平，促进学生更好发展，促进课堂教学提质增效。

（4）四步教法互动模式。经过研修初步形成"双师教学"互动型课堂四步操作模式，即"问题引导，明确教与学的方向—名师教学，促进深度的执教—资源互动，促进学生深度学习—现场迁移，促进课堂提质增效"。

（5）五要探索内涵发展。经过研修，为使"双师教学"课堂进一步成为立德树人提质增效的课堂，初步提炼概念教学内涵发展的"五个关键要素"，分别是问题、方法、事例、结论、拓展。如图3所示。

问题——方法——事例——结论——拓展

图3 概念教学五个关键结构化思维图

三、团队发展——教师是教育过程最有活力的要素

"正当时"名师工作坊成立已有多年了，是一个名师与农村教师、青年教师、骨干教师共同成长的学习共同体，初步形成了"领航制、担当制、团队制、成效制"的研修特色。

（一）重贡献，领航制——导师领航，搭建本土名师成长需要的专业平台

逐步建立健全三级领航式研修平台，教师需要专业的引领，研修活动需要问题的引领，领航式研修在"思想力是促进专业发展、提高教学质量的第一内生动力"指导下，以"有效贡献是合作的基础，信任关系是合作的核心，共同愿景是合作的动力"等团队发展理论为基础，以"教研室、教研员—名师工作坊与学科中心组骨干成员—城乡青年教师"三级平台为主要模式，在城区研修过程中，承担相应的研究、示范和指导任务。本次活动以鱼峰区教研室教研员陈老师为总策划，以箭盘山小学吴老师为领航总导师，德润小学黄老师担当整场活动的主持人，德润小学邱老师执教"双师课堂"现场课例，德润小学熊老师进行"双师教学"专题指导，德润小学苏老师进行"立德树人"课堂专题指导，羊角山小学陈老师为以图文并茂进行现场总结提升的导师，银桐路小学苏老师为成果物化的导师。这几名研修活动领航导师都是工作坊骨干老师。工作坊已使一百多名城乡青年教师受益。

（二）重能力，担当制——教师是专业发展的主体，教师在参与中成长，在担当中发展

"学习金字塔"理论告诉我们，在学习活动中，"教授别人"或"立即应用"学习效果最好，教师在研修过程中也是如此。教师就是专业发展的主体，因此我们选择"担当"作为教师专业能力发展的关键点，在参与中成长，在担当中发展，谁想发展谁就得到发展，能积极主动则早晚有成。

担当是指工作坊和中心组的成员在研修活动中能自主申报和主动担当力

所能及的活动任务，而且能在自己的课堂上培养学生"自主发展"，师生共同具有积极主动、多轮交往互动、个性化表达的自主发展品质。中国学生核心素养的三大方面，其中之一就是"自主发展"，新时代要求我们培养出来的人才具有"主动"品质，是能够自主地持续发展的人才。在数学课堂上，课堂效益如何关键也看学员的自主性：主动参与学习，能够自己确定学习目标，规划自己的学习进度；主动思考问题，拥有积极的心态和符合自身特点的个性化的思考策略，乐于在解决问题中学习；主动寻求帮助，在学习过程中碰到困难，能够主动向同学、老师表达自己的困惑，寻求帮助；主动评价同伴、反思自己……

在团队中担当是聚焦提高教育质量这一根本要求，着力于关注课堂实践，着力于提高"团队"整体的协同发展。以课例为载体，以担当为己任，追求主动、互动、共享式的团队发展。每次的研修活动以自主申报与活动安排相结合落实各项任务，做到人人有事做，事事有人做，分工不分家，合作完成任务。

（三）重德行，团队制——同心合力是最伟大的力量，教师在团队中强大

团队发展理论指出：别人的期望影响着我们自己的大多数行为，我们的行动持续地影响着别人的成效。我们要不断地意识到我们的行动对别人的效果。团队效益优于个体效益之和，凝聚力是攻克难关的重要力量，民主合作会产生更高的积极性，理想抱负在参照别人的成就时会更高。

"正当时"名师工作坊、鱼峰数学中心组是教师专业发展的学习共同体，以共建、共享为精神追求，以创建一支研究型、智慧型的骨干教师团队为目标，以团队发展理论为基础，在同一次研修的活动中，不同的团队成员分别担当不同的专业发展角色，以领航导师、资源名师、本地执教教师、同伴合作教师"四师同行"协同教研为特色，充分发挥名师的示范、辐射、引领作用，以研讨一节课、成长一批人为抓手，形成团队成员共同发展的教研新格局，有效地促进课堂教学的深化改革，推动均衡发展向软实力迈进，缓解了优质师资少的难题，从而推动教育可持续发展，加快实现教育优质均衡发展。本次活动充分体现了教研团队发展的积极主动、团结协作的亮点。

（四）重业绩，成效制——最大的效果就是不断进步，师生共同发展

效果与成果并重，本次研修注重成果的物化，初步形成了"四制四环节"鱼峰研修模式及"一二三四五"的鱼峰研修特色，也十分注意效果的展现。为

小学数学教学深度化创新："实—活—厚"

了让教师有更多的获得感，创设了现场的互动交流、现场的收获反思、现场的总结回顾，以及会后在QQ群内上传心得体会、完善教师业务档案等活动。

"效果"是教育教学发展的结果，主要是指教学成绩，主要回答的是现在"怎么样"，解决问题中"得什么实惠"的问题。效感性，如学生的变化，教师的变化，班风教风，各种奖励，社会影响，上级评价，家长反应，媒体关注等。效果通常需要通过典型材料事迹加以展示。

本次活动取得了良好的效果。教师从专题到课堂，从理论到实践，对"双师教学"有了更深的了解。加强了城乡教师之间的学习，加强了区域间课堂教学深度交流，促进了青年教师的共同发展。柳石路小学覃老师说："双师教学课堂，改革原有教学方式，不仅是实现师生获得优质教育资源的客观要求，还是实现义务教育均衡发展的有效途径。"箭盘山小学朱老师说："双师教学是通过'师师互动、师生互动和生生互动'来创设良好的教学情境，调动学生的学习积极性以至于提高教学效果的教学活动方式。它不是学生观看视频那么简单，而是一种发挥教师和学生主观能动性的新的网络课程学习方法。"银桐路小学周老师说："以教师为中心，靠'两支粉笔一张嘴'的教学模式已不能适应当前信息技术快速发展下的学习方式，我们必须转变学习方式，积极向名师取经，践行双师教学模式，激发学生的求知欲与创造力，促进教与学的改革深化。"箭盘山小学吴老师在反思中说："什么是'双师教学'一直困扰着我，通过本次教研活动的学习，我明白了'双师教学'就是将名师资源和本地教师的教学结合起来，打破传统的教学模式，将优质的名师资源力量发挥到最大，让每一个学生都接受优质教育，促进教学质量的提高。这也是鱼峰区积极推广'双师教学'模式的初心！"燎原路小学陈老师说："我校数学组老师较多，其中，2017年至2020年新进教师也多，数学新教师占数学教师的70%，而且新教师教育教学经验相对欠缺，另有个别年龄较大的教师，知识更新不及时，这些因素一方面导致孩子没能得到同等优质的教育资源，教育差距被拉开，另一方面，教师专业发展需求无法得到满足。解决这些问题，最好的方式就是利用'双师教学'模式进行改变。引入和发展该模式，一方面可以帮助刚入职的教师一边学习名师的长处，一边摸索创新，弥补自己课堂教学存在的不足，可以帮助老教师更新教育理念，最终实现教学方法、教学理念，教学经验和实践能力的提升。另一方面，可以让一般学生体验优质学校教师的课堂教学，享受到优质资源，促进教育公平。"

"互联网+"或"名师优质资源+"的"双师教学"有机融合，有利于规范和指导教师教学行为，有利于促进本地课堂教学质量的提高，打破了时空界限。"名师优质资源"的利用具有规模大、成本低、质量高、效果好的特点。"互联网+"或"名师优质资源+"的"双师教学",最大的魅力就在于它能够轻松实现本地师生与名师"面对面"交流,不仅有利于优质教育资源让每一个学生共享,还有效改变了传统的研训方式,助力教师专业成长。利用"名师优质资源+"可以大规模地开展培训,资源可以无限复制,可以多轮研学,这种培训成本低,教师不需离开岗位,可以边教边学。教师可以一边学习名师的长处,一边摸索创新。"名师优质资源+"在各类教师中起到了极大的反响,也成为双师推进的一股前进动力,弥补了课堂教学存在的不足,使教师提升了理论素养,转变了教育观念,细化了教学操作策略,总结了典型教学案例,使一般教师在参与项目的过程中素质得到显著提升。

在典型课例教学中落实创新意识核心性目标

——以"平行四边形的面积"为例谈落实核心性目标的四步表达

一、落实核心性目标的基本策略是四步表达

如何落实核心性目标?明确学科内涵的主题,明晰核心的要素,从而落实核心性目标。

理论与实践相结合是教师发展专业、提高质量的根本方法。在落实核心素养的过程中,要将关键要素作为架起理论与实践的桥梁。落实核心性目标的基本策略是四步表达:问题表达、概念表达、要素表达、实践表达。内涵要素的线性式结构是课堂教学时间顺序的重要特征,核心性目标要素式思维线性结构为"问题表达—概念表达—要素表达—实践表达"。

二、在"平行四边形的面积"教学中落实创新意识核心性目标

(一)问题表达

怎样培养创新意识?创新意识培养的内涵包含哪些关键要素?

(二)概念表达

创新意识的培养是现代数学教育的基本任务,应体现在数学教与学的过程之中。学生自己发现和提出问题是创新的基础;独立思考、学会思考是创新

的核心；归纳概括得到猜想和规律，并加以验证，是创新的重要方法。创新意识的培养应该从义务教育阶段做起，贯穿数学教育的始终。

（三）要素表达

创新意识的内涵主要有四个关键要素，分别是问题、思考、猜想、验证。问题是创新的基础；思考是创新的核心；猜想、验证是创新的重要方法。其线性结构为"问题—思考—猜想—验证"。

（四）实践表达

例如，在"平行四边形的面积"教学中培养创新意识的教学活动具体如下。

问题：如何比较长方形花圃与平行四边形面积的大小？怎样计算平行四边形的面积？

思考：学生独立思考。用数格子的方法得到平行四边形面积是24平方米。

猜想：平行四边形的底是6米，高是4米，面积是24平方米，由于 $6 \times 4 = 24$，猜想平行四边形的面积是底乘高。

验证：把未知的平行四边形转化成已知的长方形，通过割补平移实现转化。变化前后，图形变了面积未变，平行四边形的底等于长方形的长，平行四边形的高等于长方形的宽，平行四边形的面积等于长方形的面积，因为长方形的面积等于长乘宽，所以平行四边形的面积等于底乘高。

借助"梳理知识五步骤"帮助教师读懂单元教材
——以"长方形和正方形"单元为例
柳州市箭盘山小学　汪　源

教师是专业发展的主体。真正有效的课堂教学缘于教师对教材的深刻理解和掌握。教师要真正成为学习活动的组织者和引导者，应自主深入地研读教材。但是，如何有效地引领教师自主地研读教材、梳理知识，目前还缺乏思维模式和操作模式。因此，形成结构化的梳理知识的模式非常重要。

梳理教材知识是研究教材和读懂教材的关键工作，是教师备课的核心内容。"梳理知识五步骤"，能有效地帮助教师更好地读懂教材，提高备课的实效性，也是教师创造性地使用教材的基础。梳理单元知识结构如下："知识点—重点—目标—问题—活动。"梳理"知识点"、确定"重点"、制定"目标"、明确"问题"、设计"活动"能帮助我们逐步明晰要"教什么"。"做什么"比"怎么做"更重要。

以三年级上册"长方形和正方形"单元为例，具体实践操作如下。

一、科学性分析，梳理单元知识点

着眼知识点的本质内涵。知识点是我们教学的主要内容，贯穿整个教学过程。拿到教材后，我们首先应该思考：本节课教学的新知识点有哪些？涉及的其他知识点又有哪些？

解读情境把握知识点，领会情境的创设意图。情境既能沟通数学与生活的联系，使抽象的基础知识、基本原理"外化""物化"，又能渗透数形结合的数学思想方法，帮助学生增强感知、建立表象、培养形象记忆，促使形象思维与抽象思维互助互补，和谐发展。

解读提示语把握知识点，领悟提示语的思路方法。提示语大约分为三种：一是概念揭示，二是方法提示，三是活动建议。暗示着需要对方法、规律等进行归纳与总结。

解读例题把握知识点，明确例题的教学价值。例题是数学教材的核心内容，具有规范性、典型性。例题教学不仅可以使学生在掌握新知识的基础上构建新的认知结构，还能让学生举一反三，触类旁通。

在"长方形和正方形"单元中，首先，通过对各课时内容的深入研读，能找出显性知识点：四边形的概念、长方形和正方形的概念、周长的概念、长方形与正方形的周长计算公式、解决实际问题。我们在研读教材的基础上进一步挖掘教材内容，针对学科内涵深入思考，又发现了教学中的隐性知识点：四边形的画法、长方形和正方形的画法、平面图形的拼摆、以平移法思考周长的计算等知识点。通过聚焦学习过程，进一步思考找出平面图形的直观认识、边和角、线段的测量、角的分类、四则运算、乘法的意义等知识点。这些显性知识点和隐性知识点都与我们的单元教学有着密切联系，因此梳理"知识点"是我们读懂教材不容忽视的第一步。

二、根据知识点，确定单元教学重点

教学重点是多个知识点中最重要的知识点。在较多的知识点中，哪一点或哪几点是重点？应根据教材前后联系、课标中的地位进行确定。例如，"长方形和正方形"单元重点是周长的概念、周长计算公式及解决问题；而"周长"课时的教学重点就是周长的含义——周长的概念。

三、依托重点，制定单元教学目标

解读教材必须弄明白"教什么"，梳理"知识点"、确定"重点"、制定"目标"已经帮助我们逐步明晰了我们要"教什么"。

制定教学目标是课堂教学设计的首要任务，它关系到课堂教学模式的选择、教学策略的实施、教学媒体环境的运用、对教学结果的评价等。制定教学目标的主要依据是解读课标、研读教材、了解学生。

目标制定的原则：具体、集中、恰当。具体原则是指目标的内涵要明确，不空泛。集中原则是指一节课（或一个单元）的目标不能过多。恰当原则是指符合学科特点、学生实际与认知规律。具体包括课程体系与单元结构中的位置、文本自身的特点，以及学生的实际情况。

操作方法：在《义务教育数学课程标准（2011年版）》的课程总目标和学段目标的指导下，以突破重难点为基础，制定过程性目标（经历、体验、探索），以显性知识点为主要内容，制定结果性目标（了解、理解、掌握、运用）。

（1）依据重点制定恰当的目标层次，如表1所示。

表1 各知识重点的结果性目标（层次）与过程性目标（层次）

知识重点	结果性目标（层次）	过程性目标（层次）
周长的概念	掌握	经历
周长计算公式	掌握	探索

（2）围绕重点知识的目标层次，完整表达教学目标。学生通过观察、操作等活动，认识四边形，进一步认识长方形、正方形的特征；学生结合实例掌握周长的含义，能测量简单图形的周长，探索并掌握长方形、正方形的周长公式；学生能根据长方形、正方形的周长公式，解决生活中的实际问题，感受数学与生活的联系；通过多种活动，发展学生的空间观念和推理能力。

四、基于目标，确定单元核心问题

问题是创新的基础，是思考的源泉，问题是为教学服务的。问题可分为核心问题、基本问题等多种类型，核心问题是达成教学目标的关键。核心问题的提炼通常要经历"罗列—分析—确定权重—改造"四个过程，只有把教材的纵向和横向联系都研读透了，才能提炼出有价值的核心问题。其中最关键的一点是根据"重点知识"及其目标设置核心问题。

在"长方形和正方形"单元中，课时的核心问题如表2所示。

表2 各课题的核心问题及相关内容

课 题	核心问题	验证方法	结 论
四边形	四边形有什么特点	对比、辨析、分类	4条直边、4个角
长方形 正方形	长方形和正方形有什么特点	量一量、折一折、比一比	长方形对边相等、4个直角。正方形4边相等、4个直角
周长	有办法知道图形的周长吗	绳测、尺量、滚动一圈量、数方格纸等	封闭图形一周的长度，是它的周长
周长的计算	怎么计算周长	长方形的周长计算方法：长+宽+长+宽；长+长+宽+宽；长×2+宽×2；（长+宽）×2	长方形周长公式：长方形的周长=（长+宽）×2
		正方形的周长计算方法：边+边+边+边；边×2+边×2；（边+边）×2；边×4	正方形周长公式：正方形的周长=边长×4
解决问题	这道题要我们做什么事	拼图形、求周长、比周长	越接近正方形，周长越短

一节课的其他所有问题都是由核心问题派生出来的，或与核心问题息息相关。我们不仅要提炼出核心问题，还必须分析核心问题的内涵和外延是什么，我们教学实施的出发点和归宿又是什么，也就是要针对核心问题，做到心中有数。总而言之，找准核心问题，教学就会有的放矢；围绕核心问题展开，学生的思维就有了聚焦点，学习主线就非常明晰、简单。

五、有效落实目标，具体设计"活动"

课堂教学活动的设计应该以教学效果最优化为目的，既要为达成教学目标、突破重难点服务，又要围绕核心问题展开。我们可以从班级学生的实际情况出发，设计灵活多样的课堂活动，引导学生自主探索、合作交流。

以第一课时"四边形"为例，为了达成"认识四边形"这一结果性目标，围绕核心问题"四边形有什么特点？"逐步设计层次递进的课堂活动。认识与理解是同类词，这是结果性第二层次的目标，是指描述对象的特征和由来，阐述此对象与相关对象之间的区别和联系。因此，设计学生观察、分析、归纳及猜想、验证等数学活动。如表3所示。

表3 结果性目标及相关数学活动

结果性目标	过程性目标	问题	活动
认识四边形	经历直观感知	①哪些图形是四边形	圈一圈、分一分
	观察体验	②四边形有什么特点	同桌讨论交流
	辨析体验	③下面的图形是不是四边形？为什么	辨一辨
	联系生活体验	④生活中还有哪些物体的表面是四边形	找一找、说一说

"梳理知识五步骤"为我们读懂教材提供了良好的支撑，五步骤（知识点、重点、目标、问题、活动）既独立却又密不可分。教师要在《义务教育数学课程标准（2011年版）》的指导下，牢牢把握五步骤的内涵，并结合学情，更好地读懂教材，提高备课的实效性。

运用梳理知识五步骤提高解读课时教材的能力

——以"长方体与正方体的认识"为例

柳州市驾鹤路小学 苏智敏

真正有效的课堂教学缘于教师对教材的深刻理解和掌握。教师要真正成为学习活动的组织者和引导者，就要深入研读教材中的每一幅主题图、每一句提示语、每一个情境、每一道例题，甚至每一组习题，对教材进行准确、全面、系统、独特的解读，唯有如此，才能真正把握教材的编写意图、吃透教材的精神；才能充分挖掘教材资源，创造性地使用教材，找到教材与发展学生素养的有效结合点，实现对教材的超越，促进有效教学。

梳理知识的五步骤是"知识点—重点—目标—问题—活动"。下面我以五年级下册"长方体和正方体的认识"为例，谈谈我的思考。

一、科学性分析，着眼知识点的本质内涵

教师的本体性知识的"先天不足"和后天思维"童化"是教学低效的原因之一。

（一）对教材进行科学性分析

1. 解读情境，领会情境的创设意图

主题图从生活实物入手，唤醒学生在一年级时对立体图形的认知。情境既能沟通数学与生活的联系，使抽象的基础知识、基本原理"外化""物化"，又能渗透数形结合的数学思想方法，帮助学生增强感知、建立表象、培养形象记忆，促使形象思维与抽象思维互助互补，和谐发展。

2. 解读提示语，领悟提示语的思路方法

教材提示语直接呈现顶点、棱、面等各部分名称，这是概念的揭示，说明长方体各部分的名称不需要探究。教材特征的探索提示：长方体有几个面？这是方法的提示；教材特征的探索提示：有些面是相同的，这是归纳与总结，是探索结论的提示。提示语大约分为三种：一是概念揭示，二是方法提示，三是活动建议。暗示着需要对方法、规律等进行归纳与总结。

3. 解读例题，明确例题的教学价值

例题是数学教材的核心内容，具有规范性、典型性。例题教学不仅可以使学生在掌握新知识的基础上构建新的认知结构，还能让学生举一反三，触类旁通。

请看"长方体和正方体的认识"这一课。要在操作活动中探究长方体棱的特征，强调操作的意义和步骤，推导出结论，认识长方体的长、宽、高。将长方体的知识迁移到对正方体特征的探究。再进一步探究长方体和正方体之间的关系。

（二）在研读教材的基础上，找出本课的知识点

本课的知识点如下。

（1）长方体的特征。

-315-

（2）正方体的特征。
（3）长方体的长、宽、高。
（4）长方体和正方体的关系。

二、根据知识点，确定教学重点

教学重点：长方体和正方体的特征。

三、依托重点，制定教学目标

（1）掌握长方体、正方体的特征，知道长方体的长、宽、高，理解长方体和正方体的关系。
（2）通过动手操作、自主探索、合作交流的过程，培养空间观念，渗透有序思想，积累研究图形特征的活动经验。
（3）体验探究问题的乐趣，感受数学知识在生活中的价值。

四、基于目标，确定核心问题

核心问题：长方体和正方体有哪些特征？
基本问题：长方体（正方体）有几个面、几个顶点、几条棱（数量）？长方体（正方体）的面、棱分别有什么特征（相对性）？

五、紧扣目标和问题，设计教学活动

1. 注重动手操作，加深对图形特征的认识

在课堂上，让学生通过进行摸一摸、数一数等活动，充分感知长方体、正方体的面、棱、顶点的特征。再为学生提供一些长10厘米、7厘米、5厘米的小棒和接口，要求如下：①想。你想搭成怎样的长方体？②选。四人一组，选择小棒拼搭，并填写选料单。③搭。在拼搭的过程中，如果选取的小棒搭不成长方体，再重新选取。④填。观察带来的长方体和搭好的长方体框架，小组讨论长方体的顶点、面、棱的特征，记录在探究卡。学生在动手操作中发现长方体与正方体的联系和区别，从而加深对图形特征的认识。

2. 引导添补拆分，巩固对图形特征的理解

教师逐步把搭好的长方体框架的棱拆掉，引导学生想象：你还能想出它的形状吗？至少要剩下几条棱才能想象出它的形状？如果只剩两条了呢？从三维立体过渡到二维平面，通过空间想象，在实际物体、几何图形和特征描述之

间建立可逆的联系，缩短二维空间与三维空间的距离。

3. 重视发散思维，在动态中感知图形特征

例如，综合练习：一个长方体长 26 厘米，宽 15 厘米，高 1 厘米，如果高进行增减变化，可能是什么？将高缩短到 0.1 毫米是什么？如果高缩短到 0 呢？如果长、宽都进行增减变化，可能是什么？当长、高都缩短到 0 是什么？

以一个开放性的情境为载体，让学生利用相关信息思考，通过分析比较，厘清立体图形和平面图形的联系与区别，提高概念的清晰度与区分度，构建了知识的网络结构，提升了思维的广度和灵活度。

有效的教学不是静态教材的演绎，而是动态学案的生成；有效的教学不是教学素材的堆砌，而是潜在智慧的开发；有效的教学不是简单的知识传授，而是数学思想的浸染。有效的教学必须从解读教材开始，掌握梳理知识五步骤，让解读教材从肤浅走向深刻！

"轴对称图形"青年教师课例研讨活动总结

柳州市箭盘山小学　汪源

3 月 18 日，鱼峰区小数中心组专门针数学中心组新秀组成员及三年以内教龄的数学新教师开展教学研讨活动，以二十五中附小陈翠翠老师执教的"轴对称图形"一课为载体，由梯级名师东环路小学杨双好、梁丽老师进行小专题专业指导，与会的三十多名教师积极主动参与整个研讨活动。本次的教研活动具有针对性强、操作性强、指导性强的特点。本次活动有效地突出了知识点、问题、现象与抽象、学法等重点内容；反馈能做到观点鲜明、事实清晰，理论与实践结合紧密，让我受益匪浅。

一、教研活动针对性强

作为新教师，这样的培训活动仿佛是一阵及时雨，滋润了我干涸的心田。从大学步入小学的数学课堂，我原以为教书育人是一件挺容易的事儿，但是当我真正接触了学生，才发现自己需要学习的东西还很多，对于学生的纪律管理和成绩提升，我已经是黔驴技穷。培训中，陈老师有针对性地以课例研究为载体，在教学教育上给予了新教师很多具有实效性的指导意见，让我颇有感触的是要踏实勤奋，认真做好职业生涯规划。"谁想发展，就发展谁。""谁想发展，谁就能得到发展。"这样的话有时候看似是压力，其实更是

动力，要求我们年轻老师在踏入教师岗位后积极主动地谋求专业发展。（驾鹤路小学石老师）

与以往的中心组培、研、教活动不同，培训对象的改变让本次活动更具针对性。如何开展小学数学课例研究，对新教师来说，是一个极具挑战的研究。数学中心组开展这样的培训活动，能给我们的课堂教学提供指导。从观课、讲座，再到评课、模拟课例环节，这些活动再现了新教师课堂教学的亮点与不足，在这些环节中，我们思考：什么是课例研究？为什么要进行课例研究？在课堂上我们如何做才能上好一节课……中心组针对刚上讲台不久的教师有针对性地进行指导，在这次活动中，我学到了很多，包括如何展示自己，如何与学生互动，如何开展课例研究。这些对于新教师而言，是一股推动力，推动我们不断学习，积累经验，提升自己的动力。陈老师鼓励我们主动发问、主动质疑、主动抢话筒回答问题，原因是只有老师主动了，学生才能跟着老师一起主动参与课堂。（驾鹤路小学莫老师）

二、备课模式迁移性强

备课是上好课的前提，如何备好每一节数学课，使学生在课堂上最大限度地掌握知识，提高数学教学成果，需要我们精心设计。本次教研活动展示了"六环节备课模式"，即"知识点—重点—目标—核心问题—精细问题—活动"，很值得学习，可以马上迁移应用于今后的备课之中。

（1）要确定知识点。陈老师执教的课例"轴对称图形"是人教版二年级下册第三单元"图形的运动"第一课时的内容。本节课有4个知识点，分别是对称现象、对折后完全重合、对称轴、轴对称图形。从刚才的课例中我们看到陈老师把知识点抓得很齐全。

（2）确定本节课的重点。教学重点是知识点中最重要的一点或几点，学生必须掌握的基本知识和基本技能。要整体把握，吃透教材，重点可依据内容而定，可依据课题而定，也可依据学情而定。本节课"轴对称图形"的重点是"轴对称图形"。

（3）确定教学目标。教学目标是教学活动的出发点和归宿，起着教学导向的作用。以知识目标为例，《义务教育数学课程标准（2011年版）》分为四个层次，分别是了解、理解、掌握、运用。本节课的重点"轴对称图形"的目标层次是理解层次，《义务教育数学课程标准（2011年版）》中对于"理解"的解释是"描述对象的特征和由来，阐述此对象与相关对象之间的区别和联系"。也就是说，本节课学生要能说出轴对称图形的特征——对折完全重合；

说出轴对称图形的由来——对折后剪出来的图形都是对称的，它们都是轴对称图形；而阐述对象与相关对象之间的区别和联系就是能辨认哪些是轴对称图形。一节课的教学目标有主次之分，本课的非重点目标是了解对称和对称轴。从教学设计中，我们可以看到陈老师对本节课的教学目标把握得很准确，在课堂教学活动中也较好地达成了教学目标。

（4）设计核心问题。核心问题是针对重点知识所设计的问题。在备课的时候，我们应紧紧围绕教学重点设计出本课的核心问题，并使核心问题贯穿整节课。本节课，陈老师设计的核心问题是"这个图形是轴对称图形吗？下面图形中哪些是轴对称图形？"而核心问题的设计有一个比较简单可行的办法供大家参考，就是把重点目标的内容转换成问句提出来就行了。

（5）细分小问题。我们还要把核心问题细化为小问题。本节"轴对称图形"可以从三个方面来进行细化。一是对折，陈老师就设计出了"你是怎么得到这个图形的？""你是怎么对折的？""你是左右对折的，还有其他对折方式吗？"三个问题。二是重合，设计的小问题有"对折后你发现了什么？""怎样才叫重合？"。三是对折后完全重合，设计的小问题是"它们有什么相同点？"教师授课时只有精心设计好问题，才能让孩子们有更多个性化的发言，课堂才能"活"起来。

（6）课堂活动。一节数学课，课堂活动是必不可少的，本节课中，陈老师设计了折一折、剪一剪等活动，把问题、事例、方法、结论等融合在活动之中。（二十四中附小龚老师）

出示：蝴蝶、飞机、交通标识、眼镜、梳子、三角形、树、爱心。

师：这些图片是对称的吗？你有什么办法来验证它呢？

生1：我是观察，左右两边一样。

生2：用对折的方法看左右两边是否一样。

师：他是怎样对折的？

生1：蝴蝶的一条边对齐另外一条边。

师：那其他图形还能不能对折呢？动手折一折。

（学生动手操作）

师：对折后你发现了什么？怎样才叫重合？

师：仔细观察这些图形，你还发现了什么共同点？

生1：都是左右两边一样的。

生2：都是可以对折重合的。

生3：两边都是对齐的，不多也不少，就叫作完全重合。

总结：像这样，对折后两边的图案能够完全重合的图形叫做轴对称图形。（板书：轴对称图形）

三、课例研究操作性强

我有幸来二十五中附小参加了此次鱼峰区数学中心组组织的课例研究活动，通过观摩二十五中附小陈老师的教学活动及教研员陈朝雄老师和各位名师对此次教学活动的评析，我初步了解了什么是课例研究，知道了课例研究活动对教师专业成长的重要作用。什么是课例研究？以一节课的全程或片段为案例进行解剖分析，找到成功之处或不足之处，或者说是对课堂教学实践活动中特定教学问题的深刻反思及寻找解决这些问题的方法和技巧的过程。这样的概念易于理解，其操作模式也易于把握：问题—现象—抽象—学法。搞清了这些，我心中不禁豁然开朗，这就是"课例研究"。回想我们以往的教研课，相比而言，课例研究不仅克服了以往教研课的盲目性，还为教研活动提供了一个充分展示研讨过程的平台，教师们共同探讨，交流分享，获取大量信息，共同解除困惑，感受成功。这互助互学的教研过程更使大家的理论知识和实践能力得以提高。（柳石二小林老师）

以课例为载体开展教学研讨，整个过程主要有以下几个特点。

（一）要依据课标要求，找准知识点，明确教学目标，设计重点问题

明确教学目标。教师在备课时应该明确课标要求，找准知识点，制定本节课的教学目标，本节课目标如下：①通过观察、操作，直观认识轴对称图形；②辨别轴对称图形。陈老师执教的这一节课，教学目标掌握得很恰当，通过剪一剪、折一折等环节完成教学目标，使学生直观认识了轴对称图形。陈老师作为一名两年教龄的年轻教师，是我学习的榜样，至少在这么多骨干教师面前，一点也没有胆怯，教态自然，这是最值得我学习的地方。（社湾小学秦老师）

每个环节必须有问题！通过本次培训活动，我受益匪浅，明白了作为一个年轻数学老师，我还有诸多不足之处，如对于课堂的把控能力、语言表达能力、对学生情绪的调动等。收获最大的是陈老师提出的"每个环节必须有问题！"听到这个观点后，再对照自己的教学模式，觉得自己做得很不足，特别是对于问题的设置，时常疏忽，有些环节与问题衔接不够紧密，有些则是问题过于简单或复杂，甚至有时会忘记提出问题。在以后的数学课中，我一定要

认真贯彻"每个环节必须有问题"这一要求,提高课堂效率。(水南路小学甘老师)

针对重点设计层层递进的问题。本课例"轴对称图形"的核心问题就是什么是轴对称图形。通过设计生活中有哪些对称现象、对称图形有什么特征、如何验证它是轴对称图形等几个小问题来逐步解决。在"轴对称图形"课例研究过程中,为让学生充分认识什么是"轴对称图形",陈老师带领我们设计了精彩的教学模拟片段,通过"这些图片有什么特点?""你怎么知道这些图形是对称的?""谁能动手试一试展示给大家看?""你是怎么折的?折完后你发现了什么?"等问题落实了知识点,这些问题有坡度,层层递进,逐渐扩展和深入,通过对问题的解决,让学生提高操作认知能力,注重个性化表达,轻松地掌握数学知识和方法。充分体现教学要明确课标要求,找准知识点。教学要呈现丰富的现象,抽象出概念的本质,并且要设计有效的问题、有效的实践活动,充分落实教学目标。(羊角山小学刘老师)

设计有层次的活动来突破教学重难点。陈老师通过现场模拟课堂,手把手地教我们如何设计有层次的活动来突破教学重难点。例如,在教学生理解"对折"这一词时,先让个别学生上台现场展示"对折",然后让大家跟着台上的同学一起动手对折。一般情况下,我们的教学设计只到这个层次,而陈老师却把话筒又传给了学生:"你在做什么?你是怎样做的?"再次让学生说,在不断地说和操作的过程中,学生对"对折、重合"这一概念的理解就水到渠成了,"现象—图象—抽象""三象"同步非常巧妙,又充分体现出了学生的主体地位。从个别到整体,多轮互动让全班动了起来。(箭盘山小学雷老师)

(二)过程的设计要把握核心问题,呈现丰富的具体现象,抽象出概念的本质

呈现丰富的具体现象。低年级学生是具体形象思维占主体,为此,在教学活动设计上最好能运用学生熟悉的、丰富多彩的现象来展开。在课堂上,陈老师提供的轴对称现象类别比较丰富,有动物(如青蛙)、植物(如叶子)、建筑物(如埃菲尔铁塔)、交通工具(如汽车)、艺术(如脸谱)等,但陈老师还特别补充强调,类别的丰富还可以体现在大小不同、方向不同等方面,如有大的轴对称图形,也有小的轴对称图形,有左右对称的,也有上下对称的,还有斜着对称的,这样的现象才叫丰富。系列活动过程让我们再一次领悟了数学课"现象要丰富,抽象要个性化"的内涵。(二十四中附小陆老师、羊角山小学黄老师)

（三）注重抽象学习方法，在活动中关注学生的个性发展，注重情感的传递

注重抽象学习方法。在课堂上，通过让学生观察生活中的对称现象，问：这些图形都有什么共同点？哪些是对称图形？怎样得到对称图形？如何验证它是对称图形？你怎么知道这些图形是对称的？这些问题都让学生在动手操作活动中学习。通过让学生进行观察、折一折和剪一剪等操作，落实了本节课的教学目标，即认识轴对称图形的基本特征；再让学生经历丰富的轴对称现象，有动物的、植物的、建筑的、长方形的、正方形的、组合的、单一的、上下对称的、左右对称的和斜着对称的等，让学生利用轴对称图形的特征去判断一个图形是不是轴对称图形；最后通过小结，抽象出本节课的学习方法——动作操作，归纳特征。（二十五中附小陈老师）

"教育最重要的是传递感情。"这句话源于陈老师，确实，《义务教育教学课程标准》中总目标的四个方面就分为知识技能、数学思考、问题解决、情感态度，其中情感教育方面是最难做好的，这不是一节课可以实现的，它需要教师在每一节课、每一个环节、每一个活动中都有所落实。就如同陈老师对课例中"你怎么知道这些图形是对称的"这一活动的点评，这一活动不能是教师问完问题，学生直接回答就算完成，而是需要教师在抛出问题后，在请学生回答前加入情感，如"请能大声回答问题的某某回答"，其中的"大声回答"就是对学生在情感上的期许，也是活动的"规矩性知识"，会让学生潜移默化地养成回答响亮的习惯。在学生回答完之后，教师要再次对学生进行情感上的肯定与赏识，这能够有效地培养学生的自信心，能够加强学生主动学习的动力。（二十四中附小陆老师）

四、教师互动指导性强

模拟课堂走课互动指导。课例研究，课是研究的载体。教研活动中，教研员陈老师就"轴对称图形"这节课的教学目标，结合二十五中附小陈老师的教学问题片段，采用师生互动模拟课堂的形式，逐步引导我们把知识点转化成有效问题。在东环路小学廖老师、羊角山小学刘老师等老师的多向性引导与互动中，有生动详细的课堂环节模拟，有教师之间的互相讨论，有教师的四人小组展示汇报，人人都参与了各个环节的互动，让年轻老师大开眼界，我们找到了突破重难点的有效途径，更领会到了教学中情感传递的重要性。

"抢话筒"的课堂互动指导。学生化被动为主动，"学生是学习的主体"，

在课堂上要让学生多说、多做、多展示。陈老师以听课教师为例,示范了"抢话筒"的理想化课堂,让我感受颇深。我思考,学习应该是学生主动要学的,而不是老师要学生去学,那么怎样才能使我的学生化被动为主动,在课堂上主动汲取知识,真正做课堂的主人呢?这是我今后要解决的首要问题。(白云小学苏老师)

这次教研活动令我印象最深的是"教研没有对错",要想在课堂上调动学生主动思考,主动参与,教师自身必须要有主动的意识,在教研活动中的参与亦是如此。

后 记

"实活厚"教学项目研究，历时十几个春秋，得到了市教科所和区教育局（教研室）领导和老师的大力支持，得到了一批又一批鱼峰区老师、小学数学中心组成员和骨干的齐心合作，得到了工作坊同仁的共建、共享，"实活厚"教学项目从理论到实践，再从实践到理论，从问题到解决策略，再从成果到推广应用，都凝结着众多支持者的汗水与智慧，参加本书副主编吴玉萍、苏智敏、温海澍。在此表示衷心感谢！

在研究初期，得到了柳州市教科所陈进老师和自治区教研部课程指导中心周日南主任的大力支持；在研究中期，得到了柳州市景行小学校长韦莉导师的指导，得到了北京师范大学张红岭主任亲临指导，以及北京专家赵静（北京市密云区檀营小学）、孙贵合（北京小学大兴分校）、温光福（北京市密云区教研中心）、王文静（北京师范大学认知神经科学与学习国家重点实验室）、汤振君（北京师范大学认知神经科学与学习国家重点实验室）、张丽娜（北京师范大学项目组）等老师到柳州进课堂一线进行专业指导；在研究中期与后期，得到了重庆北碚区进修学院朱福荣院长面对面的专业指导，得到了上海市曹杨第二中学附小张彦昌校长的指导，在此表示衷心感谢！

编者